개정판

디지털시대의
이비즈니스와 이커머스

홍일유

e-business
e-commerce

法文社

거의 반세기전에 연구목적으로 탄생한 인터넷이 상업적인 목적으로 이용될 수 있도록 규제가 완화되고 기업들의 상거래 수단으로 활용되기 시작된 지 이미 20년 이상 지났다. 1990년대에는 인터넷과 웹이 기업들에게 가치 창출 및 혁신 기회를 제공할 수 있다는 기대 속에서 기업들 간에 매우 빠르게 성장해 오다가 2000년 초에는 닷컴버블 위기에 직면하면서 한때 주춤하기도 했지만, 인터넷이 개인 생활 및 기업 활동에 미치는 영향은 끊임없이 증가해 왔다. 월마트, 델컴퓨터, 시스코, 인텔과 같은 선두 기업들은 비즈니스 프로세스를 혁신하기 위한 목적으로 인터넷 기술을 이용하고 있고, 아마존, 이베이, 구글, 페이스북 등 온라인 기업들도 인터넷의 창의적인 활용을 통해 고객을 위해 가치를 창출하는 데 주력해 오고 있다. 인터넷을 회사성장을 위한 핵심수단으로 이용해 온 이 기업들은 모두 전통적 경제에서 디지털 경제로의 전환에 앞장서온 IT 리더들이다.

하루가 다르게 기술이 발전하고 혁신을 하지 않으면 살아남기 어려워지는 오늘날 경영환경에서, 온라인 기업이든 오프라인 기업이든 인터넷 및 컴퓨터 기술을 기반으로 한 이비즈니스 및 이커머스의 추세를 이해하고 어떻게 이들 기술을 주요 지렛대로 활용하여 급변하는 환경변화에 신속하고 유연하게 대응해 나갈 수 있는지 진지한 고민이 필요한 때다. 경영학 분야의 학생들은 10여 년 후 탁월한 경영관리자가 되기 위해, 이비즈니스에 대한 깊이 있는 이해가 필요하다. 본서는 이러한 미래의 경영자들을 위해 기획되었으며, 경영자의 관점에서 이비즈니스 및 이커머스 트렌드가 어떻게 진행되고 있고 관련 정보기술을 기업이 어떻게 활용할 수 있는지를 조명하는 데 중점을 두었다.

본서의 주된 목적은 인터넷이 어떻게 기업의 비즈니스 활동을 변화시키고 있는지 이해하기 위한 기초를 제공하는 데 있다. 본서는 이러한 개념적 기초를 제공하기 위해, 네 가지의 주요 영역을 다루고 있다. 첫째는 이비즈니스의 개요로서, 디지털 경제에서 중요한 비중을 차지하는 이비즈니스의 개념과 트렌드를 살펴보고 이비즈니스의 기술인프라의 주된 요소인 인터넷, 웹 및 모바일 기술에 대해 소개하고 있다. 둘째 영역은 온라인 기업을 개발하는 데 중요한 온라인 비즈니스 모델, 인터넷 마케팅, 그리고 전자결제서비스에 대해 알아본다. 셋째, 이커머스 전략 영역에서는 전자상거래의 기본적 개념들을 알아보며 B2C 및 B2B 이커머스 그리고 서비스 부문의 이커머스에 대해 살펴본다. 또한 최근 관심을 모으고 있는 소셜 네트워킹, 모바일 커머스 및 온라인 경매 등 이커머스 주요 트렌드를 조명한다. 끝으로, 이비즈니스의 관리 영역에서는 이비즈니스의 보안에 대해 소개한다.

본서가 다른 이비즈니스 및 이커머스 분야의 책들과 다른 가장 대표적인 특징은 이비즈니스의 기술적 시각과 비즈니스 시각 중 어느 한 쪽으로도 치우치지 않고 이들 두 시각을 조화롭게 혼합시켜 독자에게 균형감 있는 이해를 제공한다는 점이다. 본서는 독자에게 보다 높은 가치를 제공하기 위해 사례중심, 풍부한 시각적 예시, 이해 용이성의 세 가지 목표를 염두에 두고 집필되었다. 첫째, 최근 이비즈니스 및 이커머스 현상들은 이론보다는 실세계의 사례들을 통해 더 효과적으로 이해할 수 있기 때문에, 본서를 사례 중심의 책으로 만드는 데 주력하였다. 이를테면 각 장마다 최근 이비즈니스의 주요 이슈, 현상 및 트렌드와 관련한 개념사례, 현장사례 및 사례연구를 배치하였다. 개념사례는 각 장에서 다루고 있는 주요 주제의 개념을 쉽게 이해할 수 있는 도입부 미니사례이고, 현장사례는 본문에서 소개하는 개념이 기업 현장에서 어떻게 나타나고 있는지 보여주는 미니사례이며, 또 사례연구는 각 장의 본문을 통해 종합적으로 이해한 내용을 실세계 현상들과 연계시키는 심층사례이다. 둘째, 최대한 풍부한 예시들을 본문에 삽입함으로써 시각적인 학습효과를 극대화하는 데 초점을 맞추고자 하였다. 예를 들면, 관련 웹사이트의 캡처 이미지는 물론, 사진, 그래픽, 표 등의 예시자료를 충분하게 제공해 딱딱한 내용을 쉽고 빠르게 이해할 수 있도록 하였다. 셋째, 학생들은 누구나 자신의 지적 능력에 관계없이 학습내용을 이해하기가 용이하도록 최대한 단순하고 쉬운 표현 및 문장스타일을 적용하였다. 아무리 중요한 개념이라도 그 설명의 수준이 학생의 눈높이와 다르다면 학생은 관심을 잃을 수밖에 없기 때문이다.

이번 개정판에서는 최근 발생한 루나, 테라 암호화폐 대폭락 사건으로 전 세계적 관심이 크게 증가한 가상화폐의 최근 동향을 반영하여 전자지불시스템 관련 내용을 수정 보완하였다. 뿐만 아니라, 인터넷 및 모바일 기술에 관한 내용도 최근 기술동향을 감안해 보완하였다. 또한 각 장의 관련 사례들도 최근 트렌드를 나타내도록 대폭 업데이트 하였다.

여러 날 밤을 지새우며 정성을 들여 만든 책이지만, 막상 원고가 인쇄된 책으로 나온다고 생각하니 기대에 미치지도 못하고 부족한 부분도 남아 있어 아쉬운 마음이 앞선다. 독자들이 기업현장에서부터 우리의 일상생활까지 깊숙이 스며든 이비즈니스 및 이커머스에 대해 이해하고 미래를 준비하는 데 조금이라도 도움이 되었으면 하는 바람이다. 부족한 부분들은 여러 독자들의 도움을 받아 끊임없이 보완해 나갈 계획이다.

본서는 여러 사람들의 헌신적인 노력이 없었다면 빛을 볼 수가 없었을 것이다. 우선, 온라인 여행업계의 최근 동향과 관련해 경기대학교 관광대학원의 이경모 교수 및 연구팀이 소중한 조언을 제공하였다. 또 국내 증권사들의 온라인 주식매매 자료를 제공해 준 한국증권업협회, 그리고 우리나라 온라인 보험시장의 현황 및 트렌드에 관한 자료를 제공한 대한손해보험협회에 감사의 뜻을 전하고 싶다. 또한 책의 개념 단계부터 최종 필름작업 단계에 이르기까지 치밀한 기획, 편집 및 교정 작업으로 책의 가치를 높이는 데 기여해 주신 법문사의 노윤정 차장님 및 편집진께 감사를 드리고자 한다. 끝으로, 자료수집 및 교정 과정에서 정성어린 도움을 준 중앙대 대학원의 경영학과 조교들에게도 고마움을 표시하는 바이다.

2022년 8월
명수대 연구실에서
저자 씀

제1부
이비즈니스의 개요

제1장 디지털 경제와 이비즈니스

● 개념사례: 팬데믹 이후 가속화되는 기업 디지털 혁신 4

1.1 디지털 혁명 ·· 5
▶▶ 기본 경제 패러다임의 변화 5   ▶▶ 디지털 경제의 개념 6
▶▶ IT 산업 비중의 증가 6

1.2 구경제에서 신경제로 ·· 7
▶▶ 신경제의 출현 7   ▶▶ 신경제의 주요 특징 10
▶▶ 디지털 제품 및 서비스의 거래 증대 14

1.3 이비즈니스와 이커머스 ·· 19
▶▶ 이비즈니스 용어의 등장배경 19   ▶▶ 이비즈니스와 이커머스의 개념 19
▶▶ 이비즈니스의 확산 21

1.4 본서의 구성 ··· 22
● 사례연구: 비대면 시대의 디지털 변화를 이끄는 메타버스 25

제2장	이비즈니스 기술

● 개념사례: "인터넷 끊기면"… 우크라이나에서 어떻게 메시지를 보낼까? 30

2.1 인터넷 기술···32
▶▶ 인터넷의 개념적 이해 32   ▶▶ 인터넷의 기술적 이해 35
▶▶ 인트라넷과 엑스트라넷 39

2.2 월드와이드웹 기술···41
▶▶ 월드와이드웹의 개념 42   ▶▶ 웹의 구성요소 44
▶▶ 웹 2.0 49

2.3 모바일 무선 기술···51
▶▶ 관련 개념 52   ▶▶ 무선통신 기술 53
▶▶ 모바일 통신기술 56   ▶▶ 모바일 무선 기능 61
● 사례연구: 사물인터넷 기술로 건설현장 안전 높인다 62

제2부
이비즈니스의 개발

제3장	이비즈니스 시장과 모델

● 개념사례: 네이버·카카오, '뉴스→콘텐츠' 수익 모델 탈바꿈 시동 68

3.1 이비즈니스 시장···69
▶▶ 전자시장의 등장 69   ▶▶ 전자시장의 예 71
▶▶ 전자시장의 특징 73

3.2 이비즈니스 모델의 기본 개념··76
▶▶ 비즈니스 모델이란? 76   ▶▶ 비즈니스 모델의 핵심요소 77

3.3 이비즈니스 모델의 분류 틀··84
▶▶ 소매 모델 85   ▶▶ 중개 모델 87

▶▶ 콘텐츠서비스 모델 89   ▶▶ 광고 모델 91
▶▶ 커뮤니티 모델 95
● 사례연구: 구독자 이탈에 無광고 비즈니스 모델 뒤집은 넷플릭스 100

제4장 온라인 마케팅과 고객관계관리

● 개념사례: e커머스 강자 아마존, 온라인 광고 '깜짝 질주' 104

4.1 인터넷 마케팅 ·· 105
▶▶ 인터넷 마케팅의 개요 105   ▶▶ 마케팅 계획의 수립 107

4.2 온라인 광고 ·· 118
▶▶ 온라인 광고의 개념적 배경 118   ▶▶ 최근 온라인 광고의 유형 119

4.3 고객관계관리 ·· 126
▶▶ 고객관계관리의 개념 126
● 사례연구: 자동차 구매까지 이끌어내는 소셜미디어 마케팅의 세계 130

제5장 전자결제 서비스

● 개념사례: 코로나에 비대면 결제거래 급증 134

5.1 전자지불시스템의 개요 ·· 135
▶▶ 지불시스템의 발전과정 135   ▶▶ 전자지불시스템의 개념 및 특성 138

5.2 전자지불시스템의 분류 ·· 139
▶▶ 신용카드 140   ▶▶ 전자수표 143
▶▶ 네트워크형 전자현금 145   ▶▶ IC카드형 전자현금(스마트카드) 147
▶▶ 실시간 계좌이체 150   ▶▶ P2P 결제 151

5.3 최신 전자지불시스템 동향 ·· 153
▶▶ 모바일 결제 153   ▶▶ 가상화폐 156
● 사례연구: 가상화폐가 미래의 온오프 결제수단이 될 수 있을까? 160

제3부
이커머스 전략

제6장 **이커머스의 개념적 기초**

● 개념사례: 소셜 미디어 플랫폼들, 광고 넘어 이커머스로 확장 가속 168

6.1 전자상거래의 개념 169
▶▶ 전자상거래의 개념적 기초 169 ▶▶ 전자상거래의 유형 172

6.2 전자상거래 기업의 성과관리 175
▶▶ 온라인 기업의 가치창출 기여요인 175
▶▶ 전자상거래 성공측정 모델 184

6.3 전자상거래의 효과와 미래영향 187
▶▶ 전자상거래의 효과 187 ▶▶ 지식기반 경제에 미치는 영향 189

● 사례연구: 이커머스 고성장은 끝났다 191

제7장 **B2C 이커머스**

● 개념사례: 병원 진료서비스의 온라인 상거래 시대 열린다 196

7.1 B2C 전자상거래의 개념적 이해 197
▶▶ B2C 전자상거래의 개념과 추세 197
▶▶ B2C 전자상거래 시스템의 4C 요소 199
▶▶ B2C 전자상거래에서의 개인화의 역할 203

7.2 전자상거래 업체의 핵심 이슈 206
▶▶ 신뢰 구축 207 ▶▶ 트래픽 구축 208
▶▶ 고객충성도 구축 213

7.3 B2C 전자상거래의 성공요인 217
● 사례연구: 드오션에서 차별화에 성공한 종근당건강의 온라인 판매전략 224

제8장   B2B 이커머스

● 개념사례: 가전전문 B2B '소상공인몰' 사이트 공식 오픈한 삼성전자 228

8.1 B2B 전자상거래의 개념적 이해 ·· 229

▶▶ B2B 전자상거래의 개념 및 추세 229
▶▶ B2B 전자상거래의 진화 230
▶▶ 구매 프로세스와 공급망 233
▶▶ B2B 비즈니스 모델 240
▶▶ B2B 전자상거래의 기대효과 243

8.2 이마켓플레이스 vs. 기업협력 네트워크 ······································ 244

▶▶ 이마켓플레이스 245   ▶▶ 기업협력 네트워크 256

8.3 B2B 전자상거래의 성공요인 ··· 259

● 사례연구: 쿠팡·배민은 왜 'B2B 시장'에 주목하나 262

제9장   소셜네트워킹, 모바일 커머스 및 온라인 경매

● 개념사례: 당근마켓은 중고거래 플랫폼보다는 소셜 플랫폼? 268

9.1 소셜미디어 기반의 상거래 ··· 269

▶▶ 가상 커뮤니티 269

9.2 소셜커머스 ··· 278

▶▶ 소셜커머스의 개념 278   ▶▶ 소셜커머스의 기본 비즈니스모델 280
▶▶ 국내외 소셜커머스 현황 282   ▶▶ 소셜커머스의 유형 285

9.3 모바일 커머스 ··· 286

▶▶ 모바일 커머스의 개념 및 등장배경 286
▶▶ 모바일 커머스의 유형 287

9.4 온라인 경매 ·· 292

● 사례연구: 인스타와 내 쇼핑몰의 결합...글로벌 판 바뀐다 302

제10장 서비스 부문의 이커머스

● 개념사례: 여행사 주춤한 사이 온라인 플랫폼의 질주 306

10.1 온라인 여행 ·· 307

10.2 온라인 주식매매 ·· 311

10.3 온라인 뱅킹 ·· 316

10.4 온라인 보험 ·· 324

10.5 이러닝 ·· 328

● 사례연구: 4차 산업혁명 시대에 온라인 보험은 어떻게 진화할까? 332

제4부
이비즈니스의 관리

제11장 이비즈니스 보안

● 개념사례: 보안 취약한 스타트업 노리는 '검은 손' 340

11.1 인터넷 보안 ·· 341
▷▷ 보안의 개념적 배경 341   ▷▷ 보안의 주요 원칙 343
▷▷ 보안 위협요소 345

11.2 보안유지 기술 ·· 354
▷▷ 암호화 354   ▷▷ 온라인 인증 360
▷▷ 네트워크 및 시스템의 보호 363

● 사례연구: 미국 고객정보 유출사고 낸 삼성, 올해 두 번째 보안사고 366

국문색인 ·· 369

영문색인 ·· 375

제 **1** 부

e-business
e-commerce

이비즈니스의 개요

제1장

디지털 경제와 이비즈니스

제2장

이비즈니스 기술

제 **1** 장

디지털 경제와 이비즈니스

1.1 디지털 혁명

1.2 구경제에서 신경제로

1.3 이비즈니스와 이커머스

1.4 본서의 구성

팬데믹 이후 가속화되는 기업 디지털 혁신

팬데믹 이후 디지털 트랜스포메이션이 더욱 가속화되는 가운데 디지털 혁신의 핵심인 데이터 활용에 대한 관심도 높아지고 있다. 하지만 기업 내에 축적되는 많은 양의 데이터에도 불구하고 이를 정작 효과적으로 의사결정에 활용하는 기업은 많지 않다. 전 세계적으로 데이터가 넘쳐나는데도 불구하고 마케터들이 그로부터 풍부한 고객 인사이트를 얻는데 아쉬움을 느끼고 있다. 최근 국내 기업들도 마케팅의 미래가 데이터에 달려 있다고 판단하고 데이터와 관련한 오래된 관행을 개선하는 장기적인 혁신에 투자를 늘리고 있다.

대표적인 국내기업 사례로서 LG화학 석유화학본부는 2021년 6월 석유화학업계 최초로 디지털 CRM 시스템을 구축해 통합적인 디지털 영업을 실행하고 있다. 이전까지 고객은 화학 소재를 구매할 때 LG화학 측에 e메일을 보낸 뒤 거래 업체로 등록하고, 기술 협업은 담당자와 직접 만나 진행하는 등 영업, 물류, 서비스 등 단계별로 별도의 창구를 이용해야 했다. 따라서 단계별로 각기 다른 창구를 이용하는 게 굉장히 번거로운 일이 아닐 수 없었다. 이런 고객들의 고충을 해결하고 더 나은 구매 경험을 제공하는

것이 디지털 혁신의 핵심이 돼야 한다고 판단한 LG화학은 주요 고객사 500여 곳으로부터 수집한 정보를 바탕으로 페인포인트(paint point, 통점)를 분석해 고객 지향적인 디지털 CRM 플랫폼을 구축했다. 이제 고객은 연구소, 영업팀, CS팀, 해외법인 등의 LG화학 직원들과 하나의 채널에서 원활하게 소통할 수 있게 됐다.

디지털 변환 작업을 '장거리 마라톤'으로 보고 한 발 먼저 준비해왔던 LG화학이지만 추진 과정에서 어려움도 있었다. 과거 LG화학은 CRM과 유사한 기능을 하는 시스템을 자체 개발하려다가 실패한 경험이 있었다. 일부 직원은 업무 방식이 달라지는 데 부정적인 반응을 보이기도 했다. 따라서 변화를 둘러싼 내부 반응이 그리 호의적이지는 않았다. 특히 아직 효과가 검증되지 않은 새로운 CRM을 자체적으로 개발하는 데 시간과 돈을 쏟고 그 필요성을 직원들에게 설득하기보다 이미 검증된 외부 솔루션을 도입하는 것이 낫다는 의견이 있었다.

LG화학의 디지털 플랫폼은 고객의 요청 사항 및 주문 내역에 기반해 업종 및 제품 종류에 따른 물성, 기술 정보 등을 제공한다. 특히 특정 컬러의 제품을 요구하는 고객을 위해 이미지 검색 기능도 추가해 플랫폼상에서 손쉽게 찾을 수 있도록 했다. 마치 LG화학 직원이 직접 색상을 확인하고 제품을 추천해 주는 것과 같은 서비스를 온라인에서도 지원하는 것이다. 앞으로도 CRM을 기반으로 축적한 고객 데이터를 바탕으로 맞춤형 제품을 추천하는 등 고객에게 더욱 개인화된 디지털 경험을 확대해 나갈 예정이다.

▶ LG화학의 고객은 하나의 플랫폼에서 모든 구매과정과 관련 업무 처리 절차를 확인할 수 있다.

▶ 출처: "팬데믹 이후 가속화된 디지털 혁신," 동아 비즈니스 리뷰, 332호, 2021. 11월

1.1   디지털 혁명

▶▶ 기본 경제 패러다임의 변화

개념사례에서 살펴본 바와 같이, 팬데믹 이후 빠르게 변화하는 기업의 비즈니스 환경에서 정보 기술이 담당하는 역할이 중요해짐에 따라, 기업의 디지털 혁신이 더욱 가속화되고 있다. 이러한 정보 기술이 경제 패러다임을 어떻게 변화시켜 왔는지 그리고 향후 어떻게 변화시킬 것인지 아래에서 조명해 보기로 한다.

농경사회에서 산업화사회로의 전환에 불을 붙인 산업혁명은 증기엔진과 전기를 주요 수단으로 하여 시작되었다. 증기엔진 및 전기동력의 발명으로 수작업에만 의존해야만 했던 농경사회와 달리 제조프로세스가 더욱 효율화됨에 따라 더 적은 노동력으로도 제품생산이 가능해졌고, 또 제품대량 생산의 길이 드디어 열리기 시작했다.

이와 같이 산업혁명으로 점화된 전통적 경제는 20세기 중반 등장한 컴퓨터 및 인터넷 기술을 통해 디지털 경제로 바뀌기 시작했다. 드디어 디지털 혁명이 시작된 것이다. 거의 순간적인 커뮤니케이션을 가능하게 하는 광섬유선 기술 및 거대한 용량의 정보를 처리 및 저장할 수 있게 하는 컴퓨터 기술이 바로 이와 같은 경제적 변화를 가져오고 있는 것이다.

1946년 세계 최초로 등장한 디지털 컴퓨터인 에니악(ENIAC)은 거대한 크기에 비용만도 수백만 달러에 달했지만, 처리능력은 초당 5천 개의 명령을 처리할 수 있는 수준이었다. 그러나 그 후 1970년대 초반에 나타난 인텔의 마이크로컴퓨터 칩은 단 200달러에 불과했으나 처리능력은 에니악의 12배를 능가했다. 최근 널리 이용되고 있는 인텔의 쿼드코어 i7 칩은 초당 거의 2,000억 개 명령을 처리할 수 있는 능력을 갖춘 것으로 알려지고 있다.

지난 반세기 동안 컴퓨터 기술과 함께 통신기술도 눈부신 발전을 거듭해 왔다. 산업화사회에서 오랜 기간 동안 중요한 커뮤니케이션 수단이 되어온 전화회선은 음성신호만을 전송할 수 있었지만, 디지털 혁명이 시작되면서 음성은 물론 정지화상, 동화상, 그래픽, 데이터 등 다양한 신호를 전송할 수 있는 통신기술이 출현했다. 전화통화 전송에 이용되는 구리선은 초당 한 페이지 분량의 정보를 전송할 수 있는데 반해, 오늘날 머리카락만큼 미세한 광섬유선은 초당 백과사전 9만권 분량의 정보를 전송할 수 있다.

최근 들어서는 데이터 통신을 위해 만들어진 인터넷을 전화통화 목적으로 활용하여 장거리 전화비용을 절감하려는 개인 및 기업들이 늘고 있다. 또 통신과 방송의 융합화 현상이 가속화되면서 인터넷을 이용해 데이터는 물론 TV방송을 제공함으로써 정보화 시대에 소비자가 보다 풍요로운 삶의 질을 누릴 수 있는 시대가 열리고 있다.

▶ 산업혁명에 의해 농경사회가 산업화사회로 전환된 것처럼, 최근에는 컴퓨터 및 인터넷 기술에 의해 산업화사회가 정보화사회로 바뀌었다.

산업화 사회가 소품종 대량생산의 패러다임에 초점이 맞춰졌다면, 정보화 사회 경영패러다임의 핵심 키워드는 다품종 소량생산이다. 오늘날 기업들은 고객마다 지닌 니즈가 독특하다고 보고 이들 독특한 니즈를 충족시키기 위해 다양한 제품모델을 개발함과 동시에 끊임없는 커스터마이징 노력을 기울이고 있다.

▶▶ 디지털 경제의 개념

'디지털 경제'라는 용어는 돈 탭스콧의 1995년 저서 「디지털 경제: 그 전망과 위험」에서 처음 등장했다. 이 책은 인터넷이 기존의 비즈니스 수행방식을 어떻게 변화시킬 수 있는지를 보여주는 주요 초창기 서적 중의 하나였다. 한편, 니콜라스 네그로폰테는 자신의 1995년 저서 「디지털 세계」(Being Digital)에서 물질 최소 처리 단위인 원자(atom)에서 정보 최소 처리단위인 비트(bit)로 이전되는 변화를 은유적으로 설명하였다. 그는 질량, 물질, 교통과 같은 물리적 세계의 단점이 무중력, 가상, 순간적 글로벌 이동과 같은 디지털 세계의 장점으로 해소될 수 있음을 예견하였다. 디지털 경제에서 개인과 기업들은 디지털 네트워크 및 통신 기술 인프라를 기반으로 시간적, 지리적 장벽에 구애받지 않고 상호대화, 의사소통, 협업 및 정보검색을 할 수가 있다.

이러한 흐름 속에서, 전통적 기업들은 디지털 경제가 가지고 올 변화에 대응하기 위한 방안을 활발하게 모색하고 있다. 은행들은 디지털 기술을 이용해 기존의 뱅킹 거래를 향상시키기 위해 노력하고 있으며, 교육기관들도 물리적 이동없이 편리하게 원격학습 기회를 제공하기 위해 혁신을 거듭하고 있다.

▶▶ IT 산업 비중의 증가

디지털 경제로 전환하면서 나타나는 가장 뚜렷한 현상 중의 하나는 IT 산업 비중의 증가이다. 전체산업 중에서 IT 산업이 차지하는 비중은 1978년과 1998년 사이 꾸준히 증가해 왔다.

　컴퓨터 및 통신 부문을 포함하는 IT 산업의 규모가 미국 GDP 가운데서 차지하는 비율이 1977년에 비해 1998년에는 거의 두 배 수준까지 늘어난 것으로 나타나고 있다. 특히 1993년에서 1998년 사이에 두드러지게 그 비율이 증가한 데에는 인터넷의 폭발적 성장이 크게 기여한 것으로 분석된다.

　IT 산업의 급속한 성장은 GDP 대비 IT 산업의 비중의 증가에서만 찾아볼 수 있는 것이 아니었다. 컴퓨터가 1초당 처리할 수 있는 백만 개의 명령을 가리켜 MIPS(million instructions per second)라고 하는데, MIPS당 평균비용이 1991년의 $230에서 1997년의 $3.42로 기하급수적으로 하락했다. 즉, 마이크로프로세서의 눈부신 발전이 컴퓨터 가격의 하락을 가속화시키는 결과를 가져와 누구나 컴퓨터를 쉽게 보유할 수 있게 됐다. 더구나 컴퓨터 및 통신제품들의 가격 하락은 인플레이션을 저하시키는 요인으로도 작용해 경제에 긍정적인 영향을 미친 것으로 평가되고 있다. 가령, 1996년 및 1997년 2년 동안 IT 산업 가격하락으로 인해 미국경제 인플레이션이 1퍼센트 포인트가 더 낮아진 것으로 분석됐다.

1.2　구경제에서 신경제로

▶▶ 신경제의 출현

　오늘날 우리는 예전의 경제와는 다른 새로운 패러다임의 경제 속에서 살고 있다. 국내에서 필요한 근로자들을 해외에서 고용하여 현지에서 근무토록 하고 해당국 근로자들과 네트워킹을 통해 업무를 처리하는 기업들이 늘고 있다. 또한 비즈니스 활동에 대한 정보기술의 응용으로 기업의 생산성이 높아지고 비즈니스 효율성이 향상됨은 물론, 수작업에 의한 옛 직업들이 사라지는가 하면 정보기술을 이용하는 새로운 직업들이 크게 증가하고 있다.

　예전과는 패러다임 자체가 다른 이러한 경제를 일컬어 **신경제**(new economy)라고 일컫는다. 표 1-1은 구경제와 신경제의 차이점을 요약하고 있다. 구경제에서는 정보흐름이 물리적인 특징을 나타내는데, 이를테면 현금, 수표, 신용장, 보고서, 대면 회의, 전화, 라디오, TV, 청사진 등이 그 예에 속한다. 반면, 신경제에서는 정보가 모두 디지털 형태로 존재하며, 컴퓨터에 저장된 디지털 정보는 네트워크들 사이를 빛의 속도로 이동하며 이용자들 간의 정보교류를 가속화시킨다.

표 1-1   구경제와 신경제의 주요 차이점

카테고리	관점	구경제	신경제
경제	시장	안정적	동적이며 복잡함
	경쟁	국가 규모	국제/글로벌 규모
	산업구조	제조업	서비스업
	가치 동인	물리적 자본	인적 자본
비즈니스	조직	계층구조	네트워크 혹은 가상조직
	생산	대량생산	유연, 맞춤식 생산
	성장 동인	자본 및 노동	혁신 및 지식
	기술 동인	기계	디지털 및 온라인
	경쟁우위	저비용/대량생산	혁신, 속도, 품질
	관계	독립적	협업
소비자	취향	안정적	동적이며 조각화
	스킬	전문화	다수, 유연함
	교육 니즈	무역 중심	평생 학습
	근로자 관계	대립	협업
	고용의 성격	안정적	불안정, 기회주의적

신경제는 또 제품 및 제품의 생산방법을 개발하는데 인간의 노하우가 중요하게 요구되므로, **지식경제**(knowledge-based economy)이기도 하다. 경제의 부가가치 창출이 인간두뇌에 의해 가능하기 때문이다. 정보를 수집, 분석, 창출하는 지식근로자들이 늘어나고 있으며, 기업의 핵심 경쟁력이 이들 근로자들의 능력에 의해 좌우되는 추세이다. 지식경영을 통해 기업이 지식을 수집, 창출, 축적하고 또 축적된 지식을 기업 구성원들이 창의적으로 공유 및 활용함으로써 제품개발과 같은 부가가치 창출활동을 효과적으로 수행하는 것이 여러 기업들의 당면 과제이다.

그리고 경제의 구조 또한 변화하고 있다. 컴퓨터 산업과 통신 산업과 콘텐츠 산업이 한데 융합화됨에 따라 새로운 멀티미디어 산업이 빠른 속도로 출현하고 있다. 가령, 온라인 게임시장이 급성장하고 있으며, 네트워크를 통해 온라인으로 배송이 가능한 다양한 디지털 제품들(소프트웨어, 보고서, 음악, 클립아트 이미지 등)의 판매가 증가하고 있는 추세이다.

현장사례 · 신경제 생태계 구축을 이끄는 메타버스

메타버스는 새로운 플랫폼으로서 급부상하고 있다. 가상과 현실 세계의 융합을 뜻하는 이 공간에서는 사회경제 활동이 가능하고 문화예술적 가치창출까지 이뤄진다. 메타버스는 과거 ICT 생태계가 PC에서 스마트폰 중심으로 전환했듯이 새로운 패러다임을 불러일으킬 플랫폼으로 여겨지고 있다.

21일 정부 관계부처가 합동해서 만든 '메타버스 신산업 선도전략'에 따르면 특히 최근 5G 네트워크, 인공지능(AI), 블록체인, 클라우드 등 주요 기술 발달과 상호 융합은 메타버스 구현 기대감을 고조시키고 있다. 메타(전 페이스북)와 같은 글로벌 빅테크 기업이 신시장 선점을 위해 여러 전략을 모색하고 있는 상황은 향후 메타버스가 가져올 경제적 가치에 대해 생각해보게 만든다.

아바타를 꾸미고 가상공간에서 다른 이용자와 함께 놀이 등 사회관계 활동에 참여할 수 있는 제페도, 스튜디오 이용자가 콘텐츠를 제작하고 수익 창출하는 로블록스, 디지털트윈 지구에서 가상부동산 거래를 할 수 있는 어스2, 홀로렌즈2를 활용해 혼합현실에서 협업공간을 제공하는 메시는 우리에게 메타버스 세상의 시작을 알리고 있다.

메타버스, '새로운 경제 생태계 형성한다'

메타버스는 글로벌 투자시장에서도 핫하다. 세계 최초 메타버스 상장징수펀드(이하 EFT)는 뉴욕증시에 지난해 6월 상장했고, 국내 ETF 4종도 지난해 10월 입성했다. Emergen Research에 따르면 글로벌 기준, 메타버스 시장 규모는 지난해 630.8억 달러에서 2026년 4066.1억 달러까지 커질것으로 추산된다. 국내 기준으로는 같은기간 8.7억 달러에서 70.5억 달로 예상하고 있다.

메타버스는 디지털 콘텐츠를 생산해 수익을 창출하고 디지털 자산을 거래하는 방식으로 새로운 경제 생태계를 만들 수 있다는 점에서 관련 산업 활성화에 주목하는 사람이 많다. 이미 로블록스에서 활동하는 개발/창작자 125만명은 2020년 1년간 약 3.3억 달러 이익을 거뒀다.

특히 최근 주목받는 것은 디지털 콘텐츠에 고유성과 희소성을 부여하는 대체불가능한 토큰(Non-Fungible Token, 이하 NFT)이다. NFT는 그림, 동영상, 음악, 게임, 부동산 등 디지털 자산의 진위 판별 및 디지털 소유권 증명이 가능한 블록체인 기반 증서다. 디지털 상품과 영상 음원 등 아티스트 지식재산(IP)에 NFT를 결합해 강력한 팬덤에 의한 가상경제 확장을 기대하고 있다. 하이브, 두나무는 아티스트 IP기반 NFT 사업에 지난해 11월 진출했다.

실제 NFT 거래내역을 보면 더 실감나게 메타버스 세계 경제를 체감할 수 있다. 이세돌과 알파고의 제4국은 오픈씨에서 60이더리움, 약 2.5억원에 낙찰됐다. 비플 jpg파일형식 디지털아트도 온라인경매서 약 783억원에 낙찰됐다.

세계 빅테크 기업의 치열한 선두 다툼

메타버스 세상이 새로운 경제적 가치를 창출하고 있는 가운데 콘텐츠사와 달리 메타버스 플랫폼사는 소수가 시장을 주도할 것이라는 전망이 우세하다. 이런 상황에서 세계 빅테크 기업은 소수가 되기 위해 어떤 노력을 하고 있을까.

보고서는 대다수 기업들은 메타버스 저작도구 접근성 향상으로 메타버스가 보편적으로 활용될 시점을 3~5년 내로 예상하고 있다. 콘텐츠 업계는 다수 기업이 병존할 것이라고 전망했다.

메타는 구글과 애플이 독점한 모바일 플랫폼 종속에 탈피해 독자적 메타버스 플랫폼 구축을 위한

▶ 페이스북의 새 이름 메타는 메타버스 생태계 구축을 위해 향후 5년간 EU에서 만 명의 직원을 채용할 계획이다.

행보를 보이고 있다. 가상현실(이하 VR)기반 사무실 '인피니트 오피스', 소셜미디어 '호라이즌 월드'는 이의 시초가 될 전망이다. 이밖에 메타는 VR디바이스 오큘러스2, AR필터 제작도구 SparkAR 등을 출시했다. 향후 메타버스에 100억 달러 이상을 투자하고, 5년간 유럽에서 메타버스 개발 지원인력만 1만명을 채용하겠다는 계획이다.

마이크로소프트 역시 플랫폼을 중심으로 디바이스, 클라우드 등 자사 핵심 기술, 서비스 연계를 통해 B2B, B2G 중심으로 메타버스 사업에 진출한다는 방침이다. 클라우드 서비스 애저, MR 협업 플랫폼 '메시', 화상회의 솔루션 '팀즈', MR글래서 '홀로렌즈2' 등이 있고, 3D아바타 활용 화상회의 메시 포 팀즈는 올해 출시 예정이다.

엔비디아는 그래픽처리장치(GPU), AI 등 자사 기술력을 바탕으로 IT 인프라 중심의 메타버스 생태계 확장을 시도하고 있다. 고성능 GPU 기반 실시간 3D 시각화 협업 플랫폼 옴니버스 엔터프라이즈도 출시됐다. 애플은 현재 강력한 모바일 플랫폼 생태계를 메타버스로 점진적으로 확장하기 위해 디바이스, 서비스에 적극적으로 투자하고 있다. 올해 MR 헤드셋이 출시된다. 구글은 지난해 5월 자사 개발자 대외 '구글 I/O 2021'에서 3D 통신기술 '스타라인'을 공개했다.

우리는 메타버스를 어떻게 이용하게 될까?

초기에는 최근 동향처럼 PC, 스마트폰 기반으로 게임과 놀이, 소통 등 리상과 사회 활동 중심의 메타버스 서비스를 이용하다, 향후 몰입감이 극대화된 확장현실(이하 XR) 기반 메타버스로 제조, 훈련 등 전문영역에 특화돼 먼저 활용하다 차츰 일상과 업무영역까지 확산할 것이라는 전망이 우세하다.

XR 디바이스 보급은 아직 초기단계지만, 향후 XR 시장이 크게 성장하면서 혁신적인 XR 디바이스와 차세대 폼팩터가 출현할 것으로 예상했다. XR 디바이스 무게, 어지럼증 유발 등 문제가 개선되며 높은 수준의 몰입감을 제공하는 메타버스 서비스 확산을 기대하고 있다.

▶ 출처: 디지털데일리, 2022. 1. 21.

▶▶ 신경제의 주요 특징

신경제에서는 구경제와 달리 컴퓨터 및 통신기술을 기반으로 개인이나 조직들이 상호 연결되므로 구경제에서 상상하지 못했던 일들이 가능해진다.『디지털 경제』 저자인 단 탭스캇은 신경제가 구경제와 다른 점으로서 12가지 주제를 제시하고 있다.

• 지식(Knowledge): 정보기반 경제의 핵심은 지식이다. 지식은 컴퓨터가 아닌 인간에

의해 창출된다. 전문직 및 기술직 근로자를 포함하는 지식근로자는 물론 지식소비자도 곧 지식창출의 주체이다. 오늘날 소비자의 아이디어와 정보가 제품 속에 녹아 들어감에 따라, 제품 및 서비스의 지식콘텐츠는 크게 성장하고 있는 추세이다. 가령, 스마트의복, 스마트카드, 스마트자동차, 스마트타이어와 같이 제품 내에 칩을 장착시켜 지능적 속성을 갖게 한 제품들이 점차 선을 보이고 있어 우리 사회를 변화시킬 것으로 예상되고 있다.

- **디지털화(Digitization)**: 지식정보화사회는 모든 정보가 디지털화되는 사회이다. 책, 잡지, 교육콘텐츠, 음악, 사진 등 대부분의 전통매체에 존재하던 정보가 디지털화됨으로써 인터넷망을 통해 빠르고 용이하게 분배되고 전달되는 추세에 있다. 특히 소프트웨어, 연구보고서 등과 같은 무형의 디지털상품은 네트워크상으로도 100% 전송이 가능하여 물류비용의 부담없이 자유로이 상거래를 할 수 있다.

- **가상화(Virtualization)**: 아날로그 시대에서 디지털 시대로 접어들면서, 실체적 사물이 가상화되고 있다. 이로 인해, 조직의 유형 및 관계가 변화하고 경제활동 자체의 속성도 달라지고 있다. 몇몇 예를 들자면, 가상 외국인, 가상 투표함, 가상 게시판, 가상 국회, 가상 기업, 가상 쿠폰, 가상 정부기관, 가상 몰, 가상 현실, 가상 시장, 가상 오피스, 가상 상점, 가상 마을 등 여러 가지가 있다.

- **분자화(Molecularization)**: 신경제는 분자화된 경제이다. 구기업은 해체되어 역동적인 분자요소들에 의해 교체되고 있다. 물리학에서 분자(molecules)란 가장 작은 물질구성 단위로서 주변의 상태(가령, 온도)에 따라 다양한 물질을 형성시켜 준다. 마찬가지로 기업에서도 조직구성원들은 분자와 같이 주어진 상황에 따라 신속하게 팀으로 구성돼 힘을 발휘하게 된다. 동기부여가 강하고 자율적으로 학습하는 근로자들은 새로운 툴들을 통해 상호협력하며, 가치창출을 위해 그들의 지식과 창의성을 적용하게 되는 것이다.

- **통합화/네트워크화(Integration)**: 정보화사회에서 개별요소들은 통합되어 집합체가 되고 이들 집합체는 또 부(富)를 창출하는 다른 집합체와 네크워크로 연결된다. 수익 창출의 패러다임 변화는 아날로그가 아닌 디지털 컴퓨터망 때문에 가능하며 또 중앙집중식 컴퓨터 환경에서 인터넷기반의 상호접속식 웹환경으로 변화가 이루어졌기 때문에 가능하다. 이들 네트워크의 대역폭이 점차 확대되어 데이터, 문자, 음성, 이미지, 화상매체를 모두 통합하는 멀티미디어 전송능력을 확보하는 것이 가능해지고 있다.

- **비중개화(Disintermediation)**: 생산자와 소비자 사이에 중개 역할을 수행하던 중간상인이 디지털 네트워크로 인해 사라지고 있다. 이제 중개역할을 하던 중간상인은 중개 이외의 다른 새로운 가치를 창출하기 위해 그 역할을 변화시켜야 하며, 변화에 실패할

▶ 디지털 컨버전스가 가속화 되면서 다양한 기능이 하나로 융합되는 추세가 늘고 있다 (좌측은 애플 아이클라우드를 통해 사진 등 콘텐츠를 공유하는 기기들이고, 우측은 인터넷, 블루레이, 방송 등 콘텐츠를 시청 가능한 스마트 TV)

경우 시장에서 사라지게 될 것이다. 예를 들어, 이들의 역할이 제품매매의 중개기능보다는 정보교환의 중개기능으로 전환될 것으로 예상된다.

- **융합화(Convergence):** 지난 반세기 동안 끊임없이 발전을 거듭해 온 컴퓨터 및 통신기술이 최근 들어 급성장하고 있는 디지털 콘텐츠 기술과 융합되어 향후 21세기의 지식정보사회를 끌고나갈 주요 기술적 토대로 부상하고 있다. 이러한 추세에 따라, 전자지도, 게임 등의 콘텐츠를 내장한 PDA 겸 인터넷단말기 겸 핸드폰이 새로이 선보이고 있고, 또 이 세 부문에 속하는 기업들 간에 전략적 제휴도 활발히 진행되고 있다. 뿐만 아니라, 최근에 와서는 통신 및 방송이 서로 융합되고 있어 인터넷 회선을 통해서도 TV방송을 시청하는 이른바 IPTV의 시대가 열리기 시작했다.

- **혁신(Innovation):** 지식정보화사회는 혁신에 기반한 사회이다. 기업에서는 제품은 물론 시스템, 프로세스, 마케팅 및 인력에 대해 지속적인 변화와 개선을 추구해야 한다. 산업사회에 접어들면서 대량생산을 목표로 조직 및 프로세스가 구성되면서 혁신보다는 자동화, 규격화 등이 크게 강조되었다. 그러나 오늘날 시장에서 요구되는 다품종소량생산 능력을 기업이 확보하기 위해서는 혁신을 기업의 중심에 놓아야 한다. 한 예로, 오늘날 기업들은 쓰러져 가던 애플사를 기적적으로 회생시키는 데 결정적으로 기여한 아이팟 제품에서 혁신의 교훈을 얻을 수 있어야 한다.

- **고객중심 생산(Prosumption):** 신경제에서는 소비자와 생산자 간의 격차가 없어진다. 대량생산 대신 대규모 커스터마이징이 나타나면서, 생산자들은 개별 소비자의 요구사항 및 구미에 맞는 특정 제품을 만들어야 한다. 궁극적으로는 소비자가 실제 생산 프로세스에 참여하게 된다. 이를테면, 고객이 온라인상에서 자동차 쇼룸에 들어가 니즈에 맞게 차를 구성하거나, TV시청자가 원하는 저녁뉴스 토픽들만을 선택해 뉴스를 시청할 수 있게 될 것이다. 그림 1-1에서 볼 수 있듯이, 델 컴퓨터사는 고객이 PC제품을 자신의 니즈에 맞게 구성한 다음 이를 하루만에 생산하여 발송하고 있다.

그림 1-1   델 컴퓨터의 맞춤형 노트북컴퓨터 구성화면

▶ 소비자 자신이 생산할 제품의 스펙을 직접 지정해 줌으로써 컴퓨터 제조에 참여하고 있는 셈이다.

- **즉시성(Immediacy):** 신경제의 기업들은 주기시간(cycle time)의 단축을 비즈니스 성공을 위한 핵심과제로 삼는다. 1990년에는 자동차의 컨셉단계에서 생산단계까지 6년이 소요됐지만, 근래에는 2년 이하로까지 짧아지고 있다. 따라서 제품의 수명주기 또한 크게 줄어들고 있으며, 이 때문에 신제품의 개발을 완료한다 해도 곧 다음 제품의 개발단계에 돌입해야 하는 것이 현실이다.

- **글로벌화(Globalization):** 현대기업들은 정부에 의해 자국시장을 보호받던 과거 경영환경과는 달리 글로벌 시장에서 글로벌 고객의 니즈를 충족시킬 수 있는 글로벌 제품을 개발하고 생산하고 또 판매하여야 한다. 자국시장에 비해 글로벌 시장은 다양한 민족, 문화, 언어, 법적 환경 등의 요소들을 충족시킬 수 있어야 하므로 많은 노력이 요구되지만, 반면 시장규모도 크고 소비자 계층도 다채로워 기업이 성장할 수 있는 기회요

인도 될 수 있다.

- **이슈충돌(Discordance):** 신경제에 들어서는 전례 없던 사회적 이슈들이 등장해 대규모 충격과 갈등을 불러 일으킬 것으로 전망된다. 이를테면 권력, 프라이버시, 정보 접근, 민주적 절차 등과 관련해 다양한 의문과 논쟁을 불러일으킬 것이다. 이로 인해 인터넷상에서 네티즌들 간에 공방이 치열해지고 극단적인 경우에는 사안이 법정소송으로까지 발전할 수 있다. 우리나라에서 관심이 고조되었던 영화 '군함도'에 대한 네티즌들 간의 찬반논란이 그 단적인 예에 속한다.

▶▶ 디지털 제품 및 서비스의 거래 증대

인터넷을 기반으로 상거래가 가능한 제품들 중에는 컴퓨터, 프린터 등과 같은 유형 제품이 있는 반면, 소프트웨어, CD, 신문기사, TV 방송 프로그램, 주식, 항공권 등과 같은 무형 제품도 있다. 이들 무형 제품의 특징은 그 내용이 물리적 형태로 존재할 필요가 없다는 점이다. 비록 상당수의 이들 제품이 오늘날 물리적인 제품으로 포장이 되어 택배회사 서비스에 의해 목적지에 배달되고 있지만, 이들은 무형의 정보를 담고 있기 때문에 인터넷을 주요 배달수단으로 하여 전달함으로써 물류비용을 크게 절감할 수 있는 시대가 열리고 있다.

디지털 콘텐츠

오늘날 인터넷 기술이 우리 사회에 빠르게 확산되면서 디지털 콘텐츠가 매우 큰 관심을 끌고 있다. 인터넷 보급초기에는 네트워크 용량의 한계로 인해 주로 텍스트 위주의 문서를 전달하는 데 그쳤으나, 근래 들어 브로드밴드 네트워크가 널리 구축됨에 따라 영화와 같은 방대한 용량을 차지하는 콘텐츠도 활발히 전송되고 있는 추세이다.

흔히 디지털 콘텐츠라 함은 뉴스와 같은 시사적인 정보 이외에, 사진이미지, 동영상, 음악, 게임, 애니메이션 등과 같은 엔터테인먼트 정보도 포함한다. 그뿐 아니라, 논문, 조사보고서, 발표자료와 같은 지식정보도 중요한 콘텐츠 범주에 포함된다.

정보화 사회에서 온라인 정보를 이용자들에게 전달하는 주요 수단은 웹사이트라고 할 수 있는데, 이 웹사이트에 수록된 온라인 정보는 곧 콘텐츠이다. 많은 이용자들이 포털사이트에 접속해서 뉴스 등 새로운 정보를 접하거나 쇼핑몰 사이트에서 상품정보를 살펴보는 동안, 인터넷을 통해 콘텐츠가 끊임없이 전달된다.

이처럼 이용자들이 받아보는 콘텐츠 중에는 누구나 이용할 수 있는 무료 콘텐츠가 있는 반면, 상업적인 목적으로 콘텐츠를 제작해서 주문 및 대금결제를 완료한 고객에게 배달하는 유료 콘텐츠가 있다. 유형상품과 달리, 모든 디지털 콘텐츠는 손쉽게 복제하고 분배할 수 있는 특징이 있기 때문에, 디지털 콘텐츠의 유통과 관련하여 가장 관심의 대상이 되고 있는 것은 지적재산권의 보호문제이다. 따라서 여러 국가에서 디지털 콘텐츠 상품의 무분별한 유통을 제한하기 위한 법률 제정의 노력이 진행되고 있는 추세이다. 또한 디지털 창작물 소유업체들은 디지털 콘텐츠의 사용을 제한할 목적으로 DRM(digital rights management) 기술을 이용하고 있다. 이 기술이 적용된 파일은 복제나 전송이 불가능하다.

반면, 이러한 추세 가운데 인터넷 공간에서 이용자들이 콘텐츠를 무료로 자유로이 이용할 수 있도록 하자는, 이른바 '오픈콘텐츠'(open contents) 확산노력이 활발하게 이루어지고 있다. 이러한 추세에 관해서는 제3장의 **오픈 콘텐츠 모델** 부분에서 상세히 다루기로 한다.

디지털 서비스

인터넷을 통해 콘텐츠 등의 제품뿐 아니라 서비스 상품을 판매하는 기업이나 기관들이 늘고 있다. 공급자 관점에서 보면, 서비스를 제공하는 과정을 정보기술을 통해 상당부분 자동화할 수 있기 때문에 비용효율성을 높일 수 있는 장점이 있다. 동시에 구매자 관점에서 보면, 물리적 이동을 할 필요 없이 집이나 직장에서 편리하고 쉽게 웹사이트로 서비스를 구매할 수 있어 인터넷을 통한 서비스구매는 매력적이다. 서비스 분야의 전자상거래는 제9장에서 다뤄지고 있다.

인터넷 기술에 의해 가장 심오한 영향을 받는 서비스 산업 중의 하나는 금융이다. 온라인 금융은 최근 들어 인터넷 보안 문제가 개선이 되고 또 서비스 수수료가 하락하면서 금융사이트를 찾는 인터넷 이용자들의 트래픽이 점차 증가하고 있다. 인터넷 뱅킹의 경우, 은행들은 거래건수당 처리비용이 낮기 때문에 오프라인 거래에 비해 온라인 거래의 비중을 전략적으로 늘려가고 있다.

또 보험만 해도 예전에는 인터넷이 특별한 메리트를 제공하지 못한다는 인식이 있었으나, 요즘은 웹사이트를 통해 보험견적을 제공함은 물론 고객이 원할 경우 온라인으로 보험상품을 주문할 수 있으므로 온라인 보험의 거래량이 빠르게 증가하고 있다.

그 밖에도 온라인 여행부문의 전망이 밝을 것으로 기대되고 있다. 글로벌 조사전문기업 포레스터 리서치에 의하면, 전자상거래 영역 중 여행예약이 가장 큰 비중을 차지한다. 인터넷이라는 혁신적 매체가 여행상품의 구매방식을 근본적으로 변화시키고 있기 때문이다. 여행을 하기 원하는 고객관점에서 보면 온라인으로 다양한 여행상품에 관한 정보를 둘러볼 수 있고 가격비교도 쉽게 할 수 있을 뿐 아니라 원하는 여행상품을 직접 주문할 수가 있기 때문에, 인터넷이 더 없이 매력적일 수밖에 없다. 그림 1-2에서 볼 수 있듯이, 대부분 항공회사에서는 이미 전자항공권(e-Ticket)을 발급함으로써 소비자들의 편의를 도모하고 있는

그림 1-2   항공 e-티켓의 예시화면

KOREAN AIR e-티켓 확인증
e-Ticket Itinerary & Receipt

2017 / 23JUL2022

승객성명 Passenger Name	항공권번호 Ticket Number	예약번호 Booking Reference
HONG/GILDONG MR (KE71271571****)	1802333252336	88853681 (5Q7LBC)

✈ 여정 Itinerary

출발 From	도착 To	편명 Flight
ICN 서울/인천(Incheon) **04OCT2022(화) 21:05** (Local Time) Terminal No : 2	**HNL** 호놀룰루(Daniel K. Inouye Intl) **04OCT2022(화) 10:40** (Local Time) Terminal No : 2	**KE 053** Operated by KE KOREAN AIR

대한항공은 인천공항 제 2 여객터미널에서 운항합니다.

예약등급 Class : **X** (일반석)	예약상태 Status : **OK** (확약)	좌석번호 Seat number : **40F**
운임 Fare Basis : **XLSKYPR2**	수하물 Baggage : **2 Pieces**	항공권 유효기간 Validity : 05JUL2022-05JUL2023
기종 Aircraft Type : **Boeing 747-8I**	비행시간 Flight Duration : **08H 35M**	SKYPASS 마일리지 SKYPASS Miles : 0

- 스케줄, 기종 및 좌석등급(서비스클래스)는 부득이한 사유로 사전 예고없이 변경될 수 있습니다. 또한 항공기 교체등의 부득이한 사유로 선택하신 좌석이 변경될 수 있으니 탑승수속 시 기종 및 좌석번호를 재확인해 주시기 바랍니다.
- 할인 또는 무임 항공권의 경우 예약 등급에 따라 마일리지 적립률이 상이하거나 마일리지가 제공되지 않습니다.

▶ 이 e-티켓을 출력한 후 공항의 티켓카운터에서 제시하면 일반티켓과 같이 보딩패스를 발급받을 수 있다.

추세이다. 또 항공편 예약은 물론 호텔 및 렌털자동차 예약도 모두 통합적으로 할 수 있어 온라인 여행시장의 규모가 빠르게 성장할 것으로 전망된다.

 현장 사례

메타버스 기반의 쇼핑 서비스를 선보인 롯데쇼핑

코로나19 확산으로 비대면 쇼핑이 일상화되면서 가상환경을 활용한 디지털 서비스에 대한 관심이 높아지고 있다. 유통업계에서도 3차원 가상세계에 현실을 접목하는 '메타버스(Metaverse)' 마케팅이 확산되고 있다. 롯데홈쇼핑은 '메타버스' 사업을 본격 추진하며 디지털 혁신에 나서고 있다. 비대면 쇼핑환경 구축, 고객참여 가상환경 콘텐츠 확대 등을 목표로 디지털 신기술을 활용해 다양한 체험형 쇼핑 서비스를 진행할 계획이다.

롯데홈쇼핑은 지난 2018년부터 가상현실(VR), 증

▶ 메타버스 기술을 이용해 새로운 디지털 쇼핑서비스를 선보인 롯데쇼핑

강현실(AR) 등 인공지능 기술을 활용한 가상쇼핑 서비스를 선보여 왔다. 롯데홈쇼핑은 VR 기술을 활용해 가상공간에서 상품을 체험하고 구매할 수 있는 비대면 쇼핑 서비스를 확대하고 있다. 2018년 다이슨, 다우닝 등 약 50여 개 매장을 가상공간으로 만든 'VR 스트리트'를 시작으로 테마별 콘셉트에 맞는 가구, 소품 등을 가상공간에 구현한 'VR 라이프스타일샵'을 지난해 9월 오픈했다. 'VR 라이프스타일샵'은 빅데이터 분석, 트렌드 조사 등을 통해 '에씨', '한샘' 등 최신 인기 가전, 가구만을 구성해 인테리어 팁을 제안하는 쇼룸 형식의 전문 테마관으로 높은 호응을 얻고 있다.

지난 7월에는 '오토캠핑', '백패킹' 등 테마별로 공간을 구성한 VR 프리미엄 캠핑장을 선보였다. VR 캠핑장에 각종 캠핑용품을 실제 크기로 구현해 롯데홈쇼핑 VR 서비스 방문자 수가 전주 대비 10% 이상 증가했다.

프리미엄 가구 및 인테리어 상품을 가상공간에서 살펴보고 구매할 수 있는 서비스도 선보였다. 글로벌 리빙 브랜드 '에씨'의 플래그십 매장을 VR 쇼룸으로 구현한 언택트 가구 박람회 '메타하우스'를 진행했다. 초대형 쇼핑행사 '대한민국 광클절' 기간에는 '홈테인먼트 가구 박람회'를 열어 화장실, 침대, 거실 등 집 전체를 가상현실로 구현하고 공간별 콘셉트에 맞춰 '루씨에어 실링팬', '에이스침대' 등 상품을 배치해

판매했다.

현실 공간에서 가상의 상품이나 이미지를 직접 착용하거나 배치하는 '증강현실(AR)' 기술을 활용한 비대면 쇼핑 서비스도 선보이고 있다. 지난해 7월, 안경, 선글라스 등 패션 소품을 가상으로 착용해보고 구매할 수 있는 '리얼 피팅'을 론칭했다. 모바일 앱에서 구매를 원하는 상품을 선택하고, '리얼 피팅' 메뉴를 클릭한 후 휴대폰 화면에 얼굴을 비추면 자동으로 착용된 모습이 보인다. 현재 구찌, 안나수이 등 해외 유명 브랜드의 선글라스와 안경, 주얼리, 시계 등 패션 잡화상품에 이용할 수 있으며 오픈 이후 현재까지 누적 이용자 수만 약 100만 명에 달한다.

TV홈쇼핑 생방송에도 VR, AR 등 디지털 신기술을 적용해 고객들에게 새로운 경험을 제공하고 있다. 현장감이 중요한 여행상품 방송에서는 현지 랜드마크를 비롯한 건축물을 가상으로 보여주며 흥미를 높이고, 지난 6월 진행한 '패션 페스타' 특집전에서는 가상의 야외 수영장을 배경으로 '폴앤조' 등 단독 브랜드 여름 신상품을 판매했다. '진도 모피' 등 역시즌 상품 방송에서는 설원을 스튜디오에 구현한 AR 특집 방송을 진행해 '패션 페스타' 전체 방송의 평균 주문 건수와 비교해 50% 이상 높은 실적을 보였다. 롯데홈쇼핑은 디지털 기술을 다양한 카테고리로 확대 적용해 보다 생생한 현장감과 분위기를 전달할 계획이다.

롯데홈쇼핑은 메타버스 사업을 본격화하기 위해 가상 모델 '루시'를 자체 제작했다. 산업 디자인을 전공한 29세 모델이자 디자인 연구원으로, 올해 2월부터 SNS에서 인플루언서로 활동하고 있다. 최근 롯데홈쇼핑 대표 행사 '대한민국 광클절'의 모델로 발탁

▶ 롯데홈쇼핑의 가상모델 '루시'

되는 등 활발한 대외활동을 전개하고 있으며 현재 4만 2,000명의 팔로워를 보유하고 있다.

롯데홈쇼핑은 루시를 활용한 영상 콘텐츠의 품질을 개선하고, 인공지능 기반 음성 표현 기술을 적용해 상품 주문 및 안내 역할의 AI 가상 상담원, 가상 쇼호스트 등으로 활동 영역을 점진적으로 확대해 나갈 계획이다.

▶ 출처: 동아일보, 2021. 10. 26.

디지털 매체

인터넷을 통해 디지털 콘텐츠 및 서비스를 전달하는 역할을 담당하는 것은 디지털 매체이다. 오늘날 텔레비전, 라디오, 신문 및 기타 다양한 정보전달 매체들이 존재하지만 이들 매체들 간의 경계선은 점차 허물어져 가고 있다. 이들 매체들이 모두 인터넷을 통해 접근이 가능하고 또 인터넷은 점차 다양한 유형의 전송수단(가령, DSL, 케이블, 무선 등)을 통해 접근할 수가 있기 때문이다.

표 1-2를 통해 알 수 있듯이, 여러 매체 유형들이 디지털 기술로 인해 영향을 받고 있다. 최근 AM 및 FM 라디오 방송국은 위성 라디오와 경쟁하고 있고, TV 시청자들은 케이블이나 위성은 물론 인터넷을 통해 디지털 방송신호를 전송받고 있다.

뿐만 아니라 점차 브로드밴드 접속이 가능한 이용자들이 늘어나면서, 과거에 TV를 통해서만 볼 수 있던 동영상을 요즘은 인터넷에서 자유로이 다운로드해서 재생해 볼 수 있는 이른바 VOD(video on demand) 서비스가 크게 관심을 끌고 있다. 근래 들어 구글에 의해 인수된 유튜브(YouTube.com) 사이트는 전 세계 인터넷 이용자들에게 무료로 각종 동영상 자료를 제공하는 반면, 사이트 운영에 필요한 수익을 광고를 통해 발생시키고 있다. 유튜브

표 1-2   **디지털 매체의 예시**

매체 유형	특 징	비 고
디지털 TV	케이블, 위성 등을 통한 방송서비스	HD방식의 디지털 TV
디지털 라디오	지상파, 위성 등을 통한 방송서비스	디지털 라디오
디지털 동영상	디지털 녹화를 통해 선명한 영상/음성 제공	예) DVD에 저장
디지털 음악	휴대용 MP3 플레이어나 휴대폰을 통해 재생가능	예) CD에 저장
e-북	인쇄 책자를 디지털 파일 형태로 제작	인쇄책자보다 저렴
온라인 뉴스	최신정보가 장점이며 대체로 배너광고수입에 의존	무료서비스

사이트가 큰 관심을 끄는 주된 이유는 사이트에 올려지는 동영상이 사용자에 의해 직접 제작된 이른바 UCC(user-created content)이기 때문이다. 또 동영상 서비스의 인기가 급상승함에 따라, 기존의 상업방송국들이 자신들 소유의 프로그램을 유튜브 사이트에 제공하면서 인터넷 이용자들이 이들 방송프로그램 클립을 다운로드할 수가 있다.

1.3 이비즈니스와 이커머스

▶▷ 이비즈니스 용어의 등장배경

1994년, IBM은 그 당시 보유한 정보기술 솔루션과 전문성을 활용해 인터넷상에서 비즈니스를 수행하는 데 리더로 자리매김하기 위해 "이비즈니스"란 용어를 처음 사용했다. 곧 최고경영자인 루이스 거스너가 10억 달러 규모의 투자를 통해 이 새로운 브랜드를 출범시키기로 결정하였다.

1997년 10월 전 세계에 걸친 시장조사를 수행한 후, IBM은 "이비즈니스"의 개념을 소개하며 새로운 분야에서의 IBM의 전문성을 홍보할 목적으로 월스트릿 저널 일간지에 8페이지 광고를 게재

▶ 1993~2002년 사이 IBM의 CEO로 재직한 루이스 거스너

했다. IBM은 다른 기업들도 이 용어를 이용하며 하나의 새로운 산업이 만들어질 수 있도록 "이비즈니스" 용어를 상표로 등록하지 않기로 했다. 그러나 IBM의 이비즈니스 사업은 대단한 성공을 거두게 되었고 2000년 IBM은 3억 달러를 투자해 이비즈니스 인프라 구축사업을 출범했다. 그 후 "이비즈니스" 및 "이커머스" 용어는 거의 같은 개념으로 사용이 되며 일반인들에게도 널리 알려졌다.

▶▷ 이비즈니스와 이커머스의 개념

디지털 기업의 현상들을 얘기할 때 이비즈니스와 이커머스는 거의 함께 따라 다니는 용어이다. 그러다 보니 그 개념들이 혼재되어 있어 두 용어가 서로 유사어로 사용되고 있는

그림 1-3   이비즈니스와 이커머스

| 기업 하부구조(회계/재무, 총무, 계획) |
| 인적자원 관리 |
| 기술 개발 |
| 자재 구매 |

| 유입
물류 | 조업 | 유출
물류 | 마케팅
및 판매 | 서비스 |

경쟁
우위
(이윤)

이커머스

이비즈니스

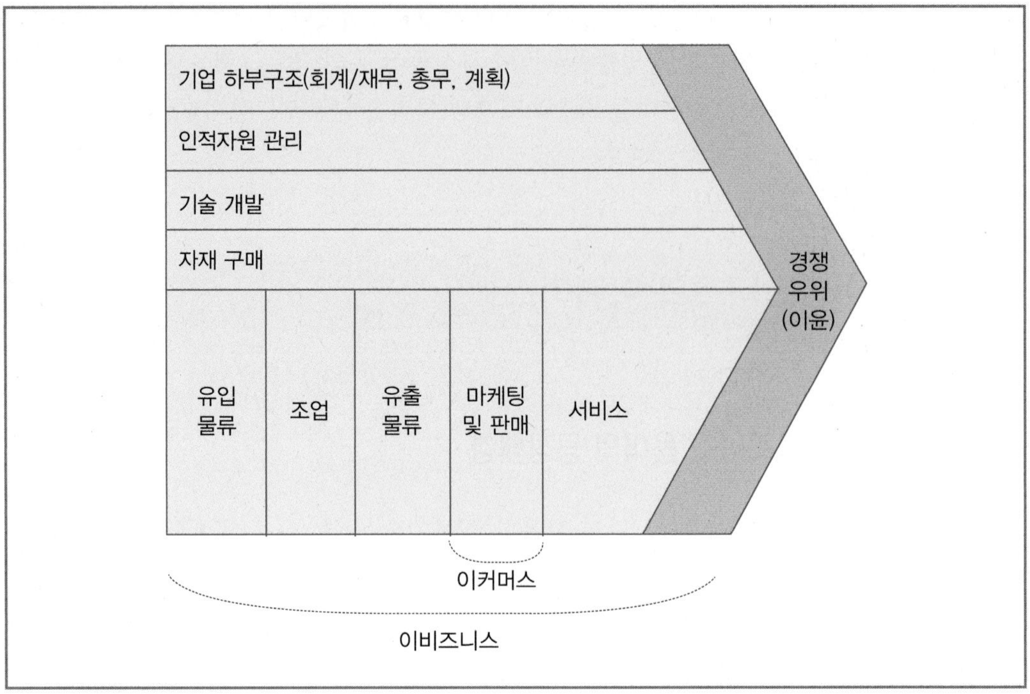

실정이다. **이커머스**는 전자매체를 기반으로 수행되는 고객, 협력사 또는 공급사와의 상거래를 의미한다. 예를 들면, 공급사가 제조사와 거래를 하고, 제조사가 협력사와 거래를 하며, 물류업자가 도매업자와 거래를 하는 것이 이커머스의 예에 속한다. 반면, **이비즈니스**는 컴퓨터, 인터넷 등 정보기술을 이용해 기업내부 커뮤니케이션 및 협업 그리고 비즈니스 프로세스를 지원하는 것을 의미한다. 이전에는 오프라인 방식으로 수행하던 기업의 비즈니스 활동들을 온라인 방식으로 수행하게 됨으로 말미암아, 업무의 처리속도가 빨라지고 능률이 높아지는 변화가 나타난다. 뿐만 아니라, 인터넷을 통해 세계가 하나로 연결되므로 시간의 장벽은 물론 공간의 장벽이 허물어진다.

이 두 개념간의 차이점을 보다 명확히 이해하기 위해서 가치사슬 분석 모델과 연관시켜 두 용어의 개념을 살펴볼 필요가 있다. **그림 1-3**에서 볼 수 있듯이, 이비즈니스는 기업의 모든 가치활동들을 지원하기 위해 인터넷 기술을 활용한다. 이에 비해, 이커머스는 인터넷 기술의 활용범위가 마케팅 및 판매 기능에 국한되는 개념이다. 따라서 이비즈니스는 이커머스를 포괄하는 광범한 개념으로 이해할 필요가 있다.

이러한 개념상의 차이점은 존재하지만, 이비즈니스와 이커머스는 서로 매우 밀접한 관계에 있다. 가령, 고객이 제품을 주문하도록 적극 유도하기 위해서는, 고객을 대상으로 한

CRM(고객관계관리) 애플리케이션을 통해 효과적인 마케팅 활동이 필요하다. 또 일단 고객 주문이 접수된 다음 고객에게 만족스러운 서비스를 제공하기 위해서는 ERP(전사적 자원관리) 및 SCM(공급망관리) 등 전사적 애플리케이션을 활용해 주문된 제품에 대한 대금청구서를 고객에게 전송하고, 재고를 확인해 주문제품을 발송하며, 또 주문과 관련한 고객의 문의사항에 대해 효율적으로 대응할 수 있어야 한다. 또한 이비즈니스는 효과적으로 이커머스 활동을 지원하는 것 이외에도, 인터넷 및 기타 정보통신 기술을 이용해 기업의 기존 비즈니스 모델을 혁신하고 전통적 기업을 디지털 기업으로 변신시키는 데 기여할 수 있어야 한다.

이비즈니스와 이커머스는 기업 비즈니스 거래의 속도와 편의성을 높이는 데 기여했다. 이로 인해 기업간 경쟁은 더 심화되고 있다. 기업은 새 기술에 끊임없이 적응하며, 혁신적인 시스템을 도입함은 물론, 전세계 소비자의 니즈를 충족시키는 데 주력하여야 한다. 이제 주문에 대비해 재고를 쌓아놓을 필요가 없고, 대신 소비자의 요구에 맞춰 제품을 준비해야 한다.

▶▶ 이비즈니스의 확산

웹을 이용하는 사람들이 늘어나면서, 온라인 비즈니스 거래를 이미 수행하고 있거나 수행할 계획을 세운 기업들은 웹 기반 비즈니스가 미칠 영향에 대해 이해하여야 한다. 이비즈니스 기업을 설립해 운영하려면 웹기술은 물론 마케팅 및 광고 분야의 전문성이 요구된다. 고객들은 1주일 7일, 하루 24시간 언제라도 제품 및 서비스를 구매하기 원하는데, 이를 가능하게 할 수 있는 최선의 방법은 업무 운영을 오프라인에서 온라인으로 이동시키는 것이다. 신뢰가 높고 기능도 앞서며 사용자 친화적이고 또 신속한 서비스를 제공하는 기업만이 성공할 수 있다.

최근들어 기업들의 이비즈니스 활동은 점차 다양한 비즈니스 기능분야로 발전하고 있다. 아래는 이비즈니스 범주에 속하는 비즈니스 기능들이다.

- 신입사원의 채용
- 마케팅, 광고, PR 및 판매
- 고객 지원 및 교육
- 회의 및 직원간 정보자원 공유
- 직원 교육훈련
- 전략계획을 위한 핵심정보 수집
- 급여 및 복지혜택 관리

1.4　본서의 구성

아래에서는 『디지털 시대의 이비즈니스와 이커머스』에 수록된 내용의 구성을 요약해 보기로 한다. 본서는 이비즈니스의 개요, 이비즈니스의 개발, 이커머스 전략, 이비즈니스의 관리의 네 파트로 구성되어 있다. 각 장은 개념사례로 시작하고, 특정 개념·현상·추세와 관련한 현장사례들을 포함하며, 해당 장의 본문내용을 실세계에 접목하는 사례연구로 맺음을 한다. 아래에서 이들 각 장의 주요 내용 및 특징을 간략히 살펴보기로 한다.

제1장 - 디지털 경제와 이비즈니스

오늘날 온라인 비즈니스 활동의 기본 토대가 되는 디지털 경제에 대해 소개한다. 전통적 경제에서 디지털 경제로 진입하면서 사회, 경제, 문화 면에서 어떠한 변화가 나타났는지 알아본다. 또한, 디지털 경제에서 중요한 비중을 차지하는 이비즈니스의 개념을 이커머스와 비교적으로 설명한다. 끝으로 본서의 구성을 소개한다.

제2장 - 이비즈니스 기술

인터넷, 웹, 모바일 네트워크 등 이비즈니스의 기술 인프라에 대해 알아본다. 인터넷과 월드와이드웹을 통해 전 세계의 이용자들이 어떻게 하나로 연동이 되고 이를 기반으로 어떻게 세계 도처에 흩어진 정보를 신속하고도 편리하게 접근하는 것이 가능한지 설명한다. 그리고 이러한 과정에서 하이퍼텍스트, 클라이언트-서버 구조, 웹브라우저, 마크업 언어 등의 기술이 어떤 역할을 담당하는지 살펴본다.

제3장 - 이비즈니스 시장과 모델

온라인 상거래가 이루어지는 시장은 전통적 시장과 대조를 나타낸다. 제3장에서는 이비즈니스 시장의 주요 특징뿐 아니라 거래 메커니즘에 대해 설명한다. 또 온라인 비즈니스 모델의 개념, 구성요소 및 분류에 관해 소개한다. 특히, 개별 비즈니스 모델의 수익창출 방법에 대해 조명한다.

제4장 - 온라인 마케팅과 고객관계관리

온라인 기업이 새로이 런칭된 후, 기대했던 비즈니스 성과를 낼 수 있기 위해서는 효과적인 마케팅 및 판매활동이 수반되어야 한다. 제4장에서는 시장 및 경쟁사 분석, 마케팅 전략 수립, 브랜딩, 온라인 광고기법, 그리고 고객관계관리(CRM) 등 이비즈니스의 온라인 마케팅과 관련된 개념, 방법 및 최근 트렌드에 대해 알아본다.

제5장 - 전자결제 서비스

온라인 상거래에서 해결하여야 하는 가장 중요한 이슈 중의 하나는 인터넷에 기반한 결제서비스이다. 전자결제 서비스가 기존의 전통적 결제서비스와 어떻게 다른지 알아보고, 서비스의 주요 유형들에 대해 살펴본다. 본 장에서는 전자결제 서비스를 신용카드, 전자수표, 네트워크형 전자현금, 스마트 카드, 계좌이체, 그리고 개인간 결제의 여섯 가지로 나누어 그 개념 및 특징을 살펴보기로 한다.

제6장 - 이커머스의 개념적 기초

이커머스는 인터넷과 같은 디지털 매체를 기반으로 제품이나 서비스를 매매하는 비즈니스 활동이다. 이러한 상거래 활동을 수행하는 온라인 기업은 적절한 전략을 통해 성공적인 운영을 하는 것이 중요하다. 이러한 맥락에서 이커머스의 기본개념들을 소개하고 온라인 사업의 성과를 높이기 위한 방법들에 대해 학습하는 것이 본 장의 목표이다.

제7장 - B2C 이커머스

B2C (business to consumer) 이커머스는 소비자를 대상으로 한 상거래 활동이다. 온라인 상점에서 소비자의 구매를 효과적으로 유도할 수 있기 위해서는 개인화 기술이 중요한 역할을 담당한다. 제7장에서는 개인화 기술의 개념 및 역할에 대해 학습하고 또 B2C 이커머스에서 온라인 상점이 해결하여야 하는 세 가지 주요 이슈들, 즉 신뢰, 트래픽, 그리고 고객충성도에 대해 살펴본다. 또 B2C 이커머스의 주요 성공요인들에 대해 학습한다.

제8장 - B2B 이커머스

B2B (business to business) 이커머스는 기업과 기업 간의 상거래 활동이다. 기업이 판매프로세스나 구매프로세스를 혁신하기 위해 B2B 이커머스 시스템을 어떻게 활용할 수 있는지 그리고 공급망관리(SCM) 기술이 이러한 시스템에서 어떤 역할을 담당하는지 알아본다. 또한 최근 B2B 이커머스를 이마켓플레이스와 기업협력네트워크의 두 가지로 분류해 설명한다.

제9장 - 소셜네트워킹, 모바일 커머스 및 온라인 경매

정보통신기술이 날로 발전함에 따라 이커머스도 빠르게 진화하며 새로운 비즈니스 현상들이 나타나고 있는 추세이다. 제9장에서는 사람들의 관계를 이어주는 소셜미디어가 이커머스에 어떻게 활용되는지, 또 이동 중에도 개인의 소통능력을 높이는 데 기여한 모바일기기가 어떻게 온라인 구매에 활용이 될 수 있는지 살펴본다. 이와 더불어, 정보통신기술이 최근 경매프로세스를 어떻게 변화시켰는지에 대해서도 학습한다.

제10장 - 서비스 부문의 이커머스

앞의 장들에서 주로 제품의 상거래에 대해 다뤘다면, 제10장에서는 서비스의 상거래와 관련된 개념들을 소개하고자 한다. 여기서는 상거래 대상 서비스를 여행, 주식매매, 뱅킹, 보험, 그리고 이러닝으로 나누어 설명하기로 한다.

제11장 - 이비즈니스 보안

오늘날 인터넷은 시간과 공간의 장벽을 제거하며 여러가지 순기능들을 제공하는 반면, 해킹이나 바이러스와 같은 역기능도 존재한다. 따라서 본 장에서는 온라인 기업에서 보안이 왜 중요한지, 그리고 주요 보안위협 요인들로 어떤 것들이 있는지 알아본다. 또 이러한 위협 요인들로부터 기업의 정보기술 자산을 보호하기 위해 필요한 기술들로서 암호화, 온라인 인증, 그리고 내부 시스템보호 등을 살펴본다.

🔍 토의문제

01 디지털 경제가 기존의 전통적 경제와 어떻게 다른지 적어도 세 가지 측면에서 각각 설명해 보자.

02 본문은 신경제가 우리 사회에 도래했음을 알 수 있는 추세로서 12가지 특징을 제시하고 있다. 이들 특징 중 '고객중심 생산'(prosumption)이란 항목이 있다. 우리나라에서 찾아볼 수 있는 고객중심 생산의 예를 두 가지만 들고 이러한 예가 시사하는 바는 무엇인지 설명하시오.

03 학생 자신이 그동안 사용해 봤거나 현재 사용중인 디지털 제품들은 어떤 것이 있는지 열거해 보고 이들이 각각 관련 아날로그 제품에 비해 어떤 장단점이 있는지 알아보자 (가령, 이북 vs. 종이책).

04 우리나라의 기업들은 대체로 이비즈니스가 얼마나 잘 도입되었다고 생각하는가? 구체적인 기업 예를 세 개만 제시하시오.

05 이커머스의 판매채널(예: 웹상점)을 전통적 커머스의 판매채널(예: 대리점, 할인매장, 방문판매 등)과 비교하시오. 특히 제품의 주문, 대금 결제, 물품의 인도 방법·비용·소요시간 등에 대해 비교적으로 설명하시오.

참고문헌

- Anderson, L. and I. Wladawsky-Berger, "The 4 things it takes to succeed in the digital economy," *Harvard Business Review*, March 24, 2016.
- Gada, K., "The digital economy in 5 minutes," *Forbes*, June 16, 2016.
- Gartner Group, "Gartner Consulting's Worldwide IT Benchmark Group Says Majority of Industries Will Cautiously Increase Worldwide IT Spending in 2006," 2022. 8. 20. 참조(http://www.gartner.com/press_releases/asset_142369_11.html).
- Laudon, K.C. and C.G. Traver, *E-Commerce 2021-2022: Business, Technology, Society* (17th ed.), Pearson Prentice-Hall: Upper Saddle River, N.J. 2021.
- Lenard, T.M. and D.B. Britton, *The Digital Economy Fact Book* (8th ed.), The Progress & Freedom Foundation, 2006.
- OECD Report, "OECD digital economy outlook 2020," July 15, 2020.
- Tapscott, Don, *The Digital Economy: Promise and Peril in the Age of Networked Intelligence*, McGraw-Hill: New York, 1996.
- Wikipedia, "Digital economy," en.wikipedia.org/wiki/Digital_economy, 2022. 6. 5. 참조.

사례연구 비대면 시대의 디지털 변화를 이끄는 메타버스

코로나19로 인한 가장 큰 변화는 비대면 사회로의 진입이다. 대표적인 사례로 원격근무의 확산을 꼽을 수 있다.

근무 방식의 급격한 변화에 많은 부작용이 우려됐지만 기우에 불과했다. 오히려 더 나은 경제적 효과들이 발견되면서 원격근무는 아예 일상적인 근무 형태로 자리잡기까지 했다.

더 극단적으로, 기존 업무 환경을 통째로 디지털화해 가상공간과 연결하는 '디지털트윈(Digital Twin)'이라는 개념도 등장했다. 디지털트윈은 디지털 공간에서의 결과물이 실제에 영향을 주고, 실제의 데이터 값이 디지털 공간에서 시뮬레이션 되는 등 두 세계의 경계를 무너뜨렸다.

▶ 메타버스는 비대면 시대의 대표적 산물이다.

사람이 일만 할 수 있으랴. 놀이 역시 가상의 공간에서 이뤄졌다. 나를 닮은 아바타(Avatar)가 다른 아바타와 만나 게임을 하거나 공통의 주제를 가지고 커뮤니케이션 하는 등 실생활 못지 않은 인간관계를 형성하는 것이 가능한 세상이 됐다.

이 모든 개념을 아우르는 것이 바로 메타버스(Meta-verse)다.

메타버스는 정치·사회·경제·문화 등 인간이 하는 모든 활동이 가상세계에서도 이뤄지는 것이 가능함을 보여주고 있다.

혹자는 이러한 개념조차 고정관념에 기반한 정의라 평하기도 한다. 그만큼 메타버스는 무슨 일이 일어나도 놀랍지 않은, 인류의 새로운 개척지가 될 것이라는 데 반론의 여지가 없다.

디지털 세계에 가치를 부여하는 NFT

인터넷이 지금처럼 대중화된 원동력에는 얼마든지 복제가 가능하다는 디지털 정보의 특징이 있다. 이러한 특징은 정보의 접근성을 급격히 높이면서 사회 전반의 정보 격차, 불평등을 해소하는 데 기여했다.

하지만 해당 정보의 경제적 가치를 부여함에 있어 이러한 복제의 특성은 역효과를 가져오기도 했다. 정작 정보를 만들어낸 당사자가 제대로 된 수익 창출 없이 소외되는 경우가 속출했다. 저작권의 가치, 개인정보 유출 등에 갈수록 둔감해진 이유다.

NFT(Non-Fungible Token: 대체불가능토큰)는 이러한 디지털 시대의 문제를 해결하는 핵심기술로 떠오르고 있다.

교환과 복제를 불가능하게 하는 블록체인이라는 기

술을 기반으로 디지털 정보에 고유성과 희소성을 부여한다. 영상, 그림, 음악 등 디지털로 통용되는 콘텐츠를 NFT로 만들면 복제가 불가능해 소유자는 그 가치를 인정받게 된다.

가치를 매길 수 있다는 말은 곧 거래가 가능하다는 말과 상통한다. 전세계적으로 NFT를 통해 백만장자에 등극하는 사람들이 심심찮게 나오고 있다.

NFT는 특히 메타버스를 더욱 견고하게 하는 기본 인프라로 작동할 가능성이 크다. 메타버스에서의 활동도 실제 세상에 비견되는 수익 창출이 가능함에 따라 새로운 디지털 경제가 등장할 것이라는 전망이다.

사람만 할 수 있는 일? 사람도 대체되는 세상

메타버스든 NFT든 사회적 시스템이 변화하고 있음은 어렵지 않게 인정할 수 있지만, 어느덧 사람 자체가 기술로 대체되고 있다고 하면 받아들일 수 있을까.

컴퓨터 그래픽이라는 인식이 들지 않을 만큼 실제와 흡사한 디지털휴먼이 TV에 나오기 시작했다. 미디어에 기반한 다양한 직업군이 디지털휴먼에 자리를 내주어야 하는 날이 올 것이라는 짐작이 가능하다.

사람의 노동력을 대체하는 로봇의 확산도 주목해야

▶ 디지털휴먼 수아

한다. 제조 등 산업현장에서의 로봇은 꾸준한 우상향 성장을 이뤄내고 있다. 스마트팩토리에 기반한 원격제어 로봇, 보다 고차원적 일처리를 가능케 할 협동로봇 등이 혁신의 바람에 불을 지핀다. 무인화 공장이 당연하게 여겨지는 시점이다.

서비스 로봇 시장의 성장은 괄목할 만하다. 이미 꽤 많은 매장, 식당에서 사람 대신 로봇을 '고용'하고 있음을 볼 수 있다. 제법 나쁘지 않은 일처리에 고객들의 흥미까지 더해져 매출 향상에 도움이 된다는 후문이다. 특히, 24시간 일해도 불평 한마디 없고 제때 월급을 지불

할 필요도 없는 로봇은 고용주에게 쏠쏠한 '가성비'를 가져다주고 있다는 평가다.

사회 시스템의 근본적 변화는 이미 시작

지금까지의 기술적 혁신은 그간 해오던 것을 더욱 편리하게 하는 '개선'의 의미가 강했다.

하지만 새롭게 등장한 메타버스, NFT, 로봇 등의 기술은 아예 전혀 새로운 패러다임을 제시하고 있다는 데 주목해야 한다. 이는 곧 사회 전반의 시스템, 경제 구조의 변화를 뜻하고 있음을 간과해선 안 된다.

메타버스는 이미 오프라인에서 이뤄지던 많은 경제 활동을 대체하고 있고, NFT는 금에 비견되는 디지털 자산으로 인정받는 추세다. 로봇은 노동시장에서의 합당한 급여 산정, 나아가 기본소득에 대한 사회적 화두까지 던지고 있다.

▶ 출처: 정보통신신문, 2022. 3. 29.

🔍 사례연구 토의문제

01 사례연구 본문에서는 메타버스를 코로나19 이후 비대면 시대의 디지털 변화를 이끄는 핵심 동력으로 소개하고 있다. 인터넷 검색을 통해 메타버스의 개념 및 중요성에 대해 알아봅시다.

02 메타버스가 비대면 시대에 개인의 삶 및 기업의 비즈니스 활동을 어떻게 변화시킬 것으로 기대되는지 설명하시오.

03 NFT란 무엇인가? NFT가 메타버스에 대해 가지는 중요성은 무엇인지 설명하시오.

04 사례 본문에서는 미래에 인간 노동력이 디지털 휴먼이나 로봇과 같은 기술 요소에 의해 대체될 가능성에 대해 우려하고 있다. 이 같은 가능성에 대해 동의하는가? 동의 여부 답변에 대한 구체적 근거를 제시하시오

05 위 4번 토의문제에서 디지털 휴먼 등 신기술이 인간노동력을 대체하는 세상이 현실화될 것이라 가정할 때, 기업들은 기술이 인간을 대체하는 변화에 대해 사전에 어떻게 대응하는 것이 바람직하다고 생각하는가?

제2장

이비즈니스 기술

2.1 인터넷 기술

2.2 월드와이드웹 기술

2.3 모바일 무선 기술

"인터넷 끊기면"… 우크라이나에서 어떻게 메시지를 보낼까?

최근 러시아의 우크라이나 침공으로 우크라이나의 통신 및 인터넷 인프라 시설들이 날이 갈수록 악화되고 있다. 러시아군은 우크라이나인들이 정보를 공유하는 것을 막기 위하여 통신 인프라시설들을 위주로 파괴하고 있기 때문이다.

우크라이나의 수도 키이우의 TV 타워를 비롯한 라디오 · TV 방송국 등이 직접적으로 공격당하고 있으며, 이 때문에 우크라이나인들끼리의 소통조차 불가능해지고 있다. 하지만 인터넷과 메신저 앱이 작동을 멈춘 경우에도 여전히 소통할 수 있는 방법이 있다. 이는 2019년 홍콩 민주화 운동 때에도 이용되었던 방법들이다.

브리아(Briar)로 대표되는 P2P(peer-to-peer) 통신 애플리케이션(Android용 오픈 소스)들은 네트워

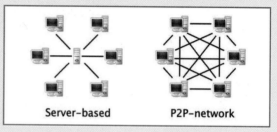

▶ 서버 기본 구조와 P2P 통신구조의 차이점

크 라우터나 휴대폰 네트워크와 같은 기존 인프라에 접근하지 않고도 두 대의 스마트폰들끼리 블루투스(Bluetooth) 또는 와이파이(WiFi)를 통해 직접 연결할 수 있다.

도시를 벗어나는 일이 잦아서 인터넷 신호가 자주 끊기거나 항상 휴대 전화와 통신하기를 원하는 사람들에게 유용한 방법이다. 브리아와 같은 애플리케이션은 중앙 서버를 두고 있지 않으며 사용자의 모바일 장치 간 직접 동기화를 가능하다는 장점이 있다.

P2P 통신이 가능한 애플리케이션들은 다수의 개별 사용자들이 중개 기관을 거치지 않고 직접 데이터를 주고받기에 모든 피어(인터넷을 통해 서로 연결된 컴퓨터 시스템 및 기타 장치들)들은 동일하다. 또한, 피어들은 동시에 클라이언트와 서버가 된다. P2P 네트워크는 현재 대다수 암호화폐의 핵심기술로 이용되고 있으며, 블록체인 산업에서도 큰 부분을 차지하고 있다.

이러한 애플리케이션들은 많은 연결을 결합하여 네트워크를 생성할 수 있다. 이러한 기술을 그물망 네트워크 혹은 메쉬 네트워크(mesh network)라고 부르는데, 결과적으로 의사소통이 두 사람에게만 국한되지 않으며 다수 사람이 더 먼 거리에서도 서로

▶ 러시아는 우크라이나의 통신 시설을 마비시키려 TV타워 등을 공격하고 있다.

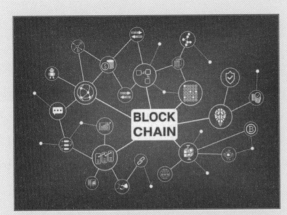

▶ P2P 네트워크는 현재 대다수 암호화폐의 핵심기술로 이용되고 있으며, 블록체인 산업에서도 큰 부분을 차지하고 있다.

통신할 수 있다는 장점이 있다.

또한, 외부 SIM 카드를 사용하기 때문에 메쉬 네트워크를 구성하고 있는 단 한 사람이라도 인터넷에 연결되어 있다면 네트워크에 연결된 모든 사람과 접근 권한을 공유할 수 있다.

애플리케이션은 사용자의 개인정보 보호를 최우선으로 생각하기에 개인정보 및 메시지 또한 저장되지 않으며 암호화되어서 직접 연결된다. 즉, 해커들도 메시지를 읽을 수가 없다는 장점이 있다.

그러나 메쉬 네트워크를 구성하고 있는 사람들은 (암호화 방식을 통해서) 자신도 모르는 방식으로 메시지가 전송될 수 있으며, 이를 통해서 잠재적으로 법을 위반할 수도 있음을 인지해야 한다. 또한, 블루투스는 약 10미터, 와이파이는 대략 최대 100미터까지 이용할 수 있기에 다소 짧은 통신 거리는 위 방식의 단점으로 지적되고 있다.

브릿지파이(Bridgefy)라고 부르는 (Android 및 Apple용) 애플리케이션은 브리아와 유사한 방식으로 블루투스와 와이파이를 이용한다. 따라서, 메쉬 네트워크 통신이 가능하며 최근 홍콩 민주화 운동 때 주로 이용되었던 애플리케이션이다.

다만 이 애플리케이션은 무료 오픈 소스가 아니며 광고를 통해서 애플리케이션의 수익을 창출하고 있다. 과거 브릿지파이에서 이용하던 암호화 프로세스는 보안 문제가 종종 발생했으나, 현재는 Signal 프로토콜을 사용하며 보안 문제를 해결한 상태이다.

위 애플리케이션이 사용하는 방식은 와츠앱(WhatsApp)에서도 부분적으로 적용하고 있다. 와츠앱에서 오프라인 기능을 사용하면 인터넷에 연결되어 있지 않아도 보내기 버튼을 누를 수 있는데 전화 캐시에 저장된 메시지가 인터넷에 연결된 전화를 받을 때 메세지가 전송되는 방식이다.

사일렌스(Silence)라고 부르는 애플리케이션 (Android용 오픈 소스)은 전화와 문자 네트워크는 계속 작동하나 인터넷이 없을 때 안전한 메시지 통신을 제공해주는 도구이다. 기존의 SMS 통신은 암호화되지 않으며 제3자가 쉽게 접근하고 읽을 수 있다는 단점이 있는데, 위 앱은 이러한 보안 허점을 해결하며 문자 메시지 자체를 암호화하는 방식으로 접근한다.

언제 누구와 메시지가 교환되는지 보여주는 메타데이터는 암호화할 수 없지만, 통신 내용 자체는 감시로부터 보호된다.

▶ 출처: The Science Times, 2022. 3. 22.

2.1   인터넷 기술

인류 문명의 역사는 네트워크를 만들고 이를 넓혀나가는 역사이기도 하다. 도시와 도시 간에 인간과 재화를 실어 나르는 자연적인 강의 네트워크에서부터 19세기에는 대륙과 대륙을 잇는 철도 및 운하의 네트워크와 또 20세기 들어서는 전화 및 무선기술과 같은 커뮤니케이션 네트워크에 이르기까지 네트워크를 중심으로 문명이 발전해 왔다고 해도 과언이 아니다.

이제 최근에 와서는 인터넷이라고 하는 방대한 규모의 네트워크가 등장해서 우리의 삶 가운데 개인들을 서로 연결해주며 생활의 방식을 변화시키고 있다. 소비자가 웹에서 제품을 주문해 놓고 며칠 후 인근의 상점에 가서 제품을 받아오는 시대가 열리고 있다. 단순하게는 인터넷을 하나의 기술 정도로 볼 수도 있다. 그러나 인터넷이 우리의 경제와 사회와 문화에 초래하는 변화 관점에서 지니는 의미를 이해하는 것도 중요하다. 아래에서는 인터넷 기술 인프라에 관한 배경 및 개념들을 살펴보고 또 인터넷이 비즈니스 활동을 위해 어떻게 활용되고 있는지 알아보기로 한다.

▶▶ 인터넷의 개념적 이해

인터넷이란?

인터넷(Internet)은 네트워크들을 상호 연동한다는 의미를 지닌 'Internetwork'의 줄임 말이다. 전 세계에 흩어져 있는 수 만여 개의 컴퓨터 네트워크들을 상호 연결하는 네트워크로서 흔히 네트(Net)라고도 불린다. 인터넷은 기업과 정부기관과 교육기관의 컴퓨팅 자원들을 상호 연결해 주며, 끝없는 정보의 바다와도 같은 공간으로 인식되고 있다.

인터넷이 의미하는 바는 개인과 기업에 대해 각각 다르다. 우선 개인 관점에서 보면 인터넷은 생활에 필요한 정보를 얻을 수 있는 새로운 매체를 의미한다. 매우 오래 전에는 개인이 정보를 접할 수 있는 방법은 서신이나 구두에 의한 수단뿐이었다. 또 매스미디어(mass

▶ 기업의 시각에서 인터넷은 오프라인 매장을 대체할 수 있는 새로운 판매채널 역할을 한다.

media) 시대가 열리면서 불특정 다수에게 정보가 전달되는 인쇄매체(신문, 잡지 등) 및 방송매체(라디오, TV 등)가 주된 정보전달 수단으로 부각되기 시작했다. 그러다가 정보화 시대에 접어들면서부터는 이들 매체 외에도 인터넷이 개인에게 정보를 전해주는 추가적인 채널로 부상한 것이다.

반면, 인터넷은 기업에 대해 두 가지 특별한 의미를 지닌다. 첫째, 인터넷 기술은 기업 내부 프로세스를 효율화하고 조직의 속도 및 유연성을 증대시키기 위한 목적으로 사용될 수 있다. 개별화 마케팅, 판매, 고객서비스, 인력채용 등 기업의 주된 활동들을 위해 유용한 가치를 제공할 수 있어 이비즈니스 추세를 더욱 가속화시키고 있다. 둘째, 인터넷은 기업이 개인 혹은 다른 기업과 낮은 비용으로 연결이 가능하도록 함으로써 기업에게 상거래를 수행할 수 있는 새로운 공간을 제공한다. 즉, 소매업체의 경우 기존의 오프라인 매장 이외에도 제품을 판매할 수 있는 추가적인 판매채널을 확보하게 되므로 매출을 확대할 수 있는 기회가 제공된다. 이는 전자상거래와 관련된 개념으로 본서의 뒷부분에 상세하게 다루기로 한다.

인터넷의 유래

냉전시대 당시 미국 군부 및 관련 핵심브레인 기관에서는 한 가지 문제에 봉착했는데, 이는 곧 핵 공격의 위협이었다. 즉, 중앙집중식인 통신 "통제센터"는 모두 핵공격시 주된 목표물이 될 것이기 때문에 군 전략가들은 이를 두고 고민했다. 결국 이 문제에 대한 해결방안으로서 통제센터 파괴로 인한 통신마비에 대비하기 위해 분산통신 네트워크의 구축이 추진되었다. 이 연구는 미 국방부 산하기관으로서 연구과제를 관리하는 ARPA(Advanced Research Projects Agency)란 기관에 의해 수 년간 지원을 받아 수행됐다.

이 아파(ARPA) 연구 프로젝트의 일환으로 스탠포드, UCLA, 유타, 캘리포니아 등의 대학이 공동개발한 **아파넷**(ARPANET)이 1969년 탄생하였다. **아파넷**은 초기에 주로 국방연구 프로젝트에 관련한 소수 연구소들에 국한되어 한정적으로 이용이 되었으나, 차츰 외부 연구소 및 대학들도 연결됨에 따라 연구 용도의 망으로 확장되기 시작했다.

1985년에는 미 과학재단(National Science Foundation: NSF)의 재정지원을 받아 NSFNET가 구축되면서 교육 및 연구 기능을 지원하는 학술망으로 발전하였다. 이 당시 인터넷에서 사용이 가능했던 애플리케이션은 단 네 개였다. 우선, 가장 흔하게 사용된 서비스는 이메일로서, 이는 한 컴퓨터의 이용자가 문자 메시지를 전송하고 이를 다른 이용자가 추후 편리할 때 받아볼 수 있도록 상대방 컴퓨터에 저장하는 서비스이다. 그 외에, 열거식 토론실(discussion list) 및 뉴스그룹(news groups)이 많이 이용되었는데, 이들을 통해 뉴스그룹이나 토론실에 메시지를 수록하면 등록된 모든 다른 이용자들에게 메시지가 자동으로

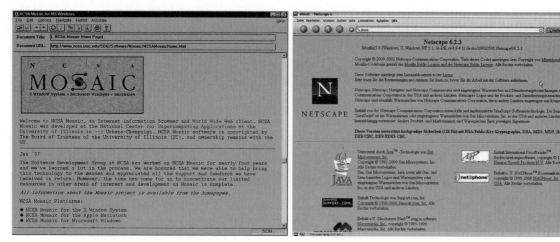

▶ 세계 첫 연구용 웹브라우저인 NCSA 연구소의 Mosaic, 그리고 세계 첫 상용 웹브라우저인 Netscape사의 Navigator 제품

복사되어 이용자들 간에 아이디어의 손쉬운 공유가 가능했다. 또 하나의 중요한 애플리케이션은 FTP(file transfer protocol: 파일전송규약)로서 사용자는 누구나 이 프로그램을 이용해서 크고 작은 파일들을 신속하게 전송하거나 전송을 받을 수가 있었다. 끝으로, 텔넷(telnet) 프로그램은 원격 로그인 기능을 통해 마치 사용자가 호스트컴퓨터에 직접 접속한 것처럼 컴퓨터를 원격으로 조정하는 것이 가능했다.

그러다가 1991년 NSF가 드디어 인터넷의 상용화를 발표하게 되었으나 실제로 인터넷 기반의 상거래가 폭발적인 성장을 시작한 것은 그 후 인터넷을 그래픽환경에서 용이하게 이용할 수 있는 웹브라우저가 등장하고 나서부터이다. 1992년 일리노이 대학의 NCSA(미슈퍼컴퓨팅 연구센터)가 Mosaic란 연구목적의 웹브라우저를 개발하였고, 이를 토대로 1994년 Netscape사에서 Navigator 소프트웨어를 내놓으면서 비로소 인터넷은 오늘날 인간의 생활에 심오한 영향을 미치는 요인으로 자리잡게 된다.

인터넷의 특성

인터넷은 다음과 같은 네 가지 특성이 기존의 다른 통신 네트워크와 다른 점이라고 할 수 있다.

- 개방성(open network architecture): 인터넷은 전 세계의 컴퓨터를 상호 연결하고 있는 개방/분산 네트워크이다. 즉, 통신표준에 의해 하나의 망으로 연결된 서로 다른 기종의 컴퓨터가 자료를 상호 교환할 수 있다는 점에서 인터넷은 개방형이며, 자원이 하나의 호스트 컴퓨터에 집중되어 있는 중앙집중식 통신망과는 달리 전 세계의 여러 컴퓨터가 상호 연결되어 있다는 점에서 분산형 통신망이다.

- **멀티미디어 정보 전송능력**: 인터넷이 처음부터 화려한 멀티미디어를 전송할 수 있었던 것은 아니었다. 초기에는 인터넷이 문자정보의 전송만 가능했기 때문에 흥미로운 정보를 통해 효과적으로 커뮤니케이션 할 수 있는 방법이 없었지만, 웹(World Wide Web)이 등장한 이후로는 동화상, 정지화상, 음성 등 다양한 정보형태를 통해 전송이 가능해지면서 인터넷은 새로운 전기를 맞게 된 것이다.

- **네트워크 용량의 지속적인 확대**: 제1장에서도 언급되었듯이, 우리나라뿐 아니라 전세계적으로 개인과 기업, 정부기관 및 기타 기관들을 상호 연결하는 네트워크의 용량이 최근 수 년간 크게 확대됐다. 광케이블을 기반으로 한 초고속전송회선이 활발하게 구축되고 또 전화선을 이용한 DSL 회선의 전송능력도 크게 향상됨에 따라, 오늘날 이용자들은 고해상도의 사진 및 동영상 자료도 별 불편 없이 전송할 수 있는 브로드밴드 네트워크가 등장하기에 이르렀다.

- **지역적, 시간적 장벽의 해소**: 인터넷과 같은 통신인프라 기술이 우리 생활에 그토록 큰 파장을 불러오고 있는 주된 이유 중의 하나는 인터넷을 통해 지구촌의 모든 사람들이 하나가 될 수 있다는 점이다. 이는 인터넷이 지역적 장벽과 시간적 장벽을 모두 허물어 주기 때문에 가능하다. 비록 한국에 사는 우리가 지구 반대편에 사는 유럽 사람들과 거리가 1만 킬로미터 이상 떨어져 있다 해도, 또 우리와 그들의 시간대가 정반대여서 서로 동시에 대화할 수 있는 기회를 찾기가 불가능하다 해도, 인터넷을 이용하면 그러한 시공의 장벽에 구애받지 않고 자유로이 대화가 가능하다.

▶▶ 인터넷의 기술적 이해

패킷교환 방식

인터넷망은 송신자와 수신자 간의 통신회선이 완전히 열려 있는 경우를 발견하기가 극히 어렵기 때문에, 전송하고자 하는 메시지를 작은 패킷 단위로 나누어 전송하고 또 패킷이 도착하면 다시 패킷들을 본래 메시지로 조합하는 이른바 **패킷교환**(packet switching) 방식을 이용하고 있다. 패킷교환 방식은 메시지 전체가 한꺼번에 전송될 필요 없이 통신경로를 따라 패킷들이 독립적으로 이동하므로 전송이 보다 효율적이며 빠르다는 장점이 있다.

패킷교환 방식은 우리에게 익숙한 공중전화망에 기초한 **회선교환**(circuit switching) 방식과 대조를 이룬다. 회선교환 방식에서는 송신자와 수신자 간의 통신회선이 완전히 열려 있어야만 두 지점 간에 독점적인 회선이용을 위한 연결이 이루어져 전화통화를 할 수 있도록 되어 있다. 따라서 회선교환 방식은 회선구간을 충분히 활용하지 못하고 낭비하는 결과를 가져온다는 문제점이 지적되고 있다. 반면, 패킷교환 방식은 네트워크에서 사용가능한

그림 2-1   **패킷의 구성**

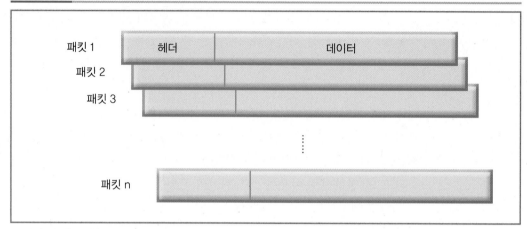

▶ 개별 패킷은 헤더 및 데이터로 구성되어 있으며, 패킷들이 모두 도착했을 때 고정길이의 이들 패킷을 조합함으로써 본래
메시지를 재생할 수 있다.

전송용량의 이용을 최적화하며 메시지 대기시간을 최소화하기 때문에 인터넷에서의 데이터전송을 위해 적합한 전송기법으로 알려져 있다.

그림 2-1에서와 같이, 인터넷망을 통해 전송하고자 하는 메시지는 우선 여러 개의 패킷으로 분할되는데, 이 때 각 패킷의 데이터에 헤더를 추가하여 패킷이 완성된다. 헤더에는 출발지 컴퓨터 IP 주소, 목적지 컴퓨터 IP 주소, 패킷의 길이, 패킷의 순번, 그리고 기타 제어정보가 포함된다. 이와 같이 구성된 패킷들은 각기 출발지를 떠나 다른 네트워크들을 거쳐 목적지까지 이르게 된다. 한 네트워크에서 다른 네트워크로 이동하는 데 있어서는 각 네트워크에 설치된 **라우터**(router)라는 통신장비를 통해 이동경로를 안내 받을 수가 있다. 라우터는 서로 다른 네트워크들을 상호연동하며 또 이 네트워크들을 거쳐 이동하는 과정에서 패킷들을 목적지까지 제대로 전달될 수 있도록 하는 역할을 담당한다.

TCP/IP 프로토콜 모음

컴퓨터가 기업에 도입되기 시작한 1950년대 이래로 기업들의 컴퓨터 환경은 서로 섞일 수 없는 물과 기름과도 같은 것이었다. 기업들은 각기 독자적인 컴퓨터시스템(proprietary systems)을 구축하여 운영하여 왔기 때문에 상호 호환이 거의 되지 않았다. 가령, 어느 기업이 IBM의 메인프레임 컴퓨터를 구입할 경우, 그 이후 구입하는 컴퓨터, 주변기기 및 통신시스템 등은 모두 IBM 방식을 따르는 제품만을 구입해야만 사내에서는 이들 기기 간의 호환성을 유지할 수가 있다. 만일 어느 백화점 A사에서는 IBM 컴퓨터환경인데, 이 백화점에 제품을 공급하여 주는 B사에서는 DEC 컴퓨터환경이라면, 서로 접속이 되지 않으며 또

재고와 관련한 데이터도 서로 공유하거나
교환할 수가 없다. 이러한 문제에 대한 해
결책으로 등장한 것이 곧 TCP/IP이다.

TCP/IP(Transmission Control Protocol/
Internet Protocol)란 하드웨어 및 통
신기기 제조업체들이 공통적으로 적용
할 수 있도록 만든 통신규약으로서, 메
이커가 서로 다른 이기종(異機種) 기기

▶ 모든 PC들이 인터넷에 연결될 수 있는 것은 TCP/IP라는
통신규약에 의해 상호접속성이 제공되기 때문이다.

간에도 혹은 서로 다른 이기종 네트워크 간에도 호환이 되도록 하는 기술표준 역할을 한
다. 글로벌 인터넷 환경에서는 Windows 계열의 PC, 애플 매킨토시, 리눅스 컴퓨터 등 데
스크탑 컴퓨터는 물론 유닉스 서버 및 스마트폰에 이르기까지 다양한 기종의 컴퓨터들
이 함께 존재한다. TCP/IP는 이러한 이질적인 컴퓨터 환경에서 컴퓨터들 간에 상호접속성
(interconnectivity)을 제공할 수 있는 핵심 도구라는 점에서 그 중요성이 매우 크게 인식되
고 있다. 즉, 세계 어느 곳에 있는 어떤 컴퓨터라 하더라도 TCP/IP 통신규약을 따르는 기기
라면 언제든지 인터넷 망에 접속할 수가 있다는 의미이다.

오늘날 인터넷의 통신 프로토콜로 자리잡은 TCP/IP 프로토콜 모음은 1974년 **빈슨트 서**
프(Vincent Cerf)와 **밥 칸**(Bob Kahn)에 의해 처음 구상되었다. 본래 TCP/IP는 네 개의 계
층으로 구성되었으나, **그림 2-2**에서와 같이 이후 물리적 계층이 추가되어 모두 다섯 개의
계층으로 확장되었다.

그림 2-2   TCP/IP 프로토콜 모음의 구조

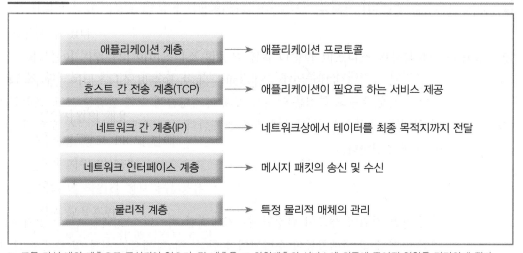

▶ 모두 다섯 개의 계층으로 구성되어 있으며, 각 계층은 그 하위계층의 서비스에 의존해 주어진 역할을 담당하게 된다.

대표적 TCP/IP 프로토콜의 예

앞서 소개한 TCP/IP 프로토콜 모음에서 계층 5(애플리케이션 계층)에 속하는 일부 인터넷 프로토콜들은 오늘날 사용자들이 인터넷을 이용하는 데 중요한 영향을 미치고 있다. 이들 중 대표적인 프로토콜로서 HTTP, SMTP/POP/IMAP, 그리고 FTP에 관해 각각 알아보기로 한다.

HTTP(Hyper Text Transfer Protocol)는 웹환경에서 문서를 전송하기 위해 이용되는 인터넷 프로토콜이다. HTTP의 목적은 인터넷을 통해 HTML 페이지를 이용자들에게 제공하고 또 이들 페이지를 이용자들이 받아볼 수 있도록 하는 데 있다. HTTP는 클라이언트와 서버 간에 요청 및 반응 방식으로 진행되는 프로토콜이다. 그림 2–3에서 볼 수 있듯이, HTTP 클라이언트(즉, 웹브라우저)가 HTTP 서버에의 접속을 요청함으로써 연결프로세스가 시작된다. 대기 중이던 HTTP 서버가 클라이언트 요청을 접수하면 곧 서버가 요청된 파일을 HTTP 클라이언트에게 전송한다. HTTP는 웹주소마다 도메인 이름의 바로 앞부분에 추가되는 문자열이기도 하다(가령, http://www.cau.ac.kr). 도메인 이름(즉, www.cau.ac.kr)은 문서가 저장되어 있는 조직 서버 컴퓨터를 나타낸다. 대부분 기업들은 자신들의 공식적인 기업명과 동일하거나 유사한 이름을 도메인 이름으로 채택하고 있다. 이러한 웹주소를 가리켜 URL(Uniform Resource Locator)이라고 부른다. 브라우저의 주소창에 입력되는 URL은 이용자가 원하는 정보를 정확히 어디에서 찾아야 하는지 나타낸다. 일반적으로 사용자들은 단순히 도메인 네임을 입력하지만, 해당 도메인 네임은 도메인 네임 서버를 통해 IP주

그림 2–3 **HTTP 환경에서의 문서의 전송**

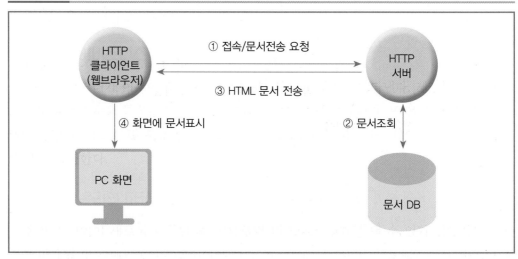

▶ HTTP 클라이언트 컴퓨터와 HTTP 서버 간의 커뮤니케이션을 통해, 요청한 HTML 문서가 전송되어 사용자 화면에 표시된다.

소(가령, 165.194.1.1)로 변환된 후, 이 IP주소를 이용해 서버를 찾아가게 되는 것이다.

이메일의 전송 및 수신과 관련한 인터넷 프로토콜은 SMTP, POP 및 IMAP이다. SMTP(Simple Mail Transfer Protocol)은 서버로 이메일을 전송하는 데 사용되는 프로토콜이다. SMTP는 1980년대 초에 개발된 비교적 단순하며 문자열 위주의 프로토콜이다. SMTP는 메일의 송신만을 담당하며, SMTP를 통해 전송된 메일의 수신을 위해서는 POP3나 IMAP 프로토콜이 이용된다. POP3(Post Office Protocol 3)를 이용하여 사용자는 서버로부터 이메일 메시지를 확인한 다음, 메시지를 자동으로 삭제하거나 서버에 남겨둘 수가 있다. IMAP(Internet Message Access Protocol)은 모든 유형의 브라우저 및 서버들을 지원하는 최신의 이메일 프로토콜이다. IMAP을 이용하면 서버에서 메시지를 확인하기 전 검색, 정리, 혹은 여과를 할 수가 있다.

인터넷 환경에서 파일의 업로드 및 다운로드를 위해 사용되는 프로토콜로는 FTP가 있다. FTP(File Transfer Protocol)는 서버와 클라이언트 컴퓨터 사이에 파일을 서로 주고 받을 수 있는 프로토콜로서, 웹이 등장하기 이전부터 이용되어 온 인터넷 서비스이다. 이메일을 통해 전송할 수가 없는 대용량 파일을 FTP를 이용해 쉽게 전송할 수 있기 때문에 인터넷 이용자들 간에 널리 이용되고 있다.

▶▶ 인트라넷과 엑스트라넷

인트라넷이란?

그림 2-4에서 볼 수 있듯이, **인트라넷**(intranet)은 인터넷 기술을 기반으로 한 기업내부 네트워크로서 조직의 정보 및 업무를 조직 구성원들이 서로 공유할 수 있도록 하는 데 초점을 둔다. 쉽게 말해서, 기존의 사내 정보시스템을 통해 이용하던 기능을 인터넷 기술 기반으로 옮겨와 이제는 웹사이트를 통해 기업 업무를 처리하는 셈이다. 따라서 인트라넷은 일반 인터넷과 마찬가지로 어디서든지 IP주소에 의해 웹사이트에 접속이 되지만, 조직 구성원들에게만 이용이 제한되며 이를 위해 로그인(log-in) 과정을 거치게 된다.

인트라넷은 흔히 조직 구성원들이 내부업무를 위해 서로 커뮤니케이션을 하고, 함께 팀웍에 의한 협업을 하기도

▶ 인트라넷은 인터넷 기술을 기반으로 한 기업 내부 네트워크로 서 IP주소만 있으면 접속이 가능하다.

그림 2-4　인트라넷과 엑스트라넷의 개념도

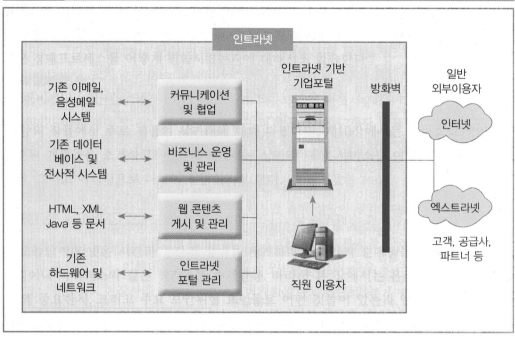

▶ 인트라넷은 기업 내부에 한정되는 네트워크인 반면, 엑스트라넷은 기업을 고객, 공급사 등 외부기업과 서로 연동하는 네트워크이다.

하며, 또 업무관리를 하는 툴로 활용된다. 특히, HTTP 및 기타 인터넷 프로토콜을 사용하므로, 기존의 기업 정보시스템과 접목되어 손쉽게 전사적 데이터를 조회 혹은 관리할 목적으로 흔히 사용된다. 따라서 오늘날 많은 기업들이 내부업무에 대해 이비즈니스를 실현하기 위해 인트라넷을 이용하고 있다.

　인트라넷은 다음과 같은 네 가지 장점을 지닌다. 우선, 기업들 대부분이 이미 인터넷 접속을 할 수 있는 기술적 토대가 구축되어 있으므로 인트라넷을 구축하는 데 별도로 큰 비용이 소요되지 않는다. 둘째, 이용자 관점에서 보면 인트라넷이 친숙한 웹사이트 인터페이스에 기반을 두고 있으므로 인트라넷의 사용은 곧 기존 인터넷의 사용이나 다름없다. 따라서 추가적인 학습요구량이 적으므로 시스템에 대한 교육비용도 낮게 든다는 것이 특징이다. 끝으로, 인트라넷상에서는 정보를 멀티미디어 형태로 제공할 수 있어 이용자의 흥미를 유발시킬 수 있다.

　인트라넷의 성공사례는 여러 세계 유수기업들에게서 찾아볼 수 있다. 다국적 컨설팅기업 KPMG사는 회사의 모든 정보자산을 KWorld라고 하는 인트라넷으로 이동시켰다. 시스코시스템즈사의 성공 배후에는 회사 인트라넷의 창의적 구축 및 활용이 있다. 중국은 인터넷 규제에 의해 금지된 정보에 대한 접근을 제한적으로 허용하는 국가 인트라넷을 구축하고 있다. 포드 자동차사는 전 세계 950곳의 175,000명 직원들이 회사의 인트라넷인 마이포드(Myford.com) 시스템을 접근할 수 있도록 했다.

엑스트라넷이란?

앞서 소개된 인트라넷이 인터넷 기술을 조직 내부에 적용시킨 네크워크라면, **엑스트라넷**(extranet)은 조직내부 시스템을 조직 외부인들에게 접속을 허용한 네트워크이다. 그림 2-4에 나타나 있듯이, 엑스트라넷은 고객, 협력사, 제휴업체, 공급사 등에게 접속이 허용되도록 구축된 조직과 조직을 서로 잇는 조직 간 정보네트워크이다. 즉, 인트라넷의 일부를 업무수행 목적으로 외부의 일부 기업에게 제한적으로 연결할 수 있도록 허용한 네트워크인 것이다.

따라서 기업내부망에 외부인들의 접속을 허용하게 되면 가장 위험의 소지가 있는 것이 시스템 보안의 문제이다. 외부의 위협요인으로부터 시스템 침입을 차단하기 위해 방화벽(firewall)을 설치하는 것이 필수적이다. 또 조직 내부망은 조직 내부적인 용도에 한정되는 경우가 대부분이므로 내부망에서 인터넷으로 접속할 일이 많지 않다. 그러나 인터넷 접속이 허용될 경우, 안전한 접속을 위해 게이트웨이를 통하게 되며, 사용자인증, 메시지 암호화 및 VPN(가상사설망)을 흔히 이용하는 추세이다.

고객과 공급사 등 외부인은 인터넷으로 기업의 인트라넷에 로그인하여 허용된 데이터에 국한해서 정보를 조회할 수가 있으며 또 필요할 경우에는 조직 내의 담당자와 커뮤니케이션을 할 수가 있다.

엑스트라넷은 조직간 정보시스템(interorganizational system)에 속하며, 기업 간 전략적 제휴를 지원하는 데 중요한 역할을 담당하는 통신 인프라의 요소이다.

2.2   월드와이드웹 기술

흔히 웹이라고 알려져 있는 월드와이드웹이 없다면 오늘날 급증하고 있는 전자상거래를 상상할 수조차 없다고 해도 과언이 아니다. 웹의 출현으로 수백만 명의 컴퓨터 이용자들에게 문자, 정지화상, 애니메이션, 동화상 및 음성 등 다양한 디지털 서비스를 용이하게 제공하는 것이 가능해졌다. 다시 말해, 웹은 전 세계의 컴퓨터 이용자들에게 온라인 상거래 장터를 제공하는 데 필요한 사용자 친화적인 표현을 가능하게 하고 있다.

▶▶ 월드와이드웹의 개념

월드와이드웹이란?

월드와이드웹(World Wide Web)은 인터넷을 통해 접근가능한 문서들의 모음으로서 하이퍼텍스트 기능을 통해 이들 문서들을 마우스로 쉽게 탐색할 수가 있다. 하이퍼텍스트(Hypertext)는 첫 페이지에서 마지막 페이지까지 단순히 순서대로 나열하지 않는다는 점에서 일반적인 텍스트와 다르다. 즉, 관심 있는 용어나 그림을 클릭하면 즉시 그와 관련한 상세한 정보를 얻을 수가 있으므로, 네트워크의 다양한 경로를 따라 자유로이 정보를 탐색해 나가는 것이 가능하다. 페이지에 표시된 모든 항목들을 클릭할 수 있는 것은 아니므로, 이용자가 클릭할 수 있는 항목들은 특별히 눈에 띄도록 표시된다. 사용자가 웹페이지의 특정 항목을 클릭할 때 이와 관련한 추가적인 정보가 있는 다른 페이지로 연결될 수 있도록, 페이지 작성자는 해당 항목에 대해 링크를 걸어둘 수가 있다. 웹에서 페이지들은 주로 콘텐츠라고 불리며, 콘텐츠 작성자는 흔히 이들 페이지들을 작성함은 물론 페이지들을 서로 연결하기도 한다.

웹환경에서는 클라이언트 프로그램(가령, 웹브라우저)이 웹서버에 접속한 다음 웹서버로부터 웹페이지 및 기타 컴퓨터 파일들을 수신받아 사용자 화면에 표시해 준다. 사용자는 화면에 표시된 웹페이지를 보고 페이지에 수록된 하이퍼링크를 클릭하면서 한 웹페이지에서 다른 웹페이지로 이동하면서 정보의 바다를 항해하게 된다. 이와 같이 마우스 클릭을 통해 웹페이지들을 탐색할 수 있는 반면, 사용자가 웹 양식에 정보를 입력하고 이를 웹서버가 전달받아 저장할 수가 있다(예: 회원등록, 온라인 대금결제 등). 일반적으로 조직의 웹페이지들을 모아놓은 공간을 가리켜 웹사이트(Web site)라고 하며, 웹사이트는 웹서버에 저장, 관리된다.

웹의 출현

인터넷에 비해, 웹은 1990년 경이 돼서야 처음 출현했다. 웹을 처음 개발한 사람은 CERN(유럽분자물리연구소)의 **팀 버너스리**(Tim Berners-Lee) 박사이다. 그보다 앞서 이미 1940년대에 **바네스바 부시**는 지식을 상호 연결된 페이지들로 구성함으로써 이용자들이 이를 자유로이 찾아볼 수 있게 할 수 있다는 가능성을 제시한 바 있으나, 인터넷상에서 이러한 아이디어가 실현된 것은 1990년대가 되어서 팀 버너스리 및 CERN 연구원들에 의해 가능해진 것이다.

기본적으로 **버너스리**의 공헌은 인터넷과 하이퍼텍스트의 결합방법을 제시한 데서 찾을 수 있다. **버너스리**는 기존의 인터넷에 하이퍼텍스트 개념을 결합시키기 위한 제안을 여러

표 2-1   월드와이드웹의 구성요소

웹 구성요소	정 의
하이퍼텍스트	정보의 한 형태로서, 컴퓨터 환경에서 사용자는 하이퍼링크라고 불리는 이들 문서들 간의 내부연결관계를 통해 한 문서에서 다른 문서로 이동할 수 있음
클라이언트-서버 컴퓨팅모델	클라이언트 컴퓨터가 서버 컴퓨터에게 요청을 하면, 서버컴퓨터가 요청한 자원이나 서비스(즉, 데이터나 파일)를 제공하는 컴퓨터 환경
웹브라우저	웹사이트의 웹페이지에 존재하는 문자열, 이미지 및 기타 형태의 정보를 사용자가 인터넷망을 통해 수신해 자신의 컴퓨터 화면에 표시할 수 있는 소프트웨어 프로그램
화면구성 언어	웹브라우저 내에 원하는 모양으로 정보를 표현할 수 있도록 웹페이지 화면을 구성하기 위한 언어

차례 발표하였으나, 두 분야의 전문가들은 아무도 관심을 보이지 않았다. 결국 자신이 직접 나서 웹상에 존재하는 정보자원들을 접근할 수 있는 방법을 개발하기에 이르렀다. **표 2-1**에서 볼 수 있듯이, **버너스리**는 CERN에서 웹의 기본적인 네 가지 요소인 하이퍼텍스트, 웹 서버 및 브라우저, HTML를 개발하였다.

우선 **버너스리**는 자신이 작성한 페이지들이 키워드를 이용해 연결되도록 할 수 있는 컴퓨터 프로그램을 개발했다. 문서상의 카워드를 클릭하면 즉시 다른 문서로 이동할 수 있는 그러한 프로그램이었다. 그가 이들 페이지를 작성하기 위해 이용한 언어는 SGML(Standard Generalized Markup Language)이라는 페이지 구성언어의 변형버전이었다. 버너스리는 이 언어를 HTML(HyperText Markup Language)이라고 명명했다.

그 다음으로 그는 HTML 페이지들을 인터넷에 저장하는 방법을 찾아냈다. 다른 곳에 있는 클라이언트 컴퓨터가 HTTP 프로토콜을 이용해 이 페이지들을 접근할 수 있는 방법이었다. 그러나 이들 초기 웹페이지들은 흑백으로만 표시될 수밖에 없었고 또 그래픽이나 사진 이미지는 표시가 불가능한 문자위주 페이지들이었다.

그러다가 문자위주 웹페이지들이 그래픽표시가 가능한 웹페이지들로 발전한 것은 일리노이대의 NCSA(슈퍼컴퓨터 소프트웨어연구소)의 연구원으로 있던 **마크 앤더슨**이 그래픽 사용자인터페이스로 재무장된 **모자이크**(Mosaic)라는 웹브라우저를 개발한 1993년이었다. 모자이크는 웹문서를 배경색과 이미지와 간단한 애니메이션까지 곁들여 화면에 표시할 수 있는 브라우저였다. 뿐만 아니라, 모자이크는 윈도우, 매킨토시, 유닉스 등 다양한 운영환경에서도 구동될 수 있도록 개발되었기 때문에 컴퓨터 환경에 관계없이 이용할 수 있는 범용 브라우저라는 점이 특히 눈길을 끌었다.

웹의 새로운 가능성을 여는 데 크게 기여한 모자이크의 기능 및 특징을 바탕으로 1994년

마크 앤더슨과 짐 클라크는 넷스케이프사를 설립하게 된다. 이 회사에서 출시한 첫 상업적 브라우저가 곧 넷스케이프 내비게이터이다. 모자이크는 무료로 배포된 데 반해, 내비게이터는 유료로 판매되기 시작했다. 그러다 마이크로소프트사가 윈도우 소프트웨어에 새 웹브라우저인 인터넷 익스플로러를 번들링(bundling)하여 판매하기 시작하면서, 시장을 거의 독점하던 넷스케이프사는 마이크로소프트사에게 시장을 내줄 수밖에 없는 운명을 맞게 된다.

▶▶ 웹의 구성요소

하이퍼텍스트

우리가 흔히 웹사이트에 접속해서 둘러보는 페이지들은 하이퍼텍스트 문서의 형태로

그림 2-5   하이퍼텍스트 문서의 개념도

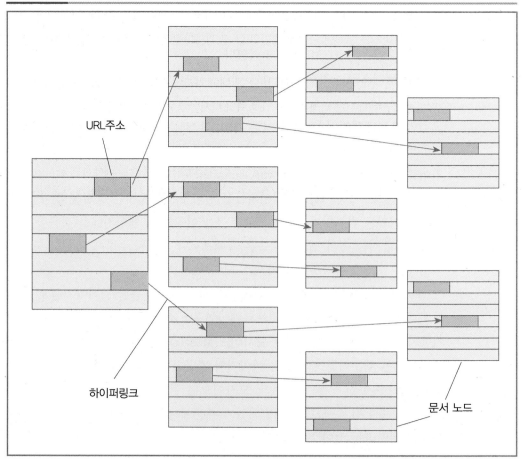

URL주소

하이퍼링크

문서 노드

▶ 짙게 하이라이트된 하이퍼텍스트 항목마다 URL 주소를 부여해 하이퍼링크를 생성시키는데, 이 링크를 통해 다른 페이지와 연결이 되므로, 페이지들 간의 자유로운 이동이 가능하다.

존재한다. 이들 웹페이지는 HTTP 프로토콜에 기반한 인터넷 서버에 저장된 페이지들에 대해 웹브라우저 소프트웨어가 요청을 함으로 인해 인터넷을 통해 접근이 가능하다. **하이퍼텍스트**(hypertext)란 컴퓨터 화면에 제시된 텍스트(즉, 문자열)로서 문서들을 상호 연동하기 위한 하이퍼링크를 포함하며, 이들 링크를 통해 페이지들을 음성, 동영상, 애니메이션 등 기타 개체들과 연결해 준다. 따라서 이용자가 웹페이지의 그래픽이나 동영상을 클릭할 경우, 실제로는 하이퍼링크를 클릭하는 것이며 이 하이퍼링크에 연결된 해당 개체가 화면에 표시되는 것이다. 그림 2-5에서 볼 수 있듯이, 각 하이퍼텍스트 문서마다 URL 주소로 표현된 하이퍼링크들이 포함되어 있으며, 이 하이퍼링크에 의해 여러 문서들이 서로 연결되어 있으므로, 이용자 관점에서는 여러 서버에 분산되어 있는 이 모든 문서들이 마치 한곳에 있는 것 같이 손쉽게 웹페이지들을 탐색할 수가 있다.

웹서버와 웹클라이언트

서버는 네트워크 자원을 관리하는 인터넷상의 호스트로서, 웹서버, 이메일 서버, 데이터베이스 서버, 파일 서버 등 다양한 서버들이 존재한다. 웹서버도 이러한 유형의 호스트에 해당한다.

웹서버(Web server)란 HTTP 서비스를 요청하는 네트워크상의 이용자 컴퓨터들에게 HTML로 작성된 웹페이지를 전달하기 위한 목적으로 지정된 컴퓨터를 의미한다. 반면에, **웹클라이언트**(Web client)는 HTTP 기반의 웹브라우저를 이용해 웹서버에 존재하는 문서

그림 2-6　웹의 서버-클라이언트 구조

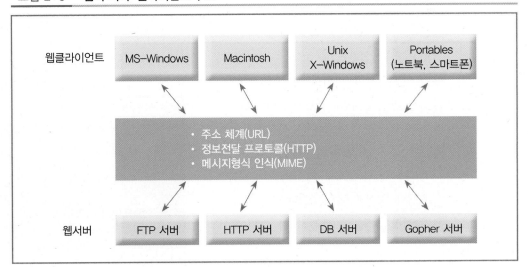

▶ URL 등 주요 프로토콜을 통해 다양한 웹클라이언트와 다양한 웹서버가 서로 연동될 수 있다.

를 요청하고 그에 대해 전송받은 웹페이지를 이용자 화면에 표시해 주는 컴퓨터이다.

그림 2-6에서 볼 수 있듯이, 웹환경에서는 FTP, HTTP 등 다양한 서버들이 윈도우, 매킨토시 등 다양한 클라이언트와 함께 연동이 되어 이용자들이 자유 자재로 정보를 접근할 수가 있는데, 이러한 연동은 통신 프로토콜을 통해 가능해진다. 웹환경의 주된 프로토콜로는 주소체계를 정의하는 URL 프로토콜, 멀티미디어 정보로 구성된 문서를 전송할 수 있도록 하는 HTTP 프로토콜, 그리고 인터넷 기반의 메일 메시지형식을 인식할 수 있게 하는 MIME, 이메일 수신을 위한 POP(post office protocol) 프로토콜, 그리고 이메일 발신을 위한 SMTP(simple mail transfer protocol) 등이 있다. 이들에 관해서는 앞서 인터넷 프로토콜과 관련한 부분에서 더 상세히 소개되어 있다.

웹브라우저

웹브라우저(Web browser)란 하나의 소프트웨어 프로그램으로서 전 세계의 인터넷서버에 존재하는 HTML 문서들을 받아볼 수 있는 도구 역할을 한다. 이들 문서 네트워크를 일컬어 월드와이드웹이라고 부른다. 문자열, 이미지, 동영상 및 기타 정보를 자유로이 화면에 표시할 수가 있으며, 문자열과 이미지에 대해서는 하이퍼링크를 부착할 수 있어 동일한 사이트 혹은 다른 사이트에 존재하는 웹페이지로의 이동이 쉽게 이루어질 수 있다. 사용자는 이들 링크들을 이용해 수많은 웹사이트의 웹페이지를 쉽게 접속함으로써 인터넷의 방대한 정보를 탐색할 수가 있는 것이다. 웹브라우저는 HTML언어로 작성된 정보를 다시 웹페이지로 구성해 화면에 표시해주므로, 웹페이지의 표시 모양은 브라우저에 따라 다를 수가 있다.

PC에서 이용할 수 있는 웹브라우저로는 인터넷 익스플로러, 크롬(Google Chrome), 파이어폭스(Mozilla Firefox), 사파리, 오페라, 넷스케이프 등이 있다. 시장점유율이 가장 큰 웹브라우저는 인터넷 익스플로러지만, 최근 들어 급부상한 구글사의 크롬이 그 뒤를 바짝 뒤쫓고 있다. 2004년에 소개된 파이어폭스는 한때 넷스케이프사에 프로그램을 제공하기도 했던 모질라사가 윈도우, 리눅스 및 매킨토시 환경을 위해 개발한 무료 웹브라우저이다. 세번째로 높은 시장점유율을 보이고 있는 사파리는 애플 매킨토시 컴퓨터 전용 브라우저이며 맥 OS X 시스템에 포함되어 공급된다. 웹브라우저 시장점유율과 관련한 한 가지 흥미로운 점은 1990년대 중반무렵 웹브라우저가 처음 등장했을 때 시장을 독

▶ 애플 컴퓨터 전용으로 출시된 사파리 웹브라우저

점하다시피 했던 넷스케이프사의 웹브라우저는 마이크로소프트사의 인터넷 익스플로러에 밀려 이제는 거의 존재도 알아보기 어려운 미미한 제품으로 추락했다는 사실이다.

마크업 언어

마크업 언어(markup languages)란 웹페이지 문서에 태그 등을 추가해 문서나 데이터의 구조를 명기하는 언어를 뜻한다. 텍스트는 물론 그래픽, 동영상 등 멀티미디어 정보를 통해 시각적으로 흥미를 유발할 수 있는 웹사이트의 페이지들은 웹페이지 마크업 언어를 이용해 작성된다. 아래에서는 HTML 및 XML의 두 가지 마크업 언어를 살펴보기로 한다.

HTML

웹페이지를 구성하는데 가장 보편적으로 사용되어 온 HTML(HyperText Markup Language)는 태그를 통해 페이지를 작성하는 언어이다. 태그란 페이지 구성을 표현하기 위해 해당 문서 내에 삽입되는 명령문으로서, 이 태그를 웹브라우저가 해석하여 완성된 페이지 모양이 나타난다. 그림 2-7은 HTML언어로 작성된 페이지구성 코드를 보여주고 있다. 페이지 내용의 모양을 만드는데 이용되는 태그들이 '〈 〉'기호 안에 포함되어 있음을 알수가 있다.

HTML은 문서 내의 텍스트 위주 정보의 구조를 표현하며(가령, 일부 텍스트를 제목, 단

그림 2-7　HTML 언어로 작성된 웹페이지 구성코드(좌) 및 웹페이지 표시화면(우)의 예시

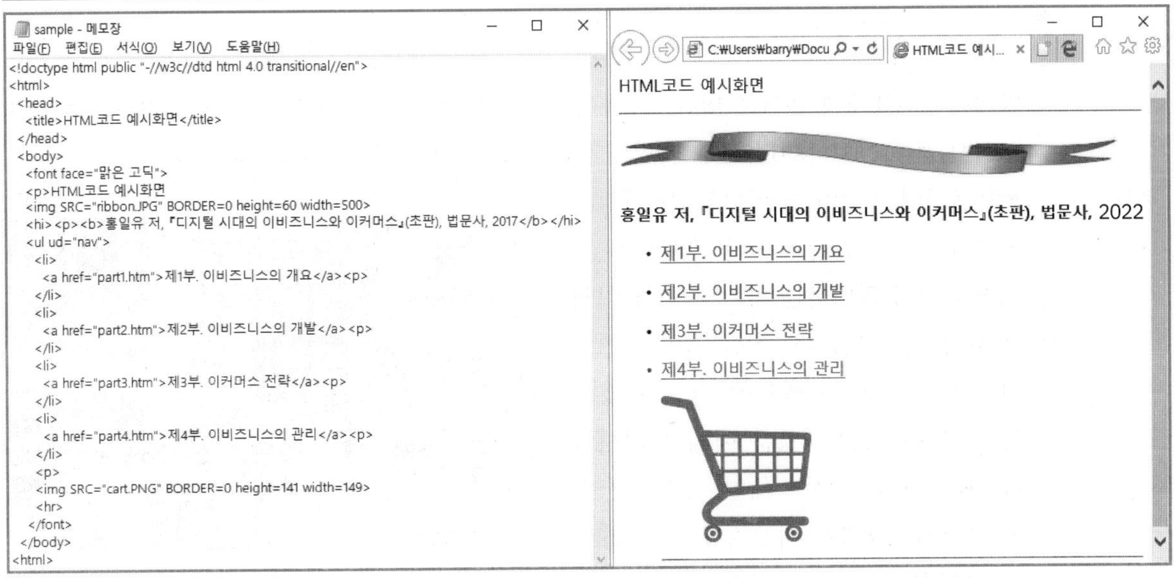

▶ HTML 언어를 이용해 웹사이트 기획단계에서 구상한 내용을 웹페이지에 자유롭게 배치할 수 있다.

락, 나열항목 등으로 표현), 또 구성된 텍스트에 표, 이미지 및 기타 개체를 추가함으로써 표현된 정보의 풍요도(richness)를 높일 수 있는 수단을 제공한다. HTML이 처음 소개된 이후 웹브라우저들마다 페이지 디자인을 향상시키기 위한 HTML 기능들을 추가해 왔으나, 안타깝게도 이들 기능들은 한 브라우저에서는 정상적으로 수행되는 반면, 다른 브라우저에서는 수행되지 않는 이른바 웹브라우저 호환성의 문제가 제기되기도 했다.

XML

HTML과 유사하지만 매우 다른 목적으로 사용되는 XML(eXtensible Markup Language)은 W3C(the World Wide Web Consortium)에 의해 개발된 새로운 마크업 언어이다. HTML이 화면표시 모양을 만들어 내기 위한 언어라면, XML은 데이터 및 정보를 정의하기 위한 언어라고 할 수 있다.

그림 2-8에서 볼 수 있듯이, XML 언어는 페이지 모양을 구성할 목적으로 사용되기 보다는 데이터 값을 부여하기 위한 목적으로 사용된다. 〈bookstore〉 및 〈/bookstore〉의 두 태그 사이에 포함된 태그들은 모두 서적의 타이틀, 저자, 출판년도 등과 관련한 데이터 값을 수록하고 있다.

XML의 "X"는 Extensible의 줄임말로서 우리 말로는 '확장 가능하다'는 의미를 지니는데,

그림 2-8   XML 언어로 작성된 회사별 정보관리 코드

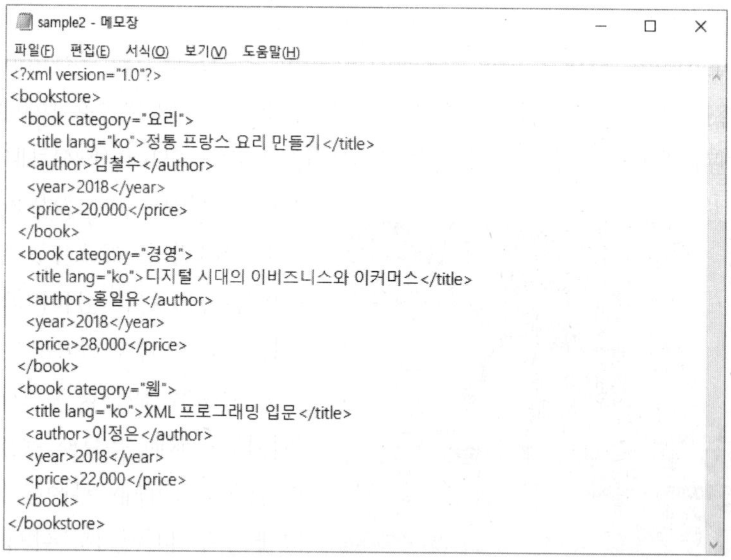

```
sample2 - 메모장                                    —    □    ×
파일(F)  편집(E)  서식(O)  보기(V)  도움말(H)
<?xml version="1.0"?>
<bookstore>
 <book category="요리">
  <title lang="ko">정통 프랑스 요리 만들기</title>
  <author>김철수</author>
  <year>2018</year>
  <price>20,000</price>
 </book>
 <book category="경영">
  <title lang="ko">디지털 시대의 이비즈니스와 이커머스</title>
  <author>홍일유</author>
  <year>2018</year>
  <price>28,000</price>
 </book>
 <book category="웹">
  <title lang="ko">XML 프로그래밍 입문</title>
  <author>이정은</author>
  <year>2018</year>
  <price>22,000</price>
 </book>
</bookstore>
```

▶ XML언어를 이용해 서적의 타이틀, 저자, 출판년도, 출판사 등에 관한 데이터 값을 전송 및 저장할 수가 있다.

여기서는 데이터를 서술하고 표현하는 데 사용되는 태그가 이용자에 의해 자유로이 정의될 수 있음을 뜻한다. XML을 이용하면 데이터베이스에서 데이터 값을 읽어와 웹페이지내에 표 형태로 표시할 수 있으며 또 데이터를 분석한 후 분석결과를 선택적으로 보여줄 수가 있으므로, HTML만을 이용하는 경우보다 더 효과적으로 사용될 수 있다.

▶▶ 웹 2.0

일반적으로 웹 2.0이란 용어는 제2세대의 웹기반 커뮤니티 및 서비스(예를 들면, 소셜 네트워킹 사이트, 위키 등)를 의미하는 것으로 받아들여진다. 이 최근 현상들은 창의성, 협업, 공유를 촉진하는 데 목적을 둔다. 이 용어가 널리 알려지게 된 것은 2004년에 오라일리 미디어 웹 2.0 컨퍼런스가 개최되고부터였다. 비록 웹 2.0이란 용어가 새 버전의 월드와이드웹을 지칭하기는 하지만, 실제로는 기술적인 스펙의 변화보다는 소프트웨어 개발자 및 최종 사용자들이 웹을 사용하는 방식이 변화했음을 뜻한다. 컨퍼런스를 주관한 팀 오라일리(Tim O'Reilly)에 의하면, 웹 2.0은 인터넷 환경으로의 이전이 본격화되면서 생겨난 컴퓨터 산업의 비즈니스 혁명이요, 동시에 새 환경에서의 성공을 위한 규칙들을 이해하기 위한 시도라고 할 수 있다.

그러나 팀 버너스리와 같은 일부 전문가들은 이 용어가 의미 있는 방향으로 사용될 수 있는지에 대해 의문을 제시하고 있다. 웹 2.0의 기술 구성요소들 다수가 웹 초창기 때부터 존재해 왔기 때문이다.

▶ 페이스북, 위키백과 등 앱들은 웹 2.0 시대를 여는 대표적 애플리케이션의 예로서 정보 공유 및 사용자간 협업이 주된 특징이다.

웹 2.0이란?

웹 2.0은 월드와이드웹의 개선된 형태라는 의미를 내포한다. 블로그, 위키, 포드캐스트 (podcast)와 같은 기술들은 단방향 웹사이트에 비해 보다 개선된 기능을 제공한다. 웹 2.0은 현실이라기보다는 사람들의 머리에 있는 아이디어이다. 사용자와 콘텐츠 제공자 간의 상호보완성이 강조된다는 아이디어인 것이다. 또, 웹 2.0의 아이디어는 일부 웹사이트가 고립된 정보 저장소로부터 상호연결된 컴퓨팅 플랫폼으로 이전됨을 뜻한다. 그 외에도, 웹 2.0은 사회적 요소를 포함하는데, 이는 사용자가 콘텐츠를 생성하고 다른 사용자들에게 유통시키며 또 이를 자유로이 공유하고 재사용할 수 있음을 의미한다. 사용자들이 온라인에서 할 수 있는 일이 많아짐에 따라, 이러한 환경은 웹의 경제적 가치를 높이는 데 기여하게 된다.

웹 2.0의 특징

웹 2.0 웹사이트를 통해 사용자는 단지 정보를 받아볼 수 있는 것 이외에 다양한 기능들을 이용할 수 있다. 웹 1.0의 상호대화적 기능을 토대로 웹을 플랫폼으로 이용할 수 있는 환경을 제공하므로, 사용자들은 브라우저만을 통해 소프트웨어 프로그램들을 실행할 수가 있다. 사용자들은 웹 2.0 사이트에 존재하는 데이터를 "소유"할 수가 있으며 데이터에 대한 통제권한도 가질 수 있다. 이들 사이트는 참여기반의 구조로 구성될 수 있는데, 이를 통해 사용자들은 애플리케이션을 사용함에 따라 애플리케이션의 가치를 높이려는 동기를 부여받을 수 있다. 이러한 구조는 초기의 전통적 웹사이트와 큰 대조를 이루는데, 과거의 웹사이트 환경에서는 방문자가 콘텐츠를 받아보는 기능으로만 제한되며, 사이트의 콘텐츠는 사이트 운영자에 의해서만 변경될 수 있었다. 웹 2.0 사이트는 소셜 네트워킹 기능이 있을 수도 있다. 참여 플랫폼으로서의 웹의 개념은 이러한 특징들을 대부분 포괄하고 있다. 즉, 웹 2.0은 참여적 웹이며, 정보원으로서의 웹은 웹 1.0인 것이다.

웹 2.0 환경에서는 정보를 제공하는 데 기여하지 않는 집단 구성원들에 대해 이익을 취하지 못하도록 배제할 수가 없기 때문에, 합리적인 구성원들은 기여하는 노력 없이 남들의 기여에 무임승차하는 가능성이 제기되고 있다.

웹 2.0이 경제에 미치는 영향

웹 2.0 애플리케이션 및 관련 기술(가령, 위키, 블로그, 소셜 네트워킹, 오픈 소스, 오픈 콘텐츠, 파일 공유 등)이 경제에 미치는 영향에 대한 분석은 최근 많은 관심을 모으고 있다. 이 연구분야에서는 웹 2.0이 경제에 미치는 영향 및 웹 2.0기반 경제에서의 주요 원칙들에 초점을 둔다.

단 탭스캇과 앤소니 윌리엄스는 『위키노믹스: 대규모 협업이 어떻게 모든 것을 바꾸는 가』(2007)란 저서에서 새로운 웹의 경제가 대규모 협업에 의존한다고 주장한다. 이들 공저 자들은 새 미디어 회사들이 웹 2.0의 도움으로 이윤을 내는 데 성공을 하려면 대규모 협업 의 역할이 중요하다고 강조한다. 이들은 차츰 뿌리를 내리고 있는 인터넷 기반의 경제를 가 리켜 위키노믹스라고 칭하는데, 위키노믹스는 개방성, 사용자간 협력, 공유 등의 원칙들에 의존한다.

기업들이 웹 2.0과 같은 애플리케이션을 통해 성공하려고 한다면, 이러한 원칙들 및 모 델들을 이용할 수가 있다. 기업들은 고객과 함께 제품을 설계 및 조립할 수가 있고, 또 때 에 따라 고객들은 가치창출 대부분을 수행할 수가 있다. 전통적으로 소극적인 입장이던 구 매자들은 가치창출에 있어 보다 적극적이고 참여적인 역할을 담당하고 있다. 다수의 소비 자들과 직원들과 공급사들과 협력사들과 경쟁사들이 직접적인 관리통제 없이 함께 가치를 창출할 수 있는 비즈니스 전략을 탭스캇과 윌리엄스는 제안하고 있다. 이들은 이러한 모델 을 가리켜 경제적 민주주의라고 부르고 있다.

P&G, 레고, BMW, GE, 보잉, IBM, 위키피디아, 유튜브, 마이스페이스, 인텔, 아마존, 제 록스, BBC 등의 글로벌 기업들은 새로운 비즈니스 모델로 이미 대규모 협업을 선택했으며, 이를 경쟁력의 원천으로 활용하고 있다. 이들 시장선도적인 기업들은 새로운 경제 패러다 임인 위키노믹스에 맞게 수평적이고 자체 조직적인 위키 일터를 창조하고 있으며 전세계 를 생산 시설의 무대로 보고 있다.

2.3 모바일 무선 기술

무선 기술은 1990년대 들어 처음 이비즈니스 채널로 등장한 후 인터넷 경제의 구조적 변화에 촉매로 작용했다. 전통적 이비즈니스 모델의 주요 한계는 이동성의 부족이다. 무선 기술은 이전과는 다른 새로운 비즈니스 모델의 등장을 주도하고 있다.

모바일 인터넷 네트워크의 등장은 다양한 산업 업종에 걸쳐 기업들에게 나타난 중요한 비즈니스 기회들 중 하나로 인식될 수 있다. 모바일 인터넷은 수많은 단말기와 웹서버들을 통해 기기들을 상호연동해 주므로 이동 중에도 자산을 체크하고 고객정보를 조회하며 거 래를 처리하는 것이 가능해졌다. 모바일 인터넷에서 발견된 비즈니스 기회들은 m-커머스라 고 불리기도 하는데, 모바일 통신네트워크를 통해 정보나 거래내역의 전송을 촉진해 준다.

무선 기술은 또한 주문, 재고관리 및 결제 부문에서 정보흐름을 개선함으로써 공급망 프로세스의 모니터링 및 관리를 향상시킬 수 있다. 무선 기술의 모바일 특성은 업무운영의 생산성과 관련한 효율성을 높여준다. B2C든 B2B든 관계없이 이것들은 부가가치 증대 서비스를 고객에게 제공하는 데 기여한다. 모바일 무선 기술은 공급자와 고객 사이의 거래들을 원만히 처리하는 데 도움을 주며, CRM 비즈니스모델을 개발하기 위한 메커니즘을 제공한다.

모바일 무선 산업이 성장을 거듭한 데에는 아래와 같이 몇 가지 주도요인들이 있다.

- 통신 인프라에 대한 거대한 투자
- 소프트웨어의 기술 발전
- 산업내의 투자자본 유입
- 모바일 무선기기의 수요 증대
- 모바일 실시간 통신에 대한 기업 수요 증가

▶▶ 관련 개념

모바일과 무선의 개념적 차이

모바일(mobile)과 무선(wireless) 두 용어는 종종 동의어처럼 사용되지만, 실제로는 명백히 서로 다른 개념이다. **모바일**은 흔히 휴대용 기기를 가리켜 사용되는 용어이다. 모바일 기기는 어디를 가든 휴대할 수 있는 기기로서 잘 알려진 스마트폰 또는 태블릿 PC가 그 예에 속한다. 이 기기들은 전원공급을 위한 내부 배터리가 필요하며, 네트워크 장비에 연결할 필요없이 데이터를 송수신할 수 있도록 모바일 네트워크에 연결되어 있어야 한다.

반면, **무선**은 모바일을 의미하지 않는다. 기존의 컴퓨터나 노트북컴퓨터 등 비모바일 기기들은 무선 네트워크에 연결이 가능하다. 잘 알려진 한 예로 근거리통신망(LAN) 환경에서 브라우저 프로그램을 이용하는 것을 들 수 있다(참고로 근거리통신망에서는 라우터가 무선 연결기능을 제공한다).

광역통신망(WAN)과 같은 무선 네트워크는 모바일 기기를 위해 특별히 개발된 3G나 4G 네트워크에 연결가능하므로 모바일 네트워크에서도 PC나 노트북 컴퓨터를 이용할 수 있다. 그럼에도 불구하고 이러한 무선 네트워크의 기기들이 모바일은 아니며, 라우터에 유선으로 연결되어야 이용이 가능하다.

모바일 브로드밴드란?

브로드밴드란 용어는 초고속 컴퓨터 망이나 인터넷 접속기술을 뜻하며, 초기의 베이스밴드 망 이후에 나타난 첨단 네트워크를 지칭한다. 모바일 브로드밴드(mobile broadband)란 휴대용 모뎀, 휴대폰, USB 무선 모뎀, 태블릿 PC 등 모바일 기기를 통해 무선 인터넷에 접속하는 것을 뜻한다. 첫 무선 인터넷 접속기술은 2세대(2G) 휴대폰 기술의 일환으로 1991년 등장했다. 2001년 및 2006년에는 각각 3세대(3G) 및 4세대(4G) 휴대폰이 출시되면서 더 빠른 속도의 인터넷 접속기술이 등장했다.

▶ 노트북컴퓨터에 4G LTE 모뎀을 장착해 초고속 인터넷에 접속할 수 있다.

휴대용 컴퓨터에 모바일 브로드밴드 기능을 제공해 주는 장치로는 다음의 세 가지가 있다.

- PC 카드(PC에 설치)
- USB 무선 모뎀
- 모바일 기기에 내장(예: 노트북컴퓨터, 스마트폰, 태블릿, PDA 등)

▶▶ 무선통신 기술

무선통신이란?

무선통신(wireless communication)은 전기 전도체(즉, 유선 매체)로 서로 연결되지 않은 두 개 이상의 지점 간에 정보를 전송하는 것을 뜻한다. 가장 흔히 이용되는 무선 기술은 전파이다. 전파는 TV와 같이 그 거리가 짧은 단파도 있고 위성과 같이 수천이나 수백만 km에 이르는 전파도 있다. 다양한 유형의 고정, 모바일, 그리고 휴대형 응용시스템에 이용되는데, 휴대폰, PDA, 무선 네트워크 등이 대표적인 예에 속한다. 무선 전파의 다른 예로는 위치추적 기기, 차고문 개폐기, 무선 마우스, 키보드, 헤드폰, 라디오 수신기, 위성 TV, 방송용 TV 등이 있다.

▶ 오늘날 모바일 기기들은 무선통신 기술을 통해 정보의 바다에 연결된다.

역사적인 관점에서 보면, '무선'이란 용어는 그동안 두 번 사용이 되었다. 처음으로 사용된 것은 1980년경 세계 최초의 전파 송수신기인 무선 전신기가 등장하면서

였다. 이 단어는 이후 1920년경에 전파란 용어로 대체되었다. 무선이란 용어는 1980년대 및 1990년대에 다시 등장했는데, 무선 기반의 디지털 기기들을 유선 기반의 기기들과 대별할 목적으로 사용되었다. 이러한 흐름 속에서 2000년대 들어 LTE, LTE-A, 와이파이, 블루투스와 같은 기술이 등장하면서 무선은 이들을 칭하는 용어가 되었다.

오늘날 무선통신은 유선을 통해 구현하기가 어려운 원거리 통신과 같은 서비스를 가능하게 해준다. 원거리통신 산업내에서 무선통신은 유선 없이도 정보를 전송할 수 있는 전파 송수신기 등과 같은 원거리 시스템의 개념으로 통한다.

무선 기술의 진화

- **WAP**: 무선 애플리케이션 프로토콜(Wireless Applications Protocol: WAP)은 무선 기기에 데이터 및 정보를 전송하기 위한 표준이다. 2000년 등장한 WAP는 모바일 기기를 위해 특별히 개발된 첫 표준으로서 무선 마컵 언어(Wireless Markup Language: WML)라고 불리는 HTML 언어를 이용한다. WML은 데이터, 정보 및 제한된 그래픽을 휴대폰과 같은 소형 기기에서 볼 수 있도록 개발되었다.

- **블루투스**: 블루투스는 모바일 기기들 간에 단거리 라디오파 전송을 가능하도록 할 목적으로 만들어진 표준이다. 블루투스 기능이 있는 모바일 기기들은 서로 인식가능 범위내에 들어와 네트워크 관계를 설정할 때 통신이 가능해진다. 또한 블루투스는 암호화 및 인증과 같은 보안기능이 내장된다.

▶ 블루투스 기술은 스피커를 스마트폰에 무선으로 연결할 수 있도록 해 야외에서도 생생한 음악을 즐길 수 있다.

- **와이파이**: 와이파이(Wireless-fidelity: wi-fi)는 모바일, 오피스 및 가정의 이용자들에게 무선 인터넷 연결을 가능하게 해주는 고속 근거리통신망이다. 와이파이의 주된 속성은 유연성인데, 이는 유선연결 없이 도시의 지정된 장소라면 자유로이 사용될 수 있기 때문이다. 컴퓨터 칩 메이커인 인텔은 공공장소에서 노트북컴퓨터를 와이파이에 연결하도록 하기위한 칩을 제조한다. 와이파이는 공항, 식당, 호텔 및 병원 등과 같은 공공장소에서 흔히 제공된다. 이들 장소는 이른바 '인터넷 핫스팟'을 제공하는데, 이는 모바일 기기들이 유선 케이블 없이도 인터넷에 연결되게 할 수 있는 곳이다. 그러나 와이파이는 와이파이

▶ 와이파이의 아이콘

지역내의 개인은 동일 무선 주파수를 이용해 해킹공격을 쉽게 할 수 있다고 보안전문 가들은 지적한다.

- **와이맥스**: 와이맥스(Wimax)는 초당 10MB의 데이터 전송을 지원하는 브로드밴드 서비스로서 이는 전화통화망에서 이용되는 구리선의 초당 512KB 속도보다 20배 빠른 속도이다. 고속 데이터 전송속도는 기업들이 대량 정보를 더 빠르게 전송할 수 있어 동영상 중심의 서비스를 별 불편없이 이용할 수가 있다. 와이맥스 기술은 와이파이 브로드밴드 기술보다 더 넓은 지역의 통신을 지원한다. 와이파이는 반경 30m의 범위를 지원하는 반면, 와이맥스는 40km의 범위를 지원한다.

무선 기술의 종류

무선 기술은 그 특성에 따라 단거리 통신, 마이크로웨이브 통신, 그리고 셀룰러 통신의 세 가지 유형으로 나뉜다.

▶ 적외선 기술이 적용된 리모콘

- **단거리 통신**: 단거리 통신기술은 그 신호가 짧게는 수 cm에서 길게는 수십m까지 이동할 수가 있다. 그 예로는 적외선, 블루투스, 와이파이 등이 있다. 적외선은 비교적 오래된 기술로서 인간의 눈으로 볼 수 없는 초단파 형태로 신호를 전송한다. 가정에서 이용되는 각종 전자제품의 리모콘이 적외선 통신을 이용한다. 블루투스는 전파를 이용해 고속으로 음성 및 데이터를 전송하는 기술이다. 가까운 거리에서 휴대폰, 컴퓨터, 헤드셋 등의 디지털 기기들 간에 데이터를 전송할 목적으로 오늘날 널리 이용되고 있다. 앞서 살펴본 와이파이는 개인용 컴퓨터, 비디오 게임 콘솔, 스마트폰, 디지털 카메라, 태블릿 PC 등의 디지털 기기들이 무선랜(WLAN)에 접속해 인터넷에 연결할 수 있도록 해주는 기술이다.

▶ 지상파 마이크로웨이브 통신은 일정간격마다 설치된 중계탑을 통해 신호를 목적지까지 전송한다.

- **지상파 마이크로웨이브 통신**: 마이크로웨이브 통신(microwave communication)은 파장이 지극히 짧은 전자기파에 의해 신호를 전송하는 무선통신 기술이다. 지상파 마이크로웨이브 통신과 위성통신은 모두 마이크로웨이브 통신기술에 기초한 예들이다. 지상파 마이크로웨이브 기술은 신호가

지표면을 따라 수평적으로 이동한다. 50km 간격으로 중계탑이 설치되어 있어 각 중계탑이 약해진 신호를 강화시켜 다시 전송하는 역할을 한다. 지상파 마이크로웨이브는 음성이나 데이터의 고속전송이 가능하여 전화회사나 데이터 통신회사에서 장거리 전화 및 데이터 전송에 많이 이용한다. 그러나 마이크로웨이브는 직선상태에서만 전송이 가능하므로, 중간에 높은 빌딩이나 산이 있으면 전송이 불가능하다. 따라서 중계탑을 높은 빌딩의 옥상이나 산꼭대기에 설치하여 중간에 전파가 차단되지 않도록 하여야 한다.

- 위성통신: 인공위성(satellite)을 이용한 통신은 지상에서 마이크로웨이브 신호를 보내면 위성에서 이를 받아 증폭시켜 다시 지상에 보낸다. 위성과의 데이터 송수신을 위해 예시 그림에서와 같은 큰 접시모양의 안테나를 이용하는데, 이를 지구국이라고 한다. 인공위성은 지상에서 35,000km 정도 떨어진 거리를 궤도로 하여 회전하는데, 회전속도를 지구의 회전속도와 같이하여 항상 일정

▶ 위성통신에서 위성과의 데이터 송수신에 이용되는 지구국

한 지점에 위치할 수 있게 한다. 데이터 전송시마다 지구국에서 위성으로 신호를 보낸 다음, 다시 위성에서 목적지 부근의 지구국으로 신호를 보내야 하므로, 7만km 가까운 거리를 이동하는 과정에서 0.25초 가량의 딜레이가 발생한다. 사업장이 지역적으로 광범위하게 흩어져 있는 기업의 경우 VSAT(very small aperture terminal)과 같은 소형 안테나를 이용해 저렴한 가격으로 사설 위성통신을 이용할 수 있다.

▶▶ 모바일 통신기술

셀룰러 통신의 개념

모바일 통신(mobile communication) 네트워크는 셀룰러 통신기술을 근간으로 운영된다. 셀룰러 통신(cellular communication)에서는 동시에 다수 발신자가 사용할 수 있는 라디오 주파수들을 이용한다. 주파수를 조정함으로써 저전력 중계기를 통해 최소의 신호방해를 유지하며 서비스를 제공할 수 있다.

모바일 통신사업자들은 이들 모바일 네트워크를 이용해 이용자들에게 광역 네트워크 서비스를 제공한다. 큰 지역을 작은 다수의 셀(cells)로 나누고, 각 셀에는 중계탑을 설치하고 이를 토대로 라디오파(radio wave)를 이용한 데이터 전송이 이루어진다. 또한 이들 셀은 전화

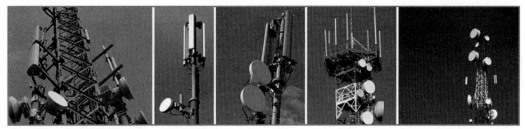

▶ 휴대폰의 셀룰러 네트워크에 설치되는 중계탑

그림 2-9   모바일 네트워크의 개념도

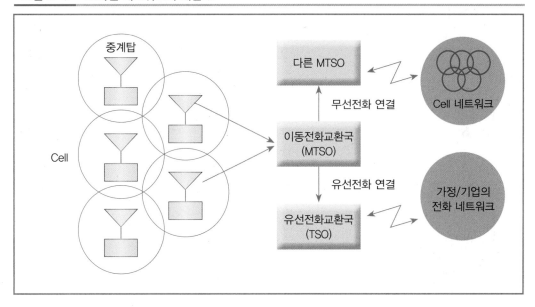

국 교환기에 연결되어 있어 이동시에도 통신기능의 이용이 가능하다.

셀룰러 통신은 차량전화에서 출발하였으나, 이제는 휴대용 전화기와 같은 이동통신수단으로 널리 이용되고 있다. 셀룰러 통신이 어떻게 이루어지는지에 대해 **그림 2-9**를 통해 설명하여 보자. 도로 위를 주행하는 자동차에서 셀룰러 전화기를 이용하여 전화를 걸면 그 위치에서 가장 가까운 셀의 중계탑에서 발신 신호를 받아 이동전화교환국(MTSO)에 전송한다. MTSO에서는 보내려고 하는 목적지가 일반전화인 경우에는 일반전화회선을 이용하여 보내고, 보내려고 하는 목적지가 움직이는 차량일 때에는 그 차량에서 가장 가까운 셀로 보낸다. 이 셀에서는 중계탑을 통해 수신한 신호를 바로 차량 전화기로 신호를 보내 통화가 이루어지게 된다. 셀룰러 통신에서는 음성은 물론, 데이터 및 동영상의 전송도 가능하다.

모바일 네트워크 서비스를 이용자들에게 제공하기 위해 서로 다른 유형의 모바일 기술들이 사용된다. 우리에게 가장 잘 알려진 기술의 예로는 GSM(Global System for Mobile

표 2-2   국내 휴대폰의 세대별 특징

세대	주요 표준	출범시기	특징
1G	AMPS	1983년	아날로그 이동전화
2G	CDMA	1996년	디지털 이동전화
3G	EV-DO Rev.A	2007년	LGT
	WCDMA	2006년	SKT, KTF
	와이브로	2006년	KT, SKT
4G	LTE	2011년	100 Mbps 최대 다운로드
	LTE-A	2013년	1 Gbps 최대 다운로드
	와이브로-에볼루션(와이맥스2)	2012년	400 Mbps 최대 다운로드

Communication), CDMA(Code Division Multiple Access) 등이 있다.

신호 수신과 통화서비스 품질은 모바일 기기의 현 위치 및 이용자의 지역에 따라 달라질 수 있다. 국내의 모바일 네트워크 사업자의 예로 KT, SK 텔레콤, LG U+ 등이 있다.

셀룰러 통신의 진화

셀룰러 통신 네트워크는 1990년대 1세대 휴대폰이 출시된 이후 현재 4세대에 이르기까지 지속적으로 진화해 왔다. 표 2-2는 우리나라의 셀룰러 통신 세대별 주요 특징을 요약하고 있다.

- **1세대**: 세계 최초의 개인용 휴대폰은 1983년 모토롤라의 다이나택 제품이 출시되면서 등장했다. 1세대 휴대폰은 아날로그 기술에 기초했기 때문에 잡음이나 혼선도 심했고 겨우 음성통화를 할 수 있는 수준이었다. 1세대 휴대폰에 적용된 주요 표준은 벨랩이 개발한 AMPS(Advanced Mobile Phone System)이었다. 1세대 휴대폰은 그 크기가

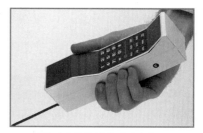

▶ 모토롤라에서 출시한 다이나택-8000x

매우 커서 이동 중 휴대하기가 불편할 정도였다. 당시 국내에서 1세대 휴대폰의 가격은 수백만원에 달해 소수만이 휴대폰을 이용할 수 있었다. 국내의 1세대 이동통신은 한국이동통신서비스란 회사가 1984년 차량전화 서비스를 출시하면서 시작되었다.
- **2세대**: 국내에서 1996년 도입된 2세대 휴대폰은 아날로그 휴대폰의 한계를 극복하기 위해 개발된 세계 첫 디지털 휴대폰이었다. 2세대 통신기술에는 크게 미국식인

CDMA와 유럽식인 GSM의 표준이 있었는데, 우리나라는 미국 퀄컴사에서 개발한 CDMA(Code Division Multiple Access: 코드분할 다중접속) 방식을 채택함에 따라, 휴대폰 메이커들은 퀄컴사에 사용료를 지불하였다. 2세대 휴대폰의 또 다른 특징은 디지털 통신 방식을 사용하게 되면서 음성뿐만 아니라 문자와 같은 데이터 전송도 지원하기 시작했다는 점이다.

▶ 대표적인 2세대 폰인 모토롤라의 스타택

- 3세대: 2006년경 시작된 3세대는 처음으로 스마트폰이 등장한 세대였다. 그 전세대 폰에 비해 더 빠른 속도로 데이터 전송을 할 수 있기 때문에, 단문 메시지 이외에도 MMS, 영상통화, 인터넷 서핑까지 가능했다. 3세대 기기의 가장 큰 특징은 USIM이라는 자그마한 칩을 사용하기 시작했다는 것이다. 이전에는 휴대전화 기기에 나의 이동통신

▶ 3세대 폰으로 널리 이용된 아이폰 4

정보가 담기게 되어서 기기를 바꾸려면 반드시 기기변경이라는 절차를 통해서 새 기기에 회선번호 등의 정보를 저장해야 했지만 3세대에 와서는 유심에 내 회선 정보가 담기게 되어서 기기를 바꾸더라도 유심만 옮기면 곧바로 새로운 기기를 사용할 수 있게 된 것이다. 정부의 이동통신 정책으로 인해, SKT와 KT는 유럽방식의 WCDMA를 그리고 LG는 미국방식의 EV-DO 리비전A라는 표준을 채택하게 된다. 3세대 이동통신은 더 빠른 속도로 인터넷을 사용할 수 있었지만, 온라인 환경에서 사진, 음악, 동영상 등 자료를 이용하기에는 속도가 느리다는 한계가 있었다.

- 4세대: 3세대 휴대폰의 근본적인 한계인 전송속도를 크게 높인 기술이 곧 4세대 기술이다. 4G는 3G에 비해 무려 50배나 빠른 초고속 통신기술로 고화질의 동영상과 3D입체영상을 전송할 수 있는 특징을 지니고 있다. 국내 4G 서비스는 2011년 7월 LG 유플러스와 SK텔레콤이 경쟁적으로 서비스를 개시하면서 서비스가 시작되었다. 우리나라에서 서비스가 시작된 4G LTE-A(Long Term Evolution Advanced)는 다운로드 최대 1 Gbps, 업로드 최대 50 Mbps의 매우 빠른 속도를 제공한다.

▶ 갤럭시 S8과 같은 4세대 휴대폰은 전송속도가 빨라 클라우드 서비스도 이용할 수 있다.

모바일 기술로 화상상담 확대하는 미래에셋생명

현장 사례

4차 산업혁명시대의 가장 중요한 키워드는 디지털 전환이다. 현대사회에서 스마트폰은 우리 신체의 일부분이 됐고 코로나19 팬데믹으로 인해 언택트가 새로운 라이프스타일의 기준이 됐다. 금융업계도 모바일 금융 이용자가 급증함에 따라 경영 전반에 디지털 혁신 기술을 도입하고 있다. 이러한 가운데 미래에셋생명이 차별화된 디지털 역량으로 뉴노멀 시대 리딩컴퍼니로 부상하고 있다.

미래에셋생명은 빅테크 보험업 진출에 대비해 비대면 채널을 고도화하고 있으며 모바일 통합 앱 구축으로 디지털 서비스 플랫폼을 통한 서비스 확장, 비대면 비즈니스 영향력 증대를 꾀하고 있다. 김남영 미래에셋생명 디지털혁신부문대표는 "2020년 10월 고객경험 개선을 위해 기존에 홈페이지, 사이버창구, 온라인보험 등 회사의 업무 구분에 따라 각각 운영되던 기존 사이트들을 하나의 도메인으로 통합하고 미래에셋생명만의 UX 아이덴티티를 정립해 일관된 사용자환경과 경험을 제공하는 통합사이트를 구축했으며 2022년에는 마이데이터 서비스를 포함한 모바일 통합 앱을 구축할 계획"이라고 밝혔다.

미래에셋생명은 2020년 12월, 고객프라자 등 고객이 방문해 업무를 보는 창구에 종이가 필요 없는

▶ 미래에셋생명의 언택트 화상 창구

페이퍼리스 시스템을 도입했다. 보험과 대출 등 업무 문서를 모두 전자문서로 전환하고, 전자증명서 및 전자위임장을 통해 모바일에서 서류를 주고받는 등 종이 없는 보험회사로 탈바꿈한 것. 현재 미래에셋생명의 대부분 업무는 고객이 직접 모바일에서 어플리케이션이나 웹 창구를 활용해 원스톱으로 처리할 수 있다

아울러 미래에셋생명은 보험사 최초로 고객이 화상으로 모든 보험업무를 처리할 수 있는 비대면 화상상담 서비스를 운영한다. 2021년 12월 강남과 대전 고객프라자에 화상 부스를 설치한 데 이어 2022년 1월 '모바일 화상창구'도 오픈했다. 현재 미래에셋생명의 모든 고객은 화상 창구에서 계약 관리와 보험금 지급, 전자서명 등 모든 업무를 원스톱으로 처리할 수 있다. ATM이나 키오스크 같은 복잡한 기기를 조작하지 않고, 화면의 상담연결 버튼만 누르면 직원과 연결된다. 고령자나 휴대폰 인증이 불편한 해외 거주자도 고객프라자에 방문하는 것과 동일한 수준의 업무를 볼 수 있다. 확인서나 증명서 등 필수 서류도 모바일로 간편하게 주고받는다. 이러한 디지털 상담이 활성화되면 고객이 직접 방문하는 불편함을 해소하고, 보이스피싱 방지 등 금융거래의 안전성을 대폭 높일 것으로 기대된다.

미래에셋생명은 올해 1월 24일 자사 보험 가입자의 업무처리 플랫폼인 '미래에셋생명 사이버창구' 앱도 확대 개편했다. 이번 개편으로 전체 업무의 98%까지 모바일 처리 비율을 높여 거의 모든 업무를 스마트폰에서 원스톱으로 처리할 수 있다. 가장 눈에 띄는 개선은 법인고객 서비스 확대다. 종전 펀드 변경만 가능했던 업무 범위를 대폭 늘려 지급, 가상계좌 신청, 증명서 발급 등의 제반 업무도 사이버창구에서 손쉽게 진행할 수 있다. 일반 고객 업무도

개선해 비대면 처리가 불가능했던 계약자 변경, 우량체 신청 등의 업무도 사이버창구에서 고객이 직접 신청할 수 있다. 태아 등재, 가상계좌 신청과 같은 기존 서비스도 개선해 활용성을 높이는 등 고객 편의를 극대화했다는 평이다.

▶ 출처: 동아일보, 2022. 5. 31.

▶▶ 모바일 무선 기능

모바일 무선 기술은 기존의 유선 전자상거래와 관련된 일부 한계들을 극복하는 데 유용한 기능을 제공한다. 이들 기능은 고객서비스 및 부가가치 증대 활동들에 중점을 두는데, 효율성을 좌우하며 궁극적으로는 기업의 경쟁우위에 영향을 주게 된다. 모바일 무선 기술은 전자상거래 세계에서 두드러지게 나타나는 저효율성 문제를 해결할 수 있는 기회를 제시한다. 혁신기업들은 무선 기술을 활용해 새로운 제품 및 서비스를 개발하고 있다. 또한 소매업체들을 탈중개화시키고 제품을 고객들에게 직접 공급함으로써 무선 포털에서 효율성을 높일 수 있다.

🔍 토의문제

01 오늘날 인터넷과 웹은 서로 어떻게 다른가? 또 인터넷과 웹이 각각 전자상거래에 어떤 영향을 미치고 있는지 살펴보자.

02 인터넷과 관련한 프로토콜들로는 무엇들이 있는지 그리고 개별 프로토콜의 역할은 무엇인지 알아보자.

03 우리 주변에서 인터넷을 기반으로 사용하는 애플리케이션 세 가지만 열거하고, 이들 애플리케이션을 통해 우리가 얻는 효과는 무엇인지 개인 차원에서 토의해 보자. 그리고 이들 기술을 기업환경에서 업무에 응용할 경우에는 어떠한 효과들이 있겠는가?

04 웹기반 애플리케이션(이를 테면 인터넷쇼핑몰, 검색엔진, 기업 홈페이지 등)을 개발하기 위해 사용할 수 있는 가장 기본적인 언어로는 HTML이 있으나, 그 외에도 CGI 및 Java와 같은 언어들이 있다. HTML, CGI 및 Java에 관해 인터넷에서 자료를 검색해 보고, 이들 언어가 서로 어떻게 다른지 토의해 보자.

05 향후 인터넷 기술이 무선기술과 접목되면서 개인생활 및 기업활동에 각각 어떠한 영향을 미칠 것으로 예상되는지 예를 들어 설명해 보자.

📕 참고문헌

- Laudon, K.C. and C.G. Traver, *E-Commerce 2021-2022: Business, Technology, Society* (17th ed.), Upper Saddle River, N.J.: Prentice-Hall, 2021.
- Laudon, K.C. and J.P. Laudon, *Management Information Systems: Managing The Digital Firm* (17th ed.), Upper Saddle River, N.J.: Prentice-Hall, 2022.
- O'Reilly, Tim, "What Is Web 2.0," O'Reilly Network, www.oreilly.com, 2022. 8. 30. 참조.
- Tapscott, Don and Anthony D. Williams, *Wikinomics: How Mass Collaboration Changes Everything*. New York: Penguin, 2010.
- www.wikipedia.org, 'Hypertext', 2022. 8. 15. 참조.

💡 사례연구 사물인터넷 기술로 건설현장 안전 높인다

건설 현장에서 가장 중요한 원칙으로 '첫째도 안전, 둘째도 안전'을 외치는 건설사가 있다. 1989년 설립해 올해로 창립 33주년을 맞는 강남건설이 그 주인공. 강남건설은 신자재와 특수공법을 적용해 101층 엘시티 등 부산의 랜드마크 건물들을 다수 지은 지역 대표 건설사이자 전국적으로도 독보적 초고층 건축기술력을 갖춘 몇 안 되는 기업이다.

그런 강남건설이 올해 초 빅데이터와 사물인터넷(IoT) 기술을 앞세운 정보통신기술(ICT) 벤처기업을 설립해 눈길을 끈다. 강남건설 2세 경영인인 서정규 대표가 직접 전면에 나섰다. 지역 굴지의 건설사가 최신기술에 눈독을 들이는 데는 이유가 있을 터. 배경을 살펴보니 역시 '첫째도 안전, 둘째도 안전'이라는 강남건설의 확고한 원칙이 있었다.

디지털기술로 건설현장 안전 높인다

강남앤인코누스는 건설업계 종사자를 위한 개인용 헬스케어 웨어러블(입는) 장치와 현장관리자를 위한 관제시스템을 기반으로 오로지 안전을 목표로 하는 스마트시스템을 제공하겠다는 목표로 설립된 기업이다.

이 회사가 개발한 '건설 킵미(Keep Me)'는 이름에서부터 건설 현장 목소리를 철저히 반영한 서비스다. 현장 근로자가 손목시계 형태의 웨어러블 장치를 착용하기만 하면 관리자는 각 근로자의 근태관리는 물론 건강상태까지 실시간으로 확인할 수 있다. 이상이 감지되면 즉시 근로자에게 알람을 보낼 수 있고, 만에 하나 사고가 발생하더라도 사후추적이 용이하다. 이를테면 건설

▶ 시계처럼 차고만 있으면 안전관리 데이터를 수집해 서버로 무선 전송하는 헬스케어 웨어러블 기기

자 사고의 경우 조금만 신경쓰면 예방할 수 있는 경우가 많다. 근로자 개인사고는 이 같은 안전망이 갖춰지면 사고예방 효과는 물론 사고 발생 때 책임소재를 명확하게 규명할 수 있다는 점에서 반드시 개선이 요구되는 부분이다.

움츠러든 건설업계 '돌파구' 기대

서정규 대표는 일찍이 건설 현장에서 오랜 경험을 쌓아오면서 이 같은 서비스의 필요성을 절감했지만 현장에서의 적용은 또 다른 얘기였다. 이제는 정보통신기술(ICT)이 발전하면서 아이디어를 현실로 구현할 수 있는 기회가 열렸다.

무엇보다 중대재해처벌법 시행으로 건설 현장에 싸늘한 기운이 감돌고 있는 만큼 건설 킵미와 같은 서비스의 등장은 건설 업계에 작은 돌파구가 될 수 있을 것으로 보인다. 2023년 이후 3기 신도시 등 공급대책이 본격화되면 전국에 연평균 58만호 규모의 주택이 공급될 것으로 예상되는 가운데 산업재해 예방에 관심이 뜨거운 건설사 입장에서는 충분히 시도해볼 만한 솔루션이 아닐 수 없다.

강남앤인코누스는 건설 킵미의 프로토타입 제품을 현장에 적용해 서비스 완성도를 높이는 한편 KC 인증 취득 후 여러 현장으로 시범 납품을 앞두고 있다. 당장은 국내 건설사가 타깃이지만 향후 자동차나 조선업 등 제조업 전반을 비롯해 관공서, 관광, 요양원, 복지관 등 확장 가능성은 무궁무진할 전망이다.

해외시장 공략도 멀기만 한 얘기는 아니다. 서운규 강남건설 회장은 앞서 파이낸셜뉴스와 가진 인터뷰에서 "건축은 자연환경에서 사람에 이르기까지 모든 것이 변수지만 구조적으로 가장 중요한 것은 뭐니뭐니해도 바로 인력"이라고 말한 바 있다. 그 철학을 이어받아 본업인 건축은 물론 새로운 영역에서의 도전도 거침없이 이어가는 서정규 대표와 강남앤인코누스의 행보를 주목하지 않을 수 없다.

▶ 출처: 파이낸셜 뉴스, 2022. 7. 24.

▶ 헬스케어 웨어러블 기기에서 전송받은 데이터를 기반으로 건설 근로자들의 안전관리를 수행하는 '킵미' 시스템

근로자 한 명 한 명에게 부착된 '개인용 블랙박스'인 셈이다.

기존에도 비슷한 서비스는 있었지만 강남앤인코누스 서비스는 최신 하드웨어를 이용해 측정할 수 있는 데이터 종류를 세분화하고 이렇게 수집된 데이터를 실질적으로 활용할 수 있도록 뒷받침해주는 소프트웨어를 차별점으로 내세운다. 웨어러블 장치는 근로자의 심박수, 산소포화도, 온도(일사병·열사병 예방) 등 생체신호 수집기능은 물론 낙상이나 추락을 인지할 수 있는 3축 자이로 센서를 내장했다. 소프트웨어는 근로자 생체신호 데이터를 인공지능(AI) 학습을 통해 위험강도를 파악, 관리자에게 알려준다. 관리자는 이를 토대로 사고를 미연에 방지할 수 있다. 그럼에도 사고나 재난을 피하지 못했다면 즉시 연계된 병원으로 연락을 취하는 기능도 갖췄다.

데이터의 중요성을 잘 아는 ICT 벤처기업답게 수집한 모든 데이터는 글로벌 클라우드 서비스업체 서버에 저장하고 관리한다. 머신러닝(기계학습)을 통한 인공지능(AI) 분석기능을 구현할 수 있었던 것도 클라우드 서비스를 적극 활용한 덕분이다. 상시 백업을 통한 데이터 안정성 확보는 물론 해킹과 같은 외부공격으로부터 안전함은 두말할 나위가 없다.

건설 현장에서 사고는 대개 안전시설물 관리 미흡으로 인한 대규모 사고를 떠올리기 마련이지만 현장 근로

🔍 **사례연구** 토의문제

01   사례 본문에 소개된 강남건설이 도입한 사물인터넷(IoT) 기술의 개념, 중요성 그리고 주요 응용분야에 대해 인터넷 검색을 통해 알아봅시다.

02   위 토의문제 1에 대한 답변을 토대로, 강남건설이 사물인터넷 기술을 구체적으로 어떤 목적으로 활용하는지 설명하시오.

03   강남건설이 개발한 '건설 킵미' 서비스는 어떠한 서비스인지 또 이 서비스를 이용한데 따른 기대효과는 무엇인지를 서비스 이용기업의 관점에서 살펴봅시다.

04   강남건설의 '건설 킵미' 서비스는 사물인터넷의 산업 응용으로 볼 수 있다. 본 사례연구에 대한 이해를 바탕으로 다른 산업 응용의 예 한 가지를 제시하시오.

제 **2** 부

e-business
e-commerce

이비즈니스의 개발

제3장

이비즈니스 시장과 모델

제4장

온라인 마케팅과 고객관계관리

제5장

전자결제 서비스

제**3**장

이비즈니스 시장과 모델

3.1 이비즈니스 시장

3.2 이비즈니스 모델의 기본 개념

3.3 이비즈니스 모델의 분류 틀

네이버·카카오, '뉴스→콘텐츠' 수익 모델 탈바꿈 시동

카카오가 다음 뉴스를 구독형 서비스로 전환했다. 콘텐츠에 초점을 맞춘 구독모델로 수익화를 꾀하겠다는 전략이다.

1일 다음 뉴스에 따르면 '다음 뉴스 서비스 개편 설명회'에서 서비스 개편안을 발표했다. 2022년 초 알고리즘 추천과 랭킹방식 뉴스 서비스를 종료해 뉴스 편집권을 내려놓겠다고 밝혔다.

포털에서 뉴스를 공급하는 방식으로 인링크·아웃링크 설정에 대한 선택권도 언론사에 부여하겠다고 전했다. 인링크 방식은 이용자가 뉴스 기사를 클릭하면 포털사이트에서 콘텐츠를 보여주는 방식이고, 아웃링크는 구글처럼 개별 언론사 페이지로 이동하는 방식이다. 하지만 개편안 내용의 핵심은 콘텐츠를 포함한 구독형 서비스로 바꾸는 데 있다.

카카오톡 뷰 탭을 통해 이번 개편안의 의도를 파악할 수 있다. 네이버가 해온 언론사 중심 구독모델에서 한발 더 나아갔다. 구독 콘텐츠에 뉴스뿐만 아니라 1인 크리에이터를 대표하는 유튜브 등을 포함했다.

전문가들은 포털이 기존 수익 모델에서 탈피하는 움직임을 보인다고 분석한다. 포털이 뉴스를 통해 성장한 것은 사실이지만, 현재 뉴스 서비스 방식은 수익구조가 좋지 않기 때문이다.

기존 네이버는 포털에 언론사 기사를 싣는 대가로 전재료를 지급해왔다. 2020년 4월 이를 뉴스 광고 수익 전액 지급 모델로 전환하며 언론사와 광고 수익을 공유하고 있다.

이에 네이버는 5월 '프리미엄 콘텐츠' 구독 플랫폼을 열고 유료화 모델을 구축하며 수익모델 변화를 도모했다. 네이버는 창작자의 유료 콘텐츠 판매를 위해 기술과 데이터를 지원하고 결제액의 10%를 떼가

NAVER	서비스	Kakao
프리미엄콘텐츠	서비스	카카오뷰
2022년 2월	출시일	2021년 8월
유료 서비스 (구독료 중심)	수익 모델	무료 서비스 (광고 중심)
– 창작자 지원 생태계 구축 – 창작자에게 콘텐츠 편집, 결제, 데이터 분석, 프로모션 등과 데이터 통합 제공	특징	– 큐레이션 서비스 구축 – 창작자(뷰 에디터)가 뉴스, 영상, 음악 등 다양한 콘텐츠 링크를 '보드'로 발행

▶ 네이버와 카카오는 최근 구독콘텐츠형으로 비즈니스 모델을 전환했다.

는 구조다.

카카오는 좀 더 과감한 방식을 꺼내들었다. 카카오톡 내 세 번째 탭에서 다음 뉴스 등을 제공하던 '#(샵)'탭을 '카카오 뷰'로 대체하며 구독에 초점을 맞췄다. 카카오 뷰 탭은 '뷰'와 'My뷰'로 구성돼 뷰에서 마음에 드는 콘텐츠를 구독하면 My뷰에 구독하는 콘텐츠를 모아서 볼 수 있다.

뷰를 구성하는 카테고리는 뉴스뿐만 아니라 경제, 취미, 테크 등 다양한 콘텐츠를 포함했다. 카카오 뷰는 에디터에게 보드를 받아보는 이용자 수나 보드 노출 수 등에 따라 My뷰 공간의 광고 수익을 배분하는 수익모델을 적용했다. 향후 이용자의 후원이나 유료 콘텐츠 발행 등 수익 모델을 추가할 예정이다.

IT업계 관계자는 "기존 뉴스가 설 자리를 콘텐츠로 대체하고 이들에게 수익을 배분하고 있다"며 "트래픽도 늘리고 수익 배분에도 유리한 다양한 콘텐츠를 바탕으로 구독 비즈니스를 강화하는 모습"이라고

설명했다.

유홍식 중앙대학교 미디어커뮤니케이션학부 교수는 "뉴스만 넣은 기존 구독모델에서 관심사 기반으로 구독모델로 변경하고 있다"며 "기존 경향을 보면 카카오가 하는 방향으로 대부분 따라갔기 때문에 네이버도 기존 구독모델을 변경했을 때 트래픽이 얼마나 유발되는지 따지고 있을 것"이라고 말했다.

▶ 출처: 뉴데일리 경제, 2021. 12. 1.

3.1　이비즈니스 시장

▶▶ 전자시장의 등장

시장(market)이란 용어는 보는 관점에서 서로 다른 개념으로 정의될 수 있지만, 보편적으로 시장은 특정 지역의 구매자들과 판매자들이 모여 교환, 거래가 이루어지는 구체적 장소를 뜻한다. 거래물품의 가치, 비용 및 가격이 수요와 공급의 원칙에 의해서 시장에서 정해진다. 시장은 물리적 공간일 수도 있고, 혹은 가상적일 수도 있다. 또 시장은 지역규모일 수도 있고 혹은 글로벌규모일 수도 있으며, 완전할 수도 있고 불완전할 수도 있다. 한편, 시장은 상품(예: 가전, 컴퓨터, 의류 등), 판매대상 요인(예: 노동, 자본), 지역(예: 서울, 부산, 제주 등), 타겟소비자층(예: 고소득층, 노년층, 여성 등)에 따라 각각 다양하게 세분화 된다.

시장은 현대 자본주의의 기본적인 특징이며, 오랜 역사적 배경을 지니고 있다. 가령, 중세시대 영국에서는 왕에게서 허락을 받은 개인들이 시장을 조직하였다. 이들 시장을 조직한 이들은 시장의 필요시설을 제공함은 물론 매매 과정의 다툼을 해결해주는 역할도 담당하였다. 이후 시장은 차츰 자발적으로 출현하기 시작했다. 시대가 변하는 동안 일부 전통적 시장은 위축된 반면, 새로운 시장이 생겨났다. 예를 들어, 과거에는 중요하지 않았던 증권 및 일용품(가령, 곡식, 가축, 금속, 원유 등) 시장은 오늘날 세계 경제에서 중요한 역할을 수행하고 있다.

▶ 중세시대 영국에서는 왕에게서 허락을 받은 개인들이 시장을 조직하였다.

수많은 변화에도 불구하고 오늘날 인터넷과 함께 등장한 전자시장의 기본적 기능은 전통적 시장과 마찬가지로 구매자와 판매자를 연결해 주고, 계약을 이행하게 하며, 거래에 필요한 가격 메커니즘을 제공하는 것이다. 흔히 전자시장은 이비즈니스 시장과 같은 개념으로 통한다.

▶ 나스닥은 세계 최초의 전자 주식시장으로서 매일 거대한 규모의 거래가 이루어진다.

전자시장은 통신 네트워크로 연결되고 고속 컴퓨터로 구동되는 시장이다. 전자 장터에서 구매자들과 판매자들은 거래를 위해 한 장소에 있을 필요가 없다. 전자시장의 한 예는 미국의 나스닥 주식시장이다. 세계 최초의 전자 주식시장인 나스닥은 인터넷이 널리 이용되기 훨씬 전인 1971년 출범했으며 거래 객장이 없다. 기본적으로 나스닥은 거대한 전자 네트워크로서 투자자, 주식브로커 및 딜러를 상호 연동해 수많은 이용자들이 정보를 교환하며 증권을 사고팔 수 있는 장을 제공하고 있다.

인터넷이 폭발적으로 발전하면서, 전자시장은 사람들의 일상생활에서 점차 더 중요한 역할을 수행하고 있다. 월드와이드웹은 전자시장의 보편적 접점이 되었다. 사람들은 웹을 이용해 다양한 전자시장을 언제 어디서나 접근할 수가 있다. 일반 투자자들은 인터넷상에서 온라인 중개업체를 통해 온라인 주식거래를 할 수가 있다. 또한 고객들도 이베이와 같은 온라인 경매사이트에서 다양한 제품을 경매방식으로 구매할 수가 있게 되었다.

한 예로, 금융분야의 전자시장 출현을 고려해 보자. 불과 수년만에 온라인 주식거래는 근본적으로 투자의 방식을 변화시켰다. 웹기반 기술이 등장하기 이전에는 브로커에게 주문을 넣고자 하는 투자자가 브로커의 사무실을 방문하거나 전화를 해야만 했다. 그리고 얼마 후 거래를 확인해 주기 위해 두 번째 전화가 필요했다. 그러나 인터넷이 주식거래에 도입된 이후, 온라인 투자자는 중개업체 웹사이트에 로그인해 편리한 거래를 할 수가 있다. 다음은 온라인 중개업체가 투자자들을 위해 구축한 온라인 주식거래 프로그램의 기능이다:

- 매매주문을 하고 주문직후 주문확인 정보를 수신한다.
- 계정 잔액을 확인한다.
- 실시간 주식가격 정보를 수신한다.
- 계정 거래내역을 확인한다.
- 실시간으로 포트폴리오 주식들의 실적을 점검한다.

온라인 주식거래의 대중적 인기가 높아져 '일일 거래자'라는 새로운 거래자 유형이 만들어졌다. 일부 개인투자자들은 온라인 중개업체를 이용해 하루에도 수십건의 거래를 수행하며 때로는 동일 증권을 여러차례 거래하기도 한다. 일일 거래는 높은 수익을 가져다줄 수 있는 반면, 위험 또한 높으며 또 거래자에게 세금문제를 안겨주기도 한다.

▶▶ 전자시장의 예

전자시장은 많은 변화를 가져왔다. 기업들은 새로운 시장을 만들어 구매자와 판매자를 정교하게 연동해 줌은 물론, 거래를 위해 혁신적인 상품들도 출시하였다. 아래에서는 두 개의 예를 통해 이러한 추세를 살펴보기로 한다. 첫째 예는 이베이의 경매시장이며, 둘째 예는 재난보험 시장이다.

이베이의 경매시장

이베이는 세계 최대의 온라인 개인간 경매시장이다. 개인 구매자들과 판매자들이 이베이에서 회원가입을 한 후, 제품 및 서비스를 거래할 수 있다. 1995년 설립된 이베이는 2022

그림 3-1   이베이의 온라인 경매시장(www.ebay.com)

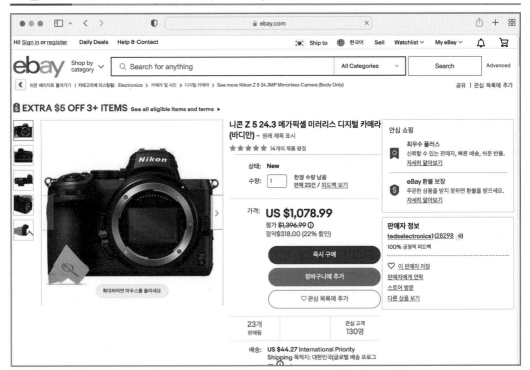

▶ 이베이는 세계 최초의 개인간 온라인 경매시장으로서 수많은 제품 및 서비스를 매매할 수 있는 장터를 제공한다.

년 8월 기준으로 회원 수가 1억 8천 7백만명을 기록하고 있다. 또 수많은 기업들이 이베이를 이용해 제품을 판매한다. 이베이는 세계적인 전자 경매장터를 구축했는데, 이 곳에서 컴퓨터, 골동품, 동전, 가구 등 수백만 점에 달하는 물품들이 거래되고 있다. 이같이 거대한 규모의 시장은 이전에 존재한 적이 없으며, 인터넷 없이는 그러한 시장을 구축하는 것이 불가능했을 것이다.

비록 인터넷상에 몇몇 다른 경매사이트들이 있지만, 이베이는 아직까지 가장 성공적인 온라인 경매사이트다. 처음부터 이베이는 온라인 시장 환경을 지배해 왔다. 전자시장에서 발생하는 네트워크 효과를 철저하게 이용한 것이다. 인터넷에서 구매자들과 판매자들은 서로 거래상대자를 용이하게 찾을 수가 있었기 때문에 지배적 시장을 방문하고자 했다. 네트워크 효과는 단순하다. 다수의 구매자들과 판매자들은 더 많은 구매자 및 판매자를 같은 시장에 끌어들였다. 온라인 장터를 제공함으로써 이베이는 수백만명에 달하는 구매자와 판매자가 거래하는 비용을 크게 낮췄다.

재난보험 시장

성공적인 온라인 상품의 예는 재난보험 시장에서도 찾아볼 수 있다. 전자시장이 어떻게 거래에 필요한 혁신적 상품을 가져다 주며 또 기존 기업들의 업무수행 방식을 근본적으로 변화시킬 수 있는지를 보여준다. 위험과 보험은 현대인 삶의 주요 속성이다. 보험회사는 인적자본, 물적 재산, 그리고 금융 자산의 가치 손실에 대해 보장해 준다. 그러나 거의 어느 보험회사가 특정 위험에 대해 보상할 수 있는 한도를 가지고 있다. 평균법칙에 따르면, 대형 위험 소수를 보장하는 것보다는 소형 위험 다수를 보장하는 것이 더 안전하다. 예를 들자면, 태풍과 같은 대형 재난이 발생할 경우 자칫 잘못하면 보험회사가 파산에 이를 수도 있다. 그러므로, 보험회사들은 대형 위험을 줄이기 위한 방안들을 찾아야 한다.

재난보험 시장에서는 보험사와 기타 기관들이 함께 위험을 공유하게 된다. 위험은 재난보험 시장에서 거래되는 상품이다. 위험을 거래가능한 상품으로 변환하는 프로세스를 가리켜 보험증권화라고 부르는데, 비유동자산을 유동성있는 금융증권으로 변환해 주는 과정이다.

재난위험거래소(Catastrophe Risk Exchange: CATEX)는 미국 뉴저지 소재의 전자시장으로서 재산손실 및 상해 보험사들과 브로커들이 자연재해에 대한 위험 보상을 거래하는 곳이다. 태풍이나 지진 같은 자연재해에 대비해 구축된 이 거래소는 보험사들이 전자 장터를 통해 위험을 지역적으로 분산함으로써 심각한 손실을 입을 위험에서 보호해 준다. CATEX에서의 거래는 1996년 시작됐다. 1998년 CATEX는 인터넷 기반으로 이전됐고, 그 후 초창기의 단순교환 거래는 완전한 보험시장으로 진화해, 그동안 해운, 에너지 및 정치적 위험의 재보험 거래를 지원해 왔다.

그림 3-2　CATEX의 재난위험거래소(www.catex.com)

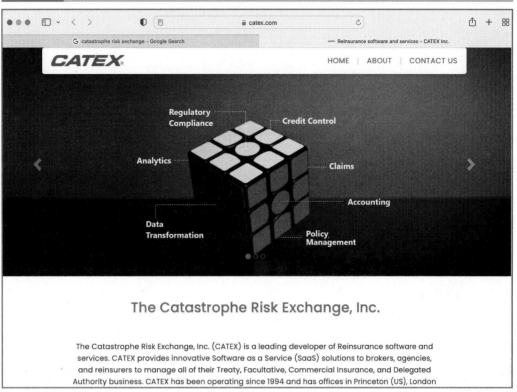

▶ 케이텍스(CATEX)는 재난보험 위험 거래소로서 재산손실 및 상해 보험사들과 브로커들이 자연재해에 대한 위험보장 상품을 거래하는 전자시장이다.

▶▶ 전자시장의 특징

　전자상거래의 중요한 역할 중의 하나는 전자시장(electronic markets)의 성장을 촉진시키는 것이다. 전통적인 시장과 비교할 때 전자시장은 몇 가지 큰 차이점을 나타낸다.

- **글로벌 규모의 쇼핑**: 전자시장은 쇼핑의 대상이 지역적인 장벽에 의해 제한될 필요가 없으며 소비자들은 글로벌 규모로 구매할 제품을 탐색할 수 있다. 가령, 동대문 시장과 같은 전통적인 시장의 경우, 물리적인 이동의 부담으로 인해 고객의 쇼핑대상이 인근 지역에 한정이 되므로, 그 지역을 벗어나 많은 상점들을 둘러볼 수가 없다. 반면, 인터넷 공간에서 쇼핑을 하게 되면 수많은 온라인 상점들에 대해 정보를 수집해서 이를 토대로 합리적인 구매를 할 수가 있다. 이를 다른 말로 표현하면 전통적인 시장에서는 접근할 수 있는 시장이 좁은데 반해, 전자시장에서는 무한하게 큰 시장의 접근이 가능하다는 의미이다. 따라서 전통적인 시장에서 몇몇 안 되는 판매자와 구매자가 함

현장 사례 축산물 도매시장 비대면 온라인 경매 본격 개시

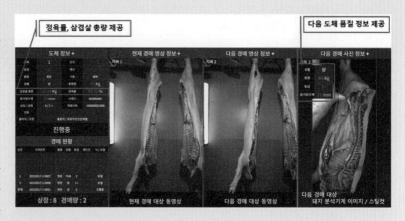

농림축산식품부(이하 농식품부)는 나주 축산물 공판장(도매시장) 돼지고기 지육경매를 기존 대면 경매에서 온라인 경매 방식으로 7월 28일부터 전면 전환하였다.

온라인 경매란 도매시장에서 돼지고기 지육 영상, 축산물 등급판정 결과, 정육률, 삼겹살 총량 등 상품성을 판단할 수 있는 객관적인 정보를 온라인 방식으로 추가 제공하면, 도매시장 구매자인 중도매인, 매매참가인이 장소의 제약 없이 온라인으로 경매에 참여하여 낙찰받는 방식을 말한다.

농식품부는 나주축산물 공판장 온라인 경매 도입을 시작으로 올해 말까지 도매시장 3개소에 돼지고기 지육 온라인 경매를 추가 도입하고, '23년까지 국내 축산물 도매시장의 절반 수준인 7개소까지 온라인 경매를 확대할 계획이다. 특히 올해 하반기에는 지육뿐만 아니라 부분육에 대해서도 시범적으로 온라인 경매방식을 도입하여 수요자가 필요한 부위만 소량 구매할 수 있도록 할 계획이다.

아울러 7월 28일에는 국내 최초 돼지고기 온라인 경매 전면 도입에 맞춰 기념식과 온라인 경매시연 및 온라인 경매 확산을 위한 농협 및 도매시장 관계자, 중도매인 등과의 간담회가 진행된다.

온라인 경매에 참여한 중도매인은 "전광판과 태블릿 피시(PC) 등을 통해 제공되는 고화질 영상 및 사진 정보 외에도 지육에 대한 정육률, 삼겹살 총량 등 상품성 판단을 위한 객관적인 정보가 추가로 제공되고 있어 온라인 경매가 기존 대면 경매보다 돼지고기를 구매하는데 더 수월할 것 같다"라고 말했다.

박범수 차관보 주재로 진행된 간담회에서는 나주축산물공판장 외 온라인 경매 도입에 관심이 있는 도매시장 관계자와 중도매인이 참석하여 축산물 도매시장 온라인 경매 확대를 위한 방안에 대해 논의한다.

축산업 관계자들은 축산물 온라인 경매의 성패는 중도매인, 매매참가인 등의 적극적인 참여에 달려있다고 의견을 모았으며, 제도 활성화를 위해 온라인 경매 수수료 지원 등을 요청하였다.

농식품부 박범수 차관보는 "오늘 온라인 경매 본격 시작으로 비대면 축산물 유통 혁신의 첫걸음을 내딛게 됐다"라며, "앞으로 도매시장에서 온라인 경매와 부분육 거래가 확산되면 돼지고기의 경매 비중도 높아지고 부분육 수요자가 경매에 직접 참여함으로써 유통비용 절감과 물가안정 등의 효과도 기대된다"라고 말했다.

▶ 출처: 이미디어, 2022. 7. 29.

께 모여 상행위를 하는 것과는 달리, 인터넷 공간에서는 보다 많은 판매주체와 구매주체들이 함께 모여 보다 큰 시장을 형성하므로 '완전경쟁'이 가능해지며 또 이로 인해 가격도 최소수준에서 결정되게 된다.

- **채널 중개자의 제거**: 제3장에서 살펴보았듯이, 델 컴퓨터사는 소비자의 니즈에 부합하도록 제조한 컴퓨터제품을 소비자에게 직접 판매하는 직판모델(direct model)로 유명하다. 델컴퓨터는 제조업체이지만 유통업체나 대리점과 같은 판매채널상의 중개자들(intermediaries)을 건너

▶ 전자시장은 중개자를 제거해 주므로 생산자와 소비자가 직거래를 함으로써 상품 원가를 낮출 수 있다.

뜀으로써 최종소비자의 주문사양대로 신속하게 제작된 컴퓨터를 저렴한 가격으로 공급할 수 있는 것이다. 이는 인터넷이 소비자와 생산자를 서로 중개해 주는 역할을 대신 담당하기 때문인데, 이와 같이 인터넷에 의해 상거래의 중간단계 혹은 중개자가 제거되는 것을 가리켜 **비중개화**(disintermediation)라고 한다. 인터넷의 비중개화 역할로 인해 소비자와 생산자가 전자시장에서 직접 만나 직거래를 할 수가 있게 되었으며, 또 이러한 직거래는 거래비용의 감소를 촉진해 소비자에게는 보다 저렴한 가격을 그리고 생산자에게는 보다 많은 이윤을 제공하는 것이 가능해졌다.

- **거래비용의 감소**: 비즈니스 세계에서 거래비용(transaction costs)은 거래를 위해 구매자 및 판매자를 탐색하고, 제품에 관한 정보를 수집하며, 거래조건을 협상하고, 거래계약서를 작성하고 계약을 체결하며, 또 상품을 운송하는 제반의 비용들을 종합적으로 일컫는 용어이다. 인터넷에서 정보를 탐색하고 수집하고 또 비즈니스 거래를 전자적으로 처리함으로 말미암아 정보탐색비(search costs) 및 내부 간접비(overhead costs)가 절감되어 거래비용이 현저하게 줄어들 수가 있다. 특히, 위에서 지적한 바와 같이 채널 중개자가 제거됨으로 인해 제조업체들은 판매채널의 중개비용을 크게 절감할 수 있게 되었고 이는 거래비용의 감소에 크게 기여하였다.

- **가격의 저하**: 전자시장의 주된 특징 중의 하나는 수요와 공급의 요인들이 가격에 더 잘 반영된다는 점이다. 글로벌 규모로 쇼핑을 할 수 있으므로 구매자는 신속하게 서로 다른 상점들에 대해 제품 가격 및 관련 정보를 비교함으로써 합리적인 구매의사 결정

을 할 수 있다. 이를 판매자 관점에서 보면, 경쟁사보다 가격이 더 높으면 매출이 부진할 수밖에 없다는 의미이므로, 이를 아는 판매자들은 서로 가격경쟁을 하게 되어 시장의 가격인하가 촉진될 것이다.

3.2   이비즈니스 모델의 기본 개념

▶▶ 비즈니스 모델이란?

최근 수 년간 비즈니스 모델이란 용어는 신문, 잡지는 물론 방송에서까지 자주 사용될 만큼 우리사회의 보편적인 단어가 되어버렸다. 인터넷을 기반으로 하는 새로운 사업들은 새로운 모델이 필요하기 마련이다. 새로운 사업을 설계할 때, 사업의 근간이 되는 모델은 사업의 성공을 좌우하는데 결정적인 역할을 하게 된다. 시장이 위축되는 상황에 있는 기업에서도 전환점을 마련하기 위해서는 비즈니스 모델에 대한 고민이 필요하다.

최근 웹에서 구글을 통해 비즈니스 모델이란 키워드를 검색한 한 조사에 의하면 해당 키워드가 포함된 웹페이지가 모두 13억 개가 넘는 것으로 확인됐다. 그러나 이들 웹페이지들에서 사용되고 있는 '비즈니스 모델' 단어의 의미는 서로 약간씩 다른 것으로 나타나, 개념에 대한 보다 정확한 이해가 필요함을 알 수 있다.

비즈니스 모델 관련 저서로 잘 알려진 폴 티머스 박사는 비즈니스 모델을 다음의 세 가지 구성요소로 정의하고 있다(Timmers, 1998). ① 제품, 서비스 및 정보의 흐름에 대한 청사진(여러 비즈니스 주체들 및 각기의 역할 정의), ② 다양한 비즈니스 주체들에 대한 잠재적 효익 정의, ③ 수익출처 정의, 즉 비즈니스 모델에는 누가 사업에 참여하고 이들에게 주어지는 대가는 무엇이며 또 어떻게 돈을 벌 수 있는가 하는 내용이 담겨야 한다는 의미이다.

반면, 비즈니스 모델과 관련하여 잘 알려진 또 한 전문가인 마이클 라파 교수는 비즈니스 모델이란 기업이 수익을 내며 생존해 나가기 위한 목적으로 사업을 수행하는 방식을 의미한다고 정의한다(Rappa, 2000). 비즈니스 모델은 기업이 가치사슬상에서 어느 위치에 속하는가를 명시함으로써 매출을 발생시킬 수 있는 방법을 보여줄 수가 있는 것이다.

위와 같은 정의들을 종합해 볼 때, 비즈니스 모델에는 기업의 고객들과 협력사들과 공급사들 간의 역할 및 관계, 제품과 정보와 자금의 주요 흐름, 그리고 참여자들에게 제공되는 주요 효익의 내용이 담겨야 함을 알 수 있다. 이러한 개념은 **그림 3-3**에 나타나 있다.

그림 3-3　비즈니스 모델

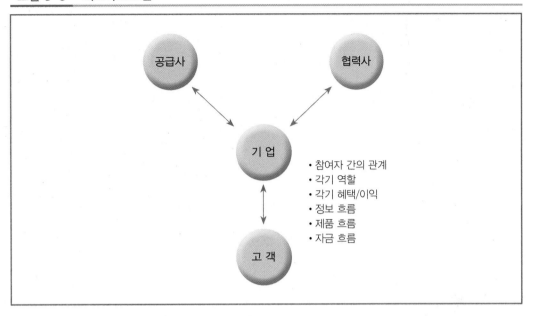

비즈니스 모델은 사업계획서와 구별되어야 한다. **사업계획서**(business plan)이라 함은 대개 50~100여 페이지 분량의 상세한 문서로서 재무적 예측자료가 많이 담겨 있다. 새로이 창업을 하기 위해 대출을 신청하면, 금융기관에서는 사업계획서를 요구하게 된다. 금융기관측에서는 대출 신청자가 추후 대출금을 상환할 능력이 있을지 평가하기 위해 상세한 자료를 모두 필요로 한다.

이에 비해, **비즈니스 모델**은 훨씬 압축적이고 상세한 내용을 담을 필요가 없다. 비즈니스 모델은 기업이 수익을 창출하기 위한 구체적 방법을 서술하여야 한다. 사업계획서가 문서 형태로 작성이 된다면, 비즈니스 모델은 업체 대표와 직원들이 머리로 기억할 수 있을 정도로 충분히 작은 개념으로 존재해야 한다. 비즈니스 모델의 주요 아이디어가 만일 문서로 작성이 된다면,한 페이지면 족하며, 여러 마디의 말보다는 하나의 그림으로 표현되는 것이 적합할 것이다.

▶▶ 비즈니스 모델의 핵심요소

그림 3-4에서 볼 수 있듯이, 신 경제의 비즈니스 모델은 가치명제, 제품/서비스, 자원시스템, 수익모델의 네 가지 구성요소로 이루어진다(Rayport & Jaworski, 2001). 경영자는 이들 개별 구성요소의 의미를 이해하고 이들을 조심스럽게 개발하는 것이 중요하다. 아래

현장 사례

공유경제 비즈니스 모델로 배터리 대여사업 선보인다

㈜에브리타임100은 고객 대상으로 '만땅공유배터리' 체험 스테이션을 운영하고 있으며, 예비가맹점주를 대상으로 오는 8월 31일까지 가맹 가입 시 가맹금액의 5% 캐시백 행사를 진행하고 있다고 6일 밝혔다.

최근 전세계적으로 주목받고 있는 경제용어 중 하나가 '공유경제'이다. 이는 물건을 개인이 소유하는 것을 넘어 필요한 만큼 원하는 사람들이 비용을 지불하고 빌려 쓸 수 있는 개념을 말한다. 다수의 기업들이 공유경제에 기반을 둔 다양한 비즈니스 모델을 시도하고 있는 가운데, 에브리타임100은 스마트폰 배터리를 대여 및 공유하는 서비스인 만땅공유배터리를 선보이며 다른 나라의 공유 서비스처럼 공유경제의 활성화를 목표로 두고 있다.

업체 관계자는 "높은 시장점유율을 보이고 있는 중국의 보조배터리 공유 서비스 회사와 3년간의 판매, 운영권을 독점 계약했다"면서 "만땅공유배터리는 현재 중국시장에서 이미 6억 명 이상의 이용자가 이용할 만큼 생활화된 서비스로, 알리페이나 위챗페이와 같은 간편페이가 정착돼 있어 스마트폰 배터리 공유 서비스 사업이 빠르게 자리를 잡을 수 있었다. 국내의 경우 주로 충전기를 들고 다니며 카페, 식당,

호텔 로비 등 다양한 곳에서 충전을 할 수 있어 좀 낯설게 느껴질 수 있으나, 중국과 마찬가지로 간편페이인 카카오페이가 상용화돼 있는 만큼 빠르게 서비스가 정착할 수 있을 것으로 보고 있다"고 말했다.

만땅공유배터리는 공공장소에 충전 스테이션을 설치해두고 일정한 보증금과 사용금액을 지불하면 누구나 간편하게 보조배터리를 대여할 수 있도록 한 서비스다. 현대인들의 필수품인 스마트폰의 배터리 소모로 불편함을 겪는 이들에게 배터리를 언제 어디에서나 공유 가능해 보조배터리를 따로 챙기고 다닐 필요가 없어 편리하다는 장점이 있다.

▶ 출처: 머니투데이, 2022. 7. 6.

에서는 이들 중 가치명제 및 수익모델에 대해 알아보기로 한다.

가치명제

가치명제는 비즈니스 전략의 주요 구성요소 중 하나이다. 전략은 차별화된 고객 가치명제에 기초하여야 하며 고객을 만족시킬 때 비로소 지속가능한 가치의 창출이 가능하다(Kaplan & Norton, 2004). **가치명제**(value proposition)란 타겟 고객군과 주요 경쟁기업이 누구인지, 그리고 회사 제품이 경쟁사 제품과 어떤 점이 고유하게 다른지를 보여주는 요약

문이다. 즉, 기업이 제품과 서비스를 묶어 고객에게 가치를 제공하는 독특한 방식을 내포하고 있다.

일반적으로 가치명제는 다음의 세 가지 요소를 포함하여야 한다.

- 타겟 고객계층
- 고객에게 주어지는 가치 혹은 효익
- 기업이 고객가치가 담긴 제품 혹은 서비스를 동종산업의 경쟁사들보다 더 탁월하게 제공할 수 있는 근거

위에 정의된 가치명제는 매우 단순한 고객가치 개념을 내포한다. 반면, 요즘 들어서는 '가치 군'(價値群) 개념이 보편화되고 있다. 즉, 가치 군은 이제 단수가 아닌 복수의 가치 개념으로서 다음의 세 가지 요소들로 구성되어 있다.

- 타겟 고객계층
- 제공중인 고객중심 가치 혹은 효익들의 모음
- 기업 및 협력사들이 해당 가치 군을 경쟁사보다 더 탁월하게 제공할 수 있는 강점

(1) 타겟 고객계층의 선택

가치 군을 개발하는 데 있어 우선 결정해야 하는 요소는 타겟 고객계층이다. 시장 기회를 신중하게 분석함으로써 기업이 경쟁력을 지닌 시장 계층을 발견할 수가 있다. 고객계층을 결정하는 데 있어 고려하여야 하는 주된 두 가지 사항은 시장의 매력도와 기업의 시장 내 경쟁능력이다. 우선 시장의 매력도는 여러 변수들이 복합적으로 작용하지만, 기본적으로 다음의 세 가지 요소들에 의해 좌우된다. ① 시장 규모 및 성장률, ② 충족되지 않은 고객 니즈, ③ 경쟁사의 부재 혹은 약세. 반면, 특정 고객계층 내에서 기업이 경쟁할 수 있는

그림 3-4　비즈니스 모델의 구성 요소

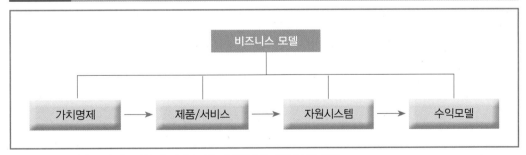

▶ 비즈니스 모델을 구성하는 이들 네 가지 요소는 순차적으로 개발되어야 한다.

능력은 고객 가치를 뒷받침할 만한 기업의 비즈니스 핵심능력이 경쟁사에 비해 얼마나 우수한지를 고려함으로써 평가할 수가 있다.

(2) 주요 고객가치의 선택

가치명제나 가치 군을 선정하는 데 있어 두 번째 단계는 타겟 고객계층에게 제공되는 주요 가치나 효익을 결정하는 것이다. 일반적으로 오프라인 마케팅에서는 기업이 한 두 개의 핵심 고객가치를 제공하는 데 주력하여야 하는 것으로 인식되고 있다. 가령, 볼보자동차는 안전이란 가치를, 사우스웨스트 항공사는 편의성과 저가의 가치를 기치로 내걸고 있는 것이 좋은 예라고 할 것이다. 이는 복수 가치를 추구할 경우 소비자들에게 혼돈을 줄 우려가 있고, 또 때에 따라서는 두 개의 가치가 상충하는 경우가 발생할 수 있기 때문이다. 예를 들어, 신속배달과 낮은 가격을 주된 가치로 추구한다고 할 때, 두 가지 모두 충족시키기가 어려워 결국 두 부문에서 중간에 머무르고 마는 사례를 종종 찾아볼 수가 있다.

그러나 온라인 비즈니스에서는 상황이 달라진다. 온라인 기업들은 한 두 개의 가치는 물론 다수 가치를 제공하는 데 초점을 두기도 한다. 가령, 인터넷에서 꽃 제품을 판매하는 대부분 사이트들은 싱싱한 꽃을 배달하는 가치를 내세운다. 그러나 이 중심적 가치 이외에 추가적으로 내세우는 가치들은 해당 사이트들마다 다르다. 일부 사이트들은 특정 꽃 제품의 무료 증정을, 일부 사이트는 신속 배달을, 일부 사이트는 저렴한 가격을, 또 다른 사이트에서는 이들 중 두 가지를 동시에 주요 가치로 삼는 것을 볼 수 있다.

(3) 독특한 차별적 능력의 선택

가치명제의 세 번째 요소는 온라인 회사가 단수 혹은 복수의 고객가치를 경쟁사보다 훨씬 더 탁월하게 제공할 수 있는 방법의 개발이다. 따라서 앞의 두 가지 요소들에 비해, 이 차별적 능력의 선택은 기업 외부보다는 타겟 고객가치의 탁월한 제공을 가능하게 하는 기업내부 및 협력사 관련 요인들과 관련이 깊다. 흔히 이들 요소를 일컬어 **핵심능력**(core competencies)라고 한다.

여기서 주요 이슈는 이들 핵심능력이 가치명제를 구성하는 주요 고객가치와 직접적으로 연관이 되어있는지의 여부이다. 핵심능력은 크게 유형자산(가령, 장소), 무형자산(가령, 브랜드네임) 및 조직 업무수행능력(가령, 공급망관리) 등을 포함한다. 즉, 기업이 특정 능력들을 탁월하게 수행할 수 있음에도 불구하고 이들 능력이 주요 고객가치를 제공하는 데 별 관련이 없을 수도 있다는 의미이다. 주요 고객가치를 제공하는 데 기여를 하지 못하는 핵심능력은 쓸모가 없다.

수익모델

아무리 창의적이고 탁월한 비즈니스 모델도 수익모델이 애매하거나 결여되어 있다면 아무 소용이 없다. 수익모델이 좋아야만 빠른 기간 내에 재무적으로 탄탄한 회사로 성장할 수 있기 때문이다.

(1) 수익모델이란?

수익모델(revenue model)이란 기업이 온라인 비즈니스를 통해 수입을 발생시키고, 이윤을 내며, 또 투자자본에 대해 높은 수익을 낼 수 있는 방법을 뜻한다. 수익모델과 재무모델은 흔히 동의어로 사용된다. 기업은 이윤 하나로만 성공적인 기업이 될 수 없으며, 이윤을 발생시키고 투자자본에 대해 투자대안들보다는 더 높은 수익을 내야만 성공적인 기업이 될 수 있고 또 생존할 수가 있는 것이다.

가령, 소매점에서 소비자에게 TV 제품을 판매한다고 할 때, 원가보다 더 높은 가격에 판매함으로써 이윤을 발생시키게 된다. 소매점이 처음 사업을 시작할 때에는 초기자본이 있어야 공급사로부터 제품도 구매하고 매장시설도 설치하고 또 종업원도 고용할 수가 있는데, 이 초기자본은 흔히 은행에서 차용하거나 다른 방법을 통해 동원되는 자금이다. 사업을 운영하며 발생되는 이윤은 이러한 투자자본에 대한 수익으로 간주되며 이러한 수익은 부동산투자, 주식투자 등 다른 투자대안의 수익보다는 더 높아야 한다.

(2) 수익모델의 예시

기업이 온라인 공간에서 수익을 발생시킬 수 있는 대표적 방법으로는 크게 다섯 가지 방법을 언급할 수 있다. 이들 방법은 기업이 인터넷 비즈니스를 통해 돈을 벌 수 있는 기본적 방법들의 예시에 불과하며, 본 장의 후반부에서 수익모델의 보다 구체적인 종류를 다양한 비즈니스 모델들을 통해 살펴보기로 한다.

- **광고 수익모델** : 트래픽이 많은 특정 사이트에서 배너 등 광고를 게재하거나 사이트 후원업체 지정을 통해 광고수입을 발생시킬 수 있는 모델이다. 흔히 이들 사이트에서는 사용자들에게 콘텐츠나 서비스를 제공하고 동시에 이들에게 광고를 노출시킨 다음, 광고주들로부터 광고료를 받는 모델이다. 회원수가 많거나 회원들이 전문화/차별화되어 있을 경우 광고단가가 더 높다. 다음, 네이버 등의 포털 사이트들이 이러한 수익모델에 기초해 운영되고 있다.
- **판매 수익모델** : 웹사이트에 온라인 카탈로그를 구축하고 소비자로부터 제품이나 서비스나 정보에 대한 주문을 온라인으로 받아 판매함으로써 수익을 올리는 방법이다.

아마존 닷컴, 롯데 닷컴, 인터파크몰 등이 예에 속한다.
- **거래수수료 수익모델**: 고객-판매자 간의 거래를 촉진시키는 대가로 수수료를 부과하거나 거래액의 일부를 취하는 데서 매출을 내는 모델이다. 예를 들어, 이베이는 가장 규모가 큰 경매사이트로, 온라인 경매 마켓플레이스를 소비자들에게 제공해 주고 소비자 간의 온라인 판매가 성공할 경우 판매자로부터 소정의 거래수수료를 청구한다.
- **온라인구독료 수익모델**: 온라인 콘텐츠(가령, 잡지, 신문, 혹은 그 밖의 정보서비스)를 구매한 고객으로부터 받는 구독료를 수입으로 삼는 모델을 의미한다. 무료 콘텐츠를 유료화할 경우 성공을 할 수 있기 위해서는 유료 콘텐츠가 높은 부가가치를 지니고 있고 또 타사가 쉽게 모방해 제공할 수 없다는 점을 부각시켜야 한다.
- **제휴관계 수익모델**: 제휴관계 수익모델은 트래픽이 많이 몰리는 사이트를 방문한 고객들이 제휴관계에 있는 제3자 업체 사이트에서 구매하도록 유인함으로써(가령 온라인 판촉이벤트를 소개함) 매출기회를 확대시켜 주고 그 대가로 소개수수료를 받는 모델이다. 이 모델에서는 일반적으로 매출이 실제로 발생한 경우에 한해서만 거래금액의 일정 퍼센티지에 해당하는 수수료를 받게 된다.

 현장 사례 ## 투자 한파 속 안정적 '수익모델' 찾아나선 당근마켓

당근마켓이 기업 대상 광고 '브랜드프로필'과 간편결제 수단 '당근페이' 등의 서비스를 선보이며 안정적인 수익모델 찾기에 나섰다. 누적 가입자 수와 월간 활성 이용자 수(MAU), 연간 거래액 등은 꾸준히 성장세를 나타내고 있지만, 마땅한 수익 모델이 없어 적자폭이 확대되고 있기 때문이다. 특히나 최근 글로벌 경제 위기로 스타트업에 대한 투자 심리가 위축 된 상황에서 수익 모델 발굴에 나선 것으로 분석된다.

27일 업계에 다르면 당근마켓은 지난달 프랜차이

▶ 당근마켓 브랜드 프로필 광고 화면

즈 기업들이 자사 브랜드를 소개할 수 있는 브랜드프로필 서비스를 선보였다. 당근마켓 브랜드프로필은 당근마켓 비즈프로필의 기업용 계정이다. 비즈프로필은 동네 소상공인과 자영업자들이 무료로 개설해 당근마켓에서 자신의 가게를 홍보할 수 있던 채널이다.

당근마켓의 이번 확장으로 별도의 제휴를 통해 프랜차이즈 기업들도 비즈프로필 광고를 운영할 수 있게 됐다.

당근마켓의 첫 제휴 업체는 SPC그룹의 계열사 비알코리아가 운영하는 아이스크림전문점 배스킨라빈

스이었다. 배스킨라빈스는 당근마켓 홈 피드에 지난 달 23일까지 할인 쿠폰 제공 이벤트를 진행했다.

배스킨라빈스의 광고 효과는 유효했던 것으로 알려졌다. SPC 관계자는 "당근마켓에서의 이용자들의 호응도가 높아 이벤트를 통해 제공한 쿠폰이 거의 다 사용됐다"고 했다.

당근마켓 측도 "브랜드 프로필로 진행된 배스킨라빈스 이벤트 반응이 뜨거웠다"며 "이후 여러 업체에서 제휴 문의가 들어오고 있는 중"이라고 말했다. 당근마켓은 지난 2월 수수료가 무료인 간편결제 서비스 '당근페이'를 선보였다. 간편 송금·결제 서비스 당근페이 역시 순항 중이다. 안전한 거래를 원하는 거래자들에게 서비스 이용률이 높아지고 있는 추세다.

당근페이는 지난 2월 전국으로 서비스를 확장한지 3개월만에 누적가입자가 5.2배, 누적 송금 건수는 12.4배 증가했다. 당근페이는 송금 서비스만 제공하고 있으며 현재까지 수수료는 무료다. 추후에는 입점 가맹점 결제 서비스 등에 수수료를 부과하는 방식 등으로 수익화에 나설 것으로 보인다. 중고나라와 번개장터 역시 각각 안전결제 시스템인 '중고나라페이', '번개페이'에서 수수료를 받고 있다.

당근마켓은 이외에도 다양한 서비스 개발에 힘쓰고 있다. 지난해 20개에 가까운 상표를 출원했으며, 올해도 당근여행·게임·예약·라이브 등에 대한 상표를 출원하기도 했다.

당근마켓 관계자는 "수익 모델을 찾기라기보다 서비스가 가능한 범주에서 후보군의 의미로 상표권을 등록한 것"이라며 "여러 서비스를 테스트하고 있지만 구체적으로 정해진 내용은 없다"고 말했다.

업계는 당근마켓의 이 같은 행보에 대해 본격적으로 캐시카우 마련에 나서는 것으로 분석했다. 당근마켓의 지난 5월 기준 누적 가입자 수는 3,000만명을 넘어섰다. MAU는 1,800만명으로 서비스 충성도 역시 높은 편이다. 연간 거래액은 2016년 46억원에서

2020년 1조원를 돌파하며 고공행진 중이다.

이 같은 성장세에 당근마켓은 지난해 8월, 기업가치 3조원을 인정받으며 '유니콘' 기업으로 등극했다. 이는 시총이 2조원대 후반인 전통적인 유통 공룡 롯데쇼핑, 이마트 등과 맞먹는 수치다.

그러나 아직까지 안정적인 수익 모델을 마련하진 못했다. 서비스 확장 및 안정화를 위해 비용 투자가 늘면서 적자폭은 커지는 형국이다. 이에 따라 당근마켓의 영업손실은 2018년 16억원에서 2019년 72억원, 2020년 134억원, 2021년 352억원으로 지속해서 증가하고 있다.

문제는 더이상의 외부 투자는 받기 힘들 수 있다는 점이다. 최근 전 세계적인 인플레이션과 금리 인상 등으로 스타트업 투자가 감소한 것으로 나타났다. 스타트업 지원 기관인 스타트업얼라이언스에 따르면 지난 6월 스타트업 신규 투자는 총 164건, 투자금액은 1조8,555억원으로 조사됐다. 전달 대비 투자금액은 늘었지만 투자 건수는 줄었다.

당근마켓 역시 공격적 투자와 적자를 담보로 한 외연 확장에만 목맬 수는 상황이다. 투자 심리가 보수적으로 변하면서 기업의 미래 가치보다는 현 시점에서 캐시카우를 마련할 수 있느냐가 스타트업 투자의 척도가 된다.

업계는 당근마켓이 3,000만명에 달하는 누적 가

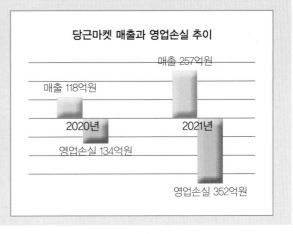

당근마켓 매출과 영업손실 추이

매출 257억원
매출 118억원
2020년
영업손실 134억원
2021년
영업손실 352억원

입자 수를 보유한 만큼, 본격적으로 수익성 개선에 나선다면 적자폭 개선은 어렵지 않을 것으로 봤다. IT 플랫폼 업계 관계자는 "코로나 이전까지만 하더라도 스타트업들의 성장세에 주목해 투자가 이뤄졌지만, 최근 투자 심리가 얼어붙으면서 스타트업도 성과를 보여줘야 한다는 지적이 나온다"며 "당근마켓은 국내 최대 규모의 이용자 수 규모를 가진 플랫폼인 만큼 수익모델만 만들어낸다면 실적개선은 어렵지 않을 것"이라고 말했다.

▶ 출처: 한국일보, 2022. 7. 27.

3.3   이비즈니스 모델의 분류 틀

전통적인 비즈니스 모델은 그 종류도 다양하다. 단순히 제품을 생산해 고객에게 판매함으로써 수익을 발생시키는 제조업 모델은 오늘날 아직도 여러 기업들이 따르고 있는 보편적 모델이다. 반면, 복잡한 비즈니스 모델도 있는데 방송사업이 좋은 예에 속한다. 지난 수십 여 년간 라디오와 텔레비전 프로그램은 전파를 따라 수신기가 있는 사람 누구에게나 무료로 제공되었다. 방송사는 배급사, 콘텐츠 제작사, 광고주 및 시청자(혹은 청취자)를 망라

그림 3-5   인터넷 비즈니스 모델의 분류체계

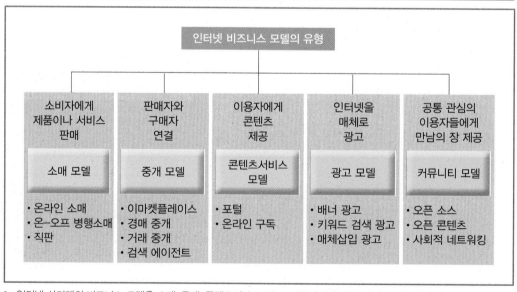

▶ 인터넷 상거래의 비즈니스 모델은 소매, 중개, 콘텐츠서비스, 광고, 커뮤니티의 다섯 가지로 분류해 살펴볼 수 있다.

하는 복잡한 네트워크의 일부이다. 이 네트워크의 참여주체들이 각각 어떤 역할을 통해 얼마만한 수익을 내는가는 결코 쉽게 이해할 수 있는 것이 아니다.

한편, 인터넷은 기존의 비즈니스 모델 패러다임에 많은 변화를 가져왔다. 인터넷이 제품과 서비스를 판매할 수 있는 새로운 채널이라는 인식이 확산되면서, 예전에 존재하지 않던 희귀한 모델들도 많이 나타나고 있다. 이용자가 광고 웹페이지를 볼 때마다 현금을 적립해주는 업체에서부터 전자상거래의 대금결제 서비스를 대행해주고 그 수수료를 챙기는 업체에 이르기까지 그 종류도 다양하다.

인터넷 비즈니스 모델을 어떤 유형들로 나누어 살펴봐야 하는지는 각기 보는 시각 및 관점에 따라 서로 다를 수 있으나, 기존의 분류 틀들(가령, Paul Timmers, Michael Rappa, Linda Applegate 등)을 종합해 볼 때 인터넷 상거래의 비즈니스 모델들은 **그림 3-5**에서와 같이 소매, 중개, 콘텐츠서비스, 광고, 커뮤니티의 다섯 가지 카테고리로 나누어 살펴볼 수 있다. 물론 이들 이외에도 다른 모델이 있을 수 있지만, 여기서는 이들 모델들에 국한해 비즈니스 모델 종류를 알아보기로 한다.

▶▶ 소매 모델

최종소비자를 대상으로 온라인상에서 제품을 판매하는 사이트들이 소매 모델(digital storefronts)에 해당한다. 소매 모델은 이러한 온라인 판매사이트를 운영하는 방식에 따라 온라인 소매, 온-오프 병행소매, 그리고 직판의 세 가지 형태로 나누어진다.

온라인 소매

온라인 소매(e-tailer)는 완전히 온라인상으로만 존재하는 소매 상점으로서 쇼핑몰과 같은 닷컴 기업들이 이에 속한다. 이들 사이트에서는 끊임없는 혁신을 통해 양질의 고객서비스를 제공하는 것이 핵심 이슈로 인식되고 있다. 아마존의 경우 창업자 제프 베조스(Jeff Bezos)의 리더십 아래 개인화, 관련상품 자동추천, 구매경험자 커뮤니티 등 다양한 창의적인 기법의 적용으로 온라인 소매 분야에서 선두를 달리고 있다.

온-오프 병행소매

온-오프 병행소매는 전통적인 매장 및 물류망을 가지고 제품을 판매하는 오프라인 상점이 온라인 판매시스템을 구축해 두 가지 판매채널의 시너지 효과를 추구하는 모델이다. 전통기업(brick and mortar)과 온라인기업(click and click)의 병행 형태인 온-오프라인 기업(click and mortar)에 해당한다.

표 3-1   소매 비즈니스 모델

비즈니스 모델	설 명	예
온라인 소매	웹상에서만 제품을 판매하는 소매업체	아마존, 버추얼와인
온–오프 병행소매	전통적인 소매업체가 기존의 오프라인 상점과 웹사이트 상점을 병행해 제품 판매	반스앤노블, 롯데쇼핑
직판	제조업체가 생산한 제품을 중간유통과정을 거치지 않고 직접 웹을 통해 판매	델컴퓨터

한 예로, 미국의 유명 장난감 체인 **토이저러스**(Toys-R-Us)는 인터넷에서 제품을 구매한 고객이 집 인근의 토이저러스 점포를 방문해 제품을 반품 혹은 교환할 수 있는 서비스를 제공함으로써 매출이 크게 늘어났다. 이는 순수 전통기업이나 순수 닷컴기업만으로는 소비자의 요구에 신속하게 대응하는 것이 어려우며, 또 오프라인 부문과 온라인 부문의 강점을 잘 결합시켜 상승효과를 발생시키는 것이 성공을 위해 중요하기 때문이다.

백화점과 같은 오프라인 상점의 관점에서 볼 때, 온라인 비즈니스는 추가적인 매장임대 및 인력 비용을 들일 필요가 없이 매출을 확대할 수 있고, 온라인 카탈로그를 통해 소비자들의 제품선택의 폭을 크게 확대할 수 있을 뿐 아니라, 효율적인 개별화 마케팅 기법으로 소비자 니즈를 보다 효과적으로 지원할 수 있어 더 없이 매력적이다.

직 판

직판 모델(direct model)은 제조업체가 생산한 제품을 중간유통과정을 거치지 않고 직접 웹을 통해 판매함으로써 속도를 향상시키고 비용을 절감하는 비즈니스 모델이다. 델컴퓨터가 처음 시작하였으나 도시바 등 다른 하이텍 제품 메이커들도 이를 도입하고 있는 추세이다. 반면, 리바이 스트라우스(Levi Strauss)사는 이와 유사한 모델을 통해 소비자에게 청바지 제품을 직판하기 위한 웹사이트를 수백만 달러를 들여 구축했으나 실패로 끝나 온라인 운영을 모두 철수하기도 했다.

직판 모델의 핵심은 제품이 공장을 떠나 소비자에게로 전달되는 과정에서 중간매개 기능의 제거(disintermediation)이다. 즉 인터넷을 통해 소비자와 직접 상대함으로써 판매채널의 효율성을 극대화함과 동시에 구매자에게 저렴한 가격의 혜택을 제공할 수가 있는 것이다.

▶▶ 중개 모델

비즈니스 거래에서 중개자(broker; intermediary)란 구매자와 판매자를 서로 소개해 주고 거래를 촉진시켜 주는 역할을 수행한다. 흔히 중개자는 B2B, B2C 및 C2C 시장에서 각각 중개역할을 담당하며 성사된 거래에 대해 수수료를 부과한다.

이마켓플레이스

이마켓플레이스(e-marketplace)는 인터넷기술에 기반한 온라인 장터로서 판매자와 구매자를 서로 연결해주는 중개자 역할을 한다. 이마켓플레이스는 크게 B2B와 B2C의 두 가지 유형으로 나뉜다. B2B 이마켓플레이스는 웹사이트상에서 구매기업들의 발주시스템과 판매기업들의 수주시스템을 통합시켜 비즈니스 거래를 수행하기 위한 단일프로세스를 만들어 주는 것을 목적으로 한다. 여러 구매자들과 여러 판매자들의 거래관계를 통합적으로 관리하는 데서 오는 효율성으로 인해 오늘날 이마켓플레이스를 통해 기업간 상거래를 수행하는 기업들이 빠르게 늘고 있는 추세이다. 흔히 B2B 이마켓플레이스는 관련 콘텐츠를 제공하고, 시장조사에서 가격협상 및 제품발송에 이르기까지 거래프로세스와 관련한 서비스를 제공하는 것이 특징이다. 화학제품을 취급하는 켐덱스(Chemdex.com)나 국제 무역거래 중개자 역할을 하는 티페이지(Tpage.com)가 B2B 이마켓플레이스의 예에 속한다. 반면 B2C 이마켓플레이스(혹은 오픈마켓)는 판매자들이 입점할 수 있는 온라인 장터를 제공하는데, 이곳에서 판매자와 소비자가 자유로이 거래를 할 수 있다. 중개자가 주문, 결제, 배송 추적 등의 기능을 자동화할 수 있는 소프트웨어 인프라를 제공하므로, 판매자는 이러한 거래시스템을 이용해 편리하게 거래를 수행할 수 있으므로, 거래가 발생할 때마다 그 댓가로서 수수료를 중개자에게 지급한다. 우리나라의 B2C 이마켓플레이스의 3대 주자는 G-마켓, 옥션 및 11번가이다.

경매 중개

경매 중개(auction broker)는 우리가 흔히 알고 있는 전통적인 경매를 인터넷 환경에 옮겨놓은 형태로 주로 골동품, 미술작품, 농산물 등 매매가격을 정하기가 애매한 상품을 판매하는 데 적합한 거래형태이다. 판매자가 판매할 물품과 관련한 명세, 사진, 경매시작일, 경매종료일, 시작가 등의 정보를 등록하면, 해당기간 동안 관심 있는 구매자들이 시작가에서 시작해서 매번 현재 최고가보다 더 높은 가격을 명시하며 입찰(bid)을 온라인상으로 제출한다. 경매가 종료되면 시스템이 제출된 입찰 중에서 가장 높은 가격의 입찰자에게 낙찰을 통보하며, 판매자와 구매자 간에 대금지불 및 물품발송 절차가 수행된다. 거래가 성사될 때

표 3-2   중개 비즈니스 모델

비즈니스 모델	설 명	예
이마켓플레이스	웹상에서 판매자와 구매자가 함께 제품을 보며 거래를 할 수 있는 공간 제공; 시장조사에서 가격협상 및 제품발송에 이르기까지 거래프로세스와 관련한 서비스 제공; B2B 및 B2C 마켓플레이스 포함	빌더스넷 (건설), 켐덱스 (화학), 티페이지 (무역) G마켓, 11번가
경매 중개	판매자를 위한 경매 진행; 판매자에게서 거래가격에 비례하는 수수료를 받음; 순경매, 역경매 등 여러 형태가존재함	이베이, 옥션
거래 중개	판매자와 구매자가 거래를 성사시키기 위해 필요한 서비스 제공(지불서비스, 정보서비스 등)	페이팔, 에스크로우, E*TRADE
검색 에이전트	구매자의 요청에 따라 제품이나 서비스의 가격 및 재고보유 여부를 자동으로 찾아낼 수 있는 소프트웨어 에이전트	마이사이몬, 네이버 쇼핑, 다음 쇼핑

마다 판매자는 일정 퍼센티지의 수수료를 경매 중개자에게 지불한다.

세계에서 가장 규모가 큰 온라인 경매사이트인 이베이는 제품을 직접 판매하지 않는 대신, 물품정보의 제공, 입찰, 대금결제 등 전반적인 온라인 경매 프로세스를 촉진시키기만 한다. 우리나라의 옥션 사이트에서도 개인 간의 매매거래는 물론 기업들이 잉여재고 제품을 처분할 수 있는 거래가 온라인 경매를 통해 이루어지고 있다.

온라인 경매의 방식은 크게 세 가지로 분류된다. **영국 경매**는 시작가가 낮게 설정되며 점차 단계적으로 입찰가가 높아지는 경매 모델이다. 대부분의 모든 온라인 경매들이 영국 경매 방식을 이용한다. **독일 경매**는 한 경매에서 다수의 동일 물품을 제시하는 모델로서, 최고가 입찰자가 물품을 낙찰받게 된다. 모든 낙찰자들이 동일 가격의 지불을 통해 모든 물품들을 구매할 수 있는 기회를 부여받는다. 끝으로, **역 경매**는 구매자와 판매자의 역할이 뒤바뀌는 경매의 한 유형으로서 주된 목표는 물품가격의 인하이다. 일반적인 경매에서는 구매자들이 제품이나 서비스를 구매하기 위해 경쟁을 하는 반면, 역경매에서는 판매자들이 제품을 구매하기 위해 경쟁을 하게 되며 그 보편적 예가 대학 관제과에서 컴퓨터 메이커들이 참여하는 구매입찰 경매를 통해 컴퓨터를 대량 구매하는 것이다. 온라인 경매에 관해서는 제10장에서 더 상세히 다루기로 한다.

거래 중개

거래 중개(transaction broker)는 판매자와 구매자가 온라인상에서 시간 및 노력을 절감하며 용이하게 거래를 수행할 수 있도록 거래에 필요한 서비스를 제공한다. 대표적인 예로 거래 대금결제를 중개하는 **페이팔(PayPal.com)**과 **에스크로우(Escrow.com)**를 들 수 있다. 이베이 소유회사인 페이팔은 이메일 주소가 있는 이용자면 누구나 온라인으로 물품대금을 지불하거나 수취할 수 있는 인터넷 기반의 지불시스템을 운영하는 회사로서 지불자와 피지불자를 서로 연결해 주고 있다. 또한 에스크로우는 물품매매 거래에 합의한 구매자로부터 물품대금을 수취해 이를 일시적으로 예치했다가 판매자의 물품수령 후 판매자에게 대금을 입금해 줌으로써 판매자가 안전하게 물품대금을 수취할 수 있는 서비스를 제공하는 회사이다. 물품대금의 일정 퍼센티지를 수수료로 요구하는 이 서비스는 판매자가 구매자의 대금결제 약속을 신뢰할 수 없는 경우에 널리 이용된다. 거래 중개의 또 하나의 예는 **이트레이드(E*Trade)**로서, 이 회사는 온라인 주식매매를 위해 주식투자 결정에 도움이 되는 경제 및 기업재무 관련 정보를 제공함으로써 인터넷상에서 주식의 판매자와 구매자가 원활히 매매거래를 할 수 있도록 연결고리 역할을 하고 있다.

검색 에이전트

검색 에이전트(search agent)는 '로봇'이라고도 알려져 있는 소프트웨어 에이전트로서 쇼핑몰들에 대해 실시간으로 특정 제품이나 서비스의 가격을 탐색하거나 찾기 어려운 정보를 찾아내는 목적으로 이용된다. 검색 에이전트의 역할은 이용자가 수행해야 하는 웹상에서의 정보탐색 과업을 대신 수행해 줌으로써 이용자의 시간을 절감해주는 데 있다. 우리나라의 가격비교 사이트로는 네이트(nate.com), 네이버(naver.com) 등이 있다. **그림 3-6**에서와 같이, 특정 제품 모델을 키워드로 입력하면 관련 쇼핑몰들이 가격순으로 나열되어, 가장 저렴한 가격으로 구매할 수 있는 쇼핑몰을 쉽게 찾을 수가 있다.

▶▶ 콘텐츠서비스 모델

이용자에게 관심대상이 될 수 있는 콘텐츠를 사이트에 구축하고 이를 이용자의 사이트 방문을 유도하기 위한 수단으로 삼는 사이트들이 콘텐츠서비스 모델에 속한다. 콘텐츠가 중심이 되므로 타겟 이용자들의 흥미를 끌 만한 관심사항을 분석하고 이에 따라 콘텐츠를 적절히 구성하는 노력이 관건이다.

포　털

웹 포털(portal)은 일종의 검색엔진을 통해 인터넷에 존재하는 다양한 정보 자원으로 사용자를 연결해 줄 수 있는 단일 관문이며, 이용자들의 방문을 유도하기 위해 뉴스, 날씨, 주

그림 3-6   네이버쇼핑의 가격비교 검색 에이전트 예시화면(www.naver.com)

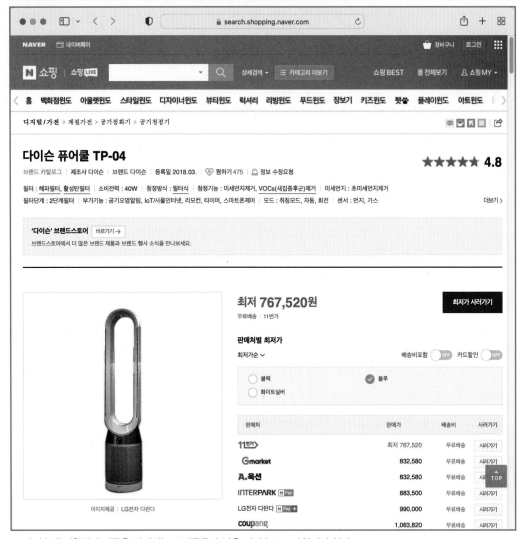

▶ 다이슨 공기청정기 제품을 판매하는 쇼핑몰들이 낮은 가격순으로 나열되어 있다.

식가격, 오락 등 다양한 콘텐츠를 지속적인 업데이트를 통해 무상으로 제공한다. 우리에게 익숙하게 알려진 다음, 네이버, MSN, 네이트가 모두 포털의 예에 속하며, 이들 웹 포털은 기본적인 웹검색 기능은 물론 이메일, 커뮤니티(카페), 블로그 등의 부가서비스를 무료로 제공하고 있다. 포털 모델의 궁극적인 목적은 가능한 한 많은 트래픽을 사이트로 집중시키고 이들에게 배너 광고, 검색 광고 등 광고정보를 노출시킴으로써 수익을 발생시키는 것이다.

포털 모델의 주요 특성 중의 하나는 다양한 콘텐츠를 통일된 방식으로 배열하는 사용 용이한 비주얼 인터페이스이다. 또 사회 각계각층의 사용자들 간의 커뮤니케이션도 효과

표 3-3   콘텐츠서비스 비즈니스 모델

비즈니스 모델	설 명	예
포 털	기본적으로 일종의 검색엔진에 해당하며, 흔히 뉴스, 엔터테인먼트 정보 등 부가가치를 높일 수 있는 다양한 콘텐츠나 서비스를 제공하며, 광고 판매를 통해 수입 발생	다음, 네이버, MSN, 네이트
온라인 구독	연회비나 구독료를 지불한 이용자들이 음악, 사진, 동화상 등의 디지털 콘텐츠를 일정 기간 동안 무제한 접근할 수 있도록 허용함	전자신문, 아이뉴스24, 아이튠(음악), 코비스(사진)

적으로 지원되므로, 최근에는 국내 언론사들도 국민적 관심도가 높은 이슈에 대해서는 포털사이트에 나타난 네티즌들의 의견을 반영해 기사를 작성하는 추세이다. 그만큼 포털사이트가 국민들의 의견 및 감정을 신속하게 예측할 수 있는 수단으로 이용되고 있다는 의미이다.

온라인 구독

온라인 구독(subscription) 모델은 사진, 동화상, 음악, 영화, 게임, 애니메이션, 강의모듈 등의 전문 콘텐츠를 웹사이트에 구비해 놓고 이를 이용하기 위해 연회비 혹은 온라인 구독료를 지불한 이용자에게 콘텐츠를 제공하는 방식이다. 가령, 미국의 뉴욕타임즈, 비즈니스위크, 타임 등의 신문 및 잡지사는 이 모델을 이용해 오프라인 기사를 온라인상으로 서비스함으로써 수익을 내고 있다. 그러나 우리나라의 온라인 신문, 음악, 교육 사이트 등의 콘텐츠서비스업체들을 통해서도 알 수 있듯이, 웹사이트에서 제공하는 무형의 디지털 상품은 물리적 상품과 달리 유상으로 판매하는 것이 매우 어려우며, 콘텐츠의 유료화는 오늘날 디지털 콘텐츠를 판매하는 닷컴 기업들에게 주요 관건이 되고 있다.

콘텐츠 판매에 있어 온라인 구독 모델과 온라인 소매 모델을 서로 구별할 필요가 있다. 오늘날 음악, 영화, 강의모듈 등 많은 디지털 상품들이 **온라인 구독 모델**을 통해 연 혹은 월의 기간 단위로 서비스되는 반면, 상품의 수요가 주로 낱개로 발생하는 학술지 논문, 연구보고서, 혹은 방송국의 VOD 방송서비스는 앞서 소개된 **온라인 소매 모델**에 근거해 장바구니식 구매방식을 따르고 있다.

▶▶ 광고 모델

오늘날 광고 모델은 인터넷이 존재하는 가장 중요한 이유 중의 하나로 인식되고 있다.

표 3-4   광고 비즈니스 모델

비즈니스 모델	설 명	예
배너 광고	사이트에서 제공되는 뉴스, 동영상 등의 콘텐츠를 이용하기 위해 방문한 이용자들에게 배너모양의 광고를 노출시켜 광고효과를 발생시킴	CNN, MS-NBC, 뉴욕타임즈, 다음, 네이버
키워드검색 광고	키워드의 검색결과 화면에서 해당 키워드를 타겟으로 하는 광고 링크(가령, 구글의 스폰서 링크)의 순위를 판매하는 방식으로, 타겟마케팅에 적합함	구글, 오버추어, 네이버
매체삽입 광고	사이트의 모든 동영상 클립들이 무료로 제공되는 대신, 해당 동영상의 시작부분이나 끝부분에 광고를 삽입함으로써 광고효과를 발생시킴	CNN, NBC, KBS, 판도라 TV

그만큼 많은 기업들이 인터넷을 자신들의 기업 및 제품을 일반 대중들에게 알리기 위한 마케팅 수단으로 여기고 있다는 의미이다. 따라서 요즈음 기업들의 총광고지출의 비중은 오프라인 광고에서 온라인 광고로 이동해 가고 있는 추세이다. 아래에 소개된 세 개의 광고모델들은 광고를 노출시키는 방식에 따른 분류이다. 온라인 광고기법에 관해서는 제4장에서 더 상세히 살펴보기로 한다.

배너 광고

다음, 네이버 등 많은 포털 사이트들이 채택하고 있는 광고노출 방식으로서 사이트에 풍부한 뉴스, 동영상 등의 콘텐츠를 갖춰놓고 이를 이용하기 위해 방문한 이용자들에게 배너모양의 광고정보를 노출시켜 수익을 발생시키는 모델이다. 주요 수입원은 광고주들이 배너광고의 게재에 대해 지급하는 광고료이며, 광고료의 금액은 배너 광고의 노출정도, 즉 광고를 보는 방문자의 수에 의해 결정되므로, 광고주로서는 원하는 클릭 수를 보장받지 못할 수 있다는 단점이 존재한다.

배너는 일반적으로 이미지 형태로 제작되며, 사용자가 배너 이미지를 클릭하면 해당 광고주의 웹사이트로 이동하므로 더 상세한 제품 혹은 서비스의 정보를 접할 수 있게 된다. 그러나 배너 광고에 대해 거부감을 일으키는 사람들도 많고, 또 대부분 네티즌들은 특별한 니즈가 없는 한 배너를 클릭하지 않는 경향이 강하기 때문에, 배너 안에 간결하면서도 기억에 오래 남을 만한 인상적인 문구를 수록하는 것이 관건이다. 주로 대기업의 이미지나 브랜드의 인지도를 강화하는 데 효과적인 온라인 광고방법이다.

키워드 검색 광고

배너 광고가 이미지 기반의 광고라면, 키워드 검색 광고는 텍스트 기반의 광고에 해당한다. 그림 3-7에서 볼 수 있듯이, **키워드 검색 광고 모델**이란 키워드의 검색결과 화면에서 해당 키워드를 타겟으로 하는 광고 링크(가령, 구글의 스폰서 링크)의 순위를 판매하는 방식으로서, 순위가 빠른 링크일수록 광고단가가 더 높게 적용되는 모델이다. 이 모델은 기본적으로 특정 니즈나 목적을 가지고 '키워드'를 검색하는 적극적인 고객을 대상으로 한 타겟 마케팅에 적합하다. 가장 대표적인 예가 구글과 오버추어(Overture)이다.

이들 사이트에 수록된 검색광고의 비용은 클릭당 단가(cost per click: CPC)에 근거해 산출된다. 예를 들어, 클릭당 단가를 100원으로 하여 수록된 어느 검색 광고 링크가 하루동안 네티즌들에 의해 모두 1,000번이 클릭되었다고 할 때, 이 광고주는 10만원(=100×1,000)을 1일 총광고료로 지불해야 한다. 일반적으로 이 클릭당 광고단가는 경쟁입찰방식으로 결정되므로, 가장 높은 가격으로 입찰에 참여한 광고주의 광고가 가장 상위에 노출된다. 검색 광고의 핵심인 '키워드'의 평균 단가는 업종이나 제품, 그리고 계절적 요인에 의해 달라

그림 3-7   네이버의 키워드 검색 광고 예시화면

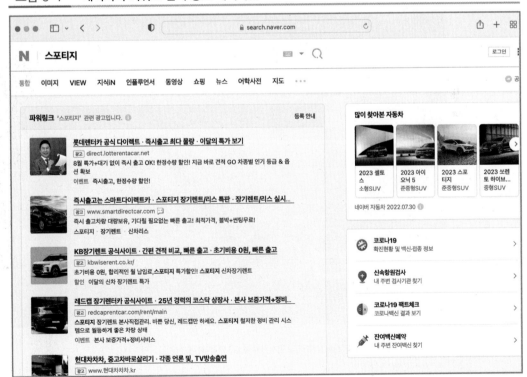

▶ '스포티지'란 키워드의 검색결과 화면에서 관련 광고들이 열거되므로 사용자는 관심있는 광고 링크를 클릭할 수 있다.

진다.

키워드 검색 광고는 초창기의 중소기업이나 영세업체에서 효과적인 광고수단으로 큰 인기를 얻었고, **문맥광고**(contextual advertising)의 형태를 통해 노출광고 영역으로의 확장도 도모하고 있다. 하지만, 최근 키워드 검색 광고의 부정클릭(가령, 의도적으로 허위 클릭을 발생시킴) 위험성이 널리 알려지면서 논란의 대상이 되기도 했다.

매체삽입 광고

요즈음 인터넷 이용자들의 동영상에 대한 관심이 빠르게 늘어나면서, 새로이 등장하기 시작한 광고기법이다. **매체삽입 광고모델**이란 사이트의 모든 동영상 클립들이 무료로 제공되는 대신, 해당 동영상의 시작부분이나 끝부분에 광고를 삽입함으로써 광고효과를 발생시키는 새로운 광고모델이다. 그림 3-8에서 볼 수 있듯이, 사용자는 광고를 거치지 않고는 자신이 선택한 동영상을 볼 수가 없도록 되어 있다. 이 모델을 이용한 광고서비스를 제공하

그림 3-8   매체삽입 광고의 예시화면(출처: www.youtube.com)

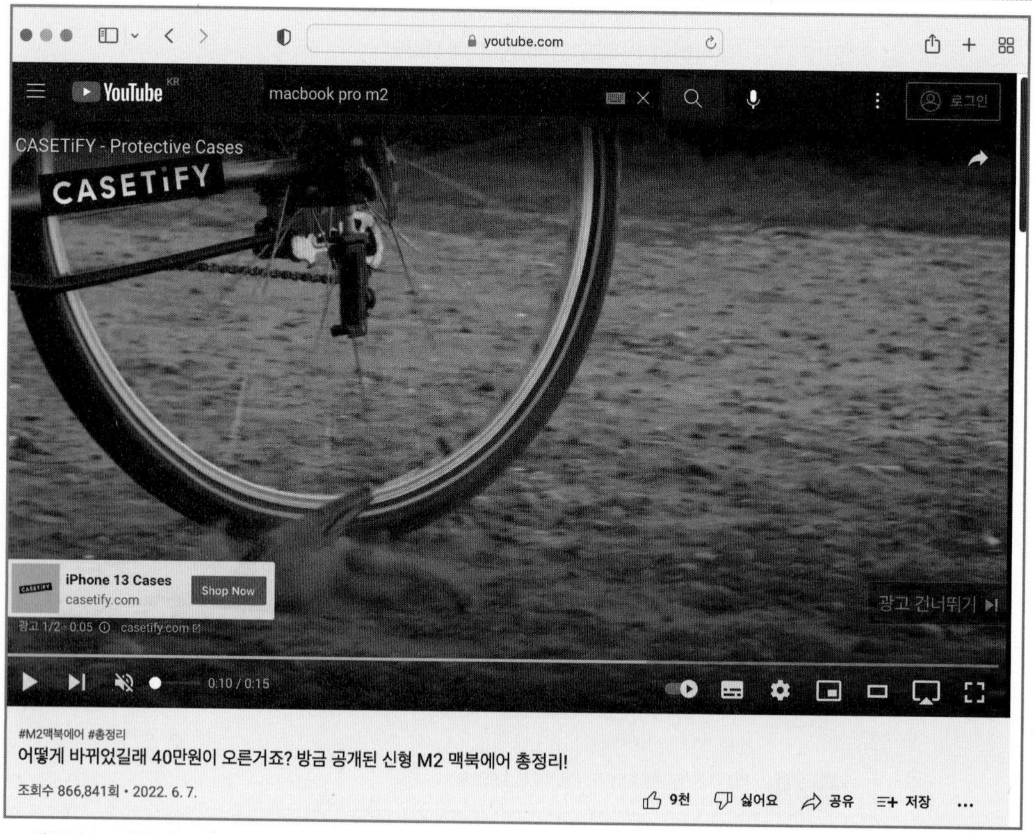

▶ 애플의 M2 맥북에어 제품에 관한 동영상을 재생하기 직전 상업적 광고를 보여줌으로써 브랜드 노출효과를 발생시킨다.

는 사이트의 예로 해외에는 유튜브 이외에 CNN, NBC 등 방송사들이 있고, 우리나라에서는 판도라 TV와 같은 동영상서비스 사이트들이 있다.

▶▶ 커뮤니티 모델

위에서 살펴본 모델유형들 이외에도, 최근 인터넷의 발전과 함께 새로이 부상한 또 하나의 비즈니스 모델은 커뮤니티 모델이다. 커뮤니티 모델은 사용자 충성도에 기초하는 것으로서 사용자가 많은 시간과 노력을 투자하는 것이 특징이다. 수익은 부수적인 제품 및 서비스를 판매하거나 문맥광고 및 고급서비스 판매를 통해 발생할 수 있다.

오픈 소스

오픈 소스란 프로그램 소스코드를 개방적으로 공유하는 세계의 프로그래머들에 의해 협력적으로 개발된 소프트웨어를 뜻한다. **오픈 소스** 비즈니스 모델은 소프트웨어 제품은 무료로 제공하되, 제품과 관련된 부수적인 서비스(예를 들어, 시스템통합, 제품지원, 사용설명서 등)를 판매함으로써 수익을 발생시키는 모델이다. 이러한 수익모델의 기본 개념은 소프트웨어의 가치가 제품의 부가가치 서비스에 있는 것이지 제품 그 자체나 혹은 제품에 담긴 지적재산권에 존재하는 것은 아니라는 점에 뿌리를 두고 있다.

오픈 소스 모델은 리눅스, 아파치, 넷스케이프, 자바, 펄 등과 같은 OS 및 웹 관련 소프트웨어를 중심으로 최근 몇 년 동안 활발히 전개되어 왔다. 오픈 소스 모델의 대표적인 사례는 **레드햇(Red Hat)**이다. 레드햇사가 공급하는 리눅스는 1991년 헬싱키대학의 가난한 전

표 3-5 커뮤니티 비즈니스 모델

비즈니스 모델	설 명	예
오픈 소스	소프트웨어 제품은 무료로 제공하되, 제품과 관련된 부수적인 서비스(예를 들어, 시스템통합, 지원, 사용설명서 등)를 판매함으로써 수익을 발생시킴	레드햇
오픈 콘텐츠	세계의 자발적인 기여자들이 함께 인터넷상의 협력을 통해 콘텐츠를 개발해서 아무나 접근할 수 있도록 인터넷상에 공개함	위키피디어, 오픈코스웨어(MIT)
소셜 네트워킹	개인들이 온라인 공간에서 공통적인 관심(가령, 전문직, 취미, 로맨스 등)을 가진 다른 개인들과 만나 사회적인 상호작용을 나눌 수 있는 기회를 제공함	싸이월드, 다음 카페, 페이스북, 트위터

그림 3-9   썬마이크로시스템즈의 리눅스용 Java Desktop System 소프트웨어

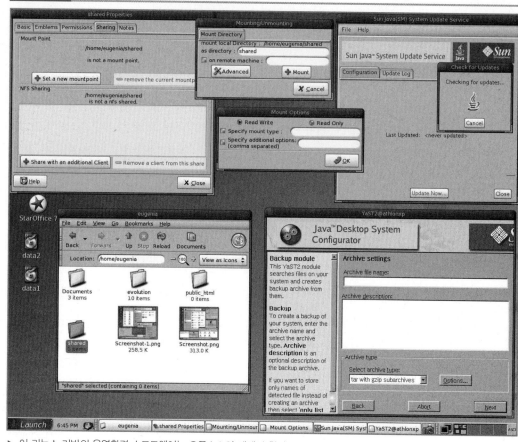

▶ 이 리눅스 기반의 운영환경 소프트웨어는 오픈소스의 예에 속한다.

자공학도였던 21세 청년 리누스 토발즈(Linus Torvalds)가 처음 만들었지만, 이를 공개하자마자 세계 최고의 프로그래머를 자처하는 수천 명의 젊은이들이 몰려들었으며 하루가 다르게 기발한 아이디어가 더해지고 새로운 기능이 보태졌다. 현재 레드햇은 리눅스 OS는 물론, 리눅스 기반의 미들웨어 및 애플리케이션 소프트웨어, 그리고 지원, 교육, 컨설팅 등의 서비스까지 제공함으로써 수익을 발생시키고 있다. 또한, 그림 3-9에서 볼 수 있듯이, 썬마이크로시스템즈는 또 하나의 오픈 소스 공급사로서 리눅스 기반의 운영환경 소프트웨어를 제공하고 있다.

오픈 콘텐츠

오픈 콘텐츠 비즈니스 모델은 세계의 자발적인 기여자들이 함께 인터넷상의 협력을 통해 콘텐츠를 개발해서 아무나 접근할 수 있도록 인터넷상에 공개하는 모델로 정의할 수 있

그림 3-10　**위키피디어 온라인 백과사전의 예시화면**

▶ 최근 전 세계적으로 매우 큰 관심을 모으고 있는 위키피디어는 사용자가 스스로 콘텐츠를 창작한다는 아이디어를 내세워 빠르게 성장하고 있다.

다. 오픈 콘텐츠란 **창작물**(예: 신문 및 잡지 기사, 사진, 음성, 동영상)이나 **공학 저작물**(예: 기계 설계도면)로서, 어느 특정기관, 기업, 혹은 개인이 관리하는 것이 아니라 인터넷 이용자라면 누구나 정보의 복제 및 수정을 할 수 있도록 공개되는 콘텐츠를 뜻한다.

그림 3-10에 예시되고 있는 **위키피디어**(Wikipedia)가 오픈 콘텐츠 모델로 성공한 대표적인 예에 속한다. 이 온라인 백과사전은 누구나 무료로 이용할 수 있으며, 각 키워드에 대한 설명문은 전 세계의 자발적인 이용자들에 의해 작성된 것이다. 뿐만 아니라, 콘텐츠의 품질관리를 위해 이용자들이 끊임없이 문제점을 제기하고 또 지속적으로 내용을 개선하며 업데이트하고 있다. 따라서 위키피디어는 사용자가 직접 콘텐츠를 제작해 사이트에 올린다는 UCC 트렌드와 맥을 같이한다.

위키피디어 이외에, MIT 대학의 오픈코스웨어 프로젝트도 또 다른 주요 성공사례로 알

그림 3-11   MIT 오픈코스웨어 웹사이트의 예시화면

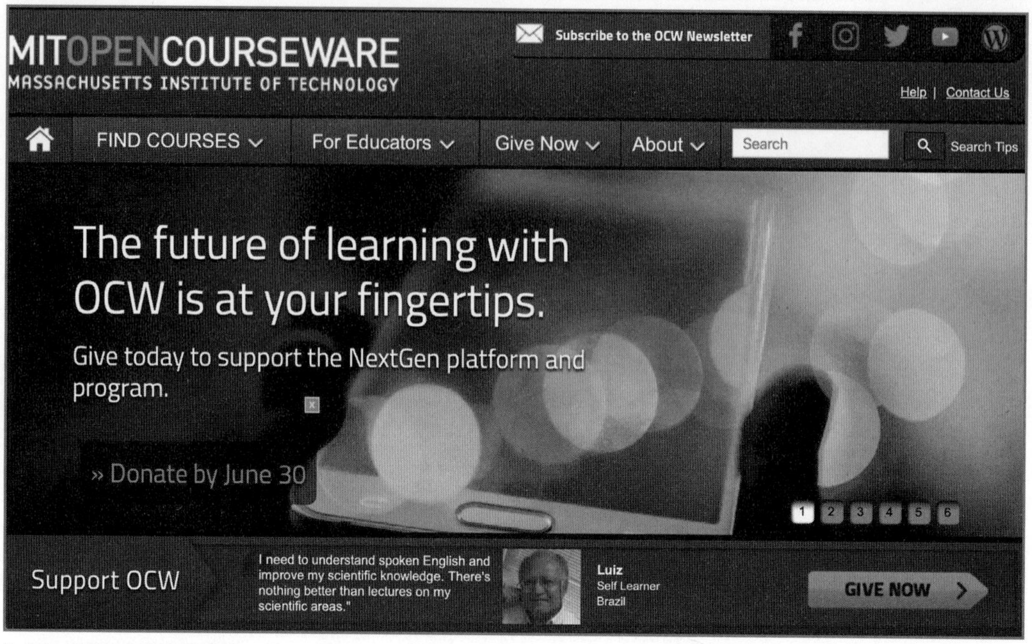

▶ MIT 오픈코스웨어 웹사이트에는 2,000여 개 과목들의 콘텐츠가 공개되어 있어 누구나 무료로 이용이 가능하다.

려져 있다. MIT는 2002년부터 학부 및 대학원 과목들의 강의계획서, 강의노트, 과제문제, 시험문제 등 강의관련 자료들을 온라인상에서 누구나 무료로 다운로드가 가능하도록 공개하고 있으며, 현재 총 2,000여 개가 넘는 과목들이 이 대학 오픈코스웨어 웹사이트의 목록에 포함되어 있다.

소셜 네트워킹

이용자들의 충성도를 기반으로 운영되는 또 하나의 모델은 **소셜 네트워킹**(social networking) 모델로서 미국 등 해외뿐 아니라 우리나라에서도 최근 큰 관심 속에 큰 성공을 거둔 모델이다. 이들 사이트는 개인들이 온라인 공간에서 공통적인 관심(가령, 전문직, 취미, 로맨스 등)을 가진 다른 개인들과 만날 수 있는 기회를 제공한다. 우리나라에서는 잘 알려진 소셜 네트워킹 사이트로서 싸이월드 미니홈피, 다음 및 네이버의 카페, 아이러브스쿨 등이 있으며, 미국에서는 트위터, 페이스북 등이 있다.

소셜 네트워킹 사이트는 커뮤니티에 가입된 이용자들에게 커뮤니티 주제와 관련된 제품이나 서비스에 대해 **문맥 광고**를 게재하기도 한다. 예를 들어, 다음의 '산타페 동호회' 카페에서는 현대의 산타페 차량에 부착할 수 있는 범퍼가드 등 액세서리 및 소음방지 장치 설치서비스에 관한 광고가 게재되며, 또 네이버의 '결혼준비' 카페에서는 웨딩 가운과 같은 결혼용품에 관한 광고가 게재되고 있다.

토의문제

01 전자상거래에 있어 비즈니스 모델이란 어떤 중요성을 지니는가? 또 비즈니스 모델과 사업계획서가 서로 어떤 관계가 있는지 알아보자.

02 여러분이 직접 인터넷을 기반으로 경영컨설팅 서비스를 필요로 하는 영세 중소기업(즉, 서비스 수요자)과 기업임원경력이 있는 정년퇴직 인력(즉, 서비스 공급자)을 서로 연결해 줄 수 있는 비즈니스를 시작하고자 한다. 이 사업을 위한 비즈니스 모델에 관해 토의해 보자 (힌트: 본문에서 제시한 구성요소들을 중심으로 비즈니스 모델을 구성할 것)

03 본문에서 제시된 비즈니스 모델 분류틀 이외에도, 폴 티머스(Paul Timmers) 박사의 분류틀 및 마이클 라파(Michael Rappa) 교수의 분류틀이 있다. 인터넷에서 이들 분류틀에 대한 키워드 검색을 통해, 이들 두 분류틀이 본문의 분류들과 각각 어떻게 다른지 살펴보자.

04 본문에서는 기존의 비즈니스 분류 틀들을 종합하는 새로운 틀을 통해 15가지의 모델 유형을 제시하고 있다. 이들 각 비즈니스 모델유형에 속하는 국내 사이트 사례를 각각 두 개씩 찾아보자.

05 소셜 네트워킹 비즈니스 모델을 성공적으로 실현한 위키피디어 사이트(www.wikipedia.org)에 접속한 다음, 영문버전 페이지와 국문버전 페이지에 각각 접속해 보자. 국문 페이지는 영문 페이지에 비해 사용자에 의해 작성된 주제어 관련 기사의 수가 왜 훨씬 더 적은지에 대해 토의해 보자.

참고문헌

- Applegate, Lynda M., "E-Business Models: Making Sense of the Internet Business Landscape," In Gary W. Dickson and Gerardine DeSanctis (eds.), *Information Technology and the Future Enterprise: New Models for Managers*, Upper Saddle River, N.J.: Prentice-Hall, 2001, pp. 49-94.

- Kaplan, Robert S. and David P. Norton, *Strategy Maps: Converting Intangible Assets into Tangible Outcomes*, Boston, MA: Harvard Business Press, 2004.

- Laudon, K.C. and C.G. Traver, *E-Commerce: Business, Technology, Society* (17th ed.), Upper Saddle River, N.J.: Prentice-Hall, 2021.

- Rappa, Michael, *Business Models on the Web*, digitalenterprise.org/models/models.html, 2022. 8. 20. 참조.

- Timmers, Paul, "Business Models for Electronic Markets," *Electronic Markets*, Vol. 8, No. 2, July 1998.

- Weill, Peter & Michael Vitale, *Place to Space: Migrating to E-Business Models*, Boston, MA: Harvard Business Press, 2001, p. 25.

사례연구   구독자 이탈에 無광고 비즈니스 모델 뒤집은 넷플릭스

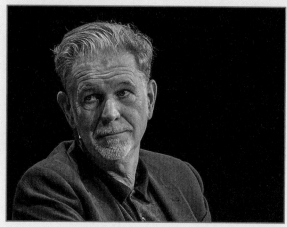

▶ 넷플릭스의 CEO인 리드 헤이스팅스

"전 세계 온라인 동영상 서비스(OTT) 시장에서 경쟁 상대가 없다"는 평을 들었던 넷플릭스가 위기에 빠졌다. 넷플릭스는 올해 1분기 10년 만에 처음으로 구독자 수가 줄어든 데 이어 2분기에도 구독자 감소를 기록했다. 넷플릭스 창업자이자 최고경영자(CEO) 리드 헤이스팅스(Reed Hastings)는 "넷플릭스에 절대 광고를 도입하지 않을 것"이라는 자기 말을 뒤집고 내년 초까지 광고 구독제를 선보이기로 했다.

넷플릭스는 7월 19일(이하 현지시각) 2분기 실적을 발표하면서, 구독자가 97만 명 줄었다고 밝혔다. 애초 예상한 2분기 구독자 감소 규모(200만 명)의 절반에 못 미치는 수준으로, 지난 5월과 7월 두 차례 나눠 선보인 넷플릭스 오리지널 드라마 '기묘한 이야기 4'가 구독자 이탈을 둔화시켰다는 분석이 나왔다. 외신들은 잇따라 "최악의 상황은 면했다" "투자자들에게는 불행 중 다행"이라고 보도했고, 넷플릭스 주가는 장중 5.6% 올랐다.

하지만 넷플릭스의 위기가 끝났다고 말할 수 있는 상황은 아니다. 넷플릭스는 2분기 북미 · 유럽 · 중동 · 아프리카 지역에서 구독자 이탈을 겪었다. 유료 구독자 수 증가를 보인 곳은 아시아 · 태평양 지역뿐인데, 이곳은 다른 지역에 비해 매출 비중이 낮다. 넷플릭스는 이날 "올해 3분기 구독자가 100만 명 늘어날 것"이라고 예상했는데, 이는 월가 전망치(180만 명)보다도 적다.

블룸버그 칼럼니스트인 마틴 피어스는 "2분기 북미

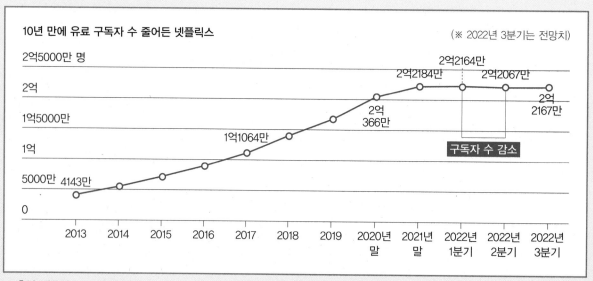

▶ 출처: 넷플릭스 · 스태티스타

지역 구독자가 130만 명 줄었는데, 이는 1분기 감소한 구독자의 두 배 가량"이라면서 "가장 크고 돈 되는 시장에서 손실 본 건 좋지 않은 일"이라고 꼬집었다. 이어 "이는 디즈니, 애플, 워너브러더스 디스커버리 등과 경쟁이 강화하는 와중에 넷플릭스가 가격 인상 카드를 꺼내든 게 실수였다는 생각을 다시 한번 하게 만든다"고 했다.

넷플릭스는 여전히 스트리밍 업계에서 1위를 유지 중이지만, 코로나19로 인한 사회적 거리 두기 규제가 풀린 뒤, 성장세가 빠르게 둔화하는 상황이다. 경쟁 OTT가 늘고, 넷플릭스에서 방영하던 자사 콘텐츠를 빼내면서 넷플릭스의 경쟁력이 약화하고 있다는 지적이다.

국내외 정치·경제 상황도 넷플릭스의 발목을 잡는다. 인플레이션(물가 상승)과 경기 침체 우려로 허리띠를 졸라매는 가정이 늘면서 구독을 취소한 사람이 늘어난 데다 우크라이나·러시아 전쟁으로 러시아 시장에서 철수하면서 크게 타격을 입었다. 더욱이 강달러 상황은 미국 외 다른 지역의 매출을 깎아먹고 있다.

넷플릭스 주가는 올해 초 600달러에 달했으나, 7월 19일 현재 201.63달러로 내린 상황이다. 연초 이후 66% 가량 하락한 셈이다. OTT 대표 주자 넷플릭스의 부진에 스트리밍 경쟁에 뛰어든 다른 엔터사의 주가도 큰 폭으로 내렸다. 같은 기간 푸보TV와 로쿠의 주가는 각각 83%, 61% 내렸고, 워너브러더스 디스커버리(-44%), 디즈니(-36%), 파라마운트그룹(-16%)도 하락했다.

넷플릭스는 구독 서비스 부진을 상쇄하기 위해 구독료를 인상했다. 이와 함께 비용을 절감하기 위해 계속해서 구조조정을 진행 중이다. 지난 5월 북미 직원 150명과 시간제·계약직 직원을 해고했고, 한 달 만에 직원의 3% 정도인 300명을 추가 해고했다.

■ MS와 손잡고 광고 시장 출사표

헤이스팅스가 이번 위기를 극복하기 위해 생각해낸 돌파구는 '광고'다. 넷플릭스는 다른 OTT인 훌루, HBO맥스 등과 다르게 광고가 없고 구독자가 지불하는 월별 구독료에 의존해 왔다. 그는 2019년 7월 "넷플릭스가 광고 사업을 한다는 전망을 보게 된다면, 가짜라고 확신하라"고 말할 만큼 광고 도입에 회의적이었다. 2020년 1월에도 "넷플릭스는 광고로 수익을 창출할 생각이 전혀 없다"며 "우리는 탐색할 수 있고, 자극받을 수 있고, 재미있고, 즐길 수 있는 '안전한 휴식처'를 원한다"고 강조했다.

하지만 최근 실적 악화에 넷플릭스 사업 방향성도 바뀌고 있다. 헤이스팅스는 4월 19일 폐장 후 진행된 1분기 실적 발표에서 "더 저렴한 가격에 넷플릭스를 구독하기 원하는 구독자를 위해 내년, 내후년쯤 광고를 도입할 계획이 있다"고 했다. 기존 사업 모델을 버리고서라도 구독자를 붙잡는 게 필요하다고 본 셈이다. 넷플릭스 경영진은 지난 5월 직원들에게 공지를 통해 "훌루와 HBO맥스가 광고 서비스를 제공하면서 강력한 브랜드를 유지할 수 있었고, 애플을 제외한 주요 스트리밍 기업은 모두 광고 서비스를 하고 있다"며 "올해 말까지 이를 선보일 것"이라고 시간표를 공지했다.

넷플릭스는 7월 13일 광고 삽입형 요금제를 출시하기 위해 마이크로소프트(MS)와 손을 잡기로 했다고 밝히기도 했다. 넷플릭스는 저가형 서비스를 위해 최근 몇 개월간 구글, 컴캐스트 등과도 협의해 왔으나 유튜브(구글), 피콕(컴캐스트) 등 자사와 경쟁하는 서비스가 없는 MS를 최종 파트너로 정했다. MS는 자회사로 디지털 광

▶ 넷플릭스는 저렴한 가격을 원하는 구독자를 위해 광고삽입형 요금제를 도입하기로 최근 결정했다.

고 회사 잰더(Xandr)를 가지고 있다. 잰더는 TV 광고에 특화된 기업으로 넷플릭스 광고에 도움을 줄 수 있다.

넷플릭스의 광고 삽입형 요금제는 출시 전부터 기업들의 관심을 끌고 있다. 월스트리트저널(WSJ)은 "TV를 보지 않는 젊은 소비자가 늘었는데도 스트리밍 서비스에 접근하지 못해 광고주들에게 고민이 많았다"며 "이

제 변화가 시작돼 현대차, 펠로톤을 비롯한 수많은 광고주가 넷플릭스와 수백만 달러 규모의 장기 계약에 관심을 보이고 있다"고 했다. 과거 기존 모델을 버리는 것으로 생존 돌파구를 마련한 헤이스팅스가 이번에 띄운 승부수도 통할지 주목된다.

▶ 출처: 이코노미 조선, 2022. 7. 27.

🔍 사례연구 토의문제

01 사례 본문에서 언급한 넷플릭스 '무광고 비즈니스 모델'이란 구체적으로 어떤 내용인지 사례 본문 및 인터넷 검색을 통해 알아봅시다.

02 사례 본문에 의하면, 넷플릭스는 이 무광고 비즈니스 모델을 뒤집었다고 하는데 비즈니스 모델을 어떻게 변화시킨 것인지 상세히 설명하시오.

03 넷플릭스의 비즈니스 모델 변화를 초래한 배경(혹은 비즈니스 환경)에 대해 알아봅시다. 또한 비즈니스 모델 변화의 이면에 숨겨진 넷플릭스의 전략적 의도는 무엇인지 추정해 봅시다.

04 제3장 본문에서는 비즈니스 모델이 가치 명제, 온라인 제품/서비스, 자원시스템, 그리고 수익모델의 네 가지로 구성된다고 설명하고 있다. 이들 네 가지 요소 중 넷플릭스 비즈니스 모델 수정의 초점이 맞춰지고 있는 요소는 어느 것인가? 또 이 구성요소를 바꿀 경우, 어떤 결과가 기대되는지 설명하시오.(답변에 대한 논리적 근거의 제시 필요).

제 **4** 장

온라인 마케팅과 고객관계관리

4.1 인터넷 마케팅

4.2 온라인 광고

4.3 고객관계관리

e-business
e-commerce

e커머스 강자 아마존, 온라인 광고 '깜짝 질주'

세계 최대 e커머스(전자상거래) 업체인 아마존이 온라인 광고시장에서 약진하고 있다. 올 2분기 이 시장의 전통적 강자인 구글과 메타(옛 페이스북)를 압도하는 성장세를 보였다. 온라인 광고가 e커머스와 클라우드에 이어 아마존의 새로운 성장동력이 될 것이란 전망이 나온다.

3일(현지시간) CNBC는 아마존이 온라인 광고시장에서 구글과 메타를 앞지르고 있다고 보도했다. 지난해에 비해 훨씬 가파른 성장세가 나타나고 있어서다.

시장조사업체 인사이더인텔리전스에 따르면 지난해 미국 온라인 광고시장에서 아마존의 시장점유율은 14.6%로 3위에 그쳤다. 구글이 26.4%로 1위를 차지했고 메타가 24.1%로 뒤를 이었다. 아마존은 구글, 메타와 비교해 10%포인트 가량 격차가 벌어진 상황이었다.

하지만 올해 상황이 달라졌다. 아마존은 지난달 28일 2분기 광고 부문 매출이 지난해 같은 기간보다 18% 증가한 87억6,000만달러(약 11조4,900억원)를 기록했다고 발표했다. 경쟁사들을 앞서는 수치다. 같은 기간 SNS 업체 스냅의 2분기 광고 매출은 작년보다 13% 증가했고, 구글은 12% 늘었다. 핀터레스트와 트위터는 각각 9%, 2% 증가에 그쳤다. 메타는 1.5% 감소하며 역성장을 보였다.

경기 침체 우려에도 아마존은 사업 전망을 낙관했다. 아마존은 올 3분기 광고 매출 증가율이 작년 동기 대비 13~17% 늘어날 것이라고 내다봤다. 앤드루 립스먼 인사이더인텔리전스 애널리스트는 "아마존은 장기적으로 온라인 광고의 거물이 되고 있다"며 "광고 사업이 아마존의 새로운 성장동력이 될 것"

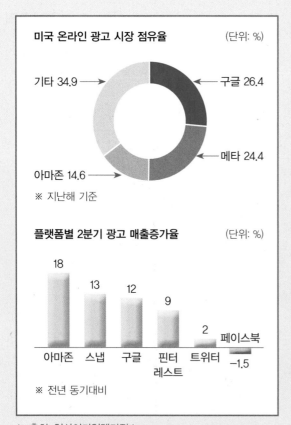

▶ 출처: 인사이더인텔리전스

▶ 아마존에서 제품 검색시 나타나는 제품상세 광고 화면

이라고 했다.

아마존의 e커머스 사업이 광고 사업을 성장시킨 토양이 됐다는 분석이다. 경쟁 업체와 달리 아마존에선 광고주가 소비자를 특정해 광고 캠페인을 설계할 수 있어서다.

지난해 SNS 업체들의 광고 사업은 약점을 드러냈다. 애플이 운영체제(iOS) 개인정보 보호 정책을 강화하기 시작하면서부터다. 애플은 광고를 제공하는 플랫폼이 아이폰 사용자를 추적할 수 없게 정책을 바꿨다. 사용자를 식별할 수 없게 되자 SNS의 개인 타깃 마케팅 효과가 떨어졌다. 광고주를 끌어들일 요인이 사라진 셈이다. 메타가 직격탄을 맞았다. 지난 2월 데이브 웨너 메타 최고재무책임자(CFO)는 "지난해 애플이 정책을 변경한 탓에 광고 수익 100억달러를 잃은 것으로 추산된다"고 밝혔다.

하지만 광고주가 직접 소비자를 특정할 수 있는 아마존에는 큰 영향을 주지 않았다. 순풍을 탄 아마존은 6월에 광고주를 위한 실시간 소비자 분석 서비스인 '마케팅 스트림'을 선보였다. 립스먼 애널리스트는 "경기 침체를 우려하는 기업들이 다른 곳보다 비용 대비 효과가 큰 아마존에 광고 예산을 더 많이 할당하고 있다"며 "아마존의 광고 사업은 e커머스와 시너지 효과를 일으키며 성장하고 있다"고 분석했다.

경쟁 업체들은 아마존을 벤치마킹하러 나섰다. SNS 업체들은 e커머스를 확장하기 시작했다. 핀터레스트는 6월에 구글 커머스부문 사장을 지낸 빌 레디를 최고경영자(CEO)로 영입했다. 레디 CEO는 취임 직후 인공지능(AI) 기반 온라인 쇼핑업체 '더예스'를 인수했다.

유통업체는 온라인 채널을 강화하고 있다. 미국의 마케팅 전문매체 마케팅브루는 "아마존을 따라잡으려 크로거, 홈디팟 등 대형 유통업체들이 소비 데이터를 활용한 온라인 네트워크를 구축하고 있다"며 "하지만 기대와 달리 아마존만큼 큰 관심을 끌지 못하는 상황"이라고 진단했다.

▶ 출처: 한국경제신문, 2022. 8. 4.

4.1　인터넷 마케팅

▶▶ 인터넷 마케팅의 개요

마케팅은 왜 필요한가?

기업이 성장하기 위해서는 강한 고객관계를 구축하여야 한다. 앞서 개념사례에서 살펴본 바와 같이, 오늘날 기업들은 아마존 광고 플랫폼 등을 이용해 온라인 광고 기반의 마케팅을 전개함으로써 고객관계를 구축하려는 것을 알 수 있다.

마케팅은 단지 매출을 올리는 데 초점이 있기 보다는 고객의 충성도를 개발하는 관계를 구축하는데 초점이 있다. 마케팅의 결과는 매출 증대로 이어질 수 있다. 그러나 고객들은 진정성있는 기업관계를 원하며, 효과적인 마케팅 전략만이 고객관계를 구축하는 데 기여할 수 있다.

마케팅의 주된 목적은 고객 요구사항을 찾아내고 예측하며 충족시키는 것이다. 마케팅 전략을 구현할 때 고려하여야 할 주요 마케팅 변수는 가격, 판매촉진, 장소 및 제품이다. 마케팅 전략을 구현하는 기업에게 주요 성공요인은 타겟이 되는 고객들의 특성을 이해하는 것이다. 일반적인 고객기반을 대상으로 할 수도 있겠지만, 대부분 경우에는 마케팅 노력을 특정 고객군에 겨냥하여야 한다. 고객군은 연령, 성별, 사회경제적 계층, 지역, 직업, 취향/니즈, 문화적 요인 등 기준을 이용해 결정될 수 있다.

인터넷 마케팅이란?

인터넷의 이용이 글로벌 규모로 확대됨에 따라, 제품 및 서비스의 소비자, 공급자 그리고 판매자가 온라인 장터에서 서로 소통할 기회가 존재한다. 인터넷은 기업이 물리적인 제한점으로 여겨지던 전통적 경계선을 넘어 비즈니스 활동을 효율적으로 또 유연하게 할 수 있는 촉매 역할을 수행해 오고 있다. 이러한 활동 중 하나가 마케팅 기능이다. 인터넷은 커뮤니케이션의 매체로서 기업이 마케팅 전략을 향상시키기 위해 활용할 수 있는 효익들을 제공한다. 인터넷은 시간과 공간의 장벽을 제거하고 다양한 형태의 정보를 전송하게 하며 전 세계 어느 곳이든지 다가갈 수 있는 장점을 제공한다. 가장 중요한 것은 인터넷이 전통적인 광고 및 마케팅 방식보다 더 효율적인 방법으로 구매자와 판매자를 만나게 해 준다는 점이다. 이비즈니스를 위한 인터넷 이용확대는 공급자, 물류업자, 판매자 및 구매자가 서로 소통하는 방식을 변화시켰다.

인터넷 마케팅은 제품에 대한 관심과 인지를 높이기 위한 노력이다. 그러나 이는 한가지 방법으로 달성하기가 어려운데, 인터넷 매체를 이용한 마케팅 방법이 다양하기 때문이다. 이메일에서부터 검색엔진 최적화, 웹사이트 설계, 그리고 타겟 고객군을 다가가기 위한 기타 방법들에 이르기까지 여러가지가 있다.

인터넷 마케팅 캠페인은 포괄적으로 전개할 필요가 없다. 이메일 뉴스레터, 동영상, 소셜네트워킹 요소 등을 모두 한꺼번에 동원하기보다는 이들 수단들 간에 적절한 균형을 유지하는 것이 성공을 위한 필수조건이다. 예를 들어, 새로운 음악앨범을 출시하기 위한 강력한 마케팅 캠페인은 앨범관련 웹사이트 구축, 소셜네트워킹 페이지상에 가수관련 동향 소개, 그리고 유튜브 같은 인기 동영상 사이트상에 음악동영상 업로드 등을 포함하는 것이 바람직하다.

▶▶ 마케팅 계획의 수립

인터넷 마케팅 전략수립 단계

어느 기업이나 비영리조직도 온라인 활동을 전개하는 것이 점차 중요해지고 있다. 이제 중요한 것은 인터넷 마케팅 전략 구현여부가 아니라, 어떤 종류의 인터넷 마케팅 기법을 이용하여야 하는가이다.

온라인 마케팅 계획은 기업이 비즈니스 목표를 달성하기 위해 수립한 포괄적 계획의 일부이다. 온라인 마케팅 활동은 목표달성을 위한 기업 이비즈니스 전략의 일환으로 수행되며, 인터넷을 이용하는 고객들과의 관계를 관리하는 데 중요한 역할을 담당한다.

온라인 마케팅 계획은 기업에게 가용한 자원들의 수준에 따라 달라진다. 이 계획은 배분된 예산범위 내에서 수립되며, 또 기업에게 제공할 효익에 따라 그 계획의 범위가 결정된다. 온라인 마케팅 계획은 마케팅 목표의 달성방법을 결정해 구현하기 위해 수립된다.

그림 4-1에서 볼 수 있듯이, 마케팅 계획의 수립은 수요 분석, 경쟁사 분석, 마케팅 믹스 개발, 그리고 브랜딩이 포함된다. 수요 및 경쟁사의 분석은 표적 시장에 대한 전략을 개발하고 구현하는 데 기초가 된다. 마케팅 믹스는 표적 시장을 선정하는 데 이용되는 전술이다. 끝으로, 브랜딩은 표적시장을 대상으로 제품이나 서비스의 인지도를 강화하는 데 중요하다.

그림 4-1   온라인 마케팅 계획수립 모델

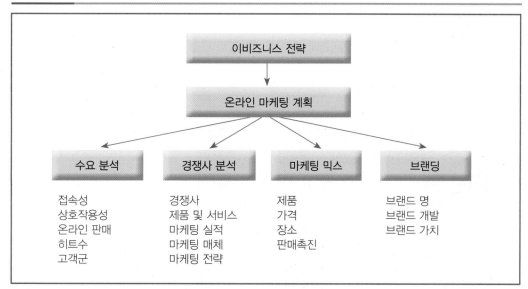

▶ 온라인 마케팅 계획은 전사적인 이비즈니스 전략에서 도출되며, 수요분석, 경쟁사 분석, 마케팅 믹스 개발, 브랜딩 등의 과업을 통해 수립된다.

온라인 플랫폼의 도출

마케팅 계획수립 과정에서 고객이 이용할 적절한 온라인 플랫폼을 도출할 필요가 있다. 표적 고객들에게 적합한 온라인 플랫폼은 고객들의 폭넓은 참여를 유도하는 데 기여하므로 마케팅전략의 성과를 높이는 데 있어 중요하다. 온라인 플랫폼의 도출은 다음과 같은 단계들을 따라 진행될 수 있다.

첫 번째 단계는 제품의 표적 고객군을 규명하는 것이다. 이 제품에 누가 관심이 있을까? 기업은 누가 이 제품에 관심을 갖기를 원하는가?

일단 표적 고객군이 정의되면, 다음 단계는 그 특정 고객군이 어떻게 인터넷을 이용하는지에 대해 조사를 하는 것이다. 이는 마케팅 캠페인이 해당 고객군에 가장 잘 다가가기 위한 방법에 초점을 둘 수 있도록 하기 위해 중요하다.

예를 들어, 최근 한 조사연구에 따르면, 18세와 33세 사이의 개인들이 스마트폰과 태블릿 PC와 같은 모바일 인터넷 기술을 가장 많이 이용하는 것으로 나타났다. 반면, 30대와 40대에 속하는 소위 'X세대' 소비자들은 노트북컴퓨터 및 데스크탑컴퓨터를 통해 필요정보를 탐색하는 것으로 이 조사를 통해 밝혀졌다.

세 번째 단계는 마케팅 캠페인을 위해 어떤 온라인 플랫폼을 적용할 것인지 결정하는 것이다(가령, 모바일 앱, SNS, 앱마켓 등). 이를테면, 18세와 33세 사이의 연령층으로부터 고객들을 확보하려 하는 기업의 경우, 제품에 관한 인지도를 제고하기 위한 모바일 앱을 개발하여야 할 것이다(예를 들면, 게임, 뉴스피드, 혹은 무료 다운로드 가능한 일일 쿠폰프로그램 등).

외관이 수려하거나 정보유익성이 높은 웹사이트는 소셜네트워킹 페이지나 앱다운로드 같은 다른 플랫폼과 쉽게 연결될 수 있다. 또한 주제검색시 흔히 이용하는 키워드가 담긴 콘텐츠를 보유한 웹사이트 내에 블로그를 어렵지 않게 구축할 수가 있다. 예를 들어, 무설탕 비타민음료 제품을 출시하려는 기업은 블로그를 신설해 이 곳에 비타민음료, 무설탕, 저칼로리 등과 같은 키워드가 포함된 건강관련 기사를 매주 게재함으로써 관심 고객들을 제품 웹사이트에 유인할 수가 있다.

인터넷 마케팅 캠페인의 가장 중요한 부분은 캠페인 프로세스에서 수집된 데이터를 분석하는 것이다. 캠페인을 론칭한 후

▶ 표적 고객에게 적합한 온라인 플랫폼을 선택하는 것이 중요하다.

몇 사람이 제품 사이트를 방문하였는지, 사람들이 관련 소셜네트워킹 페이지에 어떤 반응을 나타내고 있는지, 그리고 캠페인으로 매출이 영향을 받았는지를 분석할 필요가 있다. 이러한 정보는 마케팅 캠페인이 효과가 있는지는 물론 차기 캠페인에서 어떤 것을 지키고 어떤 것을 버릴지 판단하는 데도 유용하다.

수요 분석

온라인 기업이 전통적 마케팅과 온라인 마케팅 간의 주요 차이점을 이해하고 나면, 마케팅 계획의 수립을 시작할 수 있다. 효과적인 마케팅 계획은 시장의 수요에 대한 이해를 필요로 한다. 이를 위해 해당 시장에 대한 현재 수요를 분석하고 미래 수요를 예측하거나, 분석범위를 좁혀 특정 시장 세그먼트의 수요를 분석할 수 있다. 수요 분석은 다음과 같은 주요 이슈들에 초점을 둔다:

- 고객들의 인터넷 접속성 수준
- 인터넷 접속이 가능한 고객들의 인터넷활용 능력
- 인터넷을 통해 제품이나 서비스를 구매하는 고객들의 수
- 웹사이트에 접속을 하나 인터넷으로 구매를 하지 않는 고객들의 수
- 구매목적의 인터넷이용에 있어 장애요인

경쟁사 분석

경쟁사에 대한 지식을 구축하는 것은 온라인 기업의 전략 개발에서 필수적인 부분이다. 간혹 '경쟁사 정보수집'이라고도 불리는 경쟁사 분석은 경쟁사들이 누구인지, 그들이 공급하는 제품이나 서비스가 무엇인지, 그들의 시장점유율이 어느 정도인지, 그리고 그들의 마케팅 전략은 무엇인지를 포함하여 다양한 기준들에 대해 정보를 수집하는 과정이다. 경쟁사 분석은 경쟁사의 움직임이 온라인 기업의 향후 실적에 미칠 영향을 가늠하는 데 도움이 된다.

경쟁사 분석에 필요한 정보는 직원이 수집하는 산업정보 이외에도 공급사 및 고객에게서 수집된 정보가 대부분을 차지한다. 또한 경쟁사의 홍보자료, 광고물, 산업동향 보고서, 정부발행 보고서, 보도자료 및 학계 사례연구도 경쟁사 분석에 활용된다. 기업은 종종 경쟁사들의 제품을 구매해 효과성을 테스트하거나, 또는 차별화 및 혁신을 통해 경쟁우위를 창출하는 수단의 일환으로 경쟁사 제품을 개선하거나 개조하는 방법을 탐색하기도 한다. 경쟁사의 웹사이트는 때로 값진 정보출처로 활용될 수 있다. 이를 통해, 신제품, 가격, 제품재고 현황, 품질, 할인, 판매촉진, 타겟 고객 등 긴요한 정보를 획득할 수 있다.

경쟁사 분석단계

경쟁사를 분석하는 방법은 기업마다 서로 다를 수 있으나, 일반적으로 다음의 단계들을 통해 합리적으로 경쟁사 분석을 수행할 수 있다.

- **산업의 정의:** 경쟁사가 속한 산업의 범위 및 속성을 기술한다.
- **경쟁사 규명:** 어떤 경쟁사들이 존재하는지 규명
- **고객 규명:** 고객들이 누구인지 그리고 그들이 기대하는 효익은 무엇인지 규명한다.
- **주요 강점의 규명:** 경쟁사별로 주요 강점을 조사한다. 예를 들면, 가격, 서비스, 편의성, 재고수준 등.
- **주요성공요인들의 순위결정:** 각 주요성공요인(즉 기준들)에 가중치를 부여함으로써 주요성공요인들의 순위를 정한다. 주요성공요인들의 비중의 합이 1이 되도록 결정한다.
- **각 경쟁사의 점수 산출:** 각 경쟁사에 대해 주요성공요인별 평가를 수행한다. 주요성공요인별 점수 및 가중치를 서로 곱하고 이들 결과들을 합산하여 경쟁사별 점수를 산출한다. 표 4-1의 경쟁사 분석 예시에서는 경쟁사 1과 경쟁사 2의 가중치 적용 점수가 각각 4.9와 3.7로서 경쟁사 1이 더 높게 나타났다.

경쟁사 프로파일링

경쟁사 프로파일링은 개별 경쟁사에 대해 세부 프로필을 작성하는 프로세스이다. 경쟁사 프로파일링을 수행하여야 하는 이유는 명료하다. 경쟁우위는 온라인 기업의 시장에서 탁월한 고객가치를 제공할 때 비로소 창출된다. 고객가치는 경쟁사의 제품이나 서비스와 비교적으로 정의되어야 하며, 이로써 경쟁사 관련 지식이 회사전략의 주요 구성요소가 되는 것이다. 프로파일링은 이러한 전략목표의 달성을 다음과 같은 방향으로 촉진시킨다. 첫

표 4-1   경쟁사 분석 예시

주요성공요인	가중치	경쟁사1 평가	경쟁사 1 평가 (가중치 적용)	경쟁사 2 평가	경쟁사 2 평가 (가중치 적용)
유통망	.4	6	2.4	3	1.2
고객 중심	.3	4	1.2	5	1.5
규모 경제	.2	3	.6	3	.6
제품 혁신	.1	7	.7	4	.4
합계	1.0	20	4.9	15	3.7

째, 프로파일링을 통해 우리 기업이 활용할 수 있는 경쟁사의 전략적 약점이 드러날 수 있다. 둘째, 경쟁사 프로파일링의 선제적 대응이 우리 기업의 전략에 대한 경쟁사의 전략적 반응을 예견할 수 있는 능력을 제공한다. 셋째, 이러한 경쟁사에 관한 선제적 지식이 우리 기업에 전략적 민첩성을 제공해 준다.

이러한 시각에서, 주요 경쟁사들에 대해 각각 프로필을 작성하는 노력은 온라인기업이 경쟁우위를 창출하는 데 중요한 발판을 마련해 줄 수 있다. 이 프로필은 경쟁사의 활동배경, 재정상태, 제품/서비스, 시장, 시설, 인력, 전략 등을 깊이있게 기술한다.

마케팅 믹스(4P 모델) 개발

타겟 시장이 결정된 후, 마케팅 믹스를 중심으로 마케팅 전략을 개발할 수 있다. 마케팅 믹스란 기업이 목표시장에서 마케팅 목표를 달성하기 위해 사용하는 마케팅 도구들의 모음으로 정의된다. 따라서 마케팅 믹스는 네 가지 부문의 마케팅 의사결정, 이른바 4P라고 불리는 제품(Product), 가격(Pricing), 장소(Place), 판매촉진(Promotion)을 포함한다. 오늘날 4P 모델은 기업의 마케팅관리 의사결정을 이해하기 위한 기본적인 틀로 인식되고 있다.

(1) 제품

소비자의 욕구를 충족시키기 위해 판매되는 품목을 의미한다. 제품은 최소한도의 성능을 제공하여야 한다. 최소한도의 성능을 제공하지 못할 경우, 마케팅 믹스의 다른 요소들이 우수하다 하더라도 제품은 무용지물이 될 수밖에 없다. 소비자가 제품을 선택할 때 가장 간단하면서도 강력한 기준 중 하나는 브랜드이다. 따라서 제품전략을 구현할 때, 브랜드 네임과 도메인 네임이 강력한 연계성을 갖도록 해야 한다.

(2) 가격

제품에 부여되는 가치를 의미한다. 가격은 생산원가, 목표 고객군, 시장의 지불능력, 수요-공급 및 기타 직간접적인 요인들에 의해 좌우된다. 몇 가지 유형의 가격결정 전략이 있을 수 있으며, 이들은 각각 회사의 전반적인 비즈니스 계획과 연계된다. 가격결정은 또한 제품을 차별화하고 이미지를 향상시키기 위한 수단으로도 사용된다.

(3) 장소

판매 지점을 뜻한다. 어느 산업이나 소비자의 시선을 끌며 구매하기가 쉽도록 만드는 것은 좋은 유통경로 혹은 '장소' 전략의 주요 목표다. 소매업체들은 매력적인 위치를 위해 비싼 비용을 지불한다. 온라인 상점의 경우 온라인쇼핑몰, 오프마켓, 소셜커머스 마켓, 온라

그림 4-2   마케팅 믹스(4P 모델)

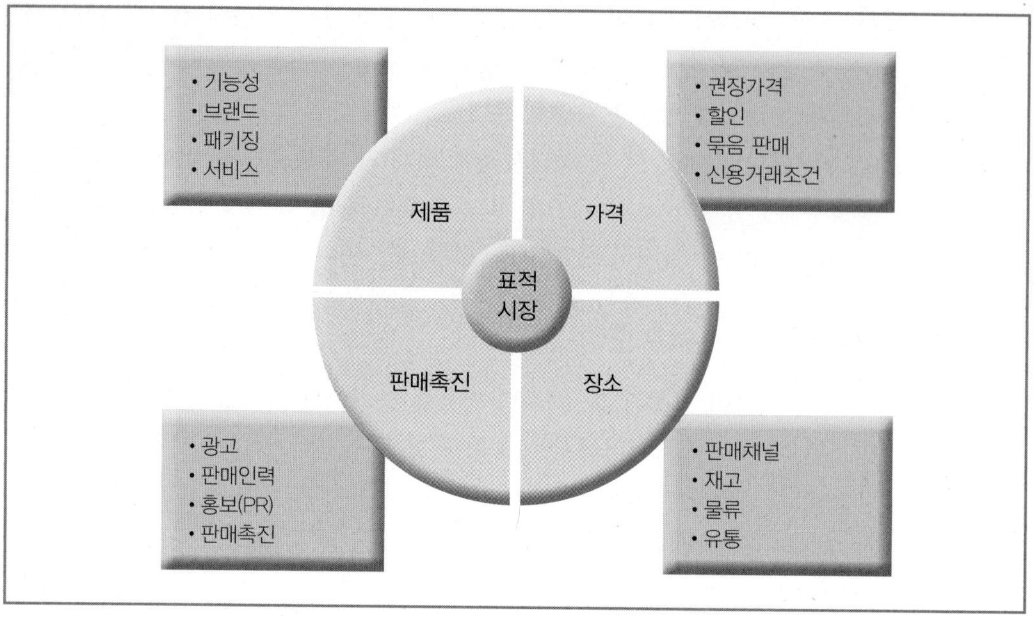

- 기능성
- 브랜드
- 패키징
- 서비스

- 권장가격
- 할인
- 묶음 판매
- 신용거래조건

제품   가격

표적
시장

판매촉진   장소

- 광고
- 판매인력
- 홍보(PR)
- 판매촉진

- 판매채널
- 재고
- 물류
- 유통

▶ 마케팅 믹스는 제품(Product), 가격(Price), 장소(Place), 판매촉진(Promotion)의 네 가지 부문 의사결정으로 구성된다.

인 경매사이트 등 다양한 경로들 중 적합한 유통경로를 선택하여야 한다.

(4) 판매촉진

제품이나 서비스를 소비자에게 알리고 권유하여 구매를 자극할 목적으로 수행하는 모든 활동들을 의미한다. 판매촉진에는 광고, 구전, 보도자료, 인센티브, 커미션 등이 포함된다. 판매촉진의 중요성은 특히 시장 경쟁이 치열해짐에 따라 더욱 커지며, 표적 소비자로부터 기업이나 제품에 대해 호의적인 반응을 얻게 하는 커뮤니케이션 활동이 필요하다.

브랜딩

브랜딩의 개념

브랜드란 기업이 그들의 제품 및 서비스를 경쟁사의 것과 구별하기 위해 부여하는 이름, 용어 혹은 기호이다. 브랜딩이란 소비자의 마음 속에 기업, 제품 또는 서비스에 대해 고유한 의미를 부여하며 긍정적 인식을 심어주는 프로세스를 뜻한다. 기업은 경쟁사의 것과 차별이 되는 제품이나 서비스를 개발할 필요가 있다. 즉 제품들간의 차이를 만들어 주는 것이 곧 브랜딩인 것이다.

기업은 제품에 이름을 부여함으로써 그 제품이 '누구'인지 알려줄 필요가 있다. 브랜딩은 소비자가 올바른 구매결정을 내리고 또 기업에 가치를 부여할 수 있도록 정확한 소비자 상품지식을 갖추게 하는 데 중요한 역할을 한다.

또 회사 명칭의 선택은 전반적인 브랜딩 과정의 중요한 단계이다. 선정된 브랜드명은 다음 기준을 충족시켜야 한다.

▶ 브랜딩이란 소비자의 마음 속에 기업, 제품 또는 서비스에 대해 고유한 의미를 부여하며 긍정적 인식을 심어주는 프로세스를 뜻한다.

- 회사와 그 제품의 독특한 측면을 나타내야 한다.
- 광범한 대중에게 회사의 목표를 전달할수 있어야 한다.
- 회사의 지적자산을 보호하는 데 도움이 되어야 한다.

이비즈니스 산업은 진입장벽이 낮고 초기투자 규모가 작아 매우 많은 회사들로 가득하다. 기업이 생산하는 제품이 무엇이고 회사목표가 무엇이며 또 회사 존재의 이유가 무엇인지를 반영하는 브랜드명을 만드는 것이 바람직하다.

브랜딩의 범위

제품에 어떻게 브랜드를 입힐 수 있을까? 비록 기업들은 마케팅 프로그램과 기타 활동을 통해 브랜드를 구축한다 하더라도, 궁극적으로 브랜드는 소비자들의 마음 속에 존재한다. 브랜드는 소비자들의 인식과 특이성을 반영한다.

브랜딩 전략이 성공하고 브랜드 가치가 창출될 수 있기 위해서는, 소비자들이 해당상품 유형에 속하는 브랜드들 간에 유의한 차이가 존재한다는 확신이 있어야 한다.

브랜드 차이는 종종 제품 자체의 속성이나 효익과 관련이 있다. 한 예로, 모바일메신저 서비스를 제공하는 카카오톡은 지속적인 혁신을 통해 사용자들의 마음속에 서비스의 독특성을 각인시켰기 때문에 현재 업계에서 1위 자리를 지키고 있다.

STP 마케팅

STP 마케팅은 표적시장을 겨냥한 마케팅 계획을 수립하기 위한 3-단계 접근방법이다. 그림 4-3에서와 같이, STP는 세분화(Segmentation), 표적시장 선정(Targeting), 포지셔닝(Positioning)의 3개 단계로 구성된다. 제품 범주와 소비자 욕구에 근거하여 동질적인 여

그림 4-3   STP 마케팅 접근방법

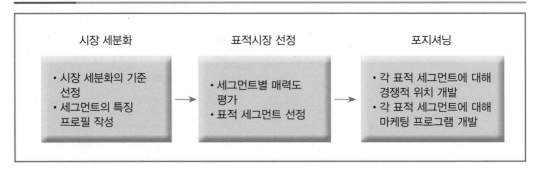

러 고객집단을 나누고 경쟁상황과 자신의 능력을 고려하여 가장 자신 있는 시장을 선정한다. 따라서 STP는 그 시장의 고객들에게 자사의 제품이 가장 적합하다는 것을 알려주는 과정이다. STP전략은 고객의 욕구가 다양하다는 사실에 근거하고 있다. 고객분석과 경쟁자의 확인을 거친 후, 경쟁제품의 포지셔닝을 분석하고 이를 통해 자사의 포지셔닝을 개발하고 결정하는 경쟁우위 달성을 목적으로 고객의 마음 속에 제품의 정확한 위치를 심어주는 과정을 의미한다.

(1) 시장 세분화(Segmentation)

시장 세분화란 특정 소비자 특징을 근거로 광범한 시장을 작은 소비자 집단들로 분할하는 프로세스를 의미한다. 시장을 세분화하는데 있어서 공통적인 니즈, 공통적인 관심, 유사한 라이프스타일, 혹은 유사한 인구통계적 프로필과 같은 공통적 특징이 필요하다. 시장 세분화의 궁극적인 목표는 수익을 극대화시킬 것으로 예상되는 세

▶ 시장 세분화란 특정 소비자 특징을 근거로 광범한 시장을 작은 소비자 집단들로 분할하는 프로세스를 뜻한다.

그먼트를 찾아내 표적 시장으로 선정하는 것이다.

고객 세분화는 서로 다른 고객계층들을 깊이있게 이해하는데 도움이 된다. 할인 항공 티켓과 같은 상품들은 시장 전체를 겨냥해 판매된다. 반면, 다수의 제품 및 서비스는 구체적 특징이 있는 시장 세그먼트를 겨냥한다. 시장 세분화를 위해 고려하는 기준들은 다음과 같다.

- **인구통계적 특성**: 고객들은 지역(도회지 vs. 시골, 동부 vs. 서부 등), 연령, 성별, 소득,

직업, 교육수준, 종교 등의 기준을 고려하여 세분화하는 것이 가능하다. 담배, 화장품 등의 제품은 성별을 세분화 변수로 삼아 남성용, 여성용으로 시장을 나누기도 하고 의류, 잡지, 건강보험 등은 연령을 세분화 변수로 사용하기도 한다. 일반적으로 성별과 연령은 시장세분화 변수로 동시에 사용하는 경우가 많은데, 10대 여학생을 위한 화장품, 30대 남성을 위한 잡지, 노년층 여성을 위한 건강보험을 예로 들 수 있다.

- **행동적 특성:** 일부 소비자는 브랜드 충성심이 높아 다른 브랜드가 세일을 해도 해당 브랜드를 구매하는 경향이 있다. 일부 소비자는 다량의 사용자인 반면, 소량 사용자인 소비자들도 있다. 예를 들어, 와인산업의 한 연구에 의하면, 80%의 와인제품이 20%의 소비자들에 의해 소비되는 경향이 있는데 아마도 이 20% 소비자들은 와인중독 현상 때문에 구매할 수도 있다. 그 밖에도 구매빈도, 가격민감도, 추구하는 편익 등의 행동적 특성에 따라 소비자들을 분류할 수 있다.

- **심리분석적 특성:** 소비자의 개성, 가치, 라이프스타일, 사회계층에 따라 서로 다른 구매패턴을 나타낼 수 있다. 이들 중 라이프스타일이 가장 널리 이용되어 온 심리분석적 변수이다. 라이프스타일 분석에 이용되는 변수들로는 활동(일, 취미, 사회활동, 휴가, 오락, 쇼핑 등), 관심(가족, 가정, 직업, 지역사회, 여가활동, 유행, 음식 등), 그리고 의견(사회적 이슈, 정치, 사업, 경제, 교육, 문화 등)이 있다. 한 예로서 스키장이용권과 같은 레저 상품의 판매를 위해 시장을 세분화한다고 할 때, 활동변수를 기준으로 일, 취미, 휴가, 오락 등 부문으로 나눈다면 이 회사의 표적 세그먼트는 휴가를 중시하는 소비자 그룹이 될 것이다.

(2) 표적시장 선정(Targeting)

일단 시장의 세분화가 완료되면, 개별 세그먼트에 대한 평가를 통해 표적시장을 선정하는 것이 필요한데, 이를 가리켜 타게팅이라고 한다. 타게팅은 온라인 광고주가 정교화된 기법을 이용하여 광고주가 홍보하려는 제품에 대해 관심높은 반응을 보일 것으로 예상되는 고객군(즉, 세그먼

▶ 타게팅은 온라인 기업이 공략할 표적시장을 선정하는 과정이다.

트)을 선정하는 과정이다. 이는 세분화를 통하여 나뉜 세그먼트들 중 어느 곳에 집중할 것인지 선택하는 것이다. 선택한 세그먼트에서 경쟁우위를 확보할 수 있다는 판단하에 선택할 수도 있지만, 합리적인 세그먼트 평가를 통해 표적 세그먼트를 선택하고 그곳에 대해 적

절하게 경쟁우위를 개발할 수도 있다.

표적 세그먼트를 선정할 때, 다음의 세 가지 요인을 고려할 필요가 있다. 첫째, 고려중인 세그먼트가 경쟁사들에 의해 얼마나 성공적으로 다뤄지고 있는가? 이미 경쟁사들이 고객들의 니즈를 잘 충족시키고 있는 세그먼트라면 공략하기가 어려울 수 있다. 둘째, 세그먼트의 크기가 어느 정도인가 또 그 세그먼트가 얼마나 빠르게 성장하고 있는가? 만일 빠르게 성장하고 있는 대형 세그먼트라면 경쟁이 심화될 가능성이 높다. 셋째, 우리 회사가 한 고객군에 특별히 어필할만한 강점을 갖추고 있는가? 예를 들어, 롯데리아는 이미 가족중심의 햄버거 레스토랑으로 좋은 평판을 얻고 있지만, 만일 롯데리아가 소수 미식가들만을 위한 고급스러운 음식을 제공하고자 한다면 소비자들은 이를 쉽게 납득하기 어려울 것이다.

(3) 포지셔닝(Positioning)

포지셔닝은 소비자의 마음 속에 특정 브랜드를 경쟁브랜드와는 다른 독특한 위치를 차지하도록 만들어주는 과정이다. 다양한 제품과 경쟁사들 사이에서 돋보이기 위해서는 '차별화'가 필요하며, 마케팅을 통하여 자사 제품의 특성과 이미지를 실제와 어느정도 다르게 인식하게 만들수 있다.

▶ 포지셔닝은 브랜드에 독특한 이미지를 부여하는 과정이다.

포지셔닝 단계의 관건은 선정된 이미지와 어필을 어떻게 선정된 표적 세그먼트를 대상으로 구현할 수 있는가이다. 예를 들면, 애플 컴퓨터사는 사용자 친화적인 컴퓨터의 메이커로 포지셔닝하기로 결정했다. 따라서, 애플은 회사 광고를 통해 그리고 친근한 느낌을 주는 아이콘을 통해 그러한 사용자 친화적인 이미지를 소비자들에게 심어주기 위한 노력을 많이 기울였다.

현장
사례

젊고 혁신적인 이미지로 포지셔닝하는데 성공한 기아 K8

지난해 미래 모빌리티 브랜드로 새로운 출발을 선언한 기아의 선봉장 K8이 출시 1년 만에 준대형 세단의 강자로 거듭났다. 더 젊고 혁신적인 이미지로 존재감을 확실하게 키웠다는 평가다.

지난해 4월 K7에서 이름을 바꾸며 화려하게 등장한 K8이 누적 판매량 '5만대' 고지를 눈앞에 뒀다.

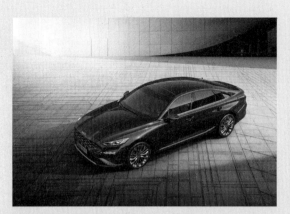

▶ 기아 K8 외장 디자인(기아자동차 제공)

▶ 기아 K8 내장 디자인(기아자동차 제공)

지난해 누적 판매량 4만599대에 이어 1분기 판매량 8,068대를 합한 결과다.

K8의 지난해 월평균 계약 대수는 1만782대였다. 2020년 기준 K7이 월평균 3,942대 계약된 것과 비교하면 무려 174% 증가한 규모다. 실제 판매량 역시 2020년 K7이 기록한 월평균 3,421대에서 지난해 4,511대로 높아졌다. 전 세계적으로 반도체 공급난으로 정상적인 생산이 이뤄지지 못했다는 점을 고려하면 괄목할 실적이다.

특히 K8은 기존 준대형 세단 시장을 주름잡았던 현대차 그랜저와 라이벌 구도를 확고히 했다. 2020년 K7과 그랜저의 계약 점유율은 각각 24%와 76%로 큰 격차가 있었지만, K8 출시 이후 지난해 4~12월 계약 점유율은 K8이 53%, 그랜저가 47%로 극적인 반전이 이뤄졌다.

핵심 수요층인 4050에게 성공적으로 매력을 어필한 영향이다. K7 판매 당시 연령대별 수요는 40대가 29.5%, 50대가 27.2%였다. 그러나 K8이 출시된 이후엔 40대가 30.7%, 50대가 31.9%로 각각 증가세를 보였다.

실제 K8은 출시 초반부터 과감한 디자인과 기술적 혁신으로 시장에서 주목받았다. 새로운 사명과 로고를 처음으로 적용하면서 변화와 혁신의 이미지도 두드러졌다. 그 결과 사전 계약 첫날에만 1만8,015대

가 계약됐다. 이는 기아 세단 역사상 최다 기록이다.

K8은 그동안 준대형 세단으로서는 넘어서기 어려웠던 전장 5m의 벽을 깨며 넉넉한 실내 공간을 갖췄다. 디자인적으로는 범퍼와 그릴을 일체화하고 쿠페형 루프라인을 적용하는 등 완전히 새로운 감각을 채용했다. 이른바 '아빠차'로 대변됐던 준대형 세단에 대한 편견을 깨뜨렸다는 평가가 잇따랐다. 상반된 개념을 창의적으로 융합한다는 기아의 새로운 디자인 철학 '오퍼짓 유나이티드(Opposites United)'가 반영된 결과다.

강력한 주행성능과 뛰어난 연비를 바탕으로 파워트레인을 세분화한 것도 높은 인기의 비결이었다. K8은 현재 2.5ℓ 가솔린, 3.5ℓ 가솔린, 3.5LPI, 1.6ℓ 가솔린 터보 하이브리드 등 총 4가지 라인업으로 운영되고 있다.

특히 최근 세단 시장에서 주목받는 하이브리드 모델은 K8 하이브리드가 지난해 5월부터 12월까지 4만1,119대 팔려 그랜저 하이브리드(2만3,977대)를 가볍게 추월했다. 이런 추세는 신차 효과가 다소 줄어든 지난 1분기에도 이어졌다. 올 1분기 K8 하이브리드의 점유율은 56.3%에 달했다.

K8 하이브리드는 최고출력 180마력, 최대 토크 27.0kg·m의 1.6ℓ 터보 하이브리드 엔진에 최고 출력 44.2kW, 최대토크 264Nm의 구동모터가 조합됐

다. 시원한 주행감각은 물론, 18.0km/ℓ 에 달하는 복합연비로 고유가 시대에 매력적인 효율성을 지녔다.

자동차 업계 한 관계자는 "기아 K8은 미래지향적인 디자인과 각종 첨단 기능을 통해 젊고 혁신적인 이미지 포지셔닝에 성공했다"며 "반도체 공급난의 영향으로 출고 대기 대수가 여전히 많다는 점을 고려하면 당분간 K8 판매 실적은 꾸준하게 유지될 것"이라고 평가했다.

▶ 출처: 헤럴드경제, 2022. 4. 10.

4.2　온라인 광고

인터넷은 효과적인 커뮤니케이션 수단을 제공하며, 광범하거나 표적화된 시장의 고객들에게 제품 및 서비스를 마케팅하기 위한 강력한 메커니즘을 만들어 준다.

▶▷ 온라인 광고의 개념적 배경

온라인 광고란?

온라인 마케팅 혹은 인터넷 광고라고도 불리는 온라인 광고는 인터넷을 이용해 판매촉진 메시지를 소비자에게 전달하는 마케팅 및 광고의 형태이다. 소비자들은 온라인 광고를 효익이 없으며 원치 않는 성가신 것 정도로 여기며, 점차 광고 차단을 하는 사람들이 늘고 있다.

여느 광고 매체와 마찬가지로, 온라인 광고는 흔히 광고를 온라인 콘텐츠 내에 통합시키는 매체(publisher)와 매체의 콘텐츠에 나타낼 광고물을 제공하는 광고주(advertiser)를 필요로 한다. 그 외에도 광고대행사(advertising agency)는 광고 카피를 개발하며, 광고 서버는 기술적으로 광고를 제공하며 이용 통계치를 추적한다.

온라인 광고의 진화

1991년 인터넷의 상용화가 발표된 이후, 기업이 인터넷을 이용해 자신들의 가치명제를 고객들에게 알리기 위한 온라인 광고기법들이 개발되어 왔다. 특히 인터넷이 기업에 도입되기 시작한 초창기에는 이메일 광고가 등장하였고, 그 후 야후! 등 포털사이트들이 출범하면서 디스플레이 광고, 검색 광고 등이 등장했다.

- **이메일 광고:** 1978년 5월 3일 컴퓨터 메이커 DEC (Digital Equipment Corporation)의 한 직원이 DEC 컴퓨터 신모델을 소개하는 광고 이메일을 인터넷의 전신인 아파넷의 미국 서부 이용자들에게 전송한 것이 최초의 온라인 광고로 알려져 있다. 그 후 이메일 마케팅은 빠른 속도로 성장하기 시작했으며 결국 '스팸'으로 알려지게 되었다.
- **디스플레이 광고:** 온라인 배너광고는 웹사이트 소유주들이 콘텐츠를 공급하는 데 필요한 추가적인 수익을 창출하기 위해 1990년대 초에 처음 시작됐다. 초기에는 단순히 홍보 배너를 표시하는 광고가 등장했다. 한 때 미국의 대표 정보제공 사이트였던 프로디지(Prodigy)는 1993년 씨어즈 백화점 제품을 홍보하는 배너를 메인화면 하단에 게시했다. 차츰 배너 클릭을 통해 특정사이트로 트래픽의 유입을 유도하는 디스플레이 광고도 등장했다. 같은 해 말, 실리콘 밸리의 한 법무법인이 최초의 클릭가능한 웹 광고를 게재했다. 1994년에는 핫와이어드(HotWired) 온라인잡지 사이트가 미국 전화회사 AT&T 등 기업들의 광고를 게재하면서, 웹배너 광고가 널리 알려지게 되었다.
- **검색 광고:** 오버추어가 1998년 최초로 검색 광고용 '키워드 경매'기법을 개발해 적용했다. 매일 경매를 통해 개별 키워드에 대한 클릭당 단가가 결정되며 이에 근거하여 검색 광고비가 산정되는 방식이다. 이후 2000년에는 구글이 애드워즈(AdWords)라는 검색 광고 서비스를 출시했다. 오늘날 구글, 네이버 등 검색위주 사이트에서는 대부분 검색 광고를 통해 수익을 발생시키고 있다.

▶▶ 최근 온라인 광고의 유형

가장 대표적인 온라인 광고기법으로서 이메일 광고, 디스플레이 광고, 검색엔진 마케팅뿐 아니라 최근 들어 관심을 모으고 있는 모바일 광고, 소셜미디어 마케팅, 그리고 제휴마케팅을 아래에서 각각 살펴보기로 한다.

이메일 광고

이메일 광고는 이메일 전체 혹은 이메일 메시지의 일부에 광고 카피를 포함시키는 광고기법이다. 자원이 부족한 기업이 잠재적 고객들에게 제품을 가장 저렴하게 홍보할 수 있는 광고수단이다.

그러나 이메일 광고는 이메일의 수신자가 원할 경우 미래의 이메일을 모두 배제하는 것이 가능하며, 또 수신자의 사전 동의가 없을 경우 발송 자체가 어려울 수 있다. 결국 무차별적인 스팸 이메일에 대한 사용자의 저항이 강하게 발생할 수 있는 한계가 있다. 따라서 비

그림 4-4   이메일 광고의 예시

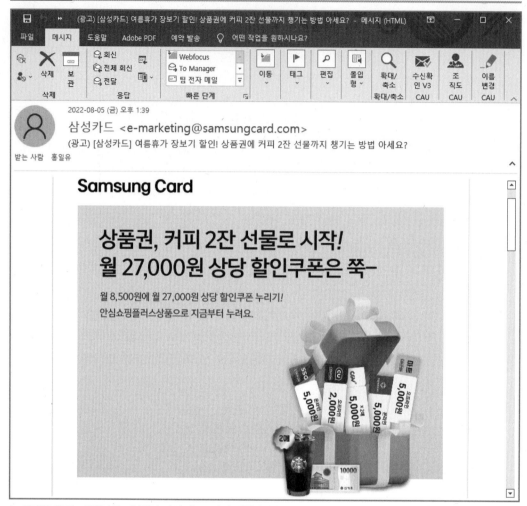

▶ 이메일 광고는 사용자의 거부감이 커서 광고효과가 제한적이다.

록 가장 적은 비용으로 온라인 광고를 할 수 있다는 장점이 있기는 하나, 이메일 광고의 효과는 매우 제한적이다.

디스플레이 광고

온라인 매체를 통해 사용자에게 광고물을 시각적으로 노출시키는 광고방법으로서 배너 광고가 그 대표적인 예에 해당한다. 디스플레이 광고는 텍스트, 로고, 애니메이션, 동영상, 사진 및 기타 그래픽 이미지를 이용해 시각적인 광고 메시지를 전달한다. 디스플레이 광고주는 흔히 광고 효과를 높이기 위해 일부 특징이 있는 사용자들을 겨냥한다. 온라인 광고

주는 광고 서버를 통해 쿠키를 이용해 특정 소비자에게 어떤 광고를 보여줄 지를 결정한다. 쿠키는 사용자가 아무것도 구매하지 않고 웹페이지를 떠났는지 추적할 수가 있어 광고주는 추후 사용자가 재방문시 이전 방문시 노출된 광고로 사용자를 다시 겨냥할 수 있다.

▶ 디스플레이 광고는 온라인 매체를 통해 사용자에게 광고물을 시각적으로 노출시키는 광고방법이다.

광고주는 다수 외부 사이트들을 통해 한 사용자의 온라인 활동에 관한 데이터를 수집할 수 있기 때문에, 더 정교하게 겨냥된 광고를 전달하기 위해 사용자의 관심에 대한 상세한 프로필을 작성한다. 데이터를 이와 같이 결합시키는 것을 가리켜 행태적 타겟팅이라고 부른다.

한편, 광고주는 사용자의 지역을 근거로 광고를 전달할 수 있다. 사용자의 IP주소를 근거로 사용자의 국가 혹은 지역을 파악할 수 있다. IP주소를 통해 알 수 있는 지리정보는 기타 프록시나 정보와 결합되어 정확한 위치를 추적할 수가 있다.

그림 4-5 웹 배너광고의 예시(www.daum.net)

▶ 다음 메인화면의 '바다장어' 배너는 잠재적 사용자들에게 브랜드를 시각적으로 노출시킨다.

웹 배너광고

배너광고는 웹페이지에 게시되며, 가장 널리 이용되는 온라인 광고형태이다. 사용자가 배너를 클릭하면 광고주의 웹사이트로 연결된다. 배너 광고의 효과는 클릭스루(click-through) 기법에 의해 측정된다. 이 기법은 광고주 웹페이지 접근을 위해 온라인 광고물을 클릭하는 고객들의 수를 측정한다.

이러한 광고는 인터넷이 상용화되기 시작한 초창기에 널리 이용되었던 방법이었지만, 웹이용자들이 웹서핑을 하며 배너광고의 부정적 효과를 반복해 경험함에 따라 그 효용가치가 이후 줄어들었다. 따라서 다수의 광고주들이 필요광고를 위해 라디오, 신문, TV와 같은 전통적 매체를 다시 선호하게 되면서, 배너광고에서 오는 광고수입은 기대수준에 미치지 못하였다.

그림 4-6   문맥 광고의 예시

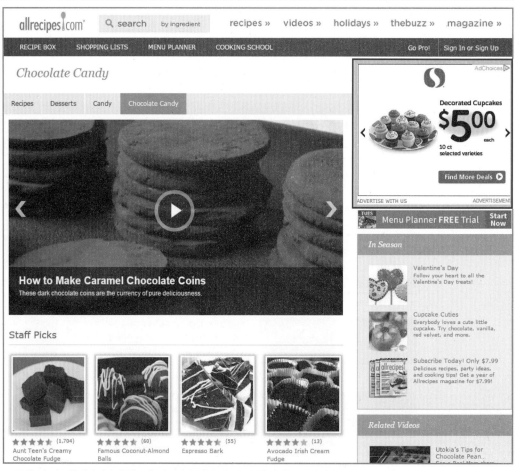

▶ 문맥 광고는 웹페이지의 콘텐츠에 기초하여 관련 광고를 노출시키는 방법이다.

문맥 광고

광고주는 광고가 게재된 웹페이지의 콘텐츠와 관련이 있는 디스플레이 광고를 전달하기 위해 문맥광고를 사용해 목표시장을 겨냥한다. 문맥광고(contextual advertising)란 웹페이지의 콘텐츠에 기초하여 관련 광고를 노출시키는 광고방법을 의미한다. 마치 전통적 신문에서 특정 기사 주변에 내용이 관련있는 광고를 게재하는 것과 유사한 개념이다. 이미 콘텐츠에 대한 관심이 있는 사용자는 그와 관련있는 광고에 대해서도 관심이 있을 가능성이 높기 때문에 광고에 대한 긍정적인 반응을 이끌어낼 가능성이 비교적 높다.

문맥 광고시스템은 웹페이지의 텍스트에서 주요 키워드를 찾아낸 다음 그 키워드와 관련이 있는 광고들을 찾아 게재하는 방식을 따른다. 발견된 광고는 웹페이지상에 혹은 별도의 팝업에 노출된다.

검색엔진 마케팅

검색엔진 마케팅(search engine marketing)이란 사용자가 검색엔진에서 키워드 검색시 검색결과에 브랜드를 노출시키는 온라인 광고방법이다. 검색엔진 마케팅은 웹사이트 브랜드를 강화시킴으로써 해당 웹사이트에의 트래픽을 증대시킬 수있는 기법이다.

검색엔진은 검색자가 입력한 키워드에 근거하여 스폰서 지원 결과와 미지원 결과를 제공한다. 검색엔진은 흔히 스폰서 지원 결과를 미지원 결과와 분간할 수 있도록 스폰서 지원 결과를 눈에 잘 띄는 박스 안에 보여준다. 스폰서 지원 결과에 웹사이트 링크가 포함되도록 하기 위해서는 검색광고비를 지불하여야 한다.

온라인 검색광고의 광고비 산정을 위한 지표로서는 클릭당 비용, 노출당 비용, 행동당 비용이 있다. 첫째, 클릭당 비용(Cost Per Click: CPC)은 널리 이용되는 검색광고비 산정방법이다. 대표적인 CPC 서비스로는 네이버 클릭초이스, 다음 클릭스 등이 있으며, 개인 블로그나 카페, 웹사이트에서도 CPC 광고가 이뤄지고 있다. CPC는 일종의 키워드 광고로 유저가 검색한 결과에 따라 유사한 내용의 광고주의 광고배너 또는 링크를 함께 노출시킨다. 광고비용은 배너나 링크의 노출 횟수에 상관없이 링크를 클릭했을 때만 지불한다. 둘째, 노출당 비용(Cost Per Mile: CPM)은 노출빈도에 따라 광고비를 지급하는 방법이다. CPM 광고비는 광고 노출 횟수 X 1,000으로 계산한다. 'Mille'는 라틴어로서 Thousand(천)을 의미한다. CPM은 해당 광고가 게재된 게임이나 웹사이트에 접속한 이용자의 수에서 중복 접속을 제외하고 측정한다. 끝으로, 행동당 비용(Cost Per Action: CPA)은 온라인 또는 모바일 환경에서 시행되는 직접 반응 광고 모델 유형의 하나로, 표적 고객이 광고주가 원하는 행동을 취하는 빈도에 따라 광고비를 지급하는 방법이다. 광고주는 회원가입, 설문지 작성, 프로그램 또는 앱 설치 등 광고에 노출되는 이용자가 취할 수 있는 특정 행동과 행동이 이루어지

그림 4-7   구글의 애드워즈 검색광고 화면 예시

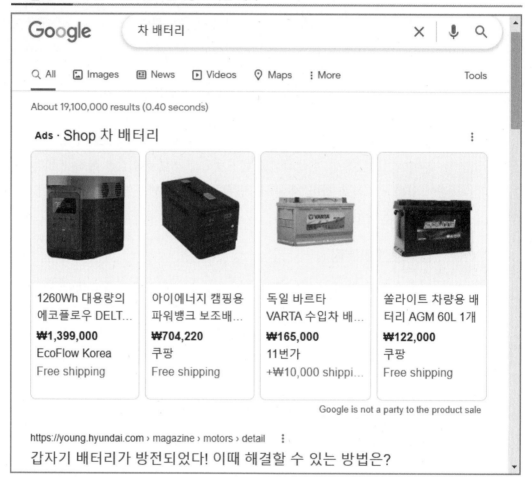

▶ '차 배터리' 키워드로 검색했을 때 검색결과 상단에 자동차용 배터리 광고가 함께 표시되어 있다.

는 횟수를 지정하고, 해당 목표를 달성했을 때 광고비를 지급한다.

모바일 광고

모바일 광고는 스마트폰, 태블릿 컴퓨터와 같은 무선의 모바일 정보기기를 통해 광고카피를 전달하는 방식을 뜻한다. 모바일 광고는 디스플레이 광고, 단문메시지 광고, 모바일 검색광고, 모바일 웹사이트 광고, 모바일 앱 광고 등 다양한 형태를 포함한다.

모바일 광고는 다음과 같은 이유로 인해 빠르게 성

장하고 있다. 모바일 기기들이 급속하게 증가하고, 모바일 기기의 접속속도가 크게 향상되고 있으며, 모바일 기기 화면의 해상도가 높아져 화질이 개선되었고, 모바일 콘텐츠 제공자들이 최소의 거부감으로 광고를 콘텐츠내에 통합시키는 추세가 늘고 있고, 또 소비자들의 모바일 기기 이용이 확대되고 있다. 모바일 광고가 증가하고 관련 기술도 발전하면서 위치 기반 타겟팅과 같은 고도의 광고기법도 등장하고 있는 추세이다.

바이럴 마케팅(소셜미디어 마케팅)

바이럴 마케팅은 구전(word-of-mouth) 원칙에 기초하는 마케팅 방식이다. 여기서 한 서비스의 온라인 사용자가 해당 사이트를 친구들이나 가족이나 직장 동료들에게 소개하도록 권유받게 된다. 예를 들어, Dropbox.com은 바이럴 마케팅을 이용해 클라우드 서비스의 판매를 촉진한다. Dropbox.com은 광고비용을 줄이기 위해 각 이용자에게 다른 이용자를 새로이 가입시키면 무료로 일정량의 클라우드 저장공간

▶ 바이럴 마케팅은 소셜미디어를 통해 메시지를 빠르게 전파하는 온라인 구전방식이다.

을 제공받을 수 있다는 안내문구를 게시했다. 바이럴 마케팅의 성공적인 활용으로, 이 회사는 9년만에 4억명의 이용자를 보유한 100억 달러 회사로 성장했다.

바이럴 마케팅은 주로 소셜미디어를 기반으로 수행되는 경향을 나타낸다. 페이스북, 인스타그램과 같은 소셜미디어 웹사이트를 통해 광고카피를 소셜미디어 이용자들간에 빠르고 손쉽게 전파할 수가 있기때문이다.

제휴 마케팅

제휴 마케팅은 두 개의 웹사이트가 수익분배 관계를 구축하는 소개방식 시스템으로서, 한 웹사이트 소유주가 고객을 소개해준데 대해 다른 웹사이트 소유주에게 대금을 지불한다는 계약을 체결한다.

흔히 광고주가 포털사이트와 같은 제3자 제휴업체에게 잠재 고객을 생성시켜 줄 것을 요청한다. 제3자 제휴업체는 자신들의 판매촉진 활동을 통해 생성된 매출에 기초하여 수익금을 받는다. 제휴업체는 판매촉진 활동의 일환으로 사이트 방문자에게 자발적 행위를 요청하고 방문자가 이 요청을 수락해 자발적 행위를 수행한 경우에 한해 광고주로부터 커미션을 지급받는 방식이다. 자발적 행위의 예로는 이메일 발송, 전화 발신, 온라인 양식의 작성, 온라인 주문의 이행 등이 있다.

그림 4-8 제휴마케팅의 개념도

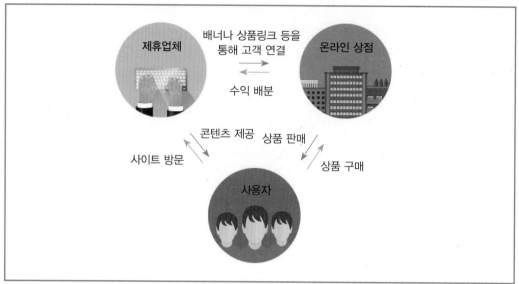

▶ 제휴업체는 사용자들에게 온라인 상점을 소개해준 대가로 상점으로부터 일정 수수료를 받는다.

4.3 고객관계관리

▶▷ 고객관계관리의 개념

고객관계관리란?

고객관계관리(customer relationship management: CRM)은 충성도를 극대화하기 위하여 개별 고객 및 고객 접점들에 관한 상세 정보를 조심스럽게 관리하는 프로세스이다. 고객 접점이란 고객이 브랜드 및 제품과 만나는 곳으로서 실제 경험에서부터 매스컴에, 더 나아가서는 우연한 관찰에 이르기까지 다양하다. 호텔의 경우, 고객 접점으로 예약, 체크인과 체트아웃, 충성도 프로그램(가령, 10박하면 1박 무료 등), 룸서비스, 비즈니스 서비스, 헬스시설, 세탁서비스, 레스토랑, 바 등이 포함된다.

CRM은 기업이 기존 및 잠재 고객들과의 상호작용을 관리하는 방법이다. 고객들이 기업에 남긴 기록을 근거로 데이터 분석을 실시함으로써 고객유지에 초점을 두며 고객들과의 비즈니스 관계를 개선함과 동시에 궁극적으로는 매출성장을 가져오는 것을 목표로 한다.

CRM 방법론의 한 가지 중요한 요소는 회사 웹사이트, 전화, 이메일, 실시간 채트, 마케팅 자료, 그리고 소셜미디어를 포함한 다양한 커뮤니케이션 채널을 통해 데이터를 수집하는 CRM 시스템이다. CRM 방법론과 관련 시스템을 통해, 기업들은 그들의 표적시장에 대해 또 고객니즈를 효과적으로 충족시키는 방법에 관한 지식을 획득한다. 그러나, CRM 방법론의 채택은 간혹 시장내 소비자들 사이에서 한 쪽으로 치우치는 현상을 가져올 수 있으며 그로 인해 고객들의 불만을 야기시킬 수 있다.

CRM의 중요성

기업은 CRM을 이용해 개별 계정 정보를 효과적으로 활용함으로써 탁월한 실시간 고객 서비스를 제공하는 것이 가능하다. 각 고객에 대해 알고있는 정보에 근거하여 상품, 고객서비스, 메시지 및 매체 등을 고객필요에 맞춤화시켜 제공할 수가 있다. 기업의 수익성을 좌우하는 주요 요인이 회사 고객기반의 전체 가치이기 때문에, CRM은 중요하다.

점차 많은 경영관리자들이 경쟁우위를 창출하기 위한 수단으로서 고객 충성도 및 고객과의 장기관계 구축이 중요하다는 사실을 인지하게 됐다. 신규 고객 한 사람을 유치하는 데는 기존 고객 한 사람을 유지하는 것보다 20배 비용이 소요된다. 결과적으로, 경쟁우위를 성취하기 위해 고객중심의 비즈니스모델을 채택하는 온라인 기업들이 늘면서, 기업 관리자들은 CRM의 이슈에 점차 더 큰 관심을 갖기 시작했다.

 현장 사례 | **현대오토에버, 차세대 CRM으로 판매성과 증대**

현대오토에버는 데이터를 기반으로 고객에게 맞춤형 서비스를 제공하여 고객과의 전 여정을 관리할 수 있어야 장기적으로 브랜드 가치를 높일 수 있다는 믿음을 가지고 디지털 혁신을 추진했다.

현대오토에버는 개인화 서비스를 민첩하게 제공하기 위해, 분산된 고객 정보를 통합하여 원활한 소통을 할 수

있는 플랫폼 도입을 계획했다. 이에 완성차 표준과 일부 신규 법인을 대상으로 세일즈포스 기반의 차세대 CRM을 도입하여 단순한 SI 시스템이 아닌 클라우드 기반의 플랫폼 서비스 형태로 장기적으로 글로벌 오퍼레이션과 공용화될 수 있도록 했다.

차세대 CRM으로 신규 법인의 잠재 고객군 확대와 양질의 리드 정보 확보를 통해서 영업력 증대를 위한 발판을 마련했으며 차별화 및 개인화된 고객경험을 통해서 브랜드 만족도를 높이는 데 기여할 수 있었다.

올해 비즈니스를 시작한 일본 법인의 경우 새로 도입된 플랫폼을 통해 구매상담, 시승, 견적 등 디지털상의 고객 행동 데이터를 확보 및 분석하여 해당 고객들에게 맞춤화된 마케팅을 효과적으로 진행할 수 있었으며, 리드 수집과 판매 기회 상승의 효과를 누리고 있다. 2021년 12월 차세대 CRM을 도입한 인도네시아 법인에서는 전기차 IONIQ5의 디지털 캠페인을 통해 단기간에 1만 명의 리드를 창출했으며 3,600건의 판매 기회를 통하여 228건의 판매 성과를 거두었다.

▶ 출처: 전자신문, 2022. 8. 8.

CRM의 단계

그림 4-9에서와 같이, CRM은 세 가지 단계로 구성된다. 이들을 각각 살펴보면 아래와 같다.

그림 4-9   CRM의 3개 단계

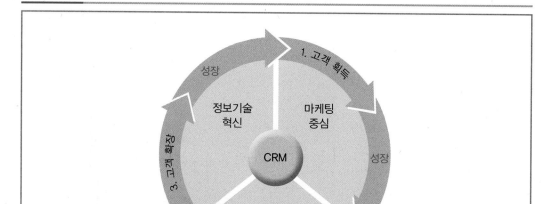

- **고객 획득**: 온라인 거래환경에서 첫 구매를 위해 신규 고객을 유인하고 고객과 관계를 맺는 단계이다. 고객 획득을 위해서는 광고 및 판매촉진을 고려할 수 있는데, 예를 들면 할인쿠폰 증정, 신규고객 유치를 위한 인센티브 제공, 신규고객에게 부가가치 서비스 제공, 이메일을 통한 표적고객군 대상의 광고 등이 있다.
- **고객 유지**: 기존 고객을 유지하는 단계이다. 고객이 재방문해 두 번째로 구매를 하면, 고객을 충성도 높은 고객으로 변환시킨다. 고객관련 정보를 이용해 개인화된 서비스를 제공하고, 구매자 커뮤니티에 접근하며, 충성도 구축을 위해 할인쿠폰을 제공하는 기법 등을 활용할 수 있다.
- **고객 확장**: 기법들을 이용해 고객이 기업의 활동에 더 적극적으로 참여하도록 유도하는 단계이다. 고객들은 반복해 구매를 하게 되는데, 이들 충성도 높은 고객들에게 폭넓은 구매를 하도록 안내한다. 회사 제품이나 회사 자체에 관한 정보를 이메일을 통해 고객에게 전송함으로써 고객참여의 확장을 유도할 수 있다.

마케팅 응용분야

CRM은 다수의 마케팅 분야에 응용할 수가 있다. 대표적인 응용분야를 요약해 보면 아래와 같다.

- **판매인력 자동화**: 영업사원들은 고객 방문을 관리 및 기록하기 위한 도구를 통해 고객계정 관리를 더 효율적으로 수행할 수 있다.
- **고객서비스 관리**: 고객서비스 부서의 직원들은 인트라넷을 이용해 고객이나 제품이나 이전 문의사항에 관한 정보가 저장된 데이터베이스를 접근함으로써 고객들의 정보 요청을 처리할 수 있다.
- **판매프로세스의 관리**: 이커머스 사이트를 통해 혹은 판매인력 자동화 시스템을 통해 판매프로세스를 체계적으로 관리하는 것이 가능하다.

🔍 토의문제

01 전통적 마케팅기법과 온라인 마케팅기법은 그 효과 면에서 어떤 차이를 나타낼지 토의해 봅시다.

02 온라인 기업이 전통적 마케팅기법을 온라인 마케팅기법과 통합한다고 할 때, 어떤 문제들이 예상되는지 설명하고, 각 문제를 해결하기 위한 방안에 대해 알아봅시다.

03 4P 모델은 오늘날 마케팅 전략을 개발하기 위한 기본적인 분석틀로 인식되고 있는 반면, 7P 확장모델도 이용되는 추세이다. 인터넷 검색을 통해 7P 확장모델에 대해 조사해 봅시다.

04 한 스타트업(start-up)이 식품을 온라인으로 판매하는 비즈니스를 런칭하기 위해 온라인마케팅 계획을 수립하고자 한다. STP 접근방법을 이용해 세부계획을 개발하시오.

📖 참고문헌

- Booms, Bernard H.; Bitner, Mary Jo (1981). "Marketing Strategies and Organization Structures for Service Firms". Marketing of Services. American Marketing Association: 47–51.
- Brian, Matt. "Twitter steps into interactive ads, lets users sign up for offers directly from their timeline", The Verge, 22 May 2013, www.theverge.com, 2022. 8. 10. 참조.
- Dominici, G., "From Marketing Mix to E-Marketing Mix: A Literature Review," *International Journal of Business and Management*, vol. 9, no. 4. 2009, pp. 17-24.
- Elliott, Stuart, "More Agencies Investing in Marketing With a Click," *New York Times*, March 14, 2006, www.newyorktimes.com, 2022. 8. 23. 참조.
- Gibson, Mathias. "History of Online Display Advertising". Vantage Local, 12 July 2012. www.vantagelocal.com, 2022. 8. 28. 참조.
- Hennessy, Brittany. *Influencer: Building Your Personal Brand in the Age of Social Media*, Citadel, 2018.
- Jansen, B.J.; Mullen, T. (2008). "Sponsored search: an overview of the concept, history, and technology". *International Journal of Electronic Business*. 6 (2): 114–131.
- Kotler, Philip & Gary Armstrong, Principles of Marketing (18th ed.), Pearson Education, 2020.

🔆 사례연구   자동차 구매까지 이끌어내는 소셜미디어 마케팅의 세계

글로벌 시장조사업체 스태티스타에 따르면 소셜 미디어의 글로벌 보급률은 2022년 1월 기준 58.4%에 도달했다. 소비자가 세계 인구의 절반 이상이 적어도 하나의 소셜 미디어를 사용하고 있다는 셈이다. 소비자들은 자신의 정보를 가급적 적게 공개하길 원하지만, 동시에 자신의 일부를 드러내는 매개체인 소셜미디어 사용은 그 어느 때보다 활발하다. 소비자는 이제 최소한의 정보 제공만으로도 브랜드가 나를 찰떡같이 파악해주길 원하며, 개인 맞춤화된 정보를 브랜드로부터 얻길 원한다.

기존 브랜드들은 브랜드 이미지 구축, 신상품의 프로모션 등의 목적인 이른바 '후속 조치'로 소셜

미디어를 이용했다면, 이제는 브랜드 입지구축 뿐만 아니라 고객들을 이해하고, 더 고도화된 마케팅을 펼치기 위해서 소셜 미디어를 활용하는 시대가 왔다.

재미있는 점은 구매 여정이 비교적 복잡한 편인 자동차 브랜드들이 소셜 미디어를 적극 활용하고 있다는 것이다. 자동차는 고가품이라 소비자들이 신중하게 소비하는 경향이 있고 구매까지 여정이 길고 복잡하지만, 한 번 좋은 고객 경험이 있다면 시승, 구매, 애프터서비스, 재구매까지 같은 브랜드를 선호할 확률이 높다는 특징이 있다.

자동차 소비자도 초반 구매 니즈가 온라인에서 발생하기 때문에 소셜 미디어 등의 경험관리가 중요해진 것이다. 실제 딜로이트 조사에 따르면 94%의 소비자들이 차량 구매 전에 온라인에서 정보를 얻는 것부터 자동차 구매 여정을 시작하는 것으로 나타났다.

그렇다면, 글로벌 자동차 브랜드들은 어떻게 마케팅에 소셜미디어를 활용하고 있을까. 인공지능(AI) 기반 광고·마케팅 솔루션 업체 애피어의 토요타·아우디·BMW 고객 사례를 들어봤다.

■ 도요타, 타깃팅된 소셜미디어 캠페인으로 트래픽 3배 상승

토요타는 필리핀 지사에 코로나 바이러스 대유행으로 침체된 비즈니스에 활력을 불어넣고, 고객과 늘 함께한다는 브랜드 이미지 고취를 위해 코로나가 한창이던 2020년 #BetterDaysAhead(더나은앞날) 캠페인을 기획했다. 캠페인 마이크로 사이트를 만들고 캠페인 영상, 자동차 정비 모바일 어시스턴트, 온라인 시승 예약, 페이스북 메신저를 통한 고객 소통 안내 등의 내용을 담았다.

도요타는 마이크로 사이트로 목표로 한 잠재 고객을 유입하기 위해 애피어의 AI 기반 광고 솔루션인 크로스엑스를 활용했다. 크로스엑스를 통해 유저의 실제 관심사를 파악하고, 키워드에 순위를 부여함으로써 퀄리티 유저를 집중 타깃팅했다. 또 타깃 잠재고객이 사용하는 모든 기기를 식별하는 크로스스크린 타깃팅을 실행했다.

특히 키워드 순위를 3단계로 나누어서 1순위는 자동차와 세부 브랜드, 2순위는 스포츠 그리고 타깃 고객층이 관심있어 할 만한 스포츠(골프, 하이킹, 테니스, 골프), 3순위는 금융 키워드로 구성했다. 촘촘하게 고객 유입 키워드를 구성하고 우선순위를 세팅한 것이다.

또한 캠페인을 필리핀 전역이 아닌 근거리에 도요타 딜러샵이 있는 지역 위주로 캠페인을 집중 펼쳐, 세밀한 지역 마케팅까지 실시했다. 그 결과 평상 시 사이트 트래픽에 비해 3배 많은 트래픽을 캠페인 사이트로 유도하는 데 성공했고, 당초 목표치를 초과 달성하는 성과를 이뤘다.

■ 아우디·BMW, 챗봇으로 고객과 친밀감 높여

아우디는 고객 경험 향상과 친밀한 고객 관리를 위해 애피어의 대화형 마케팅 솔루션인 '봇보니'를 채택했다. 구매를 위한 시승 서비스나 점검 등을 손쉽게 하는 데 공식 라인 메신저를 이른바 '모바일 어시스턴트'로 마이크로 고객관리솔루션(CRM)으로 활용하고, 언제든 궁금한 사항이 있으면 챗봇으로 질문, 시승신청, 서비스센터 예약도 하고, 미리 주행거리 등을 예측하여 다음 예약을 먼저 미리 메신저를 통해 보내는 등 묻기 전에 먼저 대응했다.

BMW 역시 소셜 미디어 채널에서 잠재 구매자뿐 및 기존의 BMW 자동차 매니아와 소통하고 페이스북 팬 페이지 내 유저와의 소통을 늘리고자 애피어 대화형 마

▶ 도요타가 필리핀에서 진행한 더나은앞날 캠페인의 마이크로 사이트

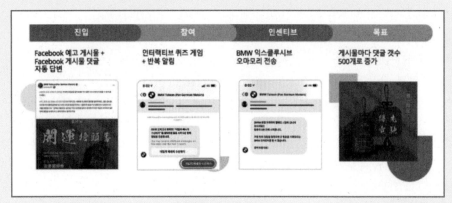

▶ BMW 타이완이 메타의 반복 알림 기능을 활용해 진행한 캠페인

케팅 솔루션인 봇보니를 도입했다. 3일간의 캠페인 동안 메타의 반복 알림 기능을 사용해 66만명의 페이스북의 소셜 미디어 커뮤니티와 성공적으로 소통하여 반복 알림 기능의 수신 동의 비율(opt-in rate)을 78% 달성하고, 메시지 읽기 비율(read rate) 99%로 전년 대비 4배 높은 참여율을 달성했다.

BMW는 봇보니의 고도화된 개인화 메시지 기능, 고객과 즐겁게 대화하고 참여하도록 이끄는 다양한 엔터테인먼트형 메시지나 캠페인 등 이른바 '게이미피케이션' 기능이 주요하게 작용했다고 평가했다.

애피어 관계자는 "소비자들은 온라인에서 진행한 쇼핑 단계를 오프라인 딜러샵에서도 이어서 하길 원하고, 내가 구매를 고려하고 있는 차들의 광고를 보길 원하고, 시승 일정을 온라인으로 손쉽게 하길 희망한다"며 "딜러샵에서 처음 정보를 얻고 구매 결정을 하는 것이 아니라 온라인에서 충분히 정보를 파악하고 고객 경험을 하고 어느정도 구매를 마음먹은 소비자들이 딜러샵에 가서 구매를 하는 여정으로 변화하고 있다"고 최근 트렌드를 설명했다.

이어 "소비자가 어디에 있는지 온라인에서 먼저 발견해 알맞은 고객 경험을 선사하고, 각 단계별 고객 접점에서 고객을 놓치지 않고 끊임없이 소통하기 위해서는 이에 맞는 마케팅 솔루션의 스마트한 활용도 중요하다"고 강조했다.

▶ 출처: ZDNet Korea, 2022. 7. 11.

🔍 사례연구 토의문제

01 사례 본문에 의하면, 기업에게 있어 온라인 환경에서의 소비자 경험관리가 중요해진 이유는 무엇인가? 또 소셜미디어는 이러한 소비자 온라인 경험관리를 위해 어떻게 활용될 수 있는지 설명하시오.

02 사례 본문에 소개된 글로벌 자동차 브랜드들이 각각 소셜미디어 마케팅을 어떻게 활용하고 있는지 그리고 이를 통해 얻은 주요 효과가 무엇인지 알아봅시다.

03 자동차 산업 이외에 다른 어떤 산업에 소셜 미디어 마케팅을 적용하도록 추천하겠는가? 또 이 산업에 소셜 미디어 마케팅을 적용하는 것이 왜 타당한지 그 이유를 논리적으로 설명하시오.

제 **5** 장

전자결제 서비스

5.1 전자지불시스템의 개요

5.2 전자지불시스템의 분류

5.3 최신 전자지불시스템 동향

e-business
e-commerce

코로나에 비대면 결제거래 급증

코로나 장기화로 스마트폰 등을 사용한 비대면 거래가 늘면서 지난해 신용카드·계좌이체 등을 통한 온라인 결제를 의미하는 '전자지급결제' 규모가 하루 평균 1조원에 육박하면서 사상 최대를 기록했다. 삼성페이·카카오페이 등으로 대변되는 간편결제 이용금액도 6,000억원을 돌파했다. 이 역시 역대 최대 규모다. 한국은행이 23일 발표한 '2021년중 전자지급서비스 이용 현황'에 따르면 지난해 전자지급결제대행

▶ 한국은행이 23일 발표한 '2021년중 전자지급서비스 이용 현황'에 따르면 지난해 전자지급결제대행서비스(PG) 이용금액은 9,048억원으로 28% 증가했다.

서비스(PG) 이용건수는 일평균 2,172만건으로 전년 대비 29.5% 늘었다. 이용금액은 9,048억원으로 28% 증가했다.

코로나19 확산으로 비대면 온라인 거래가 꾸준히 확대된 영향이다. 전자지급결제대행서비스(PG)는 전자상거래시 구매자로부터 대금을 받아 판매자에게 최종적으로 지급할 수 있도록 대행하는 서비스다.

미리 선불금을 충전해 사용하는 선불전자지급서비스의 이용건수는 27.7% 증가한 2,380만건으로 집계됐다. 이용금액은 6,647억원으로 42.2% 늘었다. 간편결제·송금 이용실적이 꾸준히 증가했기 때문이라고 한국은행은 설명했다. 선불교통카드 이용건수는 911만건으로 전년(871만건)보다 4.6% 늘었다.

코로나 장기화로 스마트폰 등 모바일 기기를 이용한 금융거래가 늘면서 간편결제서비스도 증가세를 이어갔다. 지난해 간편결제서비스 이용건수와 금액은 각각 일평균 1,981만건, 6,065억원으로 각각 전년 대비 36.3%, 35% 늘었다. 공인인증서 없이 비밀

번호 등을 이용하는 간편결제 서비스 업체에는 삼성페이, 카카오페이, 배민(배달의 민족)페이 등이 포함된다.

카카오페이, 토스 등 간편송금서비스 이용실적도 늘었다. 지난해 이용건수는 하루 433만건, 이용금액은 5045억원으로 각각 33%, 41.5% 증가했다.

이밖에 전자상거래시 구매자로부터 대금을 예치받고 거래를 확인한 뒤 구매대급을 판매자에게 지급하는 결제대금예치서비스(에스크로)의 경우 일평균 이용건수가 전기대비 23.7% 증가한 319만건으로 나타났다. 이용금액도 26.7% 늘어난 1,515억원을 기록했다.

아파트 관리비, 전기·가스 요금 등의 전자고지결제서비스의 경우 이용건수와 금액이 각각 12.2% 늘어난 22만건, 10.2% 증가한 389억원으로 집계됐다.

▶ 출처: 조선비즈, 2022. 3. 23.

5.1　전자지불시스템의 개요

▶▷ 지불시스템의 발전과정

전통적인 지불시스템의 진화

인류역사 초기의 경제활동에서도 지불시스템은 존재했다. 이 당시에는 **물물교환**이 주된 지불시스템이었다. 즉 상대방에게 다른 제품과 서비스를 주고 자신이 원하는 제품과 서비스를 얻을 수가 있었다. 그러나 원시 경제에서 주로 이용됐던 물물교환 방식은 거래자 욕구의 동시 발생이 요구된다는 문제점을 안고 있다. 다시 말해, 가령 빵을 주고 자전거를 구매하고자 하는 사람은 배가 고프면서도 동시에 여분의 자전거를 가지고 있는 사람을 발견해야만 한다. 결과적으로 물물교환 방식은 수백 년에 걸쳐 다양한 형태의 화폐를 통해 진화되어 왔다. 그림 5-1은 전통적인 지불시스템들이 진화해 온 과정을 도식화하고 있다.

인간이 상거래를 위해 사용한 첫 화폐는 **상품화폐**이다. 쌀이나 소금이나 금과 같이 그가치가 잘 알려진 물리적 상품이 물품대금을 지불하기 위한 수단으로 사용됐다. 우리나라도 농촌지역에서는 불과 1970년대까지도 행상에게서 쌀 몇 되를 주고 제품을 구매하는 경우가 종종 있었다. 서양에서는 휴대하기가 더 편리한 금화 및 은화가 특히 19세기 초의 산업혁명 이후 보편적으로 이용되는 상품화폐가 되었다.

그림 5-1　전통적인 지불시스템의 진화과정

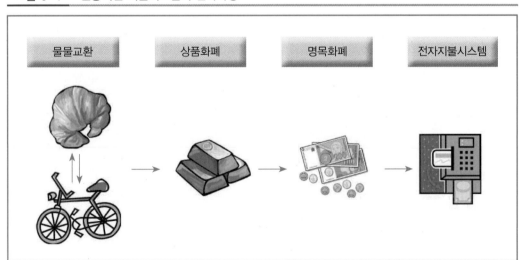

▶ 상거래의 지불수단은 물품의 맞교환에서 화폐로, 그리고 전자지불시스템으로 발전해 왔다.

그림 5-2   전통적인 종이수표 지불시스템의 개념도

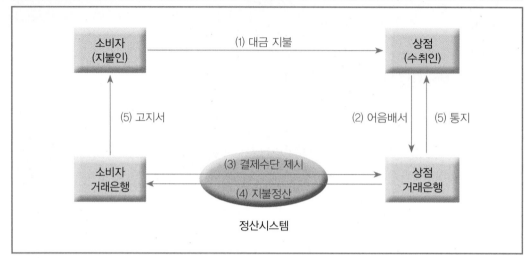

▶ 소비자가 제품구매를 위해 상점에 종이수표로 대금을 지불하면, 각기 거래은행 간의 지불정산 과정을 통해 지불프로세스가 완료된다.

화폐 진화과정의 그 다음 단계는 지폐와 같은 **명목화폐**의 사용이었다. 지폐발행자가 소유한 금과 은으로 된 예치물에 의해 보장되는 화폐인 것이다. 경제가 매우 안정이 되고 정부 중앙은행에 대한 신뢰도가 높아지면, 지폐발행을 보장하기 위한 예치물은 불필요해진다.

명목화폐를 기반으로 한 현금지불은 오늘날 가장 대중적으로 많이 이용되는 대금결제 수단이다. 현금은 한 사람에게서 다른 사람에게로 손쉽게 이전된다. 거래수수료가 없으므로 소액거래에 적합하다는 점이 특징이다. 그러나 지불과 관련한 기록이 남지 않기 때문에 탈세 목적으로 고객에게 현금지불을 요구하는 업자들을 간혹 볼 수가 있다. 또한 큰 금액의 현금 휴대와 관련한 보안이슈가 주요 관심대상이 됨에 따라, 현금 형태로 재산을 보유하기를 꺼려하는 추세이다. 이에 따라 종이 수표도 널리 이용되고 있다. **그림 5-2**에서와 같이, 지불인과 수취인이 각 거래은행을 통해 대금결제를 편리하게 수행할 수 있다.

최근에는 인터넷 기반의 전자상거래가 빠르게 성장하면서 다양한 유형의 **전자지불시스템**이 등장하고 있다. 우리나라의 경우에는 신용카드가 가장 널리 이용되고 있다. 사용하기가 편리할 뿐 아니라 후불 결제가 가능하다는 장점 때문에 그 선호도가 높다. 그 다음으로 많이 이용되는 전자지불시스템은 계좌이체로서, 지불인과 수취인 모두 은행계좌가 개설되어 있을 경우 계좌 간에 자금을 순간이체할 수가 있어 대중적인 결제수단으로 이용되고 있다. 앞서 언급하였듯이, 전자지불시스템은 인터넷을 통해 민감한 금융정보를 전송하여야 하기 때문에 보안기능을 갖추는 것이 중요하다.

전자지불시스템의 등장배경

전자 매체를 통해 제품 및 서비스의 대금을 지불하는 아이디어는 새롭다고 할 수 없다. 1970년대 말 및 1980년대 초 이후, 컴퓨터 네트워크를 통해 지불을 처리할 수 있는 다양한 지불기법들이 소개되기 시작했다. 그러나 이들 기법들은 네트워크에 연결되지 않은 이용자들에게는 무용지물이었으므로, 대부분이 설계단계를 넘어서지 못했다. 그러다가 인터넷이 등장하면서 이러한 장애물이 사라지고 전자지불시스템은 눈부신 발전을 거듭하게 된다.

전자상거래가 확산되기 시작하던 초기 무렵, 웹은 본래 제품 및 서비스를 찾기 위한 수단으로 사용되었으며, 이 당시 대금의 결제는 B2C 및 B2B 부문 모두 전통적인 수단을 통해 오프라인으로 수행되었다. 그러나 B2C 상거래 부문의 경우, 상점들은 소비자들의 신용카드 상세내역을 웹 양식을 통해 전송받을 수 있기 때문에, 비록 보안유지는 어렵다 하더라도 온라인 방식으로 거래를 완료하는 것이 가능하다는 사실을 차츰 발견하게 되었다.

이러한 배경에서 1990년대 중반에서 후반에 이르기까지 매우 다양한 지불방법들이 개발되었다. 퍼스트 버추얼, 사이버 캐시, 디지 캐시 등과 같은 시장 주도기업들은 출시시킨 지불시스템이 초기에 시장에서 큰 반향을 불러일으켰지만, 결국 수익을 발생시키는 데는 실패하였다. 그 외에도 B2C 부문의 새로운 지불서비스를 제공하는 회사들이 다수 등장했다. 또 은행을 통한 대규모 자금이체가 요구되는 B2B 부문의 지불서비스도 소개되었다.

한편, 소비자들이 휴대전화기나 무선 휴대단말기를 이용해 대금결제를 할 수 있는 모바일 결제 시장이 새로이 출현했다. 모바일 상거래는 향후 크게 성장할 것으로 기대되며, 이 분야에 많은 지불솔루션 업체들이 등장하고 있다.

▶ 인터넷의 발전으로 전자지불시스템은 빠르게 진화를 거듭해 스마트워치로 결제하는 것이 가능해졌다.

▶▶ 전자지불시스템의 개념 및 특성

전자지불시스템이란?

전자지불은 인터넷과 같은 개방형 네트워크상에서 고객이 물품 또는 정보를 구매한 대가로 가치를 전송하는 것을 말한다. 또 **전자지불시스템**이란 전자상거래에서 발생하는 대금 결제 업무를 인터넷을 통해 처리할 수 있도록 카드 승인, 은행 계좌 이체, 직불카드, 전자지갑 등의 다양한 지불 솔루션을 보안 솔루션과 결합된 형태로 인터넷상에 구현하여 제공하는 시스템을 뜻한다.

전자지불시스템은 인터넷을 통해 판매되는 정보나 제품이나 서비스를 구매하기 위해 대금을 결제할 목적으로 필요하다. 이를테면, 저작권이 있는 온라인 자료, 데이터베이스 검색서비스, 혹은 오프라인 세계에서 제공되는 상품이나 서비스를 온라인상에서 구매하고자 할 때 대금을 지불하기 위한 편리한 결제수단으로서 전자지불시스템이 요구된다고 할 수 있다.

전자지불시스템은 판매활동을 자동화하는 데 기여하며, 고객 수를 증대시킬 뿐만 아니라, 서류작업의 양을 줄일 수가 있다.

전자지불시스템이 가져야 하는 기본적 요건 및 특성

전자지불시스템은 현금이나 수표와 같은 기존의 지불시스템에 비해 화폐를 휴대할 필요가 없이 사용이 편리한 반면 그 고유의 특성으로 인해 조심스러운 운용이 요구된다. 전자지불시스템이 성공적으로 활용될 수 있기 위해서는 다음과 같은 기본적 요건들이 충족되어야 한다.

- **신뢰성**: 결제시스템이 의도하였던 제 기능을 수행하고, 사용자들이 안전하다고 믿을 수 있도록 사기거래를 방지할 수 있어야 함
- **보안성**: 범죄 공격의 타겟이 될 수 있으므로, 인터넷을 통해 전송되는 지불관련 정보의 불법적 노출, 변조 혹은 파괴를 예방할 수 있어야 함. 특히 신용카드 정보와 신원정보 등 사용자 정보에 대한 익명성 보장
- **거래 효율성**: 거래당 비용이 거의 무시할 정도로 적어야 함. 거래비용이 높으면 지불시스템의 응용대상이 고액거래에 한정됨
- **사용 용이성**: 누구나 전자상거래의 대금결제를 위해 쉽게 사용할 수 있도록 사용자 인터페이스를 설계하는 것이 중요함

특히, 전자현금의 경우에는 기본적으로 아래와 같은 특성들을 지녀야만 원만하게 지불

수단으로 활용될 수 있다.

- **불추적성**: 은행은 사용자의 거래내역을 보고 사용자가 자신의 돈을 어디에 얼마만큼 사용했는지 알 수 없어야 함
- **양도성**: 사용자가 다른 사용자에게 자신의 현금을 양도할 수 있어야 함
- **환불처리**: 제품 반품시 이미 납부된 금액을 환불처리할 수 있어야 함
- **이중사용 방지**: 동일 현금을 두 번 이상의 거래에 사용(double-spending)해서는 안 됨

5.2 전자지불시스템의 분류

전자지불시스템은 지불방식, 결제시점, 거래금액, 가치저장매체 등 기준에 따라 다양하게 분류된다. 여기서는 여러 가지 기준 중에서 지불방식 및 결제시점에 기초하여 지불시스템들을 분류하기로 한다. **지불방식**(payment method)이란 지불시스템이 전통적인 화폐와 같이 독립적인 화폐기능을 지니고 있는지 아니면 신용카드와 같이 지불 브로커를 통해서 지불기능을 제공하는지를 판가름하는 기준이다. 반면, **인출시점**(withdrawal time)이란 지

그림 5-3   **전자지불시스템의 분류 틀**

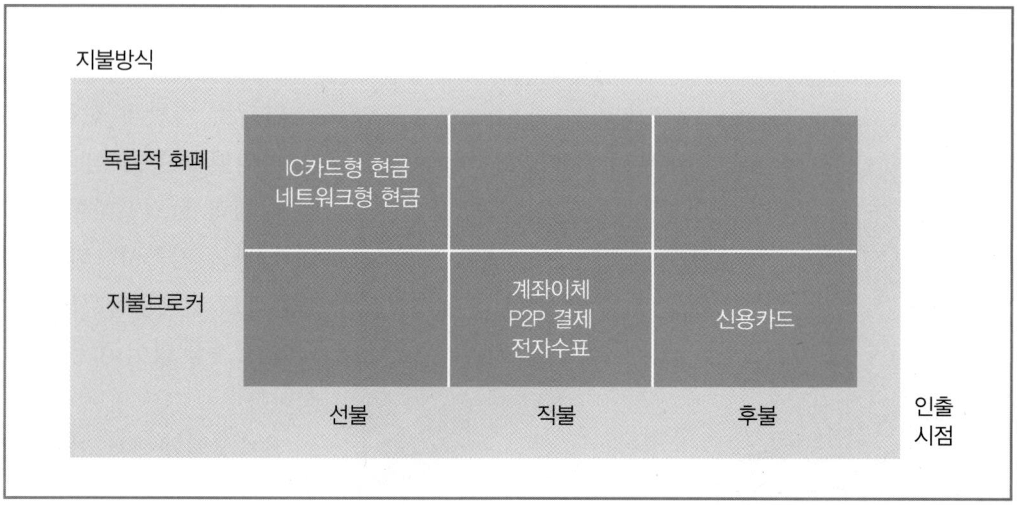

▶ 지불방식과 인출시점을 각각 수직축 및 수평축으로 하여 모두 6가지의 지불시스템으로 나누어 살펴볼 수 있다.

불자의 자금이 실제로 인출되는 시점을 의미하는 기준으로서 자금인출은 대금지불 이전, 동시, 혹은 이후에 이루어질 수가 있다. 이 두 가지 기준을 토대로 분류된 전자지불시스템들이 **그림 5-3**에 나타나 있다.

IC카드형 전자현금(즉, 스마트카드)과 네트워크형 전자현금은 브로커를 통하지 않고 스스로 화폐기능을 수행할 수 있는 신용구조를 가지고 있으며, 대금지불 이전에 전자현금을 미리 구매해야 하므로 선불형태의 결제를 요구한다. **계좌이체, P2P 결제** 및 **전자수표**는 은행이나 페이팔과 같은 지불브로커를 통해 결제가 진행되며, 대금지불과 동시에 자금이 인출되므로 직불형태의 결제에 속한다. 끝으로, **신용카드**는 신용카드사를 브로커로 하여 지불이 수행되는 신용구조를 가지고 있으며, 대금지불 이후 시점에 자금이 인출되는 후불 결제를 요구한다. 아래에서는 이들 각 지불시스템 유형의 개념 및 사례를 알아보기로 한다.

▶▶ 신용카드

신용카드 시스템은 소비자가 외상으로 제품이나 서비스를 구매할 수 있도록 함으로써 소비자 욕구를 즉시에 충족시킬 목적으로 개발되었다. 신용카드는 신용을 부여하는 데 따른 위험부담을 상점으로부터 카드발급 은행으로 이전시키는 역할을 한다. 일단 상점이 소비자의 제품 구매에 대해 카드발급 은행의 승인을 얻어내면, 상점은 대금결제에 대해 안심을 하게 되고 카드발급 은행은 소비자에게 대금을 청구해서 해당금액을 회수하는 책임을 갖게 된다. 상점이 주기적으로 승인된 거래들의 내역을 상점의 거래은행에 제출해서 거래은행과 카드발급 은행 간에 자금이전이 이루어질 때, 비로소 정산이 완료되게 된다. 그러나 카드발급 은행의 위험부담은 소매점 구매와 같은 카드제시형 거래로만 한정되므로, 전화나 이메일을 통한 통신판매를 위해 신용카드로 결제되었을 경우에는 사기에 의한 카드사용 가능성에 대해 상점이 위험을 떠맡게 된다.

▶ 신용카드는 가장 널리 이용되는 이커머스 결제수단이다.

인터넷 기반의 신용카드 지불시스템은 인터넷을 통해 신용카드 번호를 온라인 상점측에 전달하여 결제가 이루어지도록 하는 지불시스템을 뜻한다. 기존의 신용카드 결제망을 사용하며, 현재 인터넷에서 가장 많이 이용되고 있는 지불 방식이다.

전자상거래에서 가장 널리 이용되고 있는 신용카드형 지불방식은 기존의 실세계에서 신용카드로 지불을 하는 것과 거의 같은 절차로 이루어진다. 그러나 기존의 신용카드에 보안 기능을 추가하여 안전한 거래를 하도록 한 점이 다르다. 오늘날 인터넷 환경에서 널리 사용되는 신용카드 방식에 관해서는 아래 보안 프로토콜 부분에서 더 상세히 살펴보기로 한다.

신용카드 보안 프로토콜

보안기능을 추가하기 위해 적용되는 프로토콜로는 SET와 SSL의 두 가지가 있는데, 아래에서는 이들 프로토콜을 각각 살펴보기로 한다.

- SET: 신용카드 보안의 대표적인 프로토콜은 SET(secure electronic transaction)로서이는 VISA와 MasterCard 두 회사가 공동으로 개발한 차세대 신용카드 표준이다. SET 카드는 모든 신용카드 거래 데이터를 디지털 정보의 형태로 전송하며 거래데이터에 디지털 서명(digital signature)을 첨부한다. SET는 인터넷 쇼핑시 신용카드를 사용하여 대금을 결제하고자 할 때, 공개된 네트워크상에서 보다 안전하게 지불처리를 할 수 있도록 암호화 및 정보보안에 관해 제정된 표준안이다. 보안의 모든 요소를 포괄적으로 정의하고 있으며, 구현비용과 복잡성이 해결되어야 할 과제로 남아있다.

- SSL: 신용카드의 보안을 위해 이용되는 또 한 가지의 방식은 SSL이다. SSL(Secure Socket Layer)은 인터넷을 통해 주고 받는 정보의 안전성을 보장하기 위해 Netscape 사에서 개발한 인터넷 보안 프로토콜이다. 웹 브라우저에서 기본적으로 지원해 주며, RSA 암호화 기법을 이용하여 개인의 신용카드정보를 보내는 방식이다. 초기 버전은 보안 결함이 있었으나 1996년 발표된 SSL 3.0 버전은 성능이 우수하여 비자, 마스터

그림 5-4   SSL 기반 신용카드 지불시스템의 구조

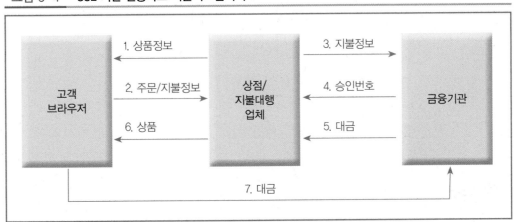

▶ 메시지(즉, 주문/지불정보)가 웹 브라우저에 내장된 SSL 보안기능에 의해 암호화되어 전달되는 기법이다.

카드, 어메리컨 익스프레스 등 회사들이 적극 추천하고 있으며, 현재 우리나라에서도 가장 많이 사용되고 있는 신용카드 보안 프로토콜이다. **그림 5-4**는 SSL 기반의 신용카드 지불시스템의 결제과정을 보여주고 있다.

국내외 사례

기존의 신용카드 시스템을 인터넷 환경과 접목시켜 만든 초기의 신용카드 전자지불시스템 사례로는 퍼스트 버추얼과 사이버 캐시가 있다. 국내에서는 한국통신의 이지페이 이외에도, 새로운 지불시스템들이 속속 등장하고 있다.

- **퍼스트 버추얼**: 인터넷을 위한 초기 신용카드 시스템 중의 하나인 **퍼스트 버추얼**(First Virtual)은 암호화를 사용하지 않는 인터넷 신용카드 지불시스템이다. 신용카드 기반으로 한 전자결제시스템으로 전자우편을 이용하여 구매자의 구매의사를 확인하는 절차만으로도 서비스가 가능한 전자결제서비스의 한 종류이다. 사용자는 신용카드정보 등을 일반우편·전화·팩스 등으로 퍼스트 버추얼(First Virtual)사에 등록하고 이를 통해 퍼스트 버추얼사로부터 부여되는 버추얼 핀(virtual·pin)이라는 회원번호를 가지고 네트워크상에서 제품을 구입할 때 버추얼 핀의 번호를 입력하여 결제하는 방식을 취하고 있다. 신용카드에 사용금액이 부과될 때 사용자에게 확인메일을 보내므로 버추얼 핀의 번호가 유출되거나 도난당하더라도 안정성을 유지할 수 있다. 신용카드를 기반으로 하면서도 네트워크상에서 신용카드정보를 일체 사용하지 않고 미리 외부에서 이를 등록하여 회원번호를 통한 서비스를 제공한다는 점이 다른 서비스와 차이가 있다. 이 지불시스템은 1995년 10월부터 퍼스트버추얼홀딩(First Virtual Holding)사에 의해 서비스가 제공되어 왔으나, 암호화의 부재에 따른 상점측의 손실 가능성으로 인해 현재는 사용하지 않고 있다.
- **사이버 캐시**: 인터넷을 기반으로 한 또 하나의 신용카드 시스템은 1995년 서비스가 시작된 **사이버 캐시**(CyberCash)이다. 사이버 캐시 월릿(wallet)이라는 클라이언트 소프트웨어에 사용자 자신의 신상 정보와 신용카드 정보를 입력한 후 사용하는 지불시스템이다. 이 회사는 소비자와 상점에게 모두 소프트웨어를 제공하며, 인터넷상에서 온라인 상점을 위한 카드번호 조회 및 승인 서비스를 제공한다. 지불정보가 사이버 캐시의 공개 키를 이용해 암호화되기 때문에, 상점 측에서는 실제로 소비자의 신용카드 번호를 알 수가 없다. 따라서 이러한 절차는 소비자 신용카드 번호가 남용되는 위험을 줄이기 위한 장치라고 볼 수 있다.
- **이지페이 및 기타**: 국내기업 사례로는 한국정보통신의 **이지페이**(http://easypay.co.kr)

가 대표적이다. 이지페이는 인터넷상에서 신용카드 회사와 온라인 상점 사이에서 실시간으로 신용카드를 조회하고 승인해 주는 결제중개서비스로서, 전송할 신용카드정보에 대해 128bit SSL(RSA) 암호화를 적용한다. 웹을 통해 편리한 관리자 툴을 제공하며, 인터넷 망을 사용하므로 별도의 전용선이 필요하지 않다. 이지페이 이외에, 나이스 카드 정보의 **나이스 페이**, LG CNS의 **스마트 페이**, 그리고 유니텔의 **유니크레딧**이 있다.

▶ 이지페이는 128비트 SSL 방식을 통해 신용카드 결제 정보를 인터넷망에서 전송한다.

▷▷ 전자수표

보편적으로 **전자수표**(electronic check)란 현실세계에서 사용되는 종이 수표를 인터넷상에 구현한 형태라는 개념으로 종종 이해된다. 그러나 그 개념을 좀더 구체적으로 살펴보면, 전자수표는 아래와 같이 세 가지의 서로 다른 전자 거래를 뜻하는 용어이다.

- **종이수표의 전환**: 소비자가 상점에 종이 수표를 제출하면, 소비자의 은행코드 및 계좌번호를 전자수표 시스템에 입력시켜 종이수표를 전자수표로 전환시키며, 종이수표는 처리 후 다시 소비자에게로 반환된다. 이어서 상점 측에서 수표의 정보를 온라인으로 소비자의 은행으로 전송하며, 은행에서는 곧 상점의 은행계좌로 자금을 이체한다.
- **전화에 의한 수표발행**: 실제로 종이수표를 발행할 필요 없이, 소비자가 전화를 통해 상점 측에 은행 계좌번호를 전달하고 전자 수표 발행을 승인하는 방식이다. 발행된 전자수표의 처리절차에 따라 자금이 상점의 은행계좌로 이체된다.
- **인터넷에 의한 수표발행**: 소비자가 직접 전자수표를 발행하고 이를 인터넷을 통해 수취인에게 전달하는 방식으로서, 수취인의 은행계좌에 전자수표가 입금되면 자금이 이체된다. **넷체크**가 그 예 중의 하나이다.

이 세 가지 유형 중 전자상거래와 관련이 깊은 전자수표 유형은 **그림 5-5**에서 볼 수 있듯이 인터넷을 통해 수표를 발행하는 방식이다. 전통적으로 종이수표를 사용하는 과정에서 가장 중요한 것은 종이수표를 발행하는 개인의 신원을 확인하는 것이며, 이를 위해 수표의 인수자(가령, 슈퍼마켓, 백화점 등)는 수표 발행자에게 신분증을 요구하는 것이 일반적인 관행이었다. 반면, 인터넷에서 상대방을 보지 못한 채 전자수표를 결제수단으로 수락해

그림 5-5 미국 FSTC의 전자수표(이체크) 개념도

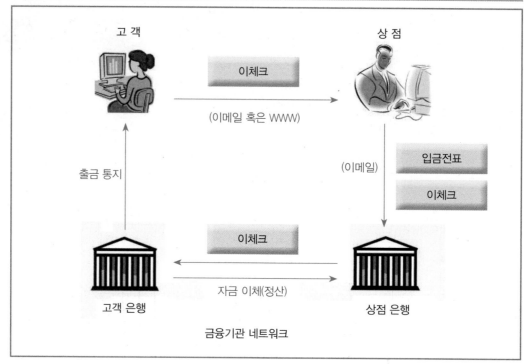

▶ 고객은 전자수표를 컴퓨터로 직접 발행하여 인터넷으로 상점측에 전달할 수가 있어 편리하다.

야 하는 상황에서는 상대방의 신원을 확인하는 것이 더욱 중요하기 때문에, 전자수표를 송신자의 디지털 서명이 부착된 메시지 형태로 전달함으로써 발행자와 인수자의 상호 인증 과정을 거쳐야만 한다. 디지털 서명방식이 적용되므로, 공개키 암호화 기법이 이용된다. 또 전자수표의 사용자는 은행에 계좌를 갖고 있는 사용자로 제한된다.

전자수표형 지불시스템은 보안기능을 실현하는 데 따른 거래비용이 높게 발생해 거래 금액이 비교적 큰 기업간(B2B) 상거래의 지불 수단으로 적합하다. 그러나 종이수표에 비해 처리 비용이 적게 들기 때문에 적은 금액의 지불에서도 사용이 가능하다. 미국에서는 전자 수표가 활발히 이용되고 있으나, 우리나라에서는 활용되지 않고 있다.

국내외 사례

국외의 잘 알려진 전자수표 사례로는 넷체크와 이체크가 있다. 국내에는 신용카드, 계좌이체 등의 전자지불시스템이 널리 이용되고 있기 때문에 전자수표 사례는 존재하지 않는다.

- **넷체크**: 소액결제에 적합한 지불수단인 **넷체크**(NetCheque)는 남가주대(University of

Southern California)의 연구팀에 의해 1995년 개발된 전자수표 결제시스템이다. 넷체크 서버에 등록을 마친 이용자는 다른 이용자와 서로 전자수표를 발행할 수 있다. 이들 수표는 이메일을 통해 수취인에게 전송될 수가 있다. 수표가 수취인 은행에 입금되면, 발행인의 계정으로부터 수표가 입금된 수취인 계정으로 자금의 이체가 승인되고 또 이행된다. 전자수표에 첨부된 디지털 서명은 커버로스(Kerberos) 기법을 통해 인증과정을 거치며, 모든 지불정보는 공개키 암호화가 아닌 비밀키(DES) 암호화 알고리듬을 이용해 보안이 유지된다.

• 이체크: 오늘날 미국에서 널리 이용되는 전자수표는 그림 5-5에 예시되어 있는 이체크(Echeck)이다. 미국 주요 은행들이 참여하는 FSTC(Financial Services Technology Consortium) 프로젝트를 통해 개발된 이체크는 기존의 종이수표를 그대로 인터넷 환경으로 옮겨놓은 형태이다. 따라서 서버 없이 사용자 간에 전자수표의 교환으로 거래가 이루어진

▶ 이체크는 종이 수표를 인터넷 환경에 옮겨놓은 것으로서 사용자의 이체크 발행 즉시 온라인 자금인출이 실행된다.

다. 이체크를 사용해 지불을 하려면, 우선 사용자가 자신의 컴퓨터에서 전자문서를 작성하여 이체크를 발행한 다음 서명을 추가하여 이메일이나 웹 프로그램을 통해 수취인에게 전송한다. 수취인은 서명을 확인하고 배서한 다음, 입금양식과 함께 자신의 거래은행에 이메일로 전송한다. 수취인 은행은 발행인과 수취인의 서명을 확인하고, 수취인의 계좌에 입금한 다음, 해당 문서를 발행인의 거래은행으로 전송한다. 발행인 은행은 발행인 서명을 확인하고 나서 이체크 계좌의 해당금액을 차감함으로써 결제절차가 모두 완료된다.

▶▶ 네트워크형 전자현금

일반적으로 전자현금은 인터넷과 같은 네트워크를 기반으로 결제하는 네트워크형과 IC카드에 화폐가치를 저장하여 사용하는 IC카드형의 두 가지가 있다. 이 중 첫 번째에 해당하는 네트워크형 전자현금은 인터넷상에서 거래은행과 접속되는 컴퓨터 내에 저장하였다가 필요시 인터넷을 통해 대금결제에 사용하는 형태의 전자지불시스템이다.

그림 5-6   네트워크형 전자현금 유통의 개념도

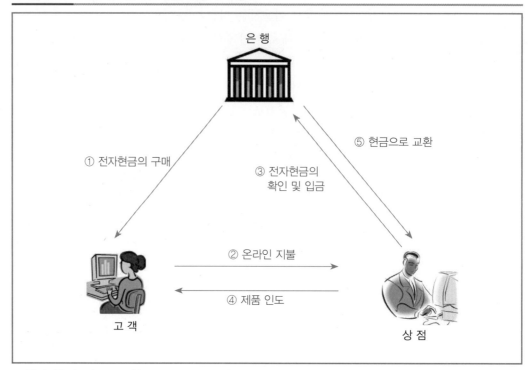

▶ 웹 상점은 제품대금으로 받은 전자현금이 이중사용된 것은 아닌지 유효성을 확인한 후에 제품을 인도한다.

    주로 소액 거래시 사용되며, 인터넷 기반의 전자상거래에서는 장소와 관계없이 편리하게 대금결제를 할 수 있는 지불수단으로 알려져 있다. 그러나 무엇보다도 전자현금의 가장 큰 강점은 전통적인 금융시스템을 거칠 필요 없이 인터넷을 통해 디지털 현금을 이체하는 데서 오는 거래비용의 절감이다. 거래비용의 감소는 더 저렴한 소비자 가격으로 이어져 전자상거래를 촉진하는 데 기여할 수 있다.

    네트워크형 전자현금은 거래당사자 간에 바로 전송될 수 있어 수취인이 지불인의 신원을 파악하거나 신용등급을 파악하는 절차가 필요 없다. 또한 **블라인드 서명**(blind signature) 기술을 이용함으로써 거래의 익명성을 제공하기 때문에, 전통적 화폐와 마찬가지로 지불거래 이후 누가 대금을 결제했는지 추적할 수가 없도록 되어 있다. 그러나 이러한 프라이버시 보호기능은 아이러닉하게도 복제나 이중사용의 위험을 불러올 수가 있어, 전자화폐의 불법적인 사용을 예방하기 위해 일련번호, 화폐가치, 발급기관, 유효일, 발급일 등의 정보가 전자화폐 데이터에 포함되어 전송되며, 대금결제가 이루어질 때마다 상점이 전자현금의 유효성을 은행 측에 확인하는 절차를 거치게 된다. 이 확인절차는 **그림 5-6**에서 ③단계에 해당한다.

반면, 물품구입에 따른 전자현금 지불과정에 전송이 끊어지거나 잘못된 지불파일이 전달될 경우 이미 지불되거나 손실된 전자현금을 다시 회수할 수 없다는 단점이 있다. 그리고 바이러스나 하드디스크의 오류로 전자현금이 유실되었을 경우에도 물론 다시 복구할 수 없다. 그 외에도, IC카드형 전자현금과 달리 전자화폐를 휴대할 수가 없다는 단점이 존재한다.

이와 같은 단점들로 인해, 네트워크형 전자현금은 오늘날 전자상거래에서 매우 폭넓게 활용되지 못하고 있는 편이다. 이러한 추세 가운데, 오늘날 대부분의 네트워크형 전자현금은 IC카드형 전자현금과 함께 결합하여 오프라인 및 온라인 환경에서 사용할 수 있도록 서비스가 제공되고 있다.

국내외 사례

국외에서는 이캐시, 넷캐시, 사이버코인 등이 대표적인 네트워크형 전자현금 시스템 사례로 알려져 있다. 반면, 국내에는 네트워크형 전자현금 사례가 없다.

- 이캐시: 네덜란드의 디지캐시사에서 발행하는 이캐시(Ecash)는 인터넷을 통한 본격적인 전자지불 시대를 주도한 최초의 시스템 중 하나이다. '디지털 월릿' 클라이언트 소프트웨어를 이용해, 중앙은행인 FDB(First Digital Bank)에서 전자현금을 인출, 지불하거나 예금할 수 있다. 중앙 집중적으로 계좌 관리가 수행되며, 사용 기한이 정해져 있고, 잘못된 사용은 모두 사용자 책임이라는 약점을 지닌다. 현재 시험단계를 거쳐 미국의 마크트웨인 은행과 핀란드 메리타 은행에서 실세계 화폐와 환전해 쇼핑할 수 있다.
- 넷캐시: 남가주대에서 전자수표시스템인 넷체크와 함께 개발된 넷캐시(NetCash)는 넷체크와의 교환이 가능한 전자현금시스템이다. 디지캐시와 같이 중앙집중적인 계좌관리에서 오는 단점을 해결하기 위해 복수 서버, 분산 시스템으로 운영하고 있다. 보안을 위해 커버로스 인증방식을 채택하고 있다.
- 사이버코인: 사이버코인(CyberCoin)은 사이버캐시사에서 1996년 개발한 전자현금시스템이다. 사이버코인의 전자현금은 사이버코인 시스템과 연결이 되어 있는 등록된 상점에서 발행하며 신용카드를 통해서 물건을 구매하듯이 자신의 전자현금을 구입하여 사용하는 방식을 사용한다. 사이버코인 시스템을 사용하기 위해서는 소비자와 상점이 우선 사이버코인에 계좌를 개설한 후, 전용프로그램을 설치하여야 한다.

▶▶ IC카드형 전자현금(스마트카드)

스마트카드란 명칭으로도 더 잘 알려진 IC카드형 전자현금은 IC칩이 내장된 신용카드 크

▶ IC 칩이 장착된 스마트 카드는 카드상에 화폐 가치 및 개인 정보를 저장한다.

기의 카드를 기반으로 하는 지불시스템이다. 화폐가치와 개인정보를 IC카드에 저장해 놓고, 대금결제시 카드리더기를 통해 화폐가치를 IC카드로부터 상점의 중앙관리시스템으로 이전되도록 하는 방식에 기초한다. 따라서, 소프트웨어를 기반으로 하는 네트워크형 전자현금과 달리, IC카드형 전자현금은 카드리더기, 전자지갑, 잔액확인기 등의 하드웨어를 기반으로 하는 오프라인 결제수단이다.

스마트카드는 화폐가치가 소진되면 ATM 등 가치 저장 장치나 통신망 등을 통해 화폐가치를 다시 충전하여 반복 사용이 가능하다. 최근에는 지불의 유연성을 높이기 위해, 스마트카드를 신용카드, 직불카드 등 타 지불수단과 통합하는 사례가 늘고 있다. 또 스마트카드는 지불기능뿐 아니라, 카드소지자 신원확인, 온라인 거래의 인증, 데이터 저장 등의 기능을 지원할 수 있어 다목적 카드로 사용되고 있는 추세이다.

한편, 화폐정보를 IC카드에 보관하기 때문에 컴퓨터 하드디스크에 보관하는 경우에 비해 보안을 더 효과적으로 유지할 수가 있다. 최근 들어서는, 대부분의 스마트카드에 RSA나 DES와 같은 알고리듬을 사용하는 특수 암호화 하드웨어가 부착되어 있으며, 카드 자체에 키 생성기능이 존재하므로, 인터넷을 통해 대금을 지불할 경우 안전하게 온라인 결제기능을 수행할 수가 있다. 이러한 이유로 인해, 스마트카드는 오프라인 상태에서 이용함은 물론, 온라인상의 인터넷 상거래에서도 점차 이용이 확대되고 있다. 또 신용보증이 필요 없기 때문에 어린이도 소액의 구매에 자유롭게 사용할 수 있고, 스마트카드를 받는 상점측에서는 현금과 잔돈을 취급하지 않기 때문에 관리가 용이하고 시간이 절약되는 장점이 있다.

반면, 카드 자체에 가치가 존재하기 때문에, 카드를 분실할 경우 화폐가치 손실을 피하기가 어렵다. 카드를 분실해도 곧 신고하면 카드도용을 막을 수 있는 신용카드와는 대조적이다. 뿐만 아니라, 스마트카드 없이 대금결제를 할 수가 없다. 가령, 카드를 집에 두고 나온 경우, 인터넷을 통해 결제를 할 수 없는 불편이 따르게 된다.

국내외 사례

세계적으로 가장 널리 알려진 스마트카드 사례로는 몬덱스와 EMV가 있다. 국내에는 지난 2000년 K캐시(금융결제원에 의해 개발), 몬덱스, 비자캐시, A캐시, 마이비 등 5개 전자화폐 전문업체들이 전자현금 시장에 뛰어들었으나, 시장위축으로 인해 현재 결제서비스를 운영하는 회사는 찾아보기 어렵다.

- **몬덱스 카드**: IC카드 기반의 전자현금시스템인 **몬덱스 카드**는 본래 영국의 내셔널웨스트민스터은행(National Westminster Bank)에 의해 개발되었으나 이후 마스터카드인터내셔널사에 매각됐다. 몬덱스 카드리더기가 있는 곳에서 오프라인으로 결제할 수 있음은 물론, 몬덱스 카드를 지닌 다른 사용자에게 온라인으로 현금을 보낼 수가 있다. IC칩상에는 5개 영역으로 나

▶ 캐나다의 한 커피숍에서 몬덱스 카드를 이용해 결제하는 모습

뉘진 전자지갑이 있어 최대 5개국의 화폐를 저장할 수가 있다. 또 카드 자체에 보안프로그램이 내장되어 있으므로, 인터넷 환경에서도 몬덱스 카드의 전자현금을 안전하게 전송할 수가 있다. 우리나라에서는 몬덱스 코리아가 국민은행 등과 제휴하여 2000년 이후 전자화폐 사업을 추진해 왔다. 국내 몬덱스 카드는 국민은행의 계좌와 연계되어 실명으로 발행되며, 장당 가치저장한도는 20만 원이다. 또 자금세탁 방지를 위해 카드소지자 간 가치이전 기능을 배제한 폐쇄형 전자화폐의 성격을 띤다. 그러나 국내 전자화폐 시장의 침체 속에 수익창출에 실패한 몬덱스 코리아는 결국 2005년 파산했다.

- **EMV 카드**: EMV란 지급결제관련 회사들인 Europay, Mastercard 및 VISA의 이니셜에서 유래한 용어로 신용카드 및 직불카드에 의한 지불을 인증할 목적으로 수행되는 IC카드와 IC카드 기반의 POS 단말기 간의 상호운용을 정의하는 표준이다. EMV 표준안은 마그네틱 카드의 불법사용 비율을 줄이기 위한 목적으로 이들 세 회사에 의해 공동 개발된 후, 그 응용이 세계적으로 확산되고 있다. 우리나라의 경우, 기존 신용카드를 IC기반 신용카드로 전환하는 데 필수적인 로컬 EMV 표준규격이 2004년 발표됐다. 현재 EMV 카드는 RSA 암호화 기법을 적용하고 있으며 1,024비트의 키를 채택하도록 되어 있다. 그러나 우리나라에서 EMV 기반의 신용카드가 도입된다 하더라도, EMV 카드 단말기 등 인프라가 갖춰져 있지 않기 때문에 당장은 국내에서 EMV 카드를 사용할 수 있는 상점을 찾기가 쉽지 않을 것으로 전망된다.

▶▷ 실시간 계좌이체

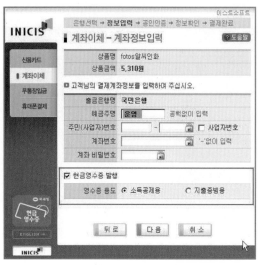

▶ 실시간 계좌이체는 소비자가 인증서를 기반으로 온라인 상점측에 실시간으로 대금을 결제할 수 있는 전자결제 서비스이다.

전자자금이체(electronic funds transfer: EFT)란 전자 네트워크 및 ATM과 같은 기술을 통해 사용자가 자금을 한 계좌에서 다른 계좌로 이체(예: 급여 자동이체)하는 방식을 의미 한다. 전통적인 자금이체에 비해, 전자자금 이체는 시공간의 제약이 없고 수수료가 적다는 점이 장점이다. 요즈음 전자상거래 환경에서 이용되는 실시간 계좌이체 서비스도 이 전자자금이체 기술에 기초한다.

최근 우리나라에서는 실시간 계좌이체 서비스가 매우 편리한 대금결제 수단으로 인식되면서 국내의 전자 상거래 환경에서 신용카드 다음으로 가장 빈번하게 이용되고 있는 추세이다. 실시간 계좌이체란 소비자가 은행으로부터 발급받은 인증서를 기반으로 인터넷 뱅킹을 통해 온라인 상점(예: 쇼핑몰)에게 실시간으로 대금을

그림 5-7   실시간 계좌이체의 개념도

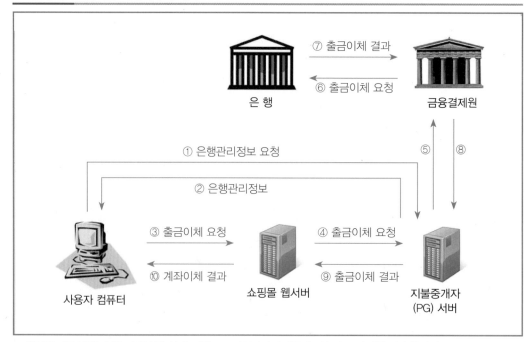

▶ 실시간 계좌이체는 컴퓨터 통신을 통해 자동으로 이루어지기 때문에 신속하고 편리한 것이 장점이다.
출처: http://www.inicis.com.

결제할 수 있는 전자지불 서비스를 의미한다. 즉 온라인상에서 소비자의 거래은행 계좌로부터 상점의 거래은행 계좌로 자금을 즉시 이체하는 방법이다. 기존의 무통장 입금방식에 의해 제품주문이 이루어지는 상황에서는 쇼핑몰 측이 하루에도 여러 차례 입금여부를 확인하기 위해 은행계좌를 조회해야 했으나, 실시간 계좌이체에 의해 결제가 이루어지면 즉시 입금처리 및 확인이 가능하다. 그림 5-7은 실시간 계좌이체의 개념을 도식적으로 나타내고 있다.

국내외 사례

미국 등 해외국가들에서는 온라인 고지서납부(online bill payment) 서비스를 제공하고 있는 은행들이 많지만, 전자상거래 환경에서의 실시간 계좌이체는 유독 우리나라에서 널리 사용되고 있는 대금결제 수단이다. 여기서는 국내에서 인터넷쇼핑을 위한 결제수단으로 널리 사용되고 있는 이니페이 사례를 살펴본다.

- 이니페이: 국내 전자지불 중개업체인 **이니시스**는 그림 5-7에 예시된 **이니페이** (INIpay) 계좌이체 서비스를 실시간 방식으로 제공하고 있다. 소비자가 이니페이 플러그인 프로그램을 다운로드해서 설치하면, 이 플러그인 프로그램이 거래정보의 송수신을 관리하게 된다. 국내의 대부분 시중은행들을 대상으로 하며, 자금이체 시점에서 공인인증서를 제시하도록 되어 있다. 인터넷 쇼핑몰 측이 소정의 수수료를 이니시스사에 납부한다. 현재 이 계좌이체 서비스는 신용카드, 무통장입금, 휴대폰 등 기타 결제수단과 연계하여 제공되고 있어, 쇼핑몰 측에서는 어느 결제수단을 통해 입금됐든 관계없이 통합적으로 고객들의 입금내역들을 확인할 수가 있다.

▶▶ P2P 결제

최근 미국의 이베이를 비롯해 점차 많은 상거래 기업에서 널리 이용되고 있는 **페이팔** (PayPal)은 신용카드로 결제를 할 경우 돈을 받는 개인 혹은 업체가 신용카드 결제를 처리할 시스템이 없더라도 자금을 수취할 수 있어 흔히 개인 간의 대금결제를 위해 널리 이용되고 있다. 페이팔과 같이 개인과 개인 간에 대금결제를 할 수 있도록 제공되는 방법을 일컬어 P2P(person to person) **결제**라고 한다. P2P 결제서비스에서는 지불자가 자신의 P2P 계정에 자금을 투입하면, 지불거래가 승인되며, 곧 지불금액이 지불자의 P2P 계정에서 차감되어 피지불자의 P2P 계정으로 입금된다. P2P 결제전문회사로는 페이팔 외에 빌포인트 (BillPoint), 야후 페이다이렉트(Yahoo! PayDirect) 등이 있다.

국내외 사례

페이팔사가 이베이 사이트에서 개인 간 경매거래에 필요한 대금결제를 지원하기 위해 시작한 지불서비스는 오늘날 P2P 결제시스템의 기초가 되었다. 현재 구글 및 다른 지불관련업체들이 페이팔의 P2P 지불모델을 토대로 한 결제서비스를 제공하기 위해 준비해 왔지만, 아직 경쟁이 될 만한 서비스는 출시된 바 없다. 따라서 여기서는 **페이팔** 사례를 중심으로 살펴보기로 한다.

• **페이팔**: 오늘날 전 세계의 9,600만 명의 인터넷 이용자들이 페이팔을 이용해 이메일로 서로 간에 돈을 보내기 원하는 것으로 조사되고 있다. 페이팔은 온라인으로 송금할 수 있는 편리하고도 신뢰있는 방법이 되었으며, 이베이의 총 구매거래의 95%가 페이팔을 통해 결제되고 있다. 온라인 금융거래 브로커인 페이팔(PayPal)은 지불자의 돈을 받아 이메일을 통해 피지불자에게 안전하게 전달해 주는 역할을 한다. 그림 5-8에서

그림 5-8   페이팔의 지불프로세스 개념도

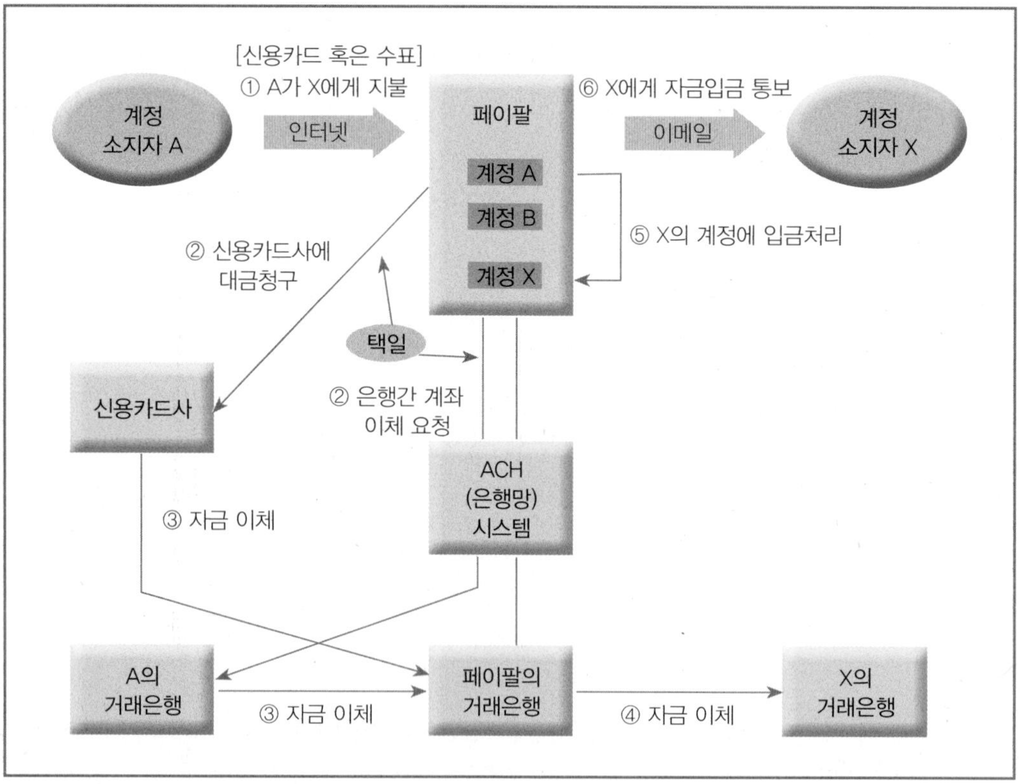

▶ 지불자(A)는 신용카드나 은행계좌이체 중 하나를 택해 자금을 입금할 수가 있고, 피지불자(X)는 계좌이체를 통해 자금을 수취하도록 되어 있다.

알 수 있듯이 지불자가 **페이팔**(www.paypal.com) 웹사이트 상에서 신용카드 결제 혹은 은행계좌이체 결제를 통해 송금할 자금을 투입하게 되면, 페이팔은 피지불자에게 이메일을 통해 해당자금의 인출이 가능함을 통보하고, 통보를 받은 피지불자는 자신의 은행계좌로 이 자금을 즉시 이체할 수가 있다. 페이팔을 이용하기 위해서는 구매자와 판매자 모두 페이팔 계정을 개설하여야 하고, 물품대금을 지불할 경우 지불자는 무료이지만 피지불자는 지불금액의 1.9~2.9%를 자금수취 수수료로 납부해야 한다.

5.3 최신 전자지불시스템 동향

▶▷ 모바일 결제

등장배경

닷컴의 전성기였던 1990년대 말 인터넷 기반의 전자상거래가 성숙해갈 무렵, 전자상거래 개념을 모바일 단말기 기술과 접목시키려는 시도가 나타나기 시작했다. 2000년 및 2001년, 유럽의 이동통신회사들이 3세대 휴대폰기술 라이센스의 구입을 위해 수천 만 달러의 자금을 쏟아부은 주요 이유 중의 하나도 2.5세대 및 3세대 휴대폰이 제공하는 브로드밴드 모바일 전화기능을 이용한 모바일 상거래 서비스가 매우 전망이 밝을 것이라는 비전 때문이었다. 오늘날 PDA 및 휴대폰은 거의 안 가진 사람이 없을 정도로 널리 보급되어 있어, 많은 기업들이 모바일 상거래를 고객들의 요구를 파악하기 위한 가장 효율적 방법으로 사용하기 시작하고 있다.

무선 인터넷 환경에서는 유선 인터넷과 달리 시간과 장소에 구애받지 않고 다양한 서비스들을 이용할 수 있으며 사용자 위주의 특화 서비스를 이용할 수 있기 때문에, 휴대폰의 높은 보급률과 인터넷을 통한 상거래에 친숙한 사용자 기반을 토대로 모바일 결제가 점차 크게 확산될 것으로 전망되고 있다.

▶ 한 소비자가 비접촉식 모바일 결제시스템을 통해 커피 대금을 결제하고 있다.

이와 더불어, 모바일 커머스를 위한 결제수단으로 모바일 지불이 최근 결제분야에서 중요한 분야로 대두되고 있다.

우리나라에서는 무선 인터넷 결제서비스가 처음 등장한 것은 2000년대 무렵으로, 휴대폰 사용자 정보와 이동통신업체가 제공하는 SMS(short message service) 서비스를 이용해 결제 비밀번호를 전송하는 방식이 주로 사용되었다. 이 서비스는 주로 유료온라인 게임 접속료, 인터넷상의 유료 콘텐츠 구매 같은 소액지불 분야에서 많이 사용되었다. 이러한 무선 인터넷 결제시장은 최근 이동통신업체의 적극적인 참여와 금융기관의 참여, 휴대폰과 가맹점 단말기 간의 근거리 무선통신 기술의 개발, 그리고 휴대폰 자체에 정보를 저장하는 등 휴대폰 단말기 기술이 발전함에 따라 소액 결제 유형의 서비스부터 은행 계좌 지불, 신용카드 지불 등 금융서비스, 더 나아가 오프라인 직불 형태의 서비스까지 다양하게 선보이고 있다.

모바일 결제시스템의 개념

모바일 결제란 휴대전화기나 PDA와 같은 모바일 기기를 이용해 온라인 혹은 오프라인 상에서 제품이나 서비스의 대금을 지불하는 것을 의미한다. 모바일 결제를 이용할 경우, 무선 단말기만 있으면 점원의 개입 없이 상점에서 제품을 구매하거나 레스토랑의 식비를 계산할 수가 있다. 신용카드의 승인을 위해 기다리거나 현금을 지갑에서 꺼낼 필요가 없이, 휴대폰을 단말기에 접촉한 후 은행 PIN 번호만 입력하고 결제승인 버튼만 눌러주면 되므로, 편리하고도 신속하게 거래를 완료할 수 있다는 장점이 있다.

초기의 모바일 결제 시험운영에서는 휴대폰에 이용되는 광대역망(WAN)을 토대로 이루어졌다. 그러나 광대역 망에서는 이용자들이 비싼 휴대폰 이용요금을 부담해야 한다는 문제가 존재했다. 따라서 이후에는 적외선(IR), 블루투스, 와이파이(WiFi), RFID 등과 같은 근거리 무선통신시스템을 이용한 모바일 결제기술이 개발되어 운용되고 있다. 모바일 결제시스템의 보안을 위해 공개 키 인프라(PKI) 인증기술이 디지털 무선망 및 무선단말기에 적용되고 있는 추세이다.

**현장
사례**

EU, "애플페이만 NFC 결제 허용하는 건 반독점 위반"

유럽연합(EU) 집행위원회가 애플이 모바일 결제 시장에서 지배적 위치를 남용하고 있다는 혐의를 제기했다. 애플페이 외 다른 타사 지갑 앱이 근거리 무선 통신(NFC) 기능에 접근하지 못하도록 제한하는 건 반독점법 위반 소지가 있다는 것이다.

EU 집행위는 예비 조사를 벌인 결과 애플이 시

장 지위를 남용한 혐의를 발견했으며, 이 같은 잠정적 견해를 담은 이의 고지서를 애플 측에 보냈다고 지난 2일(현지시각) 밝혔다. EU 집행위 경쟁정책 담당 수석부위원장 마르그레테 베스타게르는 "애플이 애플 기기에서 경쟁 모바일 지갑 솔루션을 개발하는 데 필요한 핵심 기술에 대한 제3자 접근을 제한한 정황을 파악했다"면서 "이의 고지에는 애플이 자신들의 결제 솔루션인 애플 페이에 특혜를 주기 위해 부당하게 경쟁을 제한했다는 잠정 견해를 담았다"고 설명했다.

　애플은 앞서 지난 2014년 아이폰6와 함께 모바일 결제 서비스 애플페이를 출시하면서 NFC 기능을 도입한 바 있다. NFC는 애플페이와 같은 모바일 결제 서비스에서 비접촉 결제를 할 때 널리 활용되는 기술이다. 스마트폰을 갖다 대기만 하면 결제가 되는 기능이 흔히 NFC를 활용해 구현된다.

　그러나 애플은 현재 애플페이 외 타사 모바일 결제 서비스에서 NFC 기능을 활용하는 걸 제한하고 있다. 지난 2019년 iOS13부터 앱 개발자들이 NFC 기능을 활용할 수 있도록 개방하기도 했지만 결제 관련 앱은 핵심 NFC 기능을 지원하지 않는다는 예외를 뒀다. 이 때문에 아이폰에서는 애플페이 외에는 NFC를 활용한 쉽고 간편한 비접촉 결제를 지원하지 않는다. 아이폰이 국내에서 여전히 교통카드 기능 등을 지원하지 않는 것도 결제 분야에서 NFC 기능을 활용하는 게 제한된 탓이다.

　EU 집행위는 이 같은 애플의 정책이 EU기능조약 102조에서 금지하고 있는 '시장지배적 지위 남용행위'에 해당하는 것으로 잠정 결론 내렸다. 애플이 스마트 모바일 기기 시장과 모바일 지갑 시장에서의 지배적 위치를 활용해 부당하게 경쟁을 제한한다는 것이다. EU 집행위는 이 같은 애플의 행위가 경쟁사에 배타적 영향을 미치고, 소비자 선택권도 줄인다고 지적했다.

　애플은 EU 집행위에 협력하겠다면서도 일단 혐의를 부인하고 나섰다. 로이터 통신에 따르면 애플은 성명문을 내고 "애플페이는 유럽 소비자들이 이용할 수 있는 여러 결제 수단 중 하나일 뿐"이며 "NFC에 대한 동등한 액세스를 보장하는 동시에 개인정보 보호 및 보안에 관한 업계 최고 수준의 표준을 세워왔다"고 주장했다.

　베스타게르 부위원장은 애플의 주장을 즉각 반박했다. 그는 "우리 조사에서는 (NFC 결제에) 그렇게 높은 보안 위험이 존재한다는 어떤 증거도 발견되지 않았다. 오히려, 우리가 가진 증거는 애플의 행위가 보안 위험을 이유로 정당화될 수 없다는 걸 보여준다"고 말했다.

　유럽 집행위의 이번 이의 고지는 반독점 제재를 위한 절차 개시를 의미한다. 이후 본 조사와 청문, 소명 절차 등을 거친 뒤 애플이 반독점법을 위반한 것으로 최종 결론이 나면 제재가 이뤄질 수 있다. 이 경우 내년부터 시행될 예정인 디지털시장법에 따라 전 세계 매출의 최대 10%에 달하는 과징금이 부여될 수 있다. 애플의 지난해 매출 기준으로 366억 달러(약 46조 3,795억원)에 해당하는 금액이다.

▶ 출처: IT 동아, 2022. 5. 3.

▶▶ 가상화폐

가상화폐란?

▶ 비트코인, 이더리움과 같은 가상화폐는 중앙기관의 규제가 없는 디지털 화폐다.

가상화폐는 중앙기관의 규제가 없는 디지털 화폐로서 흔히 개발자들에 의해 관리되며 특정 가상 커뮤니티의 구성원들 사이에서 유통된다. 일부 온라인 및 오프라인 상점에서 화폐처럼 이용되는 결제거래 매체지만, 실제 동전이나 지폐와 같은 명목화폐의 속성들은 갖추고 있지 않다. 2014년 유럽은행관리국(European Banking Authority)은 가상화폐를 "중앙은행이나 공공기관에 의해 발행되지도 않고 인가화폐도 아니지만, 자연인이나 법인에 의해 결제 수단으로 이용되며 전자적으로 이체, 저장, 또는 거래될 수 있는 금전적 가치를 디지털 방식으로 표현한 것"이라고 정의했다.

가상화폐는 디지털 화폐와 개념적으로 유사하다. 디지털 화폐는 전자적으로 이체 및 저장되는 특수한 형태의 화폐로서 동전이나 지폐와 같은 물리적 화폐와 구분된다. 가상화폐는 일반적으로 디지털 성격을 띄므로 가상화폐를 디지털 화폐와 같은 개념으로 볼 수 있다.

오늘날 가상화폐는 그 종류가 다양한데 그 중에서도 최근 많은 주목을 받고 있는 것이 암호화폐다. 암호화폐에 대해 아래에서 더 상세히 알아보기로 한다.

암호화폐의 개념

▶ 비트코인의 창시자인 사토시 나카모토

암호화폐(cryptocurrency)는 디지털 방식의, 암호화 방식이 적용된, 분산형 결제거래 수단이다. 미 달러나 유로와 달리, 암호화폐의 가치를 관리 및 유지하는 중앙 기관이 없다. 대신, 이러한 기능은 인터넷을 통해 암호화폐의 사용자들 가운데 분산된다.

암호화폐를 이용해 제품 및 서비스를 구매할 수가 있는 반면, 대부분 사람들은 주식이나 금과 같은 자산에 투자하듯 암호화폐에 투자한다. 암호화폐는 새롭고 흥미로운 자산유형이지만, 암호화폐의 구매는 위험이 따르므로 폭넓은 정보수집을 통해 신중히 진행되어야 한다.

비트코인은 사토시 나카모토의 2008년 출간 논문 "비트코인: 개인 간 전자화폐시스템"을 토대로 개발된 첫 암호화폐이다. 나카모토는 이 논문에서 신뢰 대신에 암호학적 증거에

그림 5-9   **블록체인의 개념도**

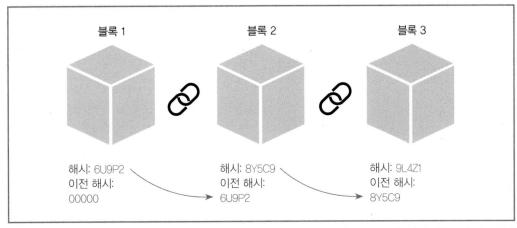

▶ 암호화폐의 거래는 전 세계의 컴퓨터들에 분산된 일련의 블록들에 기록되는데, 이들 블록은 해시 값을 통해 서로 연결되어 있다.

기초한 전자지불시스템을 제안했다. 이 암호학적 증거는 바로 거래가 블록체인에 기록되는 형태로 구현된다.

블록체인이란?

블록체인은 거래를 기록하는 개방형 분산 거래원장으로 이해할 수 있다. 사실상 이는 전세계의 수많은 컴퓨터들에 분산되어 있는 거래 장부와 비슷한 개념이다. 거래들은 모두 "블록들"에 기록되는데, 이 블록들은 일련의 이전 암호화폐 거래들에 함께 연결되어 있다.

암호화폐를 이용하는 사용자는 누구나 이러한 블록체인 기록을 지니는데 이 것이 통일된 거래 기록이다. 새로운 거래가 수행되면 세 거래기록에 근거하여 블록체인 기록이 즉시 업데이트됨으로써 모든 거래 기록이 동일하며 정확하게 유지된다. 또 사기를 예방하기 위해, 각 거래는 검증 기법을 이용해 점검된다.

또한, 암호화폐 네트워크에서 채굴(mining)은 거래를 검증하는 과정이다. 이를 위해 성공적인 실적을 낸 채굴자는 새 암호화폐를 보상으로 획득한다. 거래기록이 정확한지 검증하기 위해 수많은 노력과 시간이 소요되는데, 이에 대한 대가로 보상을 받는 것이다.

암호화폐의 투자

암호화폐는 비록 최근 새로이 등장한 디지털 화폐이지만 투자할 가치가 있는 자산이라는 인식이 늘고 있다. 일정기간 보유를 통해 그 가치를 증식할 기회를 제공하기 때문이다. 최근 기관 및 개인 투자자들은 점차 암호화폐 자산을 투자대상 목록에 추가하는 추세에 있

▶ 루나 쇼크 발생 직후, 빗썸 고객센터 전광판에 루나 시세가 표시되어 있다.

다. 암호화폐 투자의 열기는 코인의 가치 상승으로 나타나고 있다. 한 예로, 비트코인은 처음 출범한 2009년 당시 0원을 겨우 넘는 수준이었다. 그러나 이후 꾸준히 그 가치가 상승해 2022년 8월 기준 3천만원에 가까운 수준까지 증가했다. 또 한 예로 2013년 등장한 이더리움은 2016년 초만 해도 천원 가까운 가격을 나타냈지만 2022년 8월 기준으로 245만원이 넘는 가격을 나타내고 있다.

이와 같은 장밋빛 전망에도 불구하고, 암호화폐 투자는 높은 위험의 문제를 안고 있다. 2022년 5월 국내 기업 테라폼랩스에서 발행한 암호화폐 테라 USD와 자매 코인인 루나가 대폭락하는 사건이 발생해 이들 자산을 보유하던 수많은 투자자들이 큰 재무적 손실을 입었다. 또한 잘 알려진 비트코인만 하더라도 그 가치가 2021년 11월 거의 7천만원 수준까지 증가했지만 2022년 8월에는 3천만원 이하로 하락했다. 따라서 다른 자산에 비해 변동 폭이 꽤 크게 발생하는 양상을 나타내므로, 코인 투자로 인한 재무적 손실의 위험을 줄이려면 투자자의 각별한 주의가 필요하다.

전자상거래 결제수단으로서의 암호화폐

암호화폐는 아직 전자상거래의 주요 결제수단으로 이용되고 있지는 않지만, 향후 그 이용이 확대될 것으로 전망된다. 우선, 암호화폐는 블록체인 기술을 기반으로 결제거래가 이루어지므로, 더 우수한 보안성을 기대할 수 있다. 개인 정보는 물론 거래에 관한 민감한 정보가 유출되는 사고를 예방하고 안전한 거래를 이행하는 것이 가능하다. 한편, 비트코인이나 이더리움과 같은 암호화폐는 글로벌 전자상거래에서 국가간 통화 화폐 차이로 인해 환전해야 하는 부담이 없어 편리하다. 이들 암호화폐는 전 세계적으로 통용되는 디지털 화폐이기 때문이다. 또한, 암호화폐는 전자상거래에서 흔히 이용되는 신용카드에 비해 더 적은 수수료가 발생한다는 장점이 있다.

따라서 최근 전자상거래 결제수단으로서 암호화폐를 도입하는 업체들이 늘고 있다. 마이크로소프트는 2014년 이후 게임, 앱 및 기타 디지털 콘텐츠의 구매결제 수단으로 비트코인을 수용했다. 세계 최대 온라인 상거래업체인 아마존은 고객이 협력사를 통해 가상화폐로 아마존 상품권을 구매한 후 쇼핑에 이용할 수 있도록 하고 있다. 전자상거래 플랫폼 쇼피파이에 이어 런치카트도 비트코인 결제를 지원하기로 결정했다. 또한 대형 온라인 마켓플레이스인 이베이가 암호화폐로 물품 대금을 결제할 수 있는 디지털 지갑 도입을 추진하고 있다.

토의문제

01 오늘날 우리 주변에서 흔히 이용되고 있는 전통적인 지불수단들이 어떠한 것들이 있는지 알아보고, 각각 이들이 지닌 장점과 단점은 무엇인지 토의해 보자. 이들 지불수단 중 어느 한 유형이 다른 유형 들보다 더 널리 사용된다면, 어떤 강점 때문에 더 선호되는 것인지 알아보자.

02 본문에서는 전자현금이 지녀야 할 기본 특성들로서 불추적성, 양도성, 환불처리, 이중사용 방지의 네 가지를 제시하고 있다. 만일 어느 전자현금 내에 이들 특성이 부재하다고 할 때, 각각 어떤 문제 가 발생할 수 있는지 설명하시오.

03 우리나라의 인터넷쇼핑몰에서 가장 널리 사용되는 결제수단은 신용카드와 온라인입금이고, 전자화 폐는 지극히 그 비중이 낮은 것으로 조사되었다고 본문에 소개되어 있다. 전자화폐가 국내 인터넷쇼 핑몰의 주요 지불수단으로서 자리를 잡지 못하는 이유는 무엇인가? 또 우리나라에서 전자화폐가 뿌 리를 내릴 수 있기 위한 대책을 토의해 보자.

04 우리나라에서는 2000년 이후 전자화폐 서비스를 하기 위한 시도들이 활발히 진행되기도 했다. 이 때 소개됐던 K캐시, A캐시, 몬덱스카드 등 전자화폐 사례들을 인터넷 검색을 통해 조사하고, 이들 사례 들 간의 차이점에 대해 알아보자.

05 향후 모바일 결제시장이 빠르게 성장할 것으로 전망하는 보고서들이 등장하고 있다. 우리나라의 모 바일 결제시장에서 성공적인 결제서비스 사례들 세 가지를 선택하고, 각 사례의 성공요인에 대해 조 사해 보자.

참고문헌

- Liebana-cabanillas, F., F. Munoz-leiva, J. Sanchez-fernandez, and M. Martinez-fiestas, *Electronic Payment Systems for Competitive Advantage in E-commerce*, Idea Group Publishing, 2014.

- Laudon, K. and C.G. Traver, *E-commerce 2021-2022: Business, Technology, Society* (17th Ed.), Prentice-Hall, 2021.

- Schneider, G., *Electronic Commerce* (13th Ed.), Cengage Learning, 2017.

- Turban, E. J. Outland, D. King, J. Lee, T. Liang, and D. Turban, *Electronic Commerce 2018: A Managerial and Social Networks Perspectives* (9th Ed.), Prentice-Hall, 2018.

- Wikipedia, "Smartcard", 2022. 8. 16. 참조.

🔅 사례연구   가상화폐가 미래의 온오프 결제수단이 될 수 있을까?

▶ 가상화폐 비트코인 자동입출금기

비트코인 등 가상화폐에 대한 관심이 고조되고 가운데 가상화폐가 세계 각국에서 법정화폐의 지위를 얻을 수 있을지에 대한 관심도 높아지고 있다. 독일이 2015년 비트코인을 지급결제수단으로 인정한 데 이어 일본도 지난달 비트코인을 지급결제 수단으로 활용하기로 공식화했다. 또 일부 유럽 국가에서는 지급결제 수단을 넘어 법정화폐의 지위를 가상화폐에 주자는 논의도 진행되고 있다. 하지만 전문가들은 가상화폐가 법적 화폐를 완전히 대체하는 단계까지는 가지 못할 것이라는 데 의견을 같이 한다. 법정화폐의 주요 기능을 충족시키기에는 부족하기 때문이다. 다만 거래와 이용이 늘어나면서 가상화폐를 이용한 부작용을 방지하기 위한 규제는 좀 더 확대될 것이라는 의견이 많다.

■가상화폐 인정한 일본, 현금보다 비트코인이 편한 외국인 겨냥

30일 금융권에 따르면 현재 글로벌 가상화폐 중 90%는 비트코인이 차지하고 있고 이더리움 등 일부 가상화폐들도 활용이 늘고 있다. 또 700여개에 가까운 가상화폐들도 사용되고 있지만 사용량은 많지 않은 상태다.

일부 국가에서는 가상화폐를 인정하는 조치를 취하고 있다. 대표적인 것은 독일과 일본이다. 독일은 이미 2015년에 지급결제 수단으로 비트코인을 인정했고 일본 정부도 지난 달 비트코인을 실제 지급결제수단으로 인정했다. 일본의 일부 항공사에서 이를 활용한 항공권 구매를 허용하기도 했다. 일본이 비트코인을 지급결제 수단으로 인정한 것은 현금 중심의 거래를 부담스러워하는 외국인 등 경제주체들의 편의성을 높여 보완재로써 비트코인을 활용해 경제 활력을 높이기 위한 조치로 분석된다.

이와 관련 인호 고려대 교수는 "현금에 대한 선호가 높은 일본에서는 외국인 관광객 등은 엔화로 모든 거래를 환전해야 하는 것이 부담스러울 수 있고 거래를 위축시킬 수 있어 이에 대한 해결책으로 제시한 것"이라고 설명했다. 전자결제나 신용거래에 익숙한 외국인들을 겨냥한 화폐의 보완재로 비트코인을 활용하고 있다는 것이다. 탈세 등 범죄적 요인을 적발하기 위한 조치로 분석하는 전문가도 있다. 이대기 금융연구원 연구위원은 "탈세를 방지하기 위한 목적이었다"며 "어디에 쓰인다고 규정을 하고 제도화시켜 인정하는 것은 규제가 필요했기 때문"이라고 설명했다.

일부 유럽 국가들은 비트코인에 대해 지급결제 수단을 넘어 법정 화폐로서의 지위를 줄지 여부에 대해서도 논의에 들어갔다. 아이슬란드와 스웨덴이 자체의 디지털 화폐를 발행하겠다고 한 것이 대표적 사례다. 김정혁 한국은행 팀장은 "이들 국가가 법정화폐를 가기 위해서 적극적으로 활용하기 위한 방안이 뭔지에 대한 고민을 시작한 것"이라고 설명했다.

■법정화폐는 어려울 듯…규제 강화 목소리도 나와

하지만 비트코인을 비롯한 가상화폐들이 법정화폐가 되는 것은 장애요인이 많다. 법정화폐의 주요 기능인 상품가치의 척도, 유통수단(교환의 매개), 가치저장수단, 지불(결제)수단, 세계화폐(국제거래수단) 등 모든 역할을 할 수 있어야 각국 중앙은행과 정부가 공식 인정을 하는 화폐가 될 수 있기 때문이다. 이대기 금융연구원 연구위원은 "비트코인은 상품을 사고팔 때 사용되는 화폐적 성격이 있지만 대부분의 국가에서는 그냥 일종의 상품으로 본다"며 "금이 상품이지만 교환가치를 인정받는 것과 마찬가지로 일종의 사이버 금으로 보면 된다"고 했다. 저축(가치저장의 수단)이나 교환(유통수단)이 될 수 있어 화폐의 일부 기능은 있지만 이밖에 모든 기능을 수행하는 법정화폐가 되기에는 한계가 있다는 이야기다. 특히 급격한 가격 변동성은 법정화폐로 가는데 큰 제한 요소가 될 것으로 예상된다. 이 연구위원은 "법정화폐로 인정하기 위해선 교환가치를 인정해줘야 하는데 가상화폐는 수요공급에 의해 움직이기 때문에 가격변동성이 엄청나 법정화폐의 역할을 하는 데는 한계가 있다"고 했다. 정유신 서강대 교수도 "문제는 프라이빗(사적인) 부문에서 발생한 통화라는 점"이라며 "국가권력 정부 차원에서 생긴 통화가 아니라는 점 때문에 나중에는 법정통화와 충돌할 가능성이 있다"고 우려했다.

한편, 가상화폐의 이용 증가가 범죄나 투기의 수단이 될 수 있는 만큼 양성화와 규제의 노력에 대한 주문도 나온다. 이 연구위원은 "존재가치를 아예 인정하지 못하면 규제도 할 수 없다"며 "가상화폐를 어떤 식으로든 제도화 시키고 양성화해 부작용을 억제할 수 있는 규제를 해야 할 것으로 보인다"고 했다. 김정혁 한은 팀장도 "갑자기 가상화폐가 등장했고 누구도 책임을 안지다보니 사고가 나면 고스란히 개인이 피해를 봐야 하는 상황"이라며 "피해를 막을 수 있는 방법을 고민해야 하는 시기"라고 했다. 정 교수는 "법정화폐와 가상화폐가 충돌이 되지 않고 보완재로서 경제를 윤활하게 할 수 있는 방법을 고민해야한다"며 "정부가 가상화폐를 연구하고 가상화폐가 경제와 연결될 수 있는 연결고리를 만들어줘야 한다"고 했다.

한편 정부도 가상화폐에 대한 연구작업을 진행하고 있다. 금융위원회 관계자는 "지난해 말부터 가상화폐를 연구하기 위한 태스크포스(TF)를 작동하고 있다"며 "일본 등의 사례를 스터디하고 있고 주요 전문가들의 의견을 듣는 중"이라고 했다. 다만 정부는 가상화폐를 어떤 방향으로 규제해 나갈 지에 대한 방향과 명확한 입장은 아직 정하지 않았다.

■비트코인 등 가상화폐가 국내에서 지급결제수단으로 인정 받을까?

정부가 가상화폐를 놓고 논의를 거듭하고 있는 가운데 해외에서는 가상화폐를 지급결제수단으로 인정하는 국가들이 늘어나고 있다.

16일 금융권에 따르면 한국자산관리공사는 경찰이 압수한 음란사이트 운영자의 비트코인을 공매처분한다.

한국자산관리공사는 통화를 제외한 동산, 유가증권 등은 공매할 수 있는 만큼 비트코인을 유가증권과 유사한 성격을 지닌 것으로 판단했다.

경찰은 4월에 216비트코인을 압수했는데 압수 당시 2억9천만원이었던 가치가 2개월 만에 6억9천억원으로 불었다. 비트코인 공매가 진행되면 국내 공공기관이 가상화폐의 경제적 가치를 공식적으로 인정한 첫 사례다.

가상화폐는 그동안 주로 온라인에서 결제 및 송금 수단으로 사용됐지만 최근 국내에서 가상화폐인 비트코인으로 전자결제할 수 있는 점포가 60여 곳으로 늘어나고 비트코인을 현금으로 바꿀 수 있는 현금입출금기(ATM) 설치 수가 증가하는 등 점차 오프라인 결제수단

▶ 경기창조경제혁신센터에 설치된 비트코인 현금입출금기

으로도 활용되고 있다. 한대훈 SK증권 연구원은 "중앙은행이 없고 법정화폐로 인정되기 불투명하다는 점을 이유로 가상화폐를 평가절하기에는 이미 가상화폐는 송금수단에서 결제수단으로 그 영향력을 확대하고 있다"고 파악했다.

금융위원회는 지난해 11월부터 기획재정부, 한국은행, 금융감독원과 함께 태스크포스(TF)팀을 꾸려 가상화폐의 제도화를 추진하고 있다. 그러나 가상화폐가 법정화폐와 금융상품, 일반재화 등의 성격이 섞여있는 데다 각 기관마다 입장과 시각이 달라 가상화폐의 법적 성격을 규정하지 못하고 있다.

금융당국은 가상화폐가 범죄 및 투기수단으로 악용될 수 있는 만큼 규제방안을 마련해야 하지만 가상화폐의 법적 성격이 정해지지 않으면서 논의를 이어가지 못하고 있다.

기획재정부는 비트코인의 개인거래를 금지하지 않지만 비트코인 해외송금의 경우 외국환거래법을 적용해 금융회사가 아닌 핀테크업체가 해외송금을 중개하는 것을 불법으로 규정하고 있다. 외국환거래법을 적용하는 것은 비트코인을 통화의 일종으로 인정하는 것이라는 해석이 나온다.

■한국은행은 가상화폐를 법정화폐로 인정하지 않는다

다만 한국은행이 3월 발표한 '2016년도 지급결제보고서'에 따르면 한국은행은 비트코인 등 가상화폐와 관련해 정부와 이를 활성화하는 방향으로 논의하고 있다. 이주열 한국은행 총재는 "미국과 일본, 독일 등에서 최근 1~2년 동안 비트코인 등 가상화폐와 관련하여 일부 법제화가 추진되고 있다"며 "중앙은행 입장에서 디지털혁신이 지급결제시스템 운영방식에 영향을 미치고 통화정책의 파급경로를 바꿀 수 있다는 점에서 각별한 관심을 쏟고 있다"고 강조했다. 해외에서는 가장 거래가 활발한 가상화폐인 비트코인을 중심으로 가상화폐

▶ 비트코인으로 결제할 수 있는 한 매장.

의 제도화가 점차 이뤄지고 있다. 법정화폐의 보완재로 가상화폐를 사용해 시장거래를 활성화하고 규제방안을 마련해 탈세 및 범죄에 사용되는 것을 방지하기 위해서다.

미국 상품선물거래위원회(CFTC)는 비트코인을 원자재상품(commodities)으로 분류했다. 앞으로 비트코인을 활용한 선물이나 옵션거래를 금융당국이 관리하고 감독하기 위해서다. 일본과 유럽을 중심으로 가상화폐를 공식 지급결제수단으로 인정하는 국가도 점차 늘어나고 있다. 독일이 2015년에 비트코인을 공식 지급결제수단으로 인정한 데 이어 일본도 법을 개정해 올해 7월부터 비트코인을 공식 지급결제수단으로 인정하고 올해 안에 오프라인 점포 26만 곳에서 이용할 수 있도록 장려하기로 했다.

러시아와 호주 등도 가상화폐를 합법적 결제수단으로 인정하는 입법을 추진하고 있다. 이수정 메리츠종금증권 연구원은 "가상화폐와 법정화폐가 함께 사용되는 가운데 통화 이용에 따른 상대적 편리함이 둘 사이의 유통비율을 결정할 것"이라며 "국제 자금결제 증가와 정보통신기술의 성장은 가상화폐의 사용빈도를 높일 것"이라고 내다봤다.

▶ 출처: 비즈니스포스트, 2017. 6. 16; 조선비즈, 2017. 5. 30.

🔍 사례연구 토의문제

01 사례본문에서 언급되고 있는 가상화폐는 구체적으로 어떤 개념인지 인터넷 검색을 통해 알아봅시다.

02 가상화폐는 제5장 본문에서 소개된 전자결제시스템들과 어떤 관련이 있는지 설명하시오.

03 사례본문에서는 비트코인을 포함한 가상화폐의 미래 위상에 대해 전망하고 있다. 과연 가상화폐가 미래의 온오프 결제수단이 될 수 있는지에 대해 의견을 제시하고 이를 뒷받침할 수 있는 근거를 함께 제시하시오.

04 일반적으로 가상화폐가 법정화폐가 되기 어려운 이유가 무엇인지 알아봅시다. 또 한국은행이 가상화폐를 법정화폐로 인정하지 않는 이유를 어떻게 설명하고 있는가?

05 소비자들은 가상화폐를 이용해 온라인 상거래를 할 것으로 예상되는가? 왜 그렇게 전망하는지에 대해 논리적 답변을 제시하시오.

제**3**부

e-business
e-commerce

이커머스 전략

제6장

이커머스의 개념적 기초

제7장

B2C 이커머스

제8장

B2B 이커머스

제9장

소셜 네트워킹, 모바일 커머스 및 온라인 경매

제10장

서비스 부문의 이커머스

이커머스의 개념적 기초

6.1 전자상거래의 개념

6.2 전자상거래 기업의 성과관리

6.3 전자상거래의 효과와 미래영향

소셜 미디어 플랫폼들, 광고 넘어 이커머스로 확장 가속

애플이 앱 추적 투명성(ATT) 기능 적용한 것 등의 이유로 광고 매출이 예전만 못해진 소셜 미디어 플랫폼들이 이커머스에서 대안으로 찾으려는 움직임이 활발하다.

로이터 등 외신에 따르면 트위터는 캐나다 이커머스 플랫폼 쇼피파이와 파트너십을 체결했다. 이번 파트너십 체결을 통해 트위터 이용자가 관심 항목을 클릭하면 판매자 쇼피파이 웹사이트 연동되어 물건을 구매할 수 있게 됐다.

▶ 페이스북(왼쪽)과 트위터의 로고

애플은 지난해 4월 ATT를 도입하고 앱 개발자들을 상대로 아이폰 사용자 개별 승인 없는 개인 정보 추적을 할 수 없도록 했다. ATT로 인해 소셜 커머스들은 검색 기록을 활용한 맞춤형 광고를 할 수 없게 되면서 타격을 받은 것으로 전해진다.

페이스북과 인스타그램 모기업 메타는 지난해 4분기 영업이익 125억8,500만달러, 순이익 102억8,500만달러를 기록했는데, 이는 전년 동기 대비 각각 1.5%, 8.3% 가량 줄어들었다.

애플이 개인정보 보호 정책이 강화되면서, 소셜 미디어 플랫폼이 활용할 수 있는 데이터가 줄어들며 맞춤 광고를 하지 못한 탓이다. 마크 저커머그 메타 최고운영책임자는 애플의 정책 변경으로 올해 100억달러의 매출 손실이 발생할 것으로 내다봤다.

애플이 ATT 정책을 강화한 iOS 14.5를 선보인 이후 데이터 추적 중지를 선택한 미국 사용자들은 96%에 달했다. 이런 가운데 이커머스로 확장하는 소셜미디어들 움직임도 빨라졌고 소셜 커머스 시장도 커지는 양상이다.

인스타그램, 틱톡, 스탭챗 등은 브랜드 사에게 자사 플랫폼 안에서 소비자들이 소셜 미디어를 이용하면서 브랜드 제품을 보며 바로 구매까지 이어질 수 있도록 서비스를 구축하기 시작했다.

인스타그램은 현재 상품을 검색하고 쇼핑할 수 있는 '숍즈 온 인스타그램' 기능을 제공하고 있으며, 스냅챗은 앱에서 의류를 가상으로 착용해 볼 수 있는 'AR(증강현실) 트라이온' 기능을 제공하고 있다.

소셜 미디어 경쟁에서 뒤쳐졌던 스냅챗은 지난해 말 AR 트라이온을 선보인 이후 사용자들로부터 좋은 반응을 이끌어 냈다는 평가다. 스냅챗은 2020년 머신러닝 기반 사이즈를 추천해주는 스타트업 '핏애널리틱스'를 인수한데 이어 지난해에는 AR 기술을 개발하는 영국 스타트업 '아리엘.AI'를 인수했다. 이를 기반으로 지난해 5월 데이터 기반 연계 착장 추천 기능인 '스크린숍'을 출시했다. 스냅챗은 AR 기능을 기반으로 한 커머스 경쟁력을 강화하면서, 지난해 4분기 스냅챗 출시 이후 첫 분기 흑자에 성공했다.

쇼피파이는 트위터에 앞서 틱톡과 페이스북, 인스타그램과 협업해 소셜 미디어 내 쇼핑 기능을 제공해왔는데, 최근 소셜 커머스 시장이 확대되며 이들 소셜 미디어를 통한 주문이 전년 동기 대비 4배 가량 늘었다고 전했다.

할리 핀켈스타인 쇼피파이 최고운영책임자는 "기업들은 소셜 미디어 플랫폼을 통해 상품을 검색하고, 스마트폰을 사용해 결제하는 과정을 더 쉽게 만들어

▶ 최근 스냅챗이 선보인 AR 트라이온 기술의 예시

통한 소비자 연결은 유통업계의 다음 단계가 될 것"이라고 말했다.

소셜 미디어의 커머스 행보는 계속될 전망이다. 글로벌 컨설팅사 엑센츄어에 따르면, 소셜커머스 시장은 지난해 4,920억 달러에서 2025년 1조2,000억 달러까지 증가할 전망이다.

소셜 미디어 플랫폼들은 소셜 커머스 기능을 강화하기 위해 AR 기능도 주목하는 모습이다. AR기능은 소비자들이 새로운 제품을 탐색하고 경험할 수 있도록해 참여도를 높일 뿐만 아니라 브랜드와 긍정적인 애착관계를 형성하는데도 유용하다고 보고 있다.

주는 '소비자연결(connect-to-consumer)'로 전략을 전환하는 방법을 모색하고 있다"며 "소셜 플랫폼을

▶ 출처: 프레미엄 조선, 2017. 4. 2.

6.1 전자상거래의 개념

▶▶ 전자상거래의 개념적 기초

전자상거래의 중요성

인터넷 기술은 초기에는 연구, 이후에 교육, 그리고 근래에 와서는 상거래를 위해 각각 활발하게 응용되어 왔다. 이들 응용분야 중 가장 영향이 컸던 분야는 '상거래'를 의미하는 커머스(commerce) 분야로서 인터넷을 기반으로 한 전자상거래는 인터넷이 상업적 목적을 위해 사용되기 시작한 1990년대 초 이후 빠른 속도로 지속적인 성장을 거듭하여 왔다. 개념사례에 소개된 소셜미디어 플랫폼들도 이러한 전자상거래 추세의 흐름 속에서 이커머스 분야로 확장되고 있는 것이다.

전자상거래는 단순히 온라인상에서 제품을 사고파는 것이 아니다. 인터넷을 통해 형성되는 글로벌 시장의 고객들이 구매하는 제품 및 서비스를 세계전역의 비즈니스 파트너들의 지원을 받아 개발, 마케팅, 판매, 배달, 서비스 및 대금지불하는 전체적인 온라인 프로세스를 다룰 수 있어야 한다. 이러한 온라인 프로세스를 성공적으로 실현하기 위해서는 인터

▶ 전자상거래는 글로벌 온라인 시장의 고객들이 구매하는 제품 및 서비스를 전 세계 공급사들로부터 제공받아 판매하는 통합적 온라인 프로세스이다.

넷은 물론 엑스트라넷 및 인트라넷 등 네트워크 자원의 창의적인 활용이 필요하다. 예를 들면, 월드와이드웹 환경에서 전자상거래 사이트를 통해 고객과의 상호대화적인 마케팅, 주문, 지불 및 고객 지원 프로세스들을 수행할 수 있어야 하고, 엑스트라넷 망을 통해 고객 및 공급사들과 함께 재고 데이터베이스를 공유할 수 있어야 하며, 또 인트라넷 망을 통해 판매 및 고객서비스 요원들이 CRM 시스템을 접근할 수 있어야 한다.

이러한 전자상거래의 트렌드를 이해하기 위해, 우선 전자상거래의 기초적인 개념 및 배경을 살펴보고 나서 전자상거래의 유형 및 효과에 대해 알아보기로 한다.

'전자상거래' 용어의 유래 및 정의

국내에서 일반적으로 전자상거래라고 지칭되는 'e-Commerce'라는 용어는 본래 electronic commerce의 줄임말로서 '89년 미국의 Lawrence Livermore National Laboratory에서 미 국방부의 프로젝트를 수행하면서 처음 사용된 이후, '93년 미국 연방정부가 조달행정업무의 효율화에 'Electronic Commerce'를 표방하면서 확산되었다고 볼 수 있다.

일반적으로 광의의 전자상거래는 상품과 서비스의 거래절차에 전자적인 매체를 활용하는 것으로 볼 수 있다. 하지만 상거래에 전자적인 매체를 이용하기 시작한 것은 이미 그 역사가 짧지 않다. '전자상거래' 용어의 개념은 지난 30여 년 동안 계속 변화되어 왔다. Telex는 '40년대부터 사용되기 시작하였으며, '70년대 중반에는 운송분야에서 EDI(electronic data interchange)가, 금융분야에서 EFT(electronic funds transfer)가 사용되기 시작하였다. '80년대 초반부터는 조직간 정보시스템(Interorganizational information System: IOS)이라는 개념과 함께 조직간의 상거래에 전자적인 매체의 활용이 활발하게 논의되기 시작되었다. 이를테면 기업의 컴퓨터 네트워크를 이용해 구매주문서나 거래내역서와 같은 상거래 문서들을 전송하는 기업들이 늘기 시작했다. '90년대 초반 인터넷이 상거래에 이용되기 시작되면서 전자상거래는 인터넷 기반의 상거래를 의미하는 용어로 사용되어 왔다.

전자상거래는 상품이나 정보를 네트워크를 통해 제공하고 소비자로부터의 주문도 디지털 정보로 네트워크를 통해 받고, 불특정 다수의 사람이 네트워크상에서 상거래의 주체가 된다는 점이 가장 큰 특징이다. 전자상거래는 인터넷이라는 범세계적인 컴퓨터 네트워크와 웹을 기반으로 급속하게 확산되고 있다. 웹의 등장은 인터넷상에서의 전자상거래를 구체화하는 데 큰 기여를 했다. 즉, 소비자들에게 시각적, 청각적 데이터에 쉽게 접근할 수 있도록 함으로써 상업적으로 이를 이용하려는 조직들에게 인터넷상에 기업홍보, 상품홍보, 제품판매 등의 창구를 마련해준 것이다.

이러한 맥락에서 전자상거래에 대한 개념을 보다 구체화하면 "전자상거래는 인터넷 및 기타 통신 네트워크를 통해 제품 및 서비스를 사고 파는 행위"로 정의될 수 있다. 오늘날과 같은 무한경쟁의 정보화시대에서 전자상거래는 글로벌 경영을 하고자 하는 기업에게 새로운 전략적 기회를 제공하고 있다. 즉, 전자상거래는 비즈니스 절차의 중간 단계를 제거하고 생산자와 소비자의 관계를 가깝게 만들어 새로운 제품 및 서비스의 제공, 비용절감 및 고객 만족의 증대는 물론 산업을 재구성하게 하여 분권화된 '가상기업'을 가능케 하는 역할을 수행할 것이다. 그러므로 전자상거래는 비즈니스의 새로운 패러다임이라고 할 수 있다.

웹기반 전자상거래의 발전과정

비록 기업들이 EDI 기술을 기반으로 '70년대부터 온라인 상거래를 수행해 왔다 하더라도, 전자상거래가 우리 사회 및 경제에 변화를 일으키는 한 영역으로 뿌리를 내리기 시작한 것은 웹 기술이 등장한 1994년 무렵 부터이다. '90년대 초반 인터넷의 상업화가 발표되고 또 1994년에는 세계 첫 상업적 웹브라우저가 선을

▶ 세계 첫 웹기반 전자상거래를 시작한 아마존의 온라인 서점 웹사이트

보이면서, 웹은 남녀노소의 구별없이 누구나 인터넷을 쉽게 이용할 수 있도록 하는 데 크게 기여하기 시작했다. 이러한 추세 가운데, 인터넷 및 웹 기술로부터 새로운 비즈니스 기회를 발견한 델컴퓨터, 아마존닷컴 등 수많은 혁신적 기업들은 이미 1994년부터 웹기반 전자상거래를 발 빠르게 도입하기 시작했다.

'90년대 중반, 웹이 차츰 일반 대중들 사이에서도 잘 알려지게 되면서, 여러 전문가 및 언론인들이 전자상거래가 곧 주요 경제부문을 형성하게 될 것으로 예측했다. 그러나 주요 보안 프로토콜(가령, HTTPS)이 개발되고 자리를 잡는데 거의 4년이란 기간이 소요됐다. 결과적으로 1998년 및 2000년 사이에 미국 및 서유럽의 매우 많은 기업들이 웹사이트를 개발하였고 이로써 인터넷 기반의 전자상거래가 소비자들의 삶은 물론 기업들의 활동에서 없어서는 안 될 핵심적 요소로 자리잡게 됐다.

▶ 온라인 식품판매회사인 웹밴은 한때 큰 주목을 받았으나 무리한 사업확장의 영향으로 결국 폐업을 하게 됐다.

그러나 웹기반의 전자상거래가 빠르게 성장하던 1995년과 2001년 사이의 기간은 닷컴버블(dot-com bubble)이 존재하던 기간이기도 하다. 선진국들의 주식시장이 새로운 인터넷 및 관련 산업부문의 급속한 성장으로 과열되면서, 기업들의 주가가 크게 급등했다. 새로이 창업하는 인터넷 기반의 기업들은 날로 늘어나고, 또 이들 기업에 투자하려는 개인 및 투자회사들의 자금은 끊임없이 유입되던 상황에서, 닷컴 버블경제는 더 이상 버티지 못하고 붕괴하고 말았다.

전자상거래를 수행하는 수많은 온라인 업체들이 2000년 및 2001년 사이에 닷컴 몰락으로 사라졌다고 하지만, 오프라인 기반의 여러 소매업자들은 각기 온라인 시장에서 고가치의 틈새시장을 발견하고 자신들의 웹사이트에 전자상거래 기능을 추가하기 시작했다. 예를 들면, 온라인 식품판매회사인 웹밴(Webvan)이 무리한 사업확장의 결과로 문을 닫은 후, 전통적인 슈퍼마켓 체인인 앨벗슨(Albertson)과 세이프웨이(Safeway)는 소비자들이 식료품을 온라인으로 주문할 수 있는 전자상거래 자회사를 운영함으로써 매출확대의 길을 열었다.

또한 전자상거래의 등장은 여러 유형의 상품을 판매하는 데 있어 진입장벽 요인들을 현저하게 낮추는 결과를 가져왔다. 따라서 여러 영세규모의 사업자들도 인터넷을 이용해 제품을 판매하는 것이 가능해졌다. 대부분 영세업자들은 빠른 정보노출 및 설정의 용이함과 같은 효과를 얻기 위해 옥션이나 G-마켓과 같은 오픈 마켓 사이트를 이용해 판매하는 경향을 나타내고 있다.

▶▶ 전자상거래의 유형

전자상거래는 거래의 형태상 정보통신 네트워크를 이용한 제품이나 서비스의 매매를 의미한다. 그림 6-1에서와 같이, 전자상거래를 거래주체에 따라 기업과 기업간, 기업과 개인간, 기업과 정부간, 그리고 소비자와 소비자간의 네 가지 거래형태로 구분할 수 있다. 아래에서는 이들 각 유형의 전자상거래의 개념 및 특성에 관해 간략히 알아보기로 한다.

B2C 전자상거래

인터넷 이용자들에게 가장 친숙한 B2C(business to consumer) 전자상거래는 제품이나

그림 6-1   **전자상거래의 네 가지 유형**

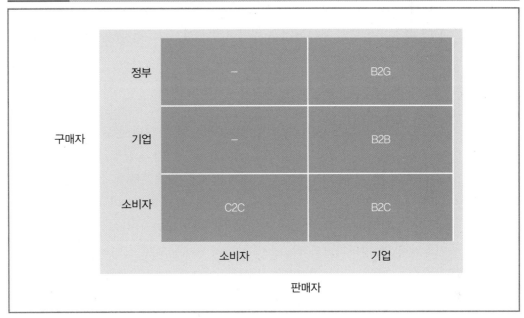

▶ 판매자와 구매자가 각각 누구인가에 따라, 전자상거래는 네 가지 유형으로 분류될 수 있다.

표 6-1   **각 전자상거래 유형의 특징 및 예**

전자상거래 유형	주요 특징	예
B2C(소비자 대상)	• 멀티미디어 카탈로그를 갖춘 가상 상점에서 소비자 • 대상으로 제품 판매 • 상호대화적 주문처리 • 안전결제기능 • 온라인 고객서비스	amazon.com interpark.com flower.co.kr

B2B(기업간)	• e-마켓플레이스에서 판매자와 구매자가 모여 거래
	  수행
	• 기업간 직거래 장터
	• 인터넷/엑스트라넷을 통해 고객/공급사와 데이터
	  교환
		b2bauction.co.kr(축산물)
		buildersnet.co.kr(건설)
		electropia.co.kr(전자부품)
		fatex.com(의류)

B2G(정부 대상)	• 역경매 방식에 기초한 비즈니스 모델을 통해 정부 기관을 대상으로 제품 및 서비스 판매 • 인터넷 기반의 전자입찰시스템을 통해 거래 수행	www.g2b.go.kr(조달청)
C2C(소비자간)	• 주로 경매사이트를 통해 소비자 간에 거래 수행 • 경매물품은 사전에 뉴스사이트나 전자상거래 포털 사이트에 공지	ebay.com auction.co.kr

서비스를 최종 소비자에게 온라인으로 판매하는 상거래이다. B2C 전자상거래에는 온라인 소매모델, 중개모델, 광고 모델, 커뮤니티 모델 등이 있다. B2C 전자상거래의 유형들은 제3장의 비즈니스 모델 분류에서 소개되어 있으며, B2C 전자상거래에 관한 상세한 내용은 제7장에서 함께 살펴보기로 한다.

B2B 전자상거래

B2B(business to business) **전자상거래**도 역시 인터넷을 기반으로 제품이나 서비스를 판매하는 상거래의 한 유형이지만, 판매자와 구매자가 모두 기업이라는 점이 다른 유형들과 다르다. 한 예로, 삼성전자가 텔레비전 제품을 제조해서 소비자에게 직접 판매하기보다는 인터파크와 같은 온라인 쇼핑몰에 판매한 후 인터파크가 텔레비전 제품을 다시 최종소비자에게 판매하게 된다. 여기서 삼성전자와 인터파크 사이에 이루어지는 거래는 B2B 상거래인 반면, 인터파크와 최종소비자 간의 거래는 B2C 상거래이다. B2B 전자상거래는 제8장에서 더 자세히 다루기로 한다.

B2G 전자상거래

B2G(business to government) **전자상거래**는 기업이 정부 구매자를 대상으로 제품이나 서비스를 판매하는 상거래이다. 흔히 B2G 상거래에서는 **그림 6-2**에서 볼 수 있듯이 공급사들이 역경매 방식으로 정부기관에서 제시한 제안요청서(request for proposal: RFP)에 대해 온라인 입찰을 제출하고, 정부기관에서는 가장 유리한 조건을 제시한 기업을 선정해 낙찰시킴으로써 해당기업으로부터 구매를 하게 된다. 따라서 판매기업들 간에 치열한 경쟁이 뒤따르게 마련이다. 우리나라 정부기관들의 모든 구매는 조달청의 전자입찰시스템을 통해 B2G 전자상거래 형태로 이루어진다.

C2C 전자상거래

C2C(consumer to consumer) **전자상거래**는 인터넷상에서 중개업체를 통해 소비자 간에 전자적 거래를 수행하는 것을 뜻한다. 온라인 경매가 그 대표적 예에 속하는데, **온라인 경매**는 한 소비자가 판매할 품목을 사이트에 게재하고 다른 소비자들이 이를 구매하기 위한 입찰을 제시하는 방식으로 이루어진다. 이들 사이에서 중개자 역할을 하는 제3자 업체는 거래 성사시 일정 수수료 혹은 커미션을 부과한다. 이들 중개업체는 단순히 소비자들을 연결해줄 뿐, 품질 점검, 대금결제, 물품 배송과 같은 비즈니스 프로세스에 대해서는 전혀 관여하지 않는다. 온라인 경매에 대해서는 제9장에서 더 상세하게 살펴보기로 한다.

그림 6-2   B2G 전자상거래 사이트의 예시

▶ 조달청의 나라장터 사이트에서는 정부기관이 필요로 하는 물자 및 용역을 전자입찰 방식을 통해 구매한다.

6.2 전자상거래 기업의 성과관리

▶▶ 온라인 기업의 가치창출 기여요인

인터넷을 기반으로 비즈니스를 수행하는 온라인 기업들은 대규모의 새로운 부를 창출할 수 있는 잠재력을 지니고 있다. 예전에는 상상하지도 못했던 새로운 경영기법과 혁신적인 비즈니스 프로세스로 경쟁의 기본 규칙 및 방식마저 변화시키면서, 산업 및 경제의 패러다임에 영향을 미치고 있는 추세이다. 이러한 배경에서, 어떠한 요인들이 온라인 기업의 가치창출에 기여하는지가 온라인 기업은 물론 오프라인 기업들의 관심의 대상이 되고 있다.

가치창출의 기본 개념

▶ 코카콜라는 가치창출 전략을 통해 회사가 혁신을 거듭하며 시장점유율이 확대됐다.

코카콜라는 지난 10여 년간 가치창출을 기업성장의 동력으로 삼은 몇몇 기업들 중의 하나이다. 코카콜라 회사는 지난 1980년 로베르토 고이주에타가 CEO에 취임했을 당시, 성숙단계에 이른 자국시장으로 인해 점차 한계에 부딪치고 있었다. 10여 년 동안 연 14%의 성장률을 유지했지만, 수익성은 오히려 하락하며 주가에도 이러한 부정적 성과가 반영되고 있었다. 고이주에타 회장은 이러한 문제에 대응하기 위해 1981년 4월 코카콜라의 경영자 컨퍼런스에서 가치창출을 회사의 톱 우선순위로 지정키로 결정했고, 이로 인해 마케팅 전략에서부터 공급망에 이르기까지 회사가 크게 혁신되었다. 1980년 이후 진행되어 온 가치창출 노력의 결과로 코카콜라는 1997년 시장점유율이 거의 두 배로 올라 50%에 이르게 됐고, 자기자본 이익률은 거의 세 배로 뛰어 60% 가까이 근접했다. 오늘날 코카콜라는 고수익 성장기회가 아직도 막대하다고 보고 끊임없이 가치창출 노력을 계속하고 있다.

이와 같이 가치창출은 코카콜라와 같은 오프라인 기업에게 중요하지만, 인터넷을 주요 수단으로 하여 속도와 유연성에 있어 앞서가는 온라인 기업에게는 더없이 큰 비중을 차지하게 된다. 고객들이 웹사이트를 방문해서 첫 온라인 구매를 하고 이후 재방문 고객으로 발전할 수 있기 위해서는, 기업이 그들에게 계속 구매를 해야 하는 합리적 이유를 제공해야만 한다. 가치창출은 기업들이 자신들의 웹사이트를 경쟁관계의 다른 웹사이트나 오프라인 소매채널과 구별이 되는 우위의 사이트로 만들기 위해 이용하는 프로세스이다. 기업의 가치창출 능력은 그 웹사이트가 정적인, 광고중심의 웹페이지에서 벗어나 보다 상호대화적인 역량(예를 들어, 온라인 고객지원 기능이나 제품 및 서비스의 온라인 수주기능)을 지닌 사이트로 진화함에 따라 자연히 증가한다.

웹이 점차 생산자와 소비자를 연결하는 매체로 중요한 역할을 담당하면서, 웹은 공급망과 관련된 여러 비즈니스 프로세스들에 영향을 미치고 있다(예: 주문처리, 광고, 고객지원 등). 그러므로 광범한 시각에서는, 제품이 제조사의 조립라인과 최종 소비자들 사이의 여러 지점을 따라 이동하므로, 온라인상에서 가치를 창출할 기회가 다수 존재한다. 이를 가능하게 하기 위해서는 정보를 수집, 조직화, 선택, 결합 및 분배하는 과정이 필요하다.

유럽기업들의 가치창출 베스트프랙티스에 대해 조사된 한 보고서는 전자상거래 과정에

그림 6-3   전자상거래 기업의 가치창출의 근원 요인

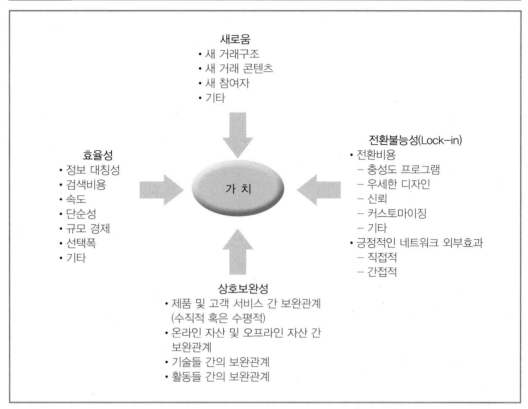

▶ 전자상거래 기업의 가치는 효율성, 상호보완성, 전환불능성, 새로움의 네 가지 요소에 의해 창출된다.
▶ 출처: Amit & Zott, 2001.

서 가치를 창출할 수 있는 세 가지 분야를 제시하고 있다. 첫째는 최대한 많은 제품들을 제공해 고객의 선택의 폭을 넓히는 것이고, 두번째는 상거래와 관련있는 모든 이들(가령, 구매자, 공급사 등)에게 보다 의미있는 풍부한 정보를 신속하게 제공하는 것이며, 세번째는 오프라인 구매에서 존재할 수 있는 요소들(예를 들어, 제품을 직접 만지거나 느껴본다든지, 혹은 점원에게 문의함)을 가상적으로 온라인시스템을 통해 구현하는 것이다. 이 보고서는 결론에서 기업이 전자상거래 전략을 개발하는 것으로는 충분치 않으며 전략의 구현까지도 세밀하게 계획을 세워야 한다고 주장하고 있다.

이와 같이 전자상거래와 관련한 가치창출을 위한 다양한 아이디어들이 있을 수 있는데, 이러한 아이디어들을 체계적으로 정리한 모델이 있다. 아래에서는 온라인 기업의 가치창출 모델을 통해 전자상거래 기업이 가치창출을 실현할 수 있는 방법이 무엇인지 알아보기로 한다.

온라인 기업의 가치창출 모델

Amit & Zott(2001)는 전자상거래에서 '가치'를 창출하는 데 기여하는 네 가지 요인을 그림 6-3에서와 같이 제시하고 있다. 그림의 가운데 있는 **가치**(value)는 그것을 취하는 자가 기업이든 고객이든 혹은 다른 거래참여자든 간에 관계없이, 온라인 기업의 상거래에서 창출되는 전체 가치를 의미한다. 따라서 이는 전자상거래의 각 주체들이 얻게 되는 개별 가치들을 모두 합한 가치이다. 네 개의 주요 가치요인들은 효율성, 상호보완성, 전환불능성 및 새로움으로서 이들은 전자상거래의 가치 창출을 향상하는 데 기여한다.

효율성

거래 효율성에 대한 근거는 거래비용이론(transaction cost theory)에서 찾을 수 있다. 거래비용이론에 의하면, 거래당 비용이 감소하면 거래 효율성이 증가한다. 그러므로 전자상거래로 인해 가능해지는 거래 효율성 증가분이 커질수록, 비용은 더 낮아지며 가치 또한 더 상승하게 된다.

거래 효율성은 여러 가지 방법을 통해 높일 수가 있다. 첫째는 양질의 최신 정보를 공급함으로써 구매자와 판매자 사이의 **정보 비대칭성**을 해소하는 것이다. 인터넷을 기반으로 필요한 정보를 고객에게 적시에 제공하게 되면 고객들의 문의사항에 대응하는데 더 적은 시간이 소요되므로 불필요한 인력의 낭비를 줄일 수 있다. 둘째, 향상된 정보의 제공은 고객들의 쇼핑과정에서 **검색 및 협상 비용**도 절감시켜 효율성 증가에 기여할 수 있다. 특히 소프트웨어 에이전트의 활용으로 소비자는 보다 편리하게 비교구매를 수행할 수가 있다. 셋째, 가상시장의 보편화된 상호접속성에 힘입어, 온라인 기업들은 공급사로부터 제품을 주문하고 재고를 관리하는 데 있어 정확한 의사결정을 보다 더 신속하게 수행하며 거래 사이클을 단축할 수 있으므로, **속도**의 증대를 통해 거래 효율성이 향상될 수 있다. 넷째, 거래 프로세스를 최대한 **단순화**시켜 주문이나 결제와 관련한 오류를 줄어들게 하고, 또 개별 고객들이 수요결집 및 대량구매를 통해 **규모경제**의 혜택을 얻게 하며, 공급망 최적화 기술을 통해 수많은 제품들의 주문관리를 자동화함으로써 보다 **선택 폭**이 넓은 제품들을 적은 비용을 들여 고객들에게 제공할 수가 있다. 결국, 마케팅 및 판매 비용, 거래처리 비용, 커뮤니케이션 비용 등이 절감됨으로 인해 온라인 기업은 동일 시스템을 통해 보다 더 많은 거래를 처리할 수 있게 되며, 이는 매출증대로 이어질 수가 있는 것이다.

한 예로 **그림 6-4**에 예시된 **오토바이텔**(Autobytel.com)은 전자상거래를 통해 효율성을 높여 가치를 창출하는 데 성공했다. 잠재적 차 구매자들은 서로 다른 차량들 및 이들 차량의 딜러 원가에 관한 상세하고 풍부한 쇼핑 정보를 사이트를 통해 제공받는다. 이 구매자들은 이러한 정보에 기초하여 곧 합리적인 결정을 할 수 있게 됐다. 구매 프로세스는 상당히

그림 6-4   효율성을 통한 가치창출의 예시

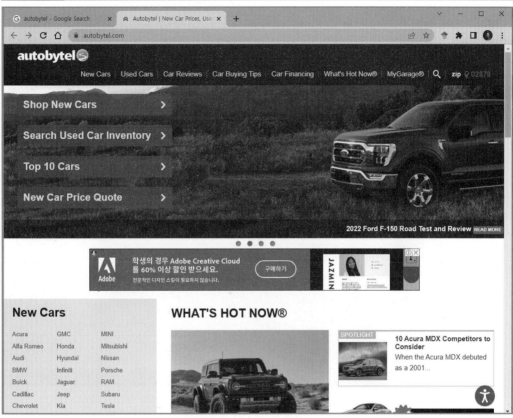

▶ 이 사이트에서는 차량관련 세부정보 제공, 구매프로세스의 단순화, 원스톱 차량구매 서비스(보험, 대출 등)의 제공 등으로 구매자들의 거래비용을 크게 절감시킴으로써 가치창출에 성공했다.

단순화되어 있으며 가속화되어 있어, 가격협상 비용이 줄어들었다. 차 판매자의 이윤마진은 좀 줄어들 수 있지만, 매출은 추가비용 없이 증가하게 됐다. 그러나 오토바이텔에 의해 가능해지는 거래 효율성 증가분은 부분적으로 오토바이텔 협력업자들(즉, 딜러들)의 협조에 달려있다. 예를 들어, 차 딜러들은 고객에게 보여준 차를 다른 딜러들의 도움을 받아 지체 없이 고객에게 건넬 수 있어야 하며, 그렇지 않을 경우, 고객이 마음이 변해 차 구매의도를 포기할 수 있다.

결론적으로 고도로 네트워크화된 기업들에서는 상호간에 정보흐름이 원만하고 정보가 균형 있게 분배되도록 하는 것이 거래처리 비용을 효과적으로 절감하는 데 매우 중요하다.

상호보완성

서로 관련 있는 제품들을 번들링(즉, 하나로 묶음)시키는 것이 개별 제품들을 통해 갖는

그림 6-5   상호보완성을 통한 가치창출 예시

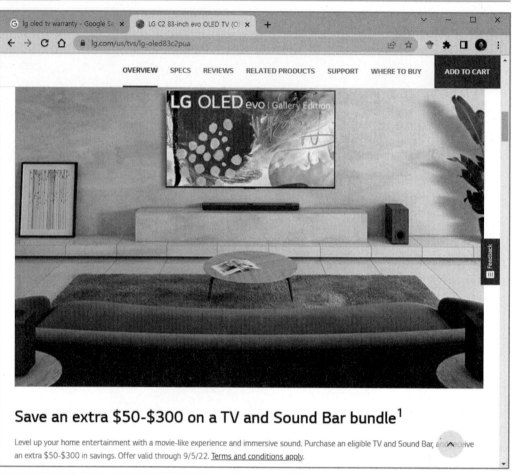

> ▶ LG OLED TV와 사운드 바를 번들링해 판매함으로써 소비자의 구매 욕구를 높일 수 있다. LG전자 북미법인 이미지 제공

가치들의 합보다 더 큰 가치를 제공할 때, 상호보완성이 존재한다. A사 제품만 제공할 때보다는 A사 제품과 B사 제품을 함께 제공할 때 고객이 더 가치를 느낀다면, B사는 A사의 상호보완자이다. 이를테면 **그림 6-5**에서 알 수 있듯이 LG전자가 TV와 사운드바를 별도로 판매하는 것보다는, 전략적 제휴를 통해 이 두 가지를 하나의 상품 패키지로 묶어 소비자에게 판매할 때 비로소 상승작용을 일으켜 그 가치가 배가 된다는 의미이다. 따라서 상호보완성은 가치증대를 통해 매출증가를 가능하게 할 수 있는 것이다.

온라인 기업들이 주로 번들링해서 판매하는 상호보완적인 관계의 제품 및 서비스들은 서로 수직적일 수도 있고(가령, 제품과 A/S 서비스), 혹은 수평적일 수도 있다(가령, 원스톱 쇼핑 또는 카메라와 필름). 흔히 이 제품 및 서비스들은 기업이 제공하는 핵심거래와 직접적인 연관이 있다. 예를 들면, 유럽의 한 온라인 여행사인 **이북커스**(e-bookers.com)은 온라인 티켓 판매와 관련 있는 날씨, 환율 등의 정보를 고객에게 제공하고 있다. 이러한 정보서비스는 이 회사의 핵심상품(즉, 항공권이나 휴가여행 패키지)의 가치를 향상시키는 데 중요한 역할을 하며, 이를 통해 고객들은 온라인 여행상품을 보다 편리하게 예약 및 구매할 수 있다.

또한 오프라인 자산을 온라인 상품과 상호보완시켜 판매하는 기업들도 있다. 예를 들어, 온라인으로 제품을 구매한 고객은 오프라인 소매점의 고객 서비스 기능을 이용해 제품의 반품이나 교환, 또는 제품 A/S를 받을 수가 있을 것이다. 온라인 및 오프라인 서점을 동시에 운영하는 교보문고의 경우, 온라인에서 편리하게 전자카탈로그를 통해 책을 주문한 고객이 교보문고 매장을 방문해 책을 받아올 수 있다면, 이는 온라인 및 오프라인 요소를 상호보완적으로 결합하는 예라고 할 수 있다.

전환불능성

온라인 기업의 가치창출 가능성은 구매거래를 반복하려는 구매자들의 동기부여 및 전략제휴 기업들의 협력지속 의지가 강할수록 높다. 가치창출을 위해 요구되는 이 두 가지 요건을 충족시켜 주는 것이 전환불능성(lock-in)이다. 전환불능성은 고객들과 전략적 제휴협력사들이 경쟁사로 이탈하는 것을 방지함으로써 가치를 창출한다. 전환불능성은 전환비용 및 네트워크 외부효과의 두 가지 수단에 의해 구현된다.

전환비용(switching costs)에 의한 고객유지는 몇 가지 방법을 통해 실현될 수 있다. 첫째는 반복구매 고객에게 인센티브를 부여하는 고객충성도 프로그램을 운영하는 것이다. 신용카드를 사용할 때마다 사용금액에 대해 보너스 포인트를 적립해 주는 것을 예로 들 수 있다. 두번째는 비즈니스 프로세스, 제품 또는 서비스를 표준화할 수 있는 독특한 디자인 요소(가령, 아마존의 원클릭 주문방식)를 개발함으로써 고객에게 어필하는 것이다. 세번째는 신뢰 있는 제3 기관이 발급하는 거래안전 및 신뢰 인증마크를 고객에게 보여줌으로써 고객과의 신뢰관계를 구축하는 것이다. 산업자원부의 eTrust 인증을 통과한 쇼핑몰의 메인 페이지에 해당마크를 게시하는 것이 그 예라고 할 수 있다. 끝으로, 커스토마이징 및 개인화 기법은 고객 고유의 니즈를 보다 효과적으로 충족시킴으로써 상거래 사이트에 대한 만족도를 높이게 된다. 이러한 기법을 적용할 경우, 사용자 니즈와 부합되는 인터페이스에 익숙해진 고객이 다른 사이트로 떠나기가 더 어려워진다. 고객에게 전환비용을 발생시키기 위한 위의 방법들은 고객들이 경쟁사로 옮겨가기보다는 그 기업에 대해 더 높은 충성도를 유지하게 하는 데 기여할 수 있다.

전환불능성을 실현할 수 있는 또 하나의 수단은 **네트워크 외부효과**(network

그림 6-6   전환불능성을 통한 가치창출의 예시

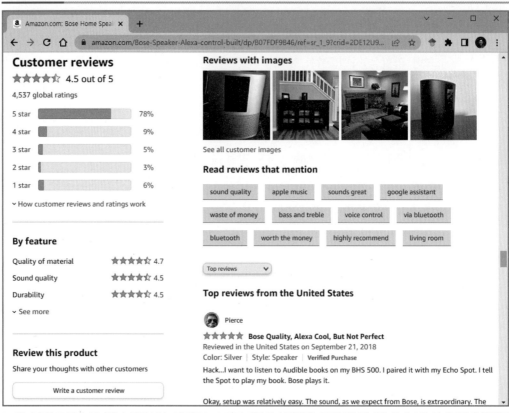

▶ 아마존의 고객평 코너에 수록된 보스 블루투스 스피커 제품의 사용경험 의견들은 잠재적 구매자의 구매결정에 직접적
으로 영향을 미침으로써 네트워크 외부효과를 발생시키므로, 사용자들의 고객충성도 제고에 기여한다.

externalities)이다. 네트워크 외부효과란 어떤 제품을 사용함으로써 다른 이들에게도 그 제
품의 가치가 증가하는 것을 의미한다. 전화기를 많은 사람들이 가지고 있을수록 더 많은
사람들과 연락을 취할 수 있고, 이로 인해 네트워크 내에 있는 모든 전화가 더욱 유용해지
고 가치를 가지게 된다. 전자상거래 사이트에서는 주로 고객 커뮤니티에서 사용자 간 온라
인대화 기능을 통해 네트워크 효과가 나타난다. **그림 6-6**에서 볼 수 있듯이, 고객 커뮤니
티에서는 고객들의 제품사용 경험에 관한 의견을 서로 교환할 기회가 많기 때문에, 사용자
가 어떤 제품을 소비하면서 인식하는 효용가치가 동일 제품을 소비한 다른 사용자들이 많
을수록 같이 증가하게 된다. 네트워크 외부효과는 '직접적 외부효과'와 '간접적 외부효과'로
구분할 수 있다. 직접적 외부효과는 그 제품을 선택한 사람들이 증가함으로써 나타나는 외
부효과를 뜻한다. 이동전화 네트워크에서 다른 사용자들이 동일한 방식(가령, CDMA)의 제
품을 사용하거나 호환성 있는 제품을 사용하면 할수록 그 제품을 사용하는 사용자는 여러

사람과 대화할 수 있는 기회가 높아지기 때문에 효용이 증가하게 되는데, 이것이 바로 **직접적 외부효과**라고 할 수 있다. **간접적 외부효과**는 동일한 제품 또는 호환성 있는 제품을 사용하는 사용자가 증대하게 되면 그 제품과 보완성을 갖는 제품의 수요가 증대하게 되는 것을 말한다. 예를 들어, 휴대폰 제품의 사용자가 증가함에 따라, 이동통신 서비스의 수요가 늘어나는 경우이다. 또 컴퓨터 하드웨어 및 소프트웨어도 같은 개념이 적용될 수 있는 예에 해당한다.

새로움

전통적으로도 새 제품이나 서비스를 출시하거나 새로운 생산, 유통, 마케팅 기법을 개발한다든지 혹은 신규시장을 공략할 때마다, 혁신을 통해 가치가 창출된다. 또한 거래를 수행하는 방식을 혁신함으로써 선두주자 위치를 차지하는 기업들도 있다. 예를 들어, 이베이(ebay.com)는 대규모의 소비자 간 경매를 실시한 첫 회사로서 개인들 간에 저가 품목들도 성공적으로 매매하는 비즈니스 모델을 구축했다. 그림 6-7에 예시된 **프라이스라인**

그림 6-7   **새로움을 통한 가치창출의 예시**

▶ 프라이스라인 닷컴은 구매자가 자신이 필요로 하는 여행상품에 대해 희망하는 최저 가격을 제시하는 새로운 비즈니스 모델을 구축했다.

(priceline.com)은 구매자가 필요 물품 및 최저가격을 명시하고 판매자들이 가격을 제시하는 새로운 비즈니스 모델을 구축했다. 오토바이텔은 잠재적 구매자들과 차 딜러들과 금융기관들과 보험회사들을 온라인으로 상호 연동시킴으로써 집에서도 원스톱 쇼핑을 할 수 있도록 차 소매판매 프로세스를 혁신시켰다. 이 기업들은 거래수행 방식을 혁신시킴으로써 가치를 창출하는 데 성공했다. 이들은 기존에 서로 연결되지 않았던 거래대상자들을 온라인으로 연동시키고, 혁신적인 거래방법을 통해 매매 프로세스에 존재하던 비효율성을 제거하며, 완전히 새로운 시장을 창출함으로써 가치를 창출하였다.

가상시장의 고유한 특성 때문에, 온라인 기업이 혁신을 통해 가치를 창출할 수 있는 방법들은 수없이 많다. 가령, MP3 플레이어와 이어폰과 음악다운로드 서비스처럼 서로 상호 보완적인 관계에 있는 제품 및 서비스들을 정교하게 번들링하여 시장을 공략할 수 있다. 또 제3자 기업과의 제휴 프로그램을 이용하여 다른 인기 있는 웹사이트로부터 트래픽 유입을 효과적으로 유도하고, 제휴기업에게는 추가 방문자들의 거래로 인해 발생한 매출액에 대해 보상을 해주는 방법도 있을 것이다.

가치창출에 기여하는 새로움은 전환불능성과도 관련이 높다. 새로움으로 승부하는 혁신적인 전자상거래 기업들은 고객을 유치하고 또 유지하는 데 더 유리한 위치에 있다. 이 기업들은 새로운 아이디어로 시장을 선점해 고객을 끌어 모으고, 브랜드 인지도를 높여 전환비용을 발생시킴으로써 이들이 이탈하지 못하게 한다. 또한 새로움은 상호보완성과도 관계가 있다. 일부 온라인 기업들은 보완적인 제품들에서 혁신을 추구한다. 미국의 한 컴퓨터 소매업체인 사이베리안 아웃포스트(Cyberian Outpost)는 온라인상에서 컴퓨터의 부분품별로 고객이 다양한 제품들 중에서 직접 선택할 수 있는 시스템을 제공함으로써 혁신적인 비즈니스 모델을 구축했다. 컴퓨터 본체, 모니터, 프린터와 같은 이들 부분품들은 상호 보완적인 관계에 있으므로 고객들은 자신의 니즈에 맞게 이들 요소들을 결합시켜 시스템을 구성하는 데서 큰 매력을 발견하고 있다.

▶▶ 전자상거래 성공측정 모델

온라인 기업들은 앞서 소개한 가치창출 기여요인들을 통해 빠른 속도로 기업을 성장시키기 위해 끊임 없는 노력을 경주하고 있다. 그렇다면, 이러한 노력을 통해 기업이 전자상거래에서 얼마나 성공을 거두었는지 측정할 수 있을까? 측정이 가능하다면, 어떤 척도들을 통해 성공의 정도를 측정할 수 있는 것일까? 이러한 질문에 답하는데 응용할 수 있는 모델이 있는데, 이른바 들론과 맥클린(DeLone & McLean)의 웹기반 정보시스템 측정 모델이 바로 그것이다. 아래에서는 이 모델의 개념 및 응용에 대해 알아보기로 한다.

그림 6-8   웹기반 전자상거래 성공측정모델

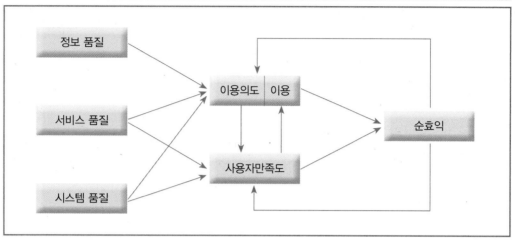

▶ 출처: DeLone & McLean, 2004.

전자상거래 성공측정 모델

들론과 맥클린은 본래는 전통적인 정보시스템의 성공모델을 1992년 제시하였으나, 2003년에는 웹기반의 정보시스템 환경에 적합하도록 수정된 모델을 다시 제안하였고, 2004년에는 해당모델을 전자상거래 환경에 응용할 수 있음을 발표하였다. 전자상거래 시스템에 투자한 기업은 이러한 모델을 토대로 투자로부터 발생된 효익을 어느 정도 가늠해 볼 수 있다는 점에서, 이 모델에 대해 관심을 가져볼 필요가 있을 것이다.

이 모델을 제시한 두 연구자인 들론과 맥클린은 웹기반 전자상거래 시스템의 성공을 측정하기 위한 6가지 차원들을 제시하고 있다. 그림 6-8에서 볼 수 있듯이, 이들 차원은 정보품질, 시스템 품질, 서비스 품질, 시스템 이용, 사용자 만족도, 그리고 순효익이다. 화살표들은 이들 차원들 간의 영향관계를 표시하고 있다. 표 6-2는 전자상거래 시스템의 성공을 측정하는 데 있어 각 차원이 지니는 의미를 설명하고 있다. 아래에서는 이들 개별차원의 개념 및 세부 척도들에 대해 알아보기로 한다.

개별 차원들의 세부 척도

- **정보 품질**: 웹기반의 전자상거래 사이트에서 정보품질이란 웹사이트 콘텐츠의 질적 측면을 의미한다. 정보 품질이 우수한 웹사이트는 고객의 방문을 유도하며 궁극적으로는 비즈니스 성공에 기여한다. 콘텐츠는 고객이 웹사이트를 방문하는 데 있어 중요한 영향을 미치는 웹사이트 구성요소이다. 정보품질의 주된 척도는 개인화, 정확성, 완전성, 관련성, 그리고 이해용이성이다.

표 6-2   전자상거래 성공측정 차원들의 의미

차 원	설 명
정보 품질	전자상거래 사이트의 콘텐츠의 질을 의미함; 콘텐츠는 개인화되고, 정확하고, 완전하고, 관련 있고, 이해가 용이해야 함
시스템 품질	인터넷환경에서 전자상거래 시스템의 기술적 특성을 나타냄; 시스템은 사용이 용이하고, 접속가능하고, 안정성이 있고, 신속한 반응을 보여야 함
서비스 품질	전자상거래업체가 사용자에게 제공하는 전반적인 지원서비스를 의미함; 사용자는 곧 고객이므로, 지원서비스의 질은 매출에 직접적인 영향을 미칠 수 있음
시스템 이용	사이트 방문에서부터 사이트 내에서의 페이지 이동, 거래수행에 이르기까지 사용자의 전반적인 이용과정을 측정함
사용자만족도	전자상거래 시스템에 대한 고객의견을 측정함; 고객의 전반적인 사이트 이용과정 (가령, 주문, 결제, 지원서비스 등)에 대해 만족도를 측정할 필요가 있음
순효익	전자상거래의 궁극적인 성과를 측정한다는 점에서 매우 중요함; 기업은 물론 고객, 공급사, 직원, 시장, 산업 등 다양한 측면에 대한 영향을 측정함

- **시스템 품질**: 웹사이트가 아무리 우수한 질의 정보를 제공한다 해도, 이를 제공하는 기술적 기반이 취약하면 웹사이트 사용자에게 불만의 원인을 제공할 수 있다. 전자상거래 사이트에 있어 시스템 품질을 결정하는 요소들은 커스토마이징, 내비게이션, 용이성, 로딩속도, 시스템 안정성, 프라이버시, 그리고 보안이다. 커스토마이징은 사용자 니즈에 부합되는 사이트 사용환경을 제공한다는 점에서 중요한 시스템 품질의 척도이다. 그 외의 척도들은 제7장의 전자상거래 성공요인 부분에서 상세히 살펴보기로 한다.
- **서비스 품질**: 사용자가 시스템을 이용하는 과정에서 필요로 하는 지원서비스는 사용자 만족에 결정적인 영향을 줄 수 있다. 서비스 품질의 수준은 이메일 문의에 대한 답변, FAQ(자주 묻는 질문모음)의 답변, 주문추적 기능 등과 같은 온라인 지원기능들을 통해서 가늠할 수 있다. 동시에, 전화문의 대응과 같은 오프라인 지원능력을 참고하면 서비스 품질수준을 더 정확하게 측정할 수 있을 것이다.
- **시스템 사용**: 고객이나 공급사에 의한 시스템 사용은 전자상거래 시스템의 효과성을 나타내는 주요 변수 중의 하나이다. 우수한 전자상거래 시스템일수록 시스템을 더 자주 혹은 더 오랜 시간 동안 사용할 수 있을 것으로 예상될 수 있다. 그러나 이와 같은 양적인 척도 이외에, 질적인 척도도 함께 고려할 필요가 있다. 이를테면, 정보검색 키

워드, 고객서비스 요청사항, 최다접근 페이지, 페이지 이동경로 등을 검토하면 시스템의 사용패턴은 물론, 사용자들의 니즈나 요구사항까지도 더 정확히 파악할 수 있다.

- **사용자만족도**: 웹사이트상에서의 사용자만족도의 개념은 '사이트 체험의 질'의 개념에 기초하기 때문에, 만족도의 측정은 사이트를 직접 이용해본 방문자를 대상으로 하게 된다. 전자상거래 환경에서 사용자만족도는 시스템에 관한 고객의견을 반영하며, 정보 조회에서 구매, 대금결제, 제품수령 및 서비스에 이르는 전반적인 고객체험 주기를 대상으로 조사되어야 한다.
- **순효익**: 전자상거래 시스템의 궁극적인 영향을 측정하기 위한 차원이 순효익이므로, 시스템 성공의 측정에서 매우 중요하게 다루어져야 하는 부분이다. 개인, 집단, 기업, 산업의 각 관점에서 순효익을 측정할 수 있다. 개인 사용자는 쇼핑 시간 혹은 노력을 줄일 수 있고, 온라인 쇼핑의 재미를 즐기며, 온라인 판촉프로그램을 통해 구매가격을 절감할 수 있다. 판매팀의 경우에는, 전자상거래 시스템을 통해 팀원들 간의 커뮤니케이션 및 조정관리를 향상할 수 있다. 기업의 경우에는, 브랜드 인지도 향상, 고객 충성도 제고, 매출 증대 등 다양한 척도들을 통해 직간접적인 효익들을 측정할 수 있다. 순효익에 관해서는 제3절에서 더 상세하게 다루기로 한다.

6.3 전자상거래의 효과와 미래영향

▶▶ 전자상거래의 효과

인류역사에서 전자상거래만큼 다양한 효과를 제공하는 발명도 찾아보기 어렵다. 전자상거래 기술의 글로벌 보편성, 낮은 비용, 수많은 사람들에의 접근성, 상호대화적 속성, 시간과 공간의 장벽의 해소 등 장점이 매우 많다. 이제 이 효과들을 기업 관점과 개인 관점의 두 가지로 나누어 살펴보기로 한다.

기업관점

- **비용절감**: 일반적으로 B2B 전자상거래의 모체는 EDI라고 할 수 있으며, EDI는 상거래 절차에 발생하는 정형화된 문서를 조직 간에 전자적으로 교환함으로써, 데이터 재입력의 배제를 통한 오류의 방지, 시간과 비용의 절감 등 조직의 효율성 증진을 목

적으로 사용되기 시작하였다. EDI기반의 전자상거래는 주문 및 결제와 관련한 문서의 작성 및 전달 비용을 크게 절감시켜 주고 있다. 뿐만 아니라 재고량도 줄어들어 제품을 창고에 저장하는 비용도 절감되는 효과가 있다. 또한 온라인 소매점(digital storefront)의 경우에는 전통적 매장에서 요구되는 물리적 공간 및 판매인력이 필요없어 점포운영비가 크게 줄어들게 된다. 그리고 생산자가 소비자와 직거래를 하는 경우에는 중개자가 사라짐으로 인해 중간 유통비용이 줄어들어 이윤 증대에 기여한다.

- **대응속도 향상:** 고객주문의 접수에서부터 제품의 발송까지 전체적인 절차를 전자상거래 기술을 통해 자동화함으로써 처리시간(cycle time)을 단축시켜 주기 때문에 고객이 주문한 제품을 보다 빠르게 받을 수가 있다. 또한 고객의 문의사항이나 불만사항에 대한 대응에 대해서도 전화와 같은 기존 채널 이외에도 웹이나 이메일을 이용해 수시로 커뮤니케이션 함으로써 고객대응 속도의 향상을 기대할 수 있다.

- **고객 베이스의 확대:** 오프라인 상점의 경우에는 쇼핑을 위해 물리적 이동이 불가피하므로 상점에 손쉽게 방문할 수 있는 지역에 사는 사람들이 주고객이 되겠지만, 사이버 공간상에서는 잠재고객들의 범위가 현지에 국한되는 것이 아니라 글로벌 규모로 확대되기 때문에 온라인 상점으로서는 매출증대의 효과를 기대할 수 있다. 또 오프라인 상점으로서 온라인 판매기능을 추가한 온-오프 병행 상점의 경우에는 판매채널이 추가됨에 따라 온라인 및 오프라인 고객에 의해 판매가 크게 늘어날 수 있다.

- **규모에 관계없는 경쟁관계:** 인터넷 공간에서는 대기업이나 중소기업이나 대등한 관계에서 공정하게 경쟁할 수가 있다. 흔히 오프라인 쇼핑에서는 기업의 브랜드이미지 뿐 아니라 매장의 위치, 규모, 인테리어 등 많은 물리적인 요소들이 고객의 방문을 크게 좌우하기 때문에 중소규모의 재래매장은 고객들의 발길이 뜸한 실정이다. 그러나 사이버공간상에서 소비자들은 기업의 인지도 및 외형규모보다는 웹사이트상에 수록된 상품 및 가격정보에 의해 더 민감하게 반응한다. 따라서 중소기업도 창의적인 전자상거래 전략을 가지고 소비자의 니즈에 가깝게 다가간다면 대기업과 당당하게 경쟁할수가 있다.

개인 관점

- **선택의 폭 확대:** 전자상거래를 통해 쇼핑을 하는 소비자들은 인터넷의 전자시장에 존재하는 수많은 공급자와 수많은 제품을 대상으로 원하는 제품을 선택할 수가 있어 소비자로서는 제품 선택의 폭이 크게 확대되는 효과를 기대할 수가 있다. 특히 재래상점은 점포의 물리적 공간에 의해 판매 가능한 상품의 수가 제한되는 문제가 존재하지만, 웹기반 소매점에서는 수만 내기 수십만 가지의 상품에 대해서도 온라인 카탈로그를

구축해 판매할 수 있기 때문에 훨씬 큰 제품 선택의 폭을 제공한다.

- **저렴한 가격의 구매:** 앞서 전자시장의 개념을 소개하면서 언급하였듯이, 소비자들은 인터넷 공간에서 많은 제품들을 비교해 가면서 쇼핑할 수가 있어 재래시장에 비해 더 저렴한 가격에 제품을 구매할 수가 있다. 뿐만 아니라 요즘에 와서는 www.naver.com이나 www.nate.com

▶ 소비자 관점에서 볼 때, 전자상거래는 제품 선택의 폭을 넓혀주고, 저렴한 가격에 제품 구매할 기회를 제공하며, 365일 24시간 편리한 쇼핑을 가능하게 해준다.

과 같은 검색 에이전트를 이용하면 특정제품에 대한 쇼핑몰들의 가격을 실시간으로 조사해서 가격 순서로 나열해 주기 때문에 낮은 가격의 제품을 찾기가 보다 용이해졌다.

- **편리한 쇼핑:** 전통적인 매장에서는 하루 중 정해진 시간에만 제품을 판매하므로, 직장 근무로 인해 쇼핑할 시간을 찾기 어려운 고객에게는 전자상거래만큼 편리한 쇼핑 방법이 없다. 모든 온라인 쇼핑몰들이 1년 365일, 1일 24시간 운영되고 있어 시간과 장소에 구애받지 않고 편리하게 쇼핑을 즐길 수가 있다.

▶▶ 지식기반 경제에 미치는 영향

전자상거래의 발전은 기업, 소비자 등 경제주체 간 상호작용을 용이하게 하고, 지식자본의 중요성을 제고하여, 지식기반경제로의 이행에 촉매제 역할을 한다. 이제까지의 새로운 경제체제로의 변환은 기존의 축적된 경제적 잉여를 활용하려는 노력과 신기술이 결합되면서 발생하는데, 철제도구의 사용이 농경사회의 정착을 가져왔고, 증기기관과 공장제 생산조직이 결합되어 발생한 산업혁명을 통해 산업사회가 도래하였다. 같은 맥락에서 정보통신기술을 기반으로 한 전자상거래의 발전은 세계화된 경제환경 속에서 정보와 지식의 부가가치를 극대화하여 새로운 경제체제로의 변환을 초래할 것으로 예상된다.

전자상거래는 인터넷 및 전자적 네트워크를 통해, 전 세계 시장을 대상으로 제품과 서비스의 구매 및 판매를 가능케 하는 것으로, 글로벌 규모의 시장을 보다 낮은 비용으로 접근할 수 있는 기회를 사업자에게 제공한다. 즉, 정보통신기술을 기반으로 한 전자상거래의 발전은 가치사슬(value chain)상의 모든 참여기업들 간의 상호작용을 용이하게 하고, 기존에 비해 고객의 권한을 강화함으로써 시장구조와 기업구조의 근본적인 변화를 초래하고 있다.

나아가 전자상거래에 의한 부가가치의 창출은 정보의 효과적인 활용에 기인하는 만큼 지식자본의 중요성이 더욱 제고될 것이다. 지적 자본은 경제·정치·문화 각 분야에서 부가가치 창출에 활용 가능한 지식의 총체를 일컫는 것으로 국가경쟁력의 원천으로 작용한다. 그러므로 지속적인 성장을 보이는 국가와 기업은 지적 자본을 가장 효과적으로 활용하고 있으며, 정보와 지식의 생성, 유포 및 이용이 부가가치를 창출하는 가장 핵심적인 요소로 작용하는 경제체제로의 전환을 주도하고 있다. 결국 전자상거래의 발전은, 경쟁기업에 비해 정보와 지식의 활용과 축적면에서 우월한 기업이 성공하고, 지적 자본을 효과적으로 활용하는 국가를 경쟁력 있게 하여, 현 경제체제를 산업기반경제에서 지식기반경제로 이행하게 하는 촉매제 역할을 수행할 것이다. 즉, 현재 진행되는 경제적 변혁은 전 세계 기업간 무한경쟁의 글로벌화(globalization)와 경제적 부가가치 창출력의 비중이 물적 자본에서 지적자본으로 이동하는 지식기반경제(knowledge-based economy)로의 이행이다. 전자상거래는 이러한 경제적 변혁의 중심에 위치하여 앞으로 우리 경제가 나아갈 방향에 지대한 영향을 미칠 것이다.

토의문제

01 전자상거래 기업이 전통적 상거래 기업과 다른 점들을 알아봅시다. 소비자 관점에서 볼 때, 전자상거래와 전통적 상거래의 각 매력 포인트는 무엇이라고 생각하는가?

02 우리 주변에서 예전에 한때 존재했으나 지금은 파산하여 시장에서 사라진 전자상거래 기업들 세 개를 찾아보고, 이들 각 기업에 대해 전자상거래 실패요인이 무엇인지 논의해 보자.

03 본문에서는 전자상거래 기업이 가치를 창출할 수 있는 네 가지 요인은 효율성, 상호보완성, 전환불능성 및 새로움이라고 설명하고 있다. 이들 각 요인을 통해 가치를 창출하는 데 성공한 국내 혹은 국외 사례를 하나씩 제시하고, 각 사례기업이 구체적으로 어떻게 가치를 창출하게 됐는지를 설명하시오.

04 들론과 맥클린의 웹기반 정보시스템 성공모델을 이용해, 국내 전자상거래 사이트(가령, 쇼핑몰)의 전자상거래 성공을 측정해 보시오(단, 사이트 운영자의 도움 없이도 사이트의 온라인관찰을 통해서만 측정이 가능한 척도들을 중심으로 측정할 것).

📖 참고문헌

- 전자상거래 지원센터, "e-Biz 가이드," http://www.ecrc-korea.or.kr. 2022. 8. 13. 참조.
- Amit, R. and C. Zott, "Value creation in E-business," *Strategic Management Journal*, Vol. 22, No. 6-7, 2001, pp. 493-520.
- Bushrod, Lisa, "Report on E-commerce Value Creation." *European Venture Capital Journal*, November 1, 2000.
- Chaudhury, Abhijit, Debasish Mallick, N. Rao, and H. Raghav, "Web Channels in Ecommerce," *Communications of the ACM*, January 2001.
- DeLone, W.H. and E.R. McLean, "Information systems success: the quest for the dependent variable," *Information Systems Research*, 1992, Vol.3, No.1, pp. 60-92.
- DeLone, W.H. and E.R. McLean, "The DeLone and McLean Model of Information Systems Success: A Ten-Year Update," *Journal of Management Information Systems*, 2003, Vol.19, No.4, pp. 9-30.
- DeLone, W.H. and E.R. McLean, "Measuring e-Commerce Success: Applying the DeLone & McLean Information Systems Success Model," *International Journal of Electronic Commerce*, Fall 2004, Vol.9, No.1, pp. 31-47.
- Eid, R., M. Truman, and A.M. Ahmed, "A Cross-Industry Review of B2B Critical Success Factors," *Internet Research*, 2002, Vol.12, No.2, pp. 110-123.
- Mathradas, Amit, "Three Traits of A Successful E-Commerce Business," *Forbes*, May 24, 2021.

💡 **사례연구**   **이커머스 고성장은 끝났다**

신종 코로나바이러스 감염증(코로나19)을 기점으로 급성장한 국내 온라인 쇼핑 시장은 올해 네이버, 쿠팡, 신세계그룹(SSG닷컴·이베이코리아) 등 이른바 네·쿠·쓱 '3강'의 선점 경쟁이 심화하는 가운데, 중위권 업체들의 경쟁이 치열해질 것으로 전망된다.

국내 온라인 쇼핑 시장은 그동안 연평균 20%대의 고성장을 기록했다. 하지만 올해는 유통시장 내 높은 온라인 침투율과 기저효과에 따라 '저성장 구간'에 진입할 것으로 보인다. 증권가는 올해 온라인 쇼핑 시장의 성장률을 9~13% 수준으로 전망한다.

■ 이커머스 고성장은 끝났다

온라인 쇼핑의 성장 둔화는 세계적 추세다. 한국보다 경제 재개가 빨랐던 미국에선 지난해 11월 블랙 프라이데이 온라인 쇼핑 거래액이 89억 달러(약 10조 7,100억원)로 전년 대비 1억 달러(약 1,200억원) 줄었다. 바로 이어진 사이버 먼데이(추수감사절 연휴 이후 첫 월요일에 하는 온라인 쇼핑 행사) 거래액도 전년 대

▶ 자료: 통계청, 한국온라인쇼핑협회

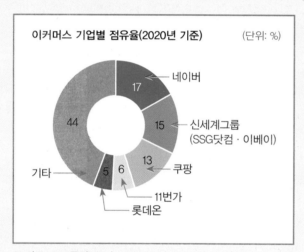

▶ 자료: 교보증권

비 1억 달러가 줄어든 107억 달러(12조8,800억원)를 기록했다. 블랙 프라이데이와 사이버 먼데이 매출이 줄어든 것은 통계 집계 이후 처음이다.

중국의 최대 쇼핑 축제인 광군제의 성적도 예상치를 하회했다. 알리바바의 자회사인 온라인 쇼핑몰 티몰의 매출은 전년 대비 8.45% 증가했다. 2009년 행사를 시작한 이래 증가율이 한 자릿수를 기록한 건 처음이다.

전자상거래(이커머스) 업체들의 성장률도 감소세를 보였다. 세계 최대 전자상거래 업체인 아마존은 지난해 유통 부문 매출액 증가율이 1분기 50%, 2분기 22%, 3분기 8%로 축소돼, 최근 3년 사이 가장 낮은 수준을 기록했다.

이커머스 침투율이 높은 국내 역시 성장률이 둔화할 거란 전망이 우세하다. 한국의 소매 시장의 이커머스 침투율은 37%로, 자동차와 연료를 제외하면 침투율이 47%에 달한다. 한국온라인쇼핑협회는 올해 온라인 쇼핑 시장 규모 작년보다 14.5% 성장한 211조8,600억원, 2023년에는 13.7% 성장한 241조원에 이를 것으로 내다봤다.

김진우 KTB투자증권 연구원은 "한국은 온라인 침투율이 중국에 이은 세계 2위 규모로, 올해는 이커머스 산업 내 경쟁 강도가 더 높아질 것"으로 예상했다.

■ 지속되는 적자… 점유율 30% 선점 가능할까

뚜렷한 강자가 없는 국내 이커머스 시장은 그야말로 전쟁터와 다름없다. 국내 이커머스 시장 점유율은 네이버(17%), 신세계 그룹(SSG닷컴·이베이코리아, 15%), 쿠팡(13%) 순으로, 절대강자가 없다 보니 점유율 선점을 위한 적자 경쟁이 지속되고 있다.

KTB투자증권에 따르면 쿠팡의 영업적자는 지난해 1조6,000억원으로 추정된다. SSG닷컴과 롯데온도 영업적자가 각각 1,070억원과 1,430억원으로 예상된다. 이에 유통업계 일각에서는 안정적인 수익을 내기 위해선 30% 점유율을 선점해야 한다는 분석이 나온다.

정연승 한국유통학회장(단국대 경영학부 교수)은 "국내는 정부가 독점을 규제하는 데다, 대기업이 공격적으로 온라인 사업을 확장하고 있어 절대강자가 나오기 어려운 구조"라고 말했다.

그는 "올해는 빅3 체제가 공고한 가운데, 중하위 업체들의 합종연횡이 예상된다"며 "자본력을 갖춘 대기업과 네이버처럼 쇼핑 외 다른 수익 모델이 있는 곳이 유리할 것"이라고 말했다.

■ '고객 잡기 & 수익성 개선' 돌입

이커머스 업체들은 고객 록인(Lock-in·묶어두기)과 수익선 개선이라는 두 마리 토끼 잡기에 돌입했다. 지난해 3월 미국 뉴욕증권거래소(NTSE) 상장 후 네 차

▶ 쿠팡 물류센터의 내부 모습

▶ 마켓컬리 냉동차에 배송 제품이 들어차 있는 모습

례의 유상증자로 1조3,800억원의 자금을 마련한 쿠팡은 올해도 물류센터 확충에 주력할 방침이다. 현재 100여 개가 넘는 물류센터를 확보한 쿠팡은 물류센터를 추가로 건립해 로켓배송 권역을 확대할 계획이다.

이와 함께 쿠팡은 최근 유료 멤버십인 '와우 멤버십' 요금을 인상하고, 배달 앱 쿠팡이츠의 수수료를 개편해 수익성 확보에 나섰다. 박상준 키움증권 연구원은 "멤버십 가격 인상은 기존 회원에게도 시차를 두고 적용될 가능성이 높다"며 "기존 회원 대상으로 가격을 인상한다면 연매출과 이익이 각각 1,250억원 이상 증가할 것"이라고 분석했다.

지난해 이베이코리아 인수 후 시장 점유율 2위에 오른 신세계그룹은 '신세계 유니버스' 구축에 주력한다. 이와 관련 정용진 신세계그룹 부회장은 지난 3일 신년사에서 "올해는 디지털로 온전하게 피보팅(Pivoiting)하는 원년이 될 것"이라고 강조했다.

오프라인 자산을 하나의 축으로 삼아, 디지털 기반의 미래 사업을 준비하고 만들어가겠다는 뜻이다. 이를 위해 상반기 중 유료 멤버십을 출시할 예정이다. 기업공개(IPO)도 나선다. 업계가 예상하는 기업가치는 10조원 수준으로, 모회사 이마트(4조~5조원)와 신세계(2조~3조원)의 합산 시가총액을 뛰어넘는 규모다.

네이버는 제휴를 통해 커머스 경쟁력을 강화한다. 앞서 CJ대한통운, 신세계그룹과 지분을 교환한 네이버는 이마트, 홈플러스, 백화점 식품관 등을 유치해 플랫폼 록인의 필수 요소로 꼽히는 장보기 서비스에 힘을 줬다.

약점으로 지적됐던 물류 안정화에도 나섰다. 네이버는 CJ대한통운 등 풀필먼트 업체와 손잡고 통합 물류 관리 플랫폼 '네이버 풀필먼트 얼라이언스(NFA)'를 구축한 데 이어, 대규모 풀필먼트 센터를 설립해 스마트 스토어 입점 업체의 배송을 지원할 계획이다.

■ 기업공개 나서는 쓱·컬리·오아시스... 경쟁 가속화 될 듯

중하위권 업체들의 경쟁도 치열해질 전망이다. 온라인 장보기 업체 마켓컬리와 오아시스마켓은 상장을 통해 사세를 확대할 예정이다. 'K-유니콘(기업가치 1조 원 이상 비상장 기업)'으로 첫 국내 증시 상장을 추진 중인 마켓컬리는 최근 2,500억원의 프리IPO 투자를 유치하며 4조원 규모의 기업가치를 인정받았다. 상장 조달 자금을 활용해 새벽배송 권역을 전국으로 확대하기 위한 물류 투자에 나설 예정이다.

2023년 상장을 계획 중인 11번가도 거래액과 매출액을 확대해야 하는 과제를 안고 있다. 아마존과 협력해 선보인 글로벌 스토어의 상품을 강화하고, 모기업 SKT와 함께 선보인 유료 멤버십 '우주패스' 혜택을 강화할 계획이다.

출범 3년 차인 롯데온은 롯데쇼핑의 백화점과 마트 역량을 활용해 옴니채널 전략을 강화한다. 이를 위해 지난해 롯데쇼핑은 각 사업부에 흩어져 있던 온라인 조직

을 모두 이커머스사업부로 이관했다. 메타쇼핑(위메프)과 콘텐츠 커머스(티몬)를 앞세운 1세대 이커머스 업체들의 변신도 주목된다.

정연승 교수는 "소비자들이 자사 플랫폼 내에서 최대한 오래 머물 수 있도록 차별화된 콘텐츠나 라이브 커머스(라방) 등을 만들어 주는 것이 중요하다"며 "풀필먼트, 퀵커머스(즉시 배송) 등을 사업적으로 잘 연결해 완성된 모델로 제공해야 할 것"이라고 조언했다.

▶ 출처: 조선 비즈, 2022. 1. 10.

사례연구 토의문제

01 사례 본문에서 국내 이커머스 시장의 고성장 추세는 끝났다고 단정하는 주된 근거들은 무엇인가?

02 현재 국내 이커머스 시장의 주요 주자들은 누구이며 이들 기업들의 시장 내 상대적 위상은 어떠한지 진단해 봅시다.

03 사례 본문에서는 이커머스 주요 업체들이 고객 록인과 수익성 개선이라는 두 마리 토끼 잡기에 집중하고 있다고 언급하고 있다. 각 기업에 있어 이들 두 가지 '토끼 잡기'는 어떠한 전략을 의미하는지 그리고 이들 전략의 실현을 통해 성취하려는 비즈니스 목표는 무엇인지 알아봅시다.

04 사례 본문에 소개된 이커머스 업체들은 두 마리 토끼 잡기의 일환으로 각각 변화를 시도하고 있다고 하는데, 이러한 변화들의 결과로서 국내 이커머스 시장은 향후 어떻게 달라질 것인지 추정해 봅시다.

제 **7** 장

B2C 이커머스

7.1 B2C 전자상거래의 개념적 이해

7.2 전자상거래 업체의 핵심 이슈

7.3 B2C 전자상거래의 성공요인

e-business

e-commerce

병원 진료서비스의 온라인 상거래 시대 열린다

▶ 메디르가 운영하고 있는 비대면 진료 서비스 '메듭'

모바일 진료 플랫폼 '메듭' 운영사 메디르가 병원에 기존에 내원한 환자들을 위한 재진 서비스를 개설했다고 25일 밝혔다.

메듭은 사용자 위치를 기준으로 근거리 병원에서만 화상 진료를 볼 수 있는 '하이퍼로컬' 비대면 진료 서비스다. 비대면 진료 후 추가적인 진단이나 치료가 필요할 경우 병원에 직접 방문해 대면 진료를 받을 수 있다.

이번에 개설한 재진 서비스는 병원에 직접 내원한 기록이 있는 환자들에 한해 지역과 관계없이 기존에 방문한 병원에서 비대면 진료를 받을 수 있는 서비스다. 재진 서비스로 사용자는 본인의 의료 기록이 있는 병원에 혈액 검사 결과나 후속 진료를 비롯해 상황에 따라 비대면 진료를 볼 수 있다. 기존에 내원하고 있던 병원의 거리가 기존 지역 제한으로 이용하기 어려웠던 경우에도 메듭을 통한 연계 방문이 가능해졌다.

메듭은 올해 1월 서울 강남을 시작으로 빠르게 지역을 확장하고 있다. 현재 총 200개 이상의 의료기관과 제휴를 맺고 마포, 용산, 성동구까지 서비스 가능 지역을 확대했다. 이번 재진 서비스 개설로 더 다양한 지역에서 서비스 이용이 가능해졌다. 기본 서비스 지역 역시 연내 서울 전 지역으로 확대할 예정이다.

메듭의 서비스 구조는 최근 세계 최대 전자상거래 업체 아마존이 39억달러(약 5조1,285억원)에 인수한 원라이프케어의 비대면 진료 서비스 '원메디컬'과 유사하다. 원메디컬 역시 지역 기반으로 대면-비대면 진료를 연계한 서비스를 지원하고 있다.

손덕수 메디르 대표는 "국민들이 안전한 비대면 진료 서비스를 누릴 수 있도록 하려면 지역 기반 정책은 필수라고 생각한다"고 말했다.

▶ 출처: 매일경제, 2022. 7. 25.

7.1 B2C 전자상거래의 개념적 이해

기업과 소비자간에 이루어지는 B2C 전자상거래는 인터넷기반의 상거래가 시작된 후 시장규모가 빠른 속도로 성장을 계속했다. 그만큼 인터넷이 소비자의 경제활동에 미치는 영향이 크기 때문이다. 개념사례에 소개된 병원 진료서비스의 온라인 상거래도 그런 흐름 속에서 최근 나타난 현상이다.

▶▶ B2C 전자상거래의 개념과 추세

기본 개념

B2C(business-to-consumer)는 소비자를 대상으로 인터넷을 통해 제품 및 서비스의 마케팅 및 판매를 수행하는 기업 활동을 지칭하는 용어이다. B2C 용어는 전적으로 전자상거래에 한정해서 사용된다. 아마존 닷컴이나 인터파크 닷컴과 같이 처음부터 온라인 상점이나 쇼핑몰로 출발한 B2C 전자상거래 업체들도 있지만, 개념사례에 소개되어 있듯이 기존에 소비자를 대상으로 제품이나 서비스를 판매하던 오프라인 소매점들(가령, 롯데백화점, 교보문고 등)이 판매채널을 늘리기 위해 온라인 판매사이트를 개설함으로써 B2C 비즈니스를 시작하는 것으로 조사되고 있다.

B2C 전자상거래를 사용하기에 적합한 업체들 및 이들이 전자상거래를 하기 위한 목적은 표 7-1에서와 같이 요약할 수 있다. 컴퓨터, CD, 서적 등을 판매하는 전형적인 온라인 소매업체뿐 아니라, 엔터테인먼트, 교육, 금융, 여행 등 서비스를 제공하는 온라인 서비스 업체들이 모두 B2C 전자상거래 기업의 예들이다. 서비스 부문의 전자상거래는 제10장에 상세히 기술되어 있다.

B2C 전자상거래의 성장배경

1990년대 중반부터 인터넷 및 웹 기술이 본격적으로 활용되기 시작하면서, 일반 소비자를 대상으로 상거래 서비스를 제공하는 B2C 전자상거래는 빠른 속도로 성장하며 전자상거래 시장의 초기 단계를 주도하였다. 특히 고객관점에서 볼 때, B2C 전자상거래는 B2B 전자상거래보다 온라인 구매 프로세스가 더 단순하고 또 어디서나 쉽게 접속해 사용할 수 있어 급속도로 확산되었다.

하지만 1990년대 후반부터 전자상거래의 빠른 확산으로 형성된 많은 닷컴 기업들이 수

표 7-1 B2C 전자상거래의 도입이 적합한 업체들

업체 유형	온라인 판매의 목적
소매업체(혹은 쇼핑몰)	도매업자나 제조사로부터 공급받은 제품을 소비자에게 판매함
제조사(직판모델)	인터넷을 새 채널로 이용해 소비자에게 직접 판매함
출판사	출판물(e-북 등)을 온라인으로 판매함
엔터테인먼트업체	게임, 영화, 음악, 애니메이션 등 콘텐츠를 판매함
교육서비스업체	인터넷을 매체로 한 온라인 교육 서비스의 제공
은행	금융상품의 판매 및 거래 서비스(입금, 출금, 이체 등)의 제공
증권사	주식의 온라인 매매 서비스 제공
보험사	온라인상에서 보험료 조회 및 납부 서비스 제공
여행사	온라인 예매 및 티켓구매 서비스 제공

▶ 이토이즈 닷컴은 한때 온라인 마켓 강자로서 미국 최대 장난감 체인인 토이저러스를 위협할 정도로 성장하였으나 손실의 누적으로 2001년 파산했다.

익기반을 확보하지 못하고 경영환경이 악화됨에 따라 닷컴 기업의 위기론이 대두되기 시작하였다. 1999년에는 Buy.com, Egghead.com 등의 닷컴 기업들이 100억 달러 이상의 순손실을 기록하였으며, B2C 전자상거래는 시장조정 단계에 돌입하였다. 가든닷컴(Garden.com), 웹밴 닷컴(Webvan.com), 이토이즈 닷컴(Etoys.com) 등 한때 큰 주목을 받으며 투자자들로부터 여유 있는 자금유입을 누리던 기업들이 파산한 것도 이 때였다.

이러한 시장조정 단계를 거친 B2C 전자상거래는 시장안정화 단계에 있다. 현재 비즈니스 모델을 확보한 기업들이 B2C 전자상거래 시장의 주류를 이루고 있다. Amazon.com 등 경영난을 겪은 대규모 B2C 전자상거래 기업들은 2001년부터 수익성을 확보하기 시작하였다. 특히 B2C 전자상거래 기업들은 개인화(personalization) 기능으로 고객 만족도를 향상하고 있으며, 온라인 판매시스템과 SCM 시스템의 통합으로 비즈니스 프로세스의 속도 및 효율성을 향상시키고 있다. 또한 기존의 오프라인 기업들의 온라인 시장에의 참여가 두드러지게 나타나고 있다.

시장이 안정을 되찾은 이후, 전 세계적으로 B2C 전자상거래의 규모는 빠른 성장을 계속하고 있다. 미국은 1998년부터 2000년까지 B2C 전자상거래 분야의 투자 규모가 급격하게 증가했다가 닷컴 기업의 붕괴와 함께 크게 하락한 것과는 대조적으로, 1998년 이후 미국 B2C 전자상거래 거래규모는 꾸준히 증가세를 보인 것으로 나타났다. 국내의 B2C 전자상거래 시장은 도입 초기인 1997년 이후 매년 100% 이상의 고성장을 기록하다가 2000년 하반기부터 시작된 닷컴 기업의 붕괴에 따라 잠시 완만한 성장세를 기록했다. 그 이후 국내 브로드밴드 네트워크 인프라의 개선에 힘입어 비교적 빠른 성장세를 이어가고 있는 편이다. 하지만 이러한 외형적 성장과 달리 높은 카드수수료와 높은 물류비용 등으로 초기의 인터넷 쇼핑몰은 적자를 면치 못했다. 정보통신정책연구원(KISDI)에 따르면 2000년에 월별 손익분기점을 넘어선 쇼핑몰은 겨우 3.8%에 달할 뿐이라고 발표했다. 실제로 국내의 쇼핑몰들은 1997년부터 2001년까지 첫 5년간 재정난에 시달려야 했다. 그러다가 2002년부터 적자의 늪에서 벗어나기 시작했다. 쇼핑몰들에 대한 소비자 신뢰가 높아지면서 시장이 점차 성장하게 됐고, 그 결과로서 규모경제를 실현하는 것이 가능해졌기 때문이다. 즉, 전자상거래에서는 거래규모가 커질수록 중간단계 비용이 줄어들어 전자상거래 업체의 수익이 커지는 효과가 나타났기 때문인 것으로 해석된다.

▶▶ B2C 전자상거래 시스템의 4C 요소

웹기반 상점이 단지 전자 카탈로그만 화려하게 갖춰놓는다고 해서 매출이 자연히 늘어나는 것은 아니다. 제품정보가 수록된 온라인 카탈로그들을 통해 제품판매는 되겠지만, 지속적으로 꾸준한 매출을 유지하려면 B2C 상거래에 필수적인 요소들을 웹사이트에 구축한 상태에서 비즈니스를 운영하여야 한다. 우선 콘텐츠(Content)가 있어야 방문자들이 모여들어 커뮤니티(Community)를 형성하게 되고, 커뮤니티가 활발히 제 역할을 해야 상거래(Commerce)가 원활해져 매출이 늘고, 또 온라인 서비스(Customer service)가 잘 제공되어야만 고객들이 만족을 하게 되어 전자상거래 기업이 장기적으로 성장하게 되는 것이다. 아래에서는 이들 4C (Content, Community, Commerce, Customer service) 요소에 대해 각각 살펴보기로 한다.

콘텐츠(Content)

콘텐츠는 제품 및 서비스에 관한 정보, 사이트 방문자들이 서로 주고받은 대화내용, 할인판매 정보를 포함해 웹페이지에 수록된 모든 정보를 의미한다. 또 콘텐츠의 형태로는 텍스트, 동영상, 음성, 그래픽 등 다양한 형태가 포함된다. 오늘날 콘텐츠는 인터넷에서 황금과도 같은 존재이다. 사용자들은 인터넷을 통해 많은 것을 알고 배울 수가 있기 때문에, 콘텐츠는 웹사이트에 방문자들을 몰아주는 역할을 하게 되는 것이다.

사이트의 콘텐츠는 반드시 제품에 대해서만 밀접한 관련이 있어야 하기보다는, 잠재적 고객의 니즈 및 욕구와 더 가까운 관련이 있어야 한다. 이를 실현하기 위해, 웹 상점을 단순히 제품구매의 장소로만 만들 것이 아니라 학습공간으로도 만들어야 한다. 이 웹기반 학습공간은 사용자의 새로운 학습을 도움으로써 단지 방문자뿐 아니라 유망 고객을 유도하는 웹사이트여야 한다. 사용자들은 학습을 하면서 사이트에 오래 머무르며 구매를 하게 되는 것이다. Yahoo!, The Motley Fool, Consumer World, Amazon.com 등은 모두 학습기능을 제공하면서 구매를 유도하는 사이트들의 예에 속한다.

사이트의 콘텐츠가 고객 니즈를 충족하는지 그리고 콘텐츠가 어떻게 바뀌어야 하는지 알 수 있는 유일한 방법은 사이트 구축 후 지속적으로 모니터링 하는 것이다. 사이트의 콘텐츠 부문들에 대해 트래픽 패턴을 정기적으로 관찰하게 되면, 방문자의 기대에 부응하거나 기대에 미치지 못하는 콘텐츠를 가려낼 수가 있으므로, 수요가 많은 콘텐츠는 더 보강시키고 아무도 찾지 않는 콘텐츠는 제거함으로써 사이트 콘텐츠 개선을 해 나갈 수가 있다.

커뮤니티(Community)

커뮤니티란 사이트 방문자들 간에 상호대화를 나눌 수 있는 온라인 공간을 뜻한다. 사용자와 사용자 간의 커뮤니케이션은 이메일이나 온라인게임에서와 같이 두 사람 간에 이루어질 수 있고, 또 채팅 방에서와 같이 한 사용자와 여러 사용자들 간에 이루어질 수도 있다.

사용자들은 단지 정보를 얻기 위해서보다는 다른 사람들과 교감하며 상호대화를 나누기 위해 온라인 방문을 하는 경우가 많다. 콘텐츠가 구매자들의 사이트 방문을 유도하는 데 기여한다면, 이들이 지속적으로 재방문을 할 수 있도록 상호대화를 나눌 수 있는 효과적인 커뮤니티가 구축되어야 한다. 온라인 커뮤니티의 가치가 바로 여기에 있다.

요즘 우리나라에서도 유사한 관심을 가진 온라인 고객들이 함께 모여 자신의 구매경험에 관한 정보를 교환할 수 있는 공간을 제공하는 온라인 상점들이 늘고 있다. 고객들은 판매자와는 다른 구매자의 시각에서 제품구매와 관련되는 여러 가지 유용한 정보를 주고 받음으로써 사이트의 가치를 느끼게 되고 또 고객충성도도 높아진다. 그림 7-1에서 볼 수 있듯이, 온라인 쇼핑을 즐기는 여러 이용자들이 특정 사이트에서 제품을 구매하기 전에 사이트상에 제공되는 가상 커뮤니티에 들어가 해당 제품에 대해 다른 이용자들이 제공한 코멘트를 참고하여 최종 구매결정을 한다.

그림 7-1　　차량용 공기청정기 제품의 네이버 고객 커뮤니티

▶ 제품에 대한 고객 리뷰 정보는 사이트를 방문한 잠재적 구매자들의 구매결정에 중요한 영향을 미친다.

상거래(Commerce)

　　인터넷은 스스로 빠르게 진화할 뿐 아니라 인터넷에 존재하는 것들까지 신속하게 진화시킨다. 한 예로 야후!를 보더라도 10여 년 전에는 단순한 웹 디렉토리(즉, 사이트링크 목록)에 불과했는데, 이제는 이메일, 게임, 투자 정보, 뉴스, 지도 등 다양한 종합 서비스를 제공하는 포털로 변신했고, 또 최근에는 온라인 상점 호스팅 기능을 추가해 명실상부한 전자상거래 사이트가 됐다. 또 전형적인 전자상거래 사이트조차 진화했다. 아마존 닷컴은 한때 서적만 판매했지만, 이제 영화, CD, 전자제품, 장난감, 게임 및 기타 다양한 제품들을 취급하는 상점으로 발전했다. 온라인 기업들의 이러한 다각화 전략은 수입원 다변화 효과를 가져다 주기 때문에 최근 확산되어 가는 추세이다.

　　전자상거래 사이트에서의 수입원 다변화는 사이트 트래픽을 높여주고 매출을 증가시키는 효과를 가져오기 때문에, 단순한 제품판매 개념을 초월해 실현되고 있다. 즉, 제품이나 서비스의 판매 수입 이외에도, 광고 수입 및 소개 수입 등이 있다. 소개(referral) 수입이란 사이트간 전략적 제휴에 따라 어느 인기 사이트에 찾아온 방문자를 링크를 통해 다른 비인

▶ 위와 같은 온라인 쿠폰은 잠재 고객의 구매를 촉진시키는 인센티브 역할을 한다.

기 사이트에 접속하도록 했을 경우 일종의 소개료 명목으로 받는 수입이다. 링크 클릭 횟수 혹은 링크를 통해 발생한 총매출액의 퍼센티지를 근거로 하여 소개 수입이 산출된다. 예를 들면, 클릭 1회당 50원에서 1,000원 사이의 금액이 부과되거나, 총매출액의 5%와 20% 사이의 금액이 수수료로 지급된다.

인터넷 상거래에서 또 하나의 핵심 이슈는 구매를 유도할 수 있는 인센티브를 제공하는 것이다. 사이버 공간에서 소비자들은 가격에 매우 민감하며, 또 온라인 쇼핑사이트들 간에 가격을 비교하는 데도 매우 익숙해져 있다. 따라서 구매를 유도하기 위한 수단으로서 가격할인 쿠폰 등 인센티브 프로그램을 적절히 활용하는 것이 매우 중요하다. 또 온라인과 오프라인을 연계한 인센티브를 제공하는 것도 유용한 방법이 될 수 있다. 예를 들어 국내의 어느 레스토랑에서는 웹사이트상에 올려진 쿠폰을 출력해서 행사기간 중에 가져오면 특별히 할인된 가격에 음식서비스를 제공한다고 한다(옆의 쿠폰 그림 참조).

온라인 서비스(Customer service)

고객이 제품을 주문한 후 발송이 됐는지 알고 싶어 상거래 사이트에서 주문추적(order tracking) 기능을 찾아도 그런 기능 자체가 존재하지 않는다면, 불만이 생길 수밖에 없다. 문의사항을 이메일이나 게시판을 통해 전달했는데 이에 대한 답변이 늦어진다면 이 또한 불만을 갖게 하는 원인이 된다. 웹에서는 고객이 거래하던 상점을 다른 상점으로 전환하는 데 따른 비용이 매우 적기 때문에, 사소한 서운함이나 불만이 있어도 고객은 떠나게 마련이다. 따라서 온라인 서비스 기능은 마케팅이나 판매기능 못지않게 전자상거래 기업의 성공적인 운영을 위해 중요한 기능이다.

온라인 서비스의 본질을 파악하기 위해, 우선 온라인 고객지원이 전통적 방법과 어떻게 다른지 이해할 필요가 있다. 전자상거래의 세계가 고객과의 대면접촉이 없는 비인간적인 성격을 지니고 있으므로, 고객지원은 완전히 다른 차원에서 이루어진다. 효과적인 온라인 고객지원을 위해 필요한 것을 살펴보면, ① 고객 친화적인 사이트 디자인 및 내비게이션의 제공, ② 판매거래에 다소 개인적인 느낌을 가미, ③ 온라인 주문방법에 대해 사이트상에 명료하게 설명, ④ 온라인으로 질문에 답변하며 또 주문내용을 메일로 재확인해 줌, ⑤ 웹상에서 전송되는 개인정보의 안전성에 대해 고객에게 안심시킴 등이 있다. 전자상거래 사이트의 고객서비스는 다음과 같은 필수적 요소들을 충족시킬 수 있어야 한다.

▶ 온라인 채트는 고객이 주문과 관련해 궁금한 점이 있을 때 즉시 대응할 수 있는 효과적 온라인 서비스 기능이다.

- 내비게이션 및 디자인이 단순해야 하고, 웹 페이지가 최대한 빠르게 나타나야 한다.

- 이메일 문의에 신속하게 응답하고, 수신자부담(080)의 고객지원 전화번호를 사이트에 표시하며, 고객지원 담당자가 온라인 채트 등 기능으로 고객의 구매과정을 도울 수 있어야 한다.

- 제품설명, 스펙, 가격 등의 제품관련 정보를 제공함과 동시에, 번들링, 스마트 쇼핑카트, 교차판매 등과 같은 고급기능을 통해 구매를 용이하게 하여야 한다.

- 할인쿠폰, 반품시 환불, 신속한 제품배송, 무료 택배비 등의 인센티브를 제공하여야 한다.

- 안전한 거래에 대한 확신을 제공하고, 수집된 데이터의 프라이버시 관리에 관한 안내를 게시하며, 회사 로고표시를 통해 브랜드 정체성을 구축함으로써 전자상거래 사이트에 대한 고객의 신뢰를 구축하는 노력이 필요하다.

▶▶ B2C 전자상거래에서의 개인화의 역할

고객 관점에서 볼 때, 인터넷 쇼핑이 전통적 쇼핑에 비해 한 가지 미흡한 점이 있다면 개별고객의 필요 및 관심에 맞도록 상품안내를 할 만한 판매사원이 없다는 사실일 것이다. 그런데 이러한 결점을 보완할 수 있는 방법이 있는데 '개인화'가 바로 그것이다.

개인화의 개념

웹사이트상에서 개인화(personalization)란 웹페이지들을 개별 사용자들의 특성이나 취향에 부합하도록 구성하는 프로세스 혹은 방법을 뜻한다. 흔히 고객서비스나 전자상거래 매출을 향상시키기 위해 이용되는 개인화 기법은 기업 웹페이지가 각 개별 소비자의 니즈를 반영하도록 커스토마이즈 되는 것이 특징이다. 개인화는 고객과의 상호작용을 촉진하고 그 결과로 고객만족 및 재방문 가능성을 증대시킬 수 있으므로, 소비자의 니즈를 보다 더 효과적으로 그리고 효율적으로 충족시킬 수 있는 수단으로 알려져 있다.

그림 7-2는 아마존 닷컴의 개인화 화면을 예시하고 있다. 한 예로, 어느 소비자가 아마

그림 7-2   개인화 화면의 예시(www.amazon.com)

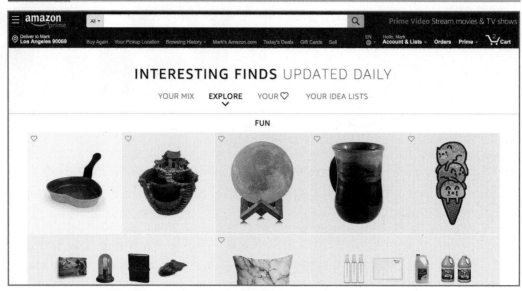

▶ 아마존 닷컴 사이트의 과거 구매기록에 기초해 이전 구매제품과 관련한 새로운 제품들을 추천해 주는 화면.

존 닷컴에서 예전에 '전자상거래' 책 한 권을 구매했다고 가정하자. 이 소비자가 다음에 아마존에 방문할 때, 화면 한 부분에 소비자의 이름과 함께 반기는 인사말이 나타나고, 소비자가 관심을 가질 만한 비슷한 토픽의 책들(예를 들어, 동일 저자에 의한 다른 책들이나 소비자가 구매했던 책을 구입했던 다른 고객들이 구매한 다른 책들)이 소개된다.

전자상거래 사이트의 개인화와 관련하여 중요한 이슈로 떠오르는 것 중의 하나는 **프라이버시** 보호이다. 개인화를 구현하기 위해 사용자들의 개인정보를 수집하고 이용하는 과정이 따르기 때문이다. 개인정보를 수집하고 이용하는 업체가 사용자들에게 수집되는 정보 및 수집목적에 관해 알려줄 뿐만 아니라, 수집된 정보에 대해서는 절대 보안을 유지하는 것이 중요하다. 그럼에도 불구하고, 미국의 한 조사연구 결과에 의하면, 조사에 참여한 4,500명의 웹 사용자들 중 73%가 사이트에 자신들의 개인정보를 기꺼이 제공할 의향이 있으며, 15%만이 개인정보를 전달하기를 꺼려한다는 사실이 밝혀졌다.

개별화 마케팅 실현수단으로서의 개인화

아마존 닷컴을 비롯하여 여러 온라인 소매점에서는 고객의 과거 구매기록이나 유사한 패턴의 기록을 가진 다른 구매자의 구매기록을 근거로 하여 개인화를 실현함으로써 **개별화 마케팅**(individualized marketing)을 전개하고 있다. 인쇄매체나 방송매체에 절대적으로 의존하던 기존의 마케팅은 매스 마케팅(mass marketing)으로서 불특정 다수에게 일방적으로 획일적인 상품정보를 보내주는 방식이다. 이러한 전통적 마케팅 기법은 개별 고객 고유의 니즈에 초점을 맞출 수가 없기 때문에 생수나 라면과 같이 대중 상품에나 적합하다.

그러나 웹 환경은 상호대화적인(interactive) 방식으로 고객의 니즈를 충족시킬 수가 있어 저렴한 비용으로 1:1 마케팅을 실현할 수가 있으며, 또 '개인화'도 그러한 상호대화적 마케팅 기법을 지원할 수 있는 중요한 방법이라고 할 수 있다.

아마존 이외에도, 야후 등 여러 포털 사이트에서는 사이트 방문자로 하여금 자신의 취향에 맞게 메인 웹페이지를 구성할 수 있도록 하는 개인화 서비스를 제공하고 있다. 이를 테면, 특정 뉴스 카테고리, 해당지역 날씨정보, 및 기타 항목을 선택하여 소비자의 '입맛'에 맞는 콘텐츠로 화면을 구성할 수가 있다.

개인화 실현기술

개인화를 실현하는 데 이용되는 가장 보편적인 수단은 소위 쿠키이다. **쿠키**(cookie)는 웹사이트가 특정 사용자에 관한 정보를 추후 기억할 수 있도록 사용자의 하드디스크에 저장해 두는 정보를 뜻한다. 쿠키는 특정 사이트를 사용할 때 방문자의 취향에 관한 정보를 기록한다. 동일 방문자에 의한 다수의 웹페이지 요청들은 모두 웹의 HTTP 프로토콜을 이용하므로, 서로 독립적인 관계를 유지한다. 따라서 웹 서버가 이전 방문 시에 사용자에게 어떤 페이지들을 전송했는지 또 사용자의 취향이 무엇인지 전혀 기록으로 남기지를 않는다. 대신, 사용자에 관한 고유정보는 해당 사용자의 컴퓨터에 쿠키 형태로 저장할 수가 있다. 따라서 누구나 자신의 하드디스크에 저장된 쿠키들을 확인해 볼 수가 있다.

쿠키의 사용 이외에도, 개인화 실현 기술 중의 하나로서 공동여과 기법이 있다. **공동여과**(collaborative filtering)란 고객 고유의 개인적 취향이나 관심 표현을 바탕으로 유사한 관심 패턴을 가진 고객들을 식별해 내는 기법이다. 유용한 제품이나 서비스를 추천하는 방법을 가리킨다. 다시 말해, 여러 사용자들의 취향이나 관심 정보를 수집하고 이를 기반으로 특정 사용자의 관심사항에 관해 자동으로 예측(즉, 여과)을 하는 방법이다. 이 기법은 비슷한 취향을 가진 고객들에게 서로 아직 구매하지 않은 상품들을 교차 추천하거나 분류된 고객의 취향이나 생활 형태에 따라 관련 상품을 추천하는 형태의 서비스를 제공하기 위해 사용된다. 공동 여과기법의 주된 전제는 과거에 동의한 사람들은 미래에도 동의할 것이라는 점이다. 예를 들어, 공동 여과기법을 이용하면, 특정 사용자의 취향(즉, 좋아하는 음악과 싫어하는 음악) 목록이 주어졌을 때 사용자가 어떤 음악을 좋아할 것인지를 시스템이 예측할 수 있다. 이러한 예측은 해당 사용자에게만 적용이 되지만, 여러 사용자들로부터 수집해 생성한 정보를 사용한다. 공동 여과기법은 단순히 품목별 선호자 수만을 고려하여 가장 많은 사용자들이 선호하는 품목을 제시하는 기법과는 근본적으로 다르다.

그림 7-3 공동 여과기법에 기초한 추천시스템의 개념도

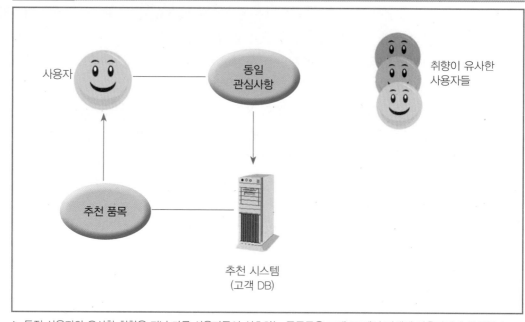

▶ 특정 사용자와 유사한 취향을 지닌 다른 사용자들이 선호하는 품목들을 고객 DB에서 검색해 사용자에게 추천한다.

그림 7-3은 공동 여과기법의 개념을 추천시스템을 통해 표현하고 있다. 예를 들어, 어느 사용자가 고전음악 중에서도 쇼팽이나 슈베르트와 같은 낭만파 작곡가의 음악을 좋아한다고 할 때, 유사한 음악을 좋아하는 다른 고객들이 그동안 구매했던 CD들의 음악을 분석해서 그들이 가장 선호한 음악이 수록된 CD제품을 온라인 상점의 웹기반 시스템이 사용자에게 추천할 수가 있다. 이러한 추천시스템을 이용하는 대표적 사례가 아마존 닷컴의 온라인 판매시스템이다. 사용자가 자신과 취향이 유사한 고객들이 선호하는 제품이라면 사용자 자신도 그에 대한 구매욕구를 가질 수 있다는 전제 하에, 추천시스템은 온라인 상점의 중요한 매출증대 수단으로 떠오르고 있다.

7.2 전자상거래 업체의 핵심 이슈

영세규모의 많은 기업들은 시장진입 및 경쟁력 유지에 큰 어려움을 겪고 있다. 뿐만 아니라, 온라인 구매자들은 가격민감도가 매우 높아 쉽게 구매처를 이동할 수가 있기 때문에,

신규고객의 유치 및 유지가 쉽지 않다. 이러한 어려움 속에서, B2C 전자상거래 업체가 생존하고 또 성공할 수 있기 위해서는 **신뢰 구축**, **트래픽 구축** 및 **고객충성도 구축**이 주된 관건이다.

▶▶ 신뢰 구축

신뢰의 개념

전자상거래에서 신뢰란 무엇을 의미할까? 대부분 사람들은 신뢰가 무엇을 뜻하는지 알지만, 막상 명확하게 정의를 내리기는 어려워한다. **신뢰**(trust)란 다른 사람들의 마음이나 행동에 대해 긍정적으로 기대함으로써 생성되는 보이지 않는 태도 등의 무형적 가치이다. 비록 상대방으로부터 공격을 받을 위험(vulnerability)이 다소 존재한다 하더라도, 상대방의 행동이 사회적 규범이나 보편적 기대에 미칠 것이라는 믿음 때문에 그 위험을 감수하는 것이 신뢰인 것이다(Rousseau 외, 1998). 예를 들어, 제품의 신뢰는 그 제품이 하자 없이 잘 사용될 수 있으리라는 기대를 의미하며, 친구의 신뢰란 친구 관계의 두 사람이 서로를 속이거나 이용하지 않고 진정한 우정을 유지할 수 있으리라는 믿음을 담고 있다. 전자상거래 환경에서 신뢰란 사용자가 상거래 웹사이트에서 안심하고 거래를 할 수 있을 것이라는 기대감에 대한 주관적인 판단을 의미한다.

신뢰의 중요성

신뢰는 오프라인 환경보다는 상대방을 서로 보지 못하는 온라인 환경에서 더 중요한 의미를 지니게 된다. 불확실성 및 리스크를 떠안고 상품 매매를 하여야 하는 B2C 전자상거래에서 불안 요소들을 불식시키기 위해서는 신뢰가 필수적이다. 신뢰가 가지 않는 사이트에서 제품이나 서비스를 구매하는 것은 미리 예고된 손실 위험을 받아들이는 것이나 다름없기 때문이다. 온라인 환경에서 제품을 구매하는 고객 관점에서 보면, 의도적 혹은 비의도적인 피해발생 가능성이 얼마든지 존재한다. 판매자가 금전적인 이득을 취하기 위해 구매자가 입금한 후에도 배송은 이행하지 않는, 이른바 사기행각을 벌이는 사례가 우리 주변에서 종종 나타나고 있다. 또 판매자가 신의를 가지고 제품을 정상적으로 발송한다 하더라도 배송도중 제품이 파손되거나 분실될 우려도 있다.

반면, B2C 분야에 따라 온라인 상거래에서 소비자가 인식하는 신뢰가 차지하는 비중이 서로 다를 수 있다. 무엇보다도 신뢰의 영향이 가장 큰 B2C 전자상거래 부문은 인터넷 뱅킹이다. 시스템 사용용이성이나 유용성도 인터넷 뱅킹 사이트 재방문에 영향을 미칠 수 있는 반면, 소비자의 인터넷 뱅킹 사용의도를 결정적으로 좌우하는 것은 온라인 뱅킹을 이용하는 과정에서 금융사고가 발생할 위험이 얼마나 높은가에 대한 인식이다.

신뢰를 어떻게 구축할 수 있는가?

사용자는 상거래 사이트가 신뢰할 만한지 판단을 내리는 데 있어 겉으로 드러나 보이는 사이트의 강점과 약점을 탐색한다. 신뢰가 높다는 인상을 갖게 하는 강점으로는 사이트 디자인의 전문성, 회사의 오랜 경험, 서비스, 선별된 제품, 긍정적인 사용자 코멘트 등이 있겠고, 또 신뢰 이미지를 깨는 데 일조하는 약점으로는 아마추어 느낌을 풍기는 디자인, 신규업체, 사용하기 어려운 인터페이스, 제품 찾기의 어려움, 부정적인 사용자 코멘트 등이 있다. 따라서 전자상거래 사이트들은 아마추어 느낌을 최소화하고 사용자 기대를 충족시키며 프라이버시와 보안에 관한 사용자 염려를 불식시킬 수 있도록 사이트를 조심스럽게 디자인함으로써, 고객들이 느끼는 신뢰감을 높일 수 있다는 사실을 인식해야 한다.

이와 같이 웹사이트가 풍기는 인상도 소비자의 신뢰인식에 영향을 미칠 수 있는 반면, 전자상거래 업체의 신뢰도를 결정적으로 좌우하는 것은 보다 안전한 거래시스템을 갖추고 고객에게 믿음이 갈 수 있는 서비스를 제공할 수 있는 능력이다. 인터넷은 누구나 접속할 수 있는 개방형 통신환경이기 때문에, 고객이 전송하는 결제관련 정보가 외부에 노출될 수도 있으므로 믿을 수 있는 결제시스템이 필히 요구된다. 이러한 시스템 보안 이슈 이외에도, 고객주문을 빠르고도 정확하게 이행하는 능력은 전자상거래 사이트의 신뢰도에 영향을 미칠 수 있다. 만일 대금결제 정보가 유출되어 돌이킬 수 없는 고객의 금전적 손실이 발생하거나, 혹은 제 때 제품이 배달되지 않는 일이 반복되면서 불만의 목소리가 높아진다면, 그 동안 쌓아왔던 신뢰가 갑자기 무너지고 고객들의 사이트 방문이 멈출 수 있다.

▶▶ 트래픽 구축

최근 경영컨설팅회사인 맥킨지사가 B2C 기업들을 대상으로 실시한 한 조사의 결과에 따르면:

- 성과가 높은 기업들은 중간수준의 기업에 비해 월간 고유방문자(unique visitors) 수가 세 배가 넘는 것으로 나타났다. 또한 고성과 기업은 저성과 기업에 비해 2,500배 더 많은 방문자를 보유하고 있었다.
- 성과가 높은 기업들은 신규방문자 중 18%가 전환율(즉, 총방문자 중 실제로 구매까지 완료한 방문자의 비율)을 보임으로써 중간수준의 기업의 두 배를 넘는 것으로 나타났다.

- 고성과 기업들은 거래당 평균매출액이 중간성과 기업들의 2.5배를 나타났다.
- 고성과 기업들은 평균 총이익이 중간성과 기업들에 비해 세 배에 달했다.
- 고객당 거래 수와 방문자 유치비용에 있어서는 별 차이가 없는 것으로 나타났다.

본질적으로 B2C 전자상거래의 강자들(가령, 이베이, 아마존 등)은 효과적인 대고객 커뮤니케이션 및 고객에게 제공하는 가치 때문에 대규모 트래픽을 구축하는 데 성공했고 현재 정상의 위치에 남아있는 것으로 볼 수 있다.

웹 트래픽의 개념

웹 트래픽은 방문자들이 웹사이트와 주고 받는 데이터의 양을 뜻한다. 웹 트래픽의 규모는 방문자 수 및 이들이 방문한 웹페이지 수에 의해 결정된다. 대부분 웹사이트들은 어느 페이지들이 인기가 있고 또 웹페이지 조회와 관련해 어떠한 트렌드가 존재하는지 알기 위해 유입 및 유출 트래픽을 모니터링 한다. 일반적으로 웹 서버에 저장되는 방문자들의 사이트 이용관련 기록을 토대로, 트래픽 모니터링을 실시할 뿐 아니라 사이트 콘텐츠 구성을 조정하고 보안문제를 발견하거나 혹은 사이트 내비게이션과 같은 웹사이트 디자인 문제를 찾아낼 수 있다.

웹 트래픽의 측정

웹 트래픽은 웹사이트 및 사이트 내의 개별 페이지들의 인기도를 가늠하기 위해 측정된다. 웹 트래픽을 분석하려면, 자동으로 생성된 모든 웹페이지들의 목록인 웹 서버 로그파일에 수록된 트래픽 통계치들을 살펴봐야 한다. 사용자의 클릭에 의해 하나의 문서파일이 전송될 때, 하나의 **히트**(hit)가 생성이 된다. 페이지는 물론 이미지도 파일의 형태로 존재하므로, 한 예로 다섯 개의 이미지가 있는 웹페이지는 여섯 개의 히트를 만들어 낸다.

페이지뷰(page view)는 온라인 방문자가 웹사이트 내의 페이지를 요청할 때, 생성된다. 방문자는 반드시 적어도 하나의 페이지뷰(메인 페이지)는 생성하게 되지만, 실제로는 매우 많은 페이지뷰를 만들어 낼 수 있다. 내부 웹서버가 아닌 외부의 웹시스템에 대해 트래픽을 측정할 경우에는, 해당 웹사이트의 모든 페이지마다 한 줄의 HTML 코드를 삽입하면 된다.

웹사이트 트래픽의 증대방법

B2C 전자상거래 기업의 주된 관건은 웹사이트 트래픽을 최대한 발생시켜 매출을 높이는 것이다. 그렇다면 트래픽을 어떻게 증대시킬 수 있을까? 오늘날 온라인 기업들이 보편적으로 트래픽을 유도하기 위해 이용하는 방법으로는 검색엔진의 최적화, 클릭 링크의 유도,

표 7-2 웹 트래픽의 주요 지표

트래픽 지표	설 명
방문자 수	하루 동안 사이트를 찾아온 총방문자 수; 한 사람이 두 번 방문하면 2인으로 간주하며, 실제 방문자 수(unique visitors)와는 다른 개념임
방문자당 평균 페이지 뷰	이 수치가 높으면, 방문자들이 흥미를 느껴 사이트를 많이 둘러보기 때문일 수도 있고, 혹은 정보 찾기가 지나치게 어려워 헤매는 것일 수도 있음
평균 방문 체류시간	한 사용자가 한 번 방문해서 체류하는 총시간
평균 페이지 체류시간	한 페이지에 머무르는 시간
최고 집중 시간대	하루 중 트래픽이 가장 많이 몰리는 시간대로서, 판촉 캠페인을 하는 데 적절한 시간을 선택하는 데 유용함
최고 요청 페이지들	가장 빈번하게 조회되는 인기 콘텐츠 페이지들
최고 요청 시작페이지	사용자가 사이트에 접속해서 보는 첫 페이지(사용자 관심 콘텐츠 파악)
최고 요청 끝페이지	사용자가 사이트를 떠날 때 보는 마지막 페이지 (흥미 없는 콘텐츠, 페이지 접속불량, 혹은 인기 있는 외부사이트 링크 존재여부 파악)
최고 이동경로	사용자가 사이트에 접속해서 떠날 때까지 조회하는 일련의 페이지들; 최고 이동경로는 사이트 내비게이션을 개선하는 목적으로 이용됨
접속 근원지	링크를 통해 사이트에 접속한 경우, 링크를 제공한 이전 사이트를 추적할 수 있음; 특정 페이지에 트래픽을 가장 많이 보내주는 사이트를 파악함

그리고 광고 및 PR의 세 가지 기법을 고려할 수 있다.

(1) 검색엔진의 최적화

그림 7-4에서 볼 수 있듯이, 네이버와 같은 검색엔진에서 검색결과 순위를 높이면, 이메일, 배너 광고, 인쇄 매체, TV광고를 하는 경우에 비해 더 높은 방문을 유도할 수 있다. 무엇보다 검색엔진 방식의 매력포인트는 배너 등 기타 광고 방식에 비해 매출증대 효과가 더 높다는 점이다.

전자상거래 업체의 웹사이트 링크가 검색의 첫 페이지에 나타나지 않는다면, 소비자가 검색을 통해 사이트를 찾아올 수 있는 가능성이 매우 낮아지게 된다. 검색을 했을 때, 검색결과 첫 페이지를 지나쳐 사이트를 찾는 사람은 거의 드물다. 결과적으로, 검색엔진에 나타나는 순위를 조절함으로써 노출을 개선하면 방문자 수가 증가할 수 있는 것이다.

그렇다면 어떻게 검색순위를 높일 수 있을까? 검색엔진에서의 순위를 의도적으로 높일

그림 7-4   검색결과 화면의 예시

▶ 네이버 등 검색엔진에서 검색결과 순위가 높을수록 매출증대에 더 크게 기여할 수 있다.

수 있는 가장 간단한 방법은 웹페이지 내에 해당 키워드가 나타나는 횟수를 최대한 늘리는 것이다. 이는 초기 검색엔진에서 웹마스터들이 자신의 사이트의 방문 트래픽을 증가시키기 위해 널리 이용했던 방법이다. 웹페이지의 키워드 빈도가 높을수록 검색순위도 높게 나타나기 때문에, 웹마스터의 조작에 의해 웹사이트 트래픽을 임시적으로 늘릴 수 있었다.

그러나 지난 '90년대 이러한 검색순위의 조작 사례가 늘어남에 따라, 대부분 검색엔진들은 보다 복잡한 검색순위 지정 알고리듬을 개발함으로써 이러한 인위적인 순위조작 추세에 대응했다. 세계 3대 검색엔진 사이트인 구글, 야후 및 마이크로소프트는 자사의 검색순위지정 알고리듬을 절대 공개하지 않고 있다. 그럼에도 불구하고, 각 검색사이트의 검색 알고리듬을 연구해 순위를 향상시키는 서비스를 제공하는 검색엔진 최적화(search engine optimization) 전문업체들이 등장하고 있어, 오늘날 이들의 유료 서비스를 이용하면 웹사이트의 검색순위를 높일 수 있는 길이 열리고 있다.

그림 7-5 웹링의 개념도

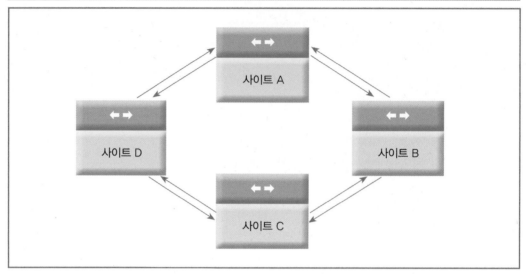

▶ 인터넷상에서 관련 사이트들이 내비게이션 바를 통해 원 모양으로 서로 연결되어 있어 사이트에서 사이트로 계속 이동하면 처음의 사이트로 되돌아오게 되어 있다.

(2) 링크 클릭의 유도

링크 인기도 구축을 통해 쉽게 사이트 트래픽을 높일 수가 있다. 즉, 해당 사이트와 유사한 성격의 사이트들의 운영자에게 이메일을 보내 사이트 상호 간에 링크를 교환할 의사가 있는지 질의하는 방법이다. 사이트 간에 서로 방문자들을 보내줌으로써 트래픽을 어느 정도 올릴 수 있기는 하나, 상대방 사이트의 방문자 수가 많아야만 효과를 기대할 수 있다. 사이트에 트래픽을 유도할 수 있는 또 한 방법은 웹진이나 무료리포트 사이트에 자료를 기증해서 사용자들이 이 자료의 무료 다운로드를 통해 사이트 관련 정보를 접하게 하는 것이다. 이 방법을 통해 사이트 홍보효과를 기대하려면, 필히 자료 내에 사이트 링크를 포함하여야만 다운로드 받은 사용자가 링크를 클릭할 때마다 사이트를 찾아올 수 있다. 끝으로, 사이트 트래픽을 늘리기 위한 방법으로 웹링이 있다. 그림 7-5에서와 같이, **웹링**(Webring)이란 인터넷상에서 순환구조 형태로 서로 연결된 일련의 웹사이트들을 뜻한다. 웹링에 연결된 개별 사이트마다 공통의 내비게이션 바가 있는데, 여기에 다음사이트 및 이전사이트에의 링크버튼이 표시되어 있다. 즉, 사용자가 이 버튼을 계속 누르면 관련 사이트들을 모두 거쳐 다시 처음에 출발했던 사이트로 되돌아오게 된다. 이 내비게이션 바를 통해 사이트들을 이동하는 사용자들이 점차 많아지면, 개별사이트들은 웹링에 의해 트래픽이 증가하는 효과를 거둘 수가 있다.

(3) 광 고

웹사이트의 트래픽을 높이기 위해 적용할 수 있는 또 한 가지 방법은 잠재적 방문자에게 사이트 광고를 함으로써 찾아오게 하는 방식으로 온라인 방식과 오프라인 방식을 고려할 수 있다. 우선 **배너 광고**는 기업이 일정 비용을 들여 웹사이트를 다른 유명한 사이트에 광고하는 대표적인 예라고 할 수 있다. 배너 광고의 게재료는 **배너 임프레션**(banner impressions)이라는 개념을 기준으로 산정되며, 웹사이

▶ 웹페이지 배너광고는 웹사이트 트래픽을 높일 수 있는 주요 수단 중 하나이다.

트 방문자 한 사람에게 배너 광고가 한 번 보여지는 것을 1회 임프레션으로 간주한다. 통상 1,000번의 배너 임프레션을 기본 단위로 배너 광고의 가격이 결정되는데 이를 CPM(cost per impression)이라고 부른다. 이를테면, 어느 배너 광고의 임프레션이 하루 동안 5만 번 발생했고 CPM이 2만원으로 책정된 경우, 총광고료는 50×2만원＝100만원이 된다. 또 하나의 온라인 광고방식은 임프레션 대신 클릭을 판매하는 이른바 **검색 광고**이다. 광고주는 다른 광고주들과의 경쟁입찰을 통해 특정 키워드를 구매한다. 사용자가 검색엔진(가령, 구글)에서 해당 키워드를 입력하면, 그 키워드를 구매한 광고주의 광고가 검색결과 페이지의 눈에 잘 띄는 공간(가령, 페이지의 상단 박스)에 나타난다. 눈에 가장 잘 띄는 곳에 광고가 노출되면 그만큼 그 광고 링크를 클릭하는 방문자 수도 늘어나기 때문에, 사이트 방문자 수의 증대효과를 기대할 수 있다.

▶▶ 고객충성도 구축

고객충성도란?

마케팅 문헌에서는 고객충성도(customer loyalty)의 개념을 브랜드 충성도 및 구매 충성도의 두 가지로 구분하여 설명한다. **브랜드 충성도**란 미래에 일관성 있게 선호하는 제품이나 서비스를 재구매하려는 깊은 의지를 의미하는 것으로서, 이를 통해 브랜드를 바꾸게 하는 상황적 영향요소나 마케팅 캠페인에도 불구하고 반복적으로 동일 브랜드를 구매하게 된다. 브랜드 충성도와 구매 충성도 간의 관계는 태도와 행동의 관계에 의해 설명될 수 있

그림 7-6   **고객충성도 모델**

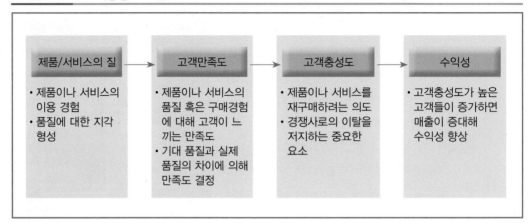

▶ 고객만족도에 의해 영향을 받는 고객충성도는 기업 수익성을 좌우할 수 있기 때문에, 효과적인 관리 및 대응이 필요하다.

다. 즉, 브랜드 충성도가 해당 브랜드를 구매하려는 태도에 해당하는 반면, **구매 충성도**는 그러한 태도를 '재구매'라는 행동으로 옮기고자 하는 의도로 볼 수 있다. 쉽게 말하자면, 어느 젊은 학생이 친구들에게 과시하고 싶은 욕구에서 나이키 브랜드의 운동화를 사는 것은 브랜드 충성도에 해당하며, 소비자가 자신이 선호하는 특정 온라인 상점을 자주 방문해 제품이나 서비스를 재구매하는 것은 구매충성도에 해당한다.

그림 7-6은 고객충성도에 영향을 미치는 중요한 요인들을 보여주고 있다. 우선, 고객이 제품 혹은 서비스를 구매해 이용하는 경험을 통해 제품/서비스의 질에 대한 지각이 형성된다. 이러한 품질에 대한 지각을 바탕으로 고객만족도가 형성되게 된다. 제품이나 서비스의 질 혹은 구매경험의 질에 대해 고객 스스로 만족도를 느끼게 되는데, 이 때 형성되는 만족도의 수준은 고객이 기대했던 품질과 실제 체험한 품질의 차이에 의해 결정된다. 즉 기대가 낮았는데 실제품질이 높았다면 만족도가 높지만, 기대가 높았는데 실제품질은 낮은 편이라면 불만이 클 수 있다는 의미이다. 이러한 고객만족도는 고객충성도에 중요한 영향을 미친다. 고객충성도는 고객이 제품이나 서비스를 재구매하고자 하는 의도로서, 기업이 고객 기반을 확장시킴으로써 성장을 도모하는 데 결정적인 요인이다. 따라서 고객충성도가 높은 고객이 늘어나면 매출 및 수익성이 향상되게 마련이다. 이러한 이유로 많은 기업들이 다양한 온라인 충성도 프로그램을 통해 고객충성도를 구축하기 위한 노력을 경주하고 있다.

온라인 충성도를 어떻게 높일 수 있는가?

경제학 이론에 의하면, 인터넷은 거래 비용을 줄여 주므로 소비자는 비교구매를 통해 가장 낮은 가격의 제품을 탐색하는 것으로 이해되고 있다. 그러나 최근 몇몇 실증조사에서는 이와 상반적인 결과가 나타나고 있다. 한 MIT 연구팀의 조사연구에 의하면, 온라인 쇼핑고객들은 가격이 더 높더라도 쇼핑몰의 브랜드 네임에 대한 충성도를 유지한다는 사실이 밝혀졌다. 쇼핑 보트(즉, 지능 에이전트)를 이용해 다양한 쇼핑몰의 유사한 상품들의 가격을 비교하는 고객들조차, 비록 다른 사이트에서 더 저렴한 가격에 제품을 구매할 수 있음을 알고 있음에도 불구하고, 평소에 방문하는 친숙한 사이트 몇 군데에서 주로 쇼핑을 하는 것으로 나타났다. 브랜드 네임 쇼핑몰은 경쟁사보다 더 비싼 값을 받을 수가 있으며, 또 쇼핑 고객들은 값을 더 주더라도 이미 방문했던 사이트들에서 구매할 의향이 있는 것으로 이 연구 결과를 통해 나타나고 있다. 또 특정 사이트에 대한 충성도는 고객의 전환불능성(lock-in)이라고 하는 현상에 뿌리를 두고 있음이 밝혀졌다. 즉, 어느 사이트에 시간과 노력을 투자해 일단 익숙해지면 다시 다른 사이트로 전환하기가 점차 어려워지기 때문에, 기존의 사이트를 계속 찾게 된다는 것이다.

이러한 연구결과들이 전자상거래 사이트의 설계자들에게 제공하는 시사점은 명료하다. 첫째, 소비자들은 사용하기가 쉬운 웹사이트를 반복 방문한다. 사용자가 쉽게 친숙해질 수 있도록 사용 용이한 사이트를 구축해야 한다. 둘째, 사이트를 갱신할 때, 콘텐츠는 당연히 수정해야 하지만, 콘텐츠를 찾기 위한 내비게이션은 기존 방식대로 유지하는 것이 고객의 충성도를 더 높이는 데 도움이 된다. 끝으로, 신규 사이트를 구축할 때 성공적인 전자상거래 사이트(가령, 아마존 닷컴)의 내비게이션 기법들을 적절하게 도입하면, 고객에게 더욱 어필할 수 있다.

반면, 인터넷 기반의 상점에 대한 고객의 충성도는 사이트 개선의 방법 이외에 온라인 충성도 프로그램을 통해서도 높일 수가 있다. 온라인 충성도 프로그램은 사이트를 방문한 소비자에게 인센티브를 제공해 고객의 충성도를 높이는 방법이다. 이 방법에 대해서는 아래에서 더 자세히 알아보기로 한다.

온라인 충성도 프로그램

일반적으로 **충성도 프로그램**(loyalty program)이란 충성도가 높은 구매행동을 보상함으로써 지속적인 재구매를 유도하는 마케팅 기법으로 정의된다. 충성도 프로그램은 고객 한 사람을 새로이 유치하는 것보다는 기존 고객 한 사람을 유지하는 것이 더 비용이 적게 든다는 전제하에 유효하다. 소비자와 소매상점 간에 결속이 맺어지는 것도 바로 이러한 관계를 통해서이다.

커피전문 매점, 주유소, 할인매장과 같은 소매업체들은 포인트 카드를 이용해 고객의 구매내역을 추적 및 관리하고 이를 토대로 반복구매를 한 고객에게 선물 증정이나 할인 구매의 기회를 제공하고 있다. 마찬가지로, **그림 7-7**에서 볼 수 있듯이 온라인 소매업체들도

그림 7-7   충성도 프로그램의 조회화면

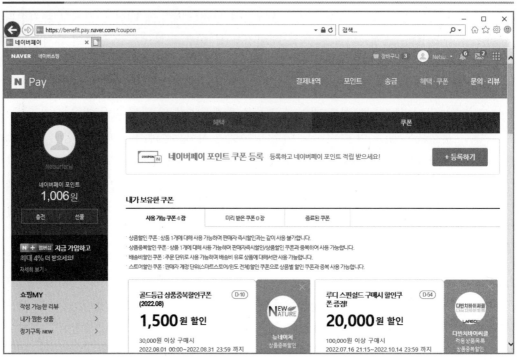

▶ 네이버 쇼핑 고객은 제품 구매시마다 일정 포인트가 적립되며 적립된 포인트로 제품을 다시 구매할 수 있기 때문에 은연 중에 충성도가 높아지게 된다.

"충성도 프로그램" 활동을 전개함으로써 고객 충성도를 높이고 있다. 가령, 어느 정규 고객이 온라인 상점의 제품 중에서 5개 품목을 구매한다고 할 때, 반복구매 프로그램에 참여하면 여섯 번째 제품을 무료로 받을 수가 있다. 즉, 이 무료제품을 받는 혜택을 얻기 위해 5개 품목을 구매하기로 결정하는 고객들이 많아지면, 매출도 늘어나는 동시에 충성도 높은 고객들도 함께 증가하게 된다. 평균적으로 충성도 프로그램에 등록된 고객들은 등록되지 않은 고객들에 비해 제품을 구매할 가능성이 두 배에 달한다는 조사결과도 있다.

전통적인 "항공 마일리지"를 닮은 충성도 프로그램들이 다양하게 운영되고 있다. 웹사이트를 방문해 상품을 구매한 이용자들은 포인트가 주어지고 누적된 포인트는 이후 제품이나 서비스로 교환할 수 있는 그러한 프로그램들이다. 인터파크, 이베이코리아, 신세계닷컴과 같은 기업들은 각기 회사 웹사이트에서 자체적인 충성도 프로그램을 운영하고 있다. 이와는 대조적으로, SK의 OK 캐쉬백(www.okcashbag.com)이나 대한항공의 스카이패스(kr.koreanair.com)와 같은 웹사이트들은 온라인 및 오프라인의 여러 기업들이 참여하는 공동 프로그램을 운영한다. OK 캐쉬백은 SK주유소, 이마트, 면세점 등이 공동으로 참여하고 있으며, 대한항공은마일리지 제휴를 맺은 대한항공, 델타, 노스웨스트 등의 항공사들 이외에도 제휴호텔(하와이 와이키키리조트 호텔 등), 신용카드 회사(우리카드, 국민카드 등)가 공동으로 참여하는 프로그램을 운영하고 있다. 소비자들은 참여 사이트들을 통해 포인트를 누적하고, 온라인상에서 포인트를 사은품이나 항공권과 같은 상품으로 교환할 수가 있다.

그러나 현금적립을 해주든 선물카드나 무료상품을 증정하든 간에, 주요 관건은 이러한 인센티브를 제공받는 고객들로 하여금 특정 구매행동을 하도록 동기를 부여하는 가치가 분명히 존재하는지를 확인하는 것이다. 온라인 상점들이 널리 운영중인 온라인 충성도 프로그램들이 실제 고객충성도에 얼마나 영향을 미치는지는 미지수이기 때문이다. 인터넷 조사연구 기관인 주피터 커뮤니케이션이 실시한 한 조사에 의하면, 온라인 쇼핑고객들의 70% 가량이 그러한 프로그램에 참여하는 반면, 단 22% 응답자들만이 충성도 프로그램에 의해 자신들의 온라인 쇼핑습관이 영향을 받는다고 응답했다. 이 조사에서 72% 응답자들은 온라인 고객서비스의 질이 자신들의 재구매 의도에 영향을 미치는 가장 중요한 요인이라고 응답했다.

7.3 B2C 전자상거래의 성공요인

인터넷에서 소비자를 대상으로 제품을 판매하는 쇼핑몰이 성공을 거두는데 가장 중요한 영향을 미치는 요인들은 무엇일까? 아마도 다양한 제품의 정보를 수록한 온라인 카탈로그가 효과적으로 제공되어야 할 것이고, 주문하기가 쉬워야 하며, 고객의 의문사항이나 불편사항에 대해 신속하게 대응할 수 있는 능력이 갖춰져야 할 것이다. 그러나 실제 B2C 전자상거래의 성공을 좌우하는 요인들은 이보다도 훨씬 더 광범하고 다양하다. B2C 전자상거래 성공요인과 관련한 문헌들에 의하면, 전자상거래 기업은 제품의 판매가격도 매력적이어야 하지만, 독특한 비즈니스 모델, 유능한 경영진, 앞서가는 고객서비스, 제휴기업들과의 양질의 협력관계, 최적화된 네트워크 인프라, 그리고 안전하고도 우수하게 설계된 웹사이트를 갖춰야 함은 물론, 그 밖에도 경쟁에서 앞서갈 수 있는 혁신적 아이디어들을 끊임없이 도입해 나가야만 생존할 수가 있다. 전자상거래 성공요인들은 표 7-3에서와 같이, 경영 차원의 요인, 비즈니스 차원의 요인, 그리고 기술 차원의 요인의 세 가지 카테고리로 나누어 살펴볼 수 있다.

표 7-3   B2C 전자상거래 성공요인

차 원	성공요인	설 명
경 영	전자상거래 전략	기업이 어떻게 전자매체를 통해 성공적으로 비즈니스를 수행할 것인지에 대한 비전
	유능한 경영진	전자상거래 전략을 비즈니스 성과로 연결시킬 수 있는 경영진
	시장 대응능력	컴퓨터 및 통신기술을 통해 시장요구 사항에 신속하게 대응할 수 있는 능력
비즈니스	대고객 가치증대 프로그램	고객에게 제공되는 제품 혹은 서비스의 가치를 극대화할 수 있는 인센티브
	신속한 배송프로세스	주문된 제품 혹은 서비스를 신속하게 고객에게 전달할 수 있는 효율적인 배송프로세스
	개인화된 고객서비스	소비자 개인의 니즈나 취향에 부합하는 구매 기회를 제공하는 서비스
	효율적인 비즈니스 운영	비용 대비 수익을 극대화할 수 있도록, 비즈니스 프로세스를 재설계하고 무리한 현금지출을 피함
기 술	신뢰할 수 있는 시스템	데이터 보안 및 프라이버시 보호를 우선으로 하는, 안심하고 거래할 수 있는 시스템
	시스템의 속도 및 안정성	시스템의 페이지 로딩속도가 빠르며, 언제나 접속 가능하고 중간에 끊김 없음
	사이트의 기능 및 사용성	웹사이트가 사용자에게 유용한 기능을 제공하며, 사용자의 온라인 쇼핑경험의 질을 높이도록 설계됨
	안전한 지불 시스템	보안위협으로부터 거래데이터를 보호하기 위한 암호화 및 인증기술이 적용된 지불시스템
	전자상거래 인프라	안정적인 시스템 성능을 제공할 수 있도록 최적화된 구성을 갖춘 기술 인프라

▶ 전자상거래 기업은 경영, 비즈니스, 기술의 세 가지 카테고리의 요인들을 충족시킬 수 있어야만 성공을 거둘 수가 있다.

경영 관련요인

• **전자상거래 전략**: 기업이 어떻게 전자매체를 통해 성공적으로 비즈니스를 수행할 것인지에 대한 비전을 세우는 것이 중요하다. 전자상거래 전략은 시장, 비즈니스 모델, 마케팅, 자원의 네 가지 요소를 중심으로 수립될 수 있다. 첫째, 신중한 시장조사 및 분석을 통해 구체적으로 어떤 시장을 겨냥할 것인지 그리고 그 시장의 향후 성장잠재

력이 높은지에 대해 결정한다. 둘째, 기업이 지속적으로 수익을 내며 사업을 해 나갈 수 있는 비즈니스 모델을 개발한다. 셋째, 비즈니스 모델이 수익으로 연결될 수 있도록 시장을 효과적으로 공략할 수 있는 마케팅 전략을 구상한다. 끝으로, 비즈니스 운영에 필요한 자금 및 핵심인력을 확보하기 위한 자원확보 방안을 개발한다.

- **유능한 경영진:** 우리 주변에는 미래를 내다보는 안목이나 치밀한 경영능력 없이 온라인 기업의 경영을 떠맡았다가 전자상거래 기업의 배를 침몰시키는 경영자들을 간간히 볼 수 있다. 정보기술을 비즈니스와 잘 접목시킴으로써 기업이 속도와 유연성을 높임은 물론, 마케팅, 물류, 고객서비스 등 각 분야에서 기업이 비즈니스 성과를 낼 수 있도록 유능한 경영진이 확보되어야 한다.

- **시장 대응능력:** 오늘날 전자상거래 시장은 기업들의 신속한 대응능력을 요구한다. 컴퓨터 및 통신기술을 기반으로 한 정보수집 및 커뮤니케이션을 통해 고객니즈의 변화, 경쟁사의 신규전략 등 시장 요구사항에 대해 신속하게 대응하는 능력을 갖추는 것이 중요하다.

비즈니스 관련요인

- **대고객 가치증대 프로그램:** 고객에게 가치를 제공할 수 있는 인센티브를 제공한다. 이를테면, 판매촉진 프로그램을 운영함으로써 저렴한 가격 등을 통해 구매 및 재방문을 촉진하는 데 주력한다. 판매촉진 프로그램의 일환으로서 온라인 쿠폰, 기간 내 할인판매, 온라인 교차판매(cross-linked sales), 제휴기업과의 광고협력 프로그램 등을 고려할 수 있다.

- **신속한 배송프로세스:** 고객이 전자상거래를 이용하는 주된 이유 중의 하나는 주문한 제품을 빨리 받을 수 있다는 기대 때문이다. 최근에는 대부분 온라인 쇼핑몰들이 제품주문이 접수된 당일 혹은 다음날 제품을 발송하므로, 수도권 내에서는 적어도 사흘 내에 주문한 제품이 도착한다. 신속한 배송도 중요한 반면, 고객이 제품의 배송과정에 대해 궁금해 할 수 있으므로 필히 웹사이트상에 배송추적 기능을 제공해야 한다.

- **개인화된 고객서비스:** 오프라인 상점이 온라인 상점보다 더 나은 점 중의 하나는 점원이 소비자 개인의 니즈나 취향을 고려해 구매할 수 있는 서비스를 제공한다는 사실이다. 오프라인에서 가능하던 이러한 특징을 온라인 환경에서 구현한 것이 곧 개인화된 고객서비스이다. 개인화된 웹사이트, 구매품목 추천, 개인화된 특별구매기회 등은 모두 온라인 상점이 소비자에게 오프라인 상점에서와 같은 개인적 관심 및 세심한 배려를 제공한다는 인상을 줄 수 있다는 점에서 고객만족도 및 재방문율을 높이는 데 중요한 역할을 한다.

- **효율적인 비즈니스 운영관리:** 기업이 비용 대비 수익 비율을 극대화하기 위해 큰 노력을 기울여야만 재무적인 안정을 성취할 수 있다. 전자상거래 비즈니스는 전통적 상거래 비즈니스에 비해 효율적 운영을 할 수 있는 기회들이 더 많이 존재한다. 우선 웹 기반의 정보기술을 이용해 비즈니스 프로세스를 합리적으로 재설계함으로써, 판매비, 마케팅비, 물류비, 인력채용비 등 다양한 비용요소들을 절감할 수 있는 기회를 탐색할 수가 있다. 그뿐 아니라, 과다한 투자나 불필요한 지출을 피함으로써 안정적인 현금흐름을 유지하는 노력이 필요하다. 웹밴과 같이 지나치게 빠른 속도로 과잉 사업확장을 하면 기업의 파산을 앞당기는 결과를 초래할 수 있다.

기술 관련요인

- **신뢰할 수 있는 시스템:** 고객 관점에서 신뢰할 수 있는 시스템이란 데이터 보안 및 프라이버시 보호를 우선시 함으로써 인해 안심하고 거래할 수 있는 시스템을 뜻한다. 시스템에 강력한 보안기능이 구현되어 있지 않음으로 인해, 뜻하지 않은 사고로 서버의 고객데이터가 유실되거나 혹은 거래 정보를 전송하는 과정에서 정보유출이 발생할 위험이 존재한다면 고객의 신뢰를 잃게 마련이다. 무정전 전원장치, 데이터 암호화, 방화벽 등과 같은 보안기술이 시스템에 구현되어 있어야 한다. 또 개인정보의 프라이버시를 잘못 관리함으로써 주민번호, 전화번호, 신용카드 번호와 같은 민감한 고객정보가 사이트의 다른 방문자들에게 공개된다면 이로 인한 파장은 실로 걷잡을 수 없게 된다. 따라서 웹사이트상에 프라이버시 준수정책을 필히 수록함으로써 고객에게 신뢰를 심어줄 필요가 있다.
- **시스템의 속도 및 안정성:** 이 요인은 전자상거래 사이트의 성능과 관련이 있다. 우리 주변에서 자동차의 성능이라 함은 차가 힘있게 고장 없이 잘 달리는 정도를 의미하는 것으로 이해된다. 마찬가지로, 전자상거래 시스템의 기술적 성능은 사용자가 클릭한 정보를 시스템이 지체 없이 보여주며 또 시스템이 마비되지 않고 순탄하게 돌아가는 정도를 뜻하며, 일반적으로 로딩속도와 시스템 안정성에 의해 측정된다. 로딩속도란 사용자가 웹사이트 화면의 링크나 버튼을 마우스로 클릭한 시점부터 요청한 웹문서 페이지가 자신의 컴퓨터 화면에 나타날 때까지 소요되는 시간을 뜻한다. 최근의 웹이용자들은 클릭하고 나서는 즉시 정보가 나타나길 기대하기 때문에 페이지 로딩 속도가 4초를 넘겨서는 안 된다는 얘기가 있다. 또 하나의 시스템 성능 척도인 시스템 안정성은 사이트에 문제없이 잘 접속할 수 있으며 또 사이트에 접속된 상태가 끊김 없이 안정적으로 유지되는 정도로 정의될 수 있다. 시스템 성능은 종종 사용자 만족도에 큰 영향을 미칠 수 있으므로, 여러 전자상거래 기업들이 시스템 튜닝(system tuning)

을 통해 서버의 기술적 특성을 최적화시킴으로써 시스템 성능을 개선하기 위한 많은 노력을 기울이고 있다.

- **웹사이트의 기능 및 사용성:** 웹사이트는 기업과 고객을 이어주는 주된 인터페이스이 며, 고객관점에서는 웹사이트가 곧 기업의 얼굴이라고 해도 과언이 아니다. 고객이 온 라인상에서 뜻하지 않게 부정적인 경험을 접하게 되면 곧 사용자 불만족으로 이어져 재방문을 하지 않음은 물론 타사 사이트로 이탈해 갈 수 있다. 따라서 웹사이트에 유 용한 기능이 풍부하게 제공되어야 함은 물론, 무엇보다도 사이트 사용성이 높아야 한 다. 전자상거래 사이트의 유용한 기능으로는 장바구니, 대금결제, 주문추적, 커뮤니티 등과 같은 기본적 기능은 물론, 고객개인별 제품추천, 실시간 온라인채팅 상담 등과 같은 고급기능을 고려할 수 있다. 이러한 온라인 기능들을 통해 고객이 마치 오프라인 상점에서 구매하듯 온라인 상점에서도 편리하게 구매할 수 있어야 한다. 한편, 사이 트 사용성(usability)은 사용자 인터페이스에 의해 크게 좌우된다. 사용성을 높이기 위 해서는 메뉴선택, 페이지 이동, 필요정보 찾기 등이 용이하도록 사용자 관점에서 인터 페이스를 설계함은 물론, 색상, 그래픽, 동화상, 사진이미지, 폰트, 백색여백 비율 등을 감각 있게 사용함으로써 사이트의 미적 가치도 높이는 노력이 필요하다.

- **안전한 지불 시스템:** 전자상거래에서 소비자의 주된 관심 중의 하나는 주문한 제품이 나 서비스에 대한 대금을 안전하게 결제할 수 있는지의 여부이다. 앞의 제11장에서 살 펴보았듯이, 인터넷을 기반으로 한 거래는 다양한 보안위협 요소에 노출되기 때문에, 이들 요소로부터 거래데이터를 보호하기 위한 암호화 및 인증 기술이 적용된 지불시 스템이 필수적으로 요구된다. 전자상거래의 지불수단으로 가장 널리 이용되는 신용카 드의 경우, 과거에는 고객이 지불중개자를 통해 온라인 상점측에 카드번호를 안전하 게 전달했지만, 요즈음은 온라인 상점이 은행이나 신용카드 회사와 네트워크로 연동 해서 사이트상에서 직접 신용카드 거래를 처리하고 있는 추세이다.

- **네트워크 인프라:** 전자상거래 환경에서 요구되는 네트워크 인프라는 소비자, 온라인 상점, 금융기관 등 관련 주체들의 컴퓨터를 상호 연동하는 네트워크의 구성요소들이 다. 네트워크 인프라에는 서버 및 클라이언트 PC들을 서로 연결해주는 역할을 하는 통신회선 및 통신장비(라우터, 교환기 등)가 포함된다. 네트워크 인프라는 전자상거래 시스템의 성능에 직접적인 영향을 미칠 수 있으며, 시스템 성능은 인터넷에 접속하는 사용자의 만족도를 좌우할 수 있으므로, 통신회선 및 통신장비들의 구성을 최적화시 켜 시스템 성능을 극대화하는 것이 중요하다.

현장 사례   온라인 판매에 대박 낸 나이키

글로벌 스포츠 브랜드 나이키가 올해 6~8월(나이키 기준 1분기) 실적을 발표한 지난 9월 미국 월가의 증권 전문가들은 혀를 내둘렀다. 신종 코로나바이러스 감염증(코로나19)으로 소비가 얼어붙은 상황에서도 17억7,000만달러(약 1조9,700억원)의 분기 영업이익을 거뒀기 때문이다. 주당순이익(EPS)은 95센트로 시장 컨센서스(증권사 예측치 평균)를 두 배 이상 웃돌았다. 온라인 매출이 지난해 같은 기간보다 83% 급증하면서 오프라인 채널의 손실을 메운 것이 '깜짝 실적'의 배경이었다.

코로나19의 여파에도 꿋꿋이 이익을 내는 기업들이 있다. 나이키 에스티로더 등이 대표 사례로 꼽힌다. 성공 요인은 남보다 앞선 '디지털 전환'이다. 빅데이터를 기반으로 고객들이 원하는 것을 일찌감치 파악해 제품 차별화에 성공했다. 선제적으로 온라인 유통채널에 공을 들인 것도 공통점으로 꼽힌다.

나이키는 2017년 뉴욕, 런던, 상하이 등 세계 12개 거점도시에 초대형 직영점을 내며 현지 유통업체 의존도를 줄이기 시작했다. 지난해엔 세계 최대 온라인 쇼핑몰인 아마존에 '납품 중단'을 선언했다.

나이키가 매출 감소를 무릅쓰면서 '외톨이'를 자처한 배경엔 '데이터'가 있다. 데이터는 디지털 전환의 핵심이다. 뛰어난 분석기술을 갖추고 있더라도 데이터가 부족하면 의미 있는 결과를 얻을 수 없다. 주요 글로벌 정보기술(IT) 업체들이 데이터를 보유한 스타트업을 비싼 가격에 사들이고 있는 이유다.

나이키는 자체 온·오프라인 몰에 집중하면서 소비자 관련 데이터가 축적되는 속도가 한층 빨라졌다고 설명한다. 무료로 내려받을 수 있는 '나이키 트레이닝 클럽' 등 서비스 앱도 데이터 확보에 효자 노릇을 톡톡히 했다. 회원들에게 트레이닝 비디오와 운동용 음악 등을 무료로 제공하는 전략이 주효했다. 소비자들이 즐겨 찾는 트레이닝 비디오의 종류 등을 분석해 집중할 제품군을 선별할 수 있었다. 올해 히트 상품인 '여성 요가복' 라인도 치밀한 데이터 분석의 결과물이다. 직영점 운영도 실적 개선에 도움이 됐다는 분석이다. 유통 단계가 줄어들면서 절감한 비용이 상당한 것으로 알려졌다.

▶ 출처: 한국경제신문. 2020. 11. 26.

토의문제

01   본문에서는 B2C 전자상거래 도입이 적합한 업체유형을 9가지로 분류하고 있다. 우리나라 사이트들 중에서 이들 각 유형에 해당하는 사이트의 대표적인 예를 유형별로 두 개씩 찾은 다음(모두 18개), 두 개 사이트의 특징을 서로 비교해 봅시다.

02 세계적인 온라인 서점으로 잘 알려진 아마존 닷컴은 개인화 기술의 적용으로 고객의 니즈에 부합되는 상거래 서비스를 제공함으로써 소비자들로부터 좋은 반응을 얻고 있다. 국내의 인터넷 서점들 중에서 개인화 기술을 잘 적용한 쇼핑몰 사이트를 두 개만 찾아보자. 미국의 아마존 닷컴과 비교해 볼 때, 우리나라 온라인 서점의 개인화 기술을 활용수준은 어느 정도라고 평가되는가? 그 답변을 정당화시킬 수 있는 이유를 상세히 설명하시오.

03 B2C 전자상거래 웹사이트의 트래픽을 늘리기 위한 방법으로는 검색엔진의 최적화, 링크 클릭의 유도, 그리고 광고의 세 가지가 있다고 본문에 서술되어 있다. 이들 각 방법의 특징을 서로 비교한 다음, 각 방법을 어떠한 상거래 업체에게 어떠한 상황에서 이용하도록 추천하는것이 이상적인지 토의해 봅시다.

04 여러분이 그 동안 인터넷 쇼핑몰에서 제품을 구입했던 경험들을 머리 속에 떠올려 봅시다. 여러분의 판단으로는 우리나라 쇼핑몰들이 다양한 충성도 프로그램들(가령, 선물카드, 반복구매, 누적포인트 등) 중에서 어떠한 방식의 프로그램들을 주로 이용하고 있는지, 또 이러한 프로그램들은 각각 어떤 인센티브를 통해 고객의 재구매를 유도하고 있는지 생각해 봅시다. 이들 충성도 프로그램의 장단점은 무엇인지 토의해 봅시다.

05 국내에서 현재 존재하는 성공적인 B2C 기업을 하나 선정한 다음, 이 기업은 본문에서 제시된 성공 요인들 중 어느 요인들이 우수해서 성공에 이르게 됐는지 알아봅시다.

📖 참고문헌

- 이원준, 『전자상거래 동향 및 전망』(발표자료), 액센튜어 컨설팅, www.accenture.com, 2022. 8. 12. 참조.

- 통계청, "거래주체별 전자상거래 규모," www.kosis.kr, 2022. 8. 23. 참조.

- Brynjolfsson, E., and M.D. Smith, "The Great Equalizer? Consumer Choice Behavior at Internet Shopbots," May 2000(Revised: April 13, 2001), ebusiness.mit.edu/papers, 2022. 7. 31. 참조.

- eMarketer, "Asia-Pacific B2C E-Commerce Report: China, Japan and South Korea," 2022. 8.

- Fiore, Frank, "TechTV's Starting an Online Business," www.peachpit.com, 2022. 8. 26. 참조.

- Gartner Group, "Prepare to Re-invest in E-Commerce for Growth," www.gartner.com, 2022. 8. 30. 참조.

- Johnson, E. J., S. Bellman, and G.L. Lohse, "What Makes a Web Site Sticky?: Cognitive Lock In and the Power Law of Practice," ecom.gsb.columbia.edu, 2022. 8. 5. 참조.

- Luarn, P. & H.H. Lin, "A Customer Loyalty Model for E-Service Context," *Journal of Electronic Commerce Research*, 2003, Vol.4, No.4.

- Research and Markets, "European B2C E-Commerce Report," 2022. 8. 16. 참조.

- Storbacka, K., T. Strandvik, and C. Gronroos, "Managing customer relationships for profit,"

International Journal of Service Industry Management, Vol. 5, No. 5, 1994, pp. 21-28.

• Wikipedia.org, "Personalization," 2022. 8. 23. 참조.

사례연구   레드오션에서 차별화에 성공한 종근당건강의 온라인 판매전략

건강기능식품 시장은 최근 몇 년간 수많은 제약사와 식품회사들이 새롭게 뛰어들어 '레드오션'으로 인식됐다. 신상품을 내놓아도 제품마다의 차이를 잘 모르니 '센트룸'(GSK컨슈머헬스케어)과 같은 스테디셀러의 영향력이 큰 구조였다.

1996년 설립된 종근당건강 역시 수 많은 건강기능식품 회사 중 하나였다. 비타민, 오메가3 등 여러 종류의 건강기능식품을 내놓았지만 제품의 차별 포인트를 찾아보기 힘들었다.

별볼일 없었던 회사인 종근당건강이 회사 체질을 완전히 바꾸는 대변신을 시도한 건 5년 전이다. 소비자 타깃에 맞춘 제품 기획, 개발, 마케팅을 처음으로 했고, 약국 중심이던 기존 유통망을 온라인으로 바꿨다.

프로바이오틱스 건강기능식품 '락토핏'은 이런 전략으로 단일 브랜드 매출 기준으로 업계 1~2위권에 오르게 됐다. 2015년 637억원이던 매출은 지난해 4,973억원(개별 재무제표 기준)으로 5년 만에 7.8배 불었고, 같은 기간 영업이익은 26배(26억원→677억원) '점프'했다.

상황 1 "경쟁사와 달라야 산다"
도전 1 연령별 제품으로 맞춤형 공급

종근당건강은 유행에 맞는 제품을 빠른 시간에 내놓는 업계의 일반적인 판매 전략을 탈피했다. 우선 많은 돈과 시간을 들여 심층 소비자 조사(5,000여 명 대상)부터 했다.

"좋은 제품을 내놓으려면 소비자들이 뭘 원하는지부터 알아야 한다"는 이유에서였다. 이 회사가 신제품을 출시하기 전에 대규모 소비자 조사를 한 건 이때가 처음이었다.

여기서 찾은 해법은 두 가지였다. 프로바이오틱스 제품군의 큰손은 '아이를 둔 엄마'(구매비중 67%)며, 이들이 원하는 건 기술력을 내세운 제품보다 '우리 아이, 우리 남편에게 꼭 맞는 제품'이라는 것이었다.

이 결과를 통해 락토핏을 유아 어린이 성인 등 3개군으로 나눴다. 제품의 배합도 싹 바꿨다. 유아용에는 모유성분을 더 많이 넣고, 어린이용에는 뼈 성장 등에 도움을 주는 비타민D 등을 추가했다. 이후 성인용을 여성, 남성, 노년으로 세분화한 연령별 타깃마케팅을 시행했다.

상황 2 소비자는 기술력 차이 잘 모른다
도전 2 "어려운 기술 설명에 집착하지 말자"

프로바이오틱스 제품의 가장 큰 숙제는 유산균이 장까지 죽지 않고 가는 것이다. 이를 위해 경쟁 업체들은 "프로바이오틱스를 여러 번 코팅했다"고 소비자를 설득시키는데 주력했다.

하지만 제품을 사용하는 소비자들은 이런 코팅 기술의 차이를 잘 감지할 수 없다. 종근당건강 관계자는 "코팅을 더 많이 했다고 제품을 사는 소비자가 많지 않다는 걸 알게 됐다"고 말했다.

락토핏은 장까지 안전하게 배달할 수 있는 제품 기술력은 갖췄지만 '2중 코팅'과 같은 기술적 설명은 마케팅 과정에서 쓰지 않았다.

오히려 귀에 쏙 들어오는 로고송을 만들었다. "건강

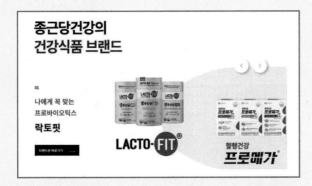

기능식품은 신뢰감을 줘야 한다"며 점잖은 광고를 만들던 과거와는 180도 다른 접근이었다.

회사 관계자는 "한 번 들어도 열 번 들은 것 같은 중독성 있는 로고송 덕분에 락토핏의 인지도가 순식간에 올라갔다"며 "젊은 엄마들에게 오히려 쉽게 다가갈 수 있었다"고 말했다.

상황 3 비슷한 제품 많은 레드오션 시장
도전 3 "유통 채널을 완전히 바꿔라"

락토픽 이전 건강기능식품들은 약국과 방문 판매 등 오프라인이 주 판매 창구였다. 이런 접근법은 많은 영업사원 또는 판매사원을 필요로 했다.

하지만 약국 등에선 기존 회사들이 공고히 쌓아 놓은 장벽 때문에 종근당건강이 파고들 틈도 보이지 않았다. 락토핏은 이 시장을 과감히 포기하고 G마켓 11번가 등 온라인 쇼핑몰에 집중했다.

'아이를 둔 엄마'들의 쇼핑무대가 온라인이란 걸 겨냥한 것이다. 온라인에서 잘 팔리자 홈쇼핑, 대형마트 등 오프라인 시장도 조금씩 열렸다.

영업사원이나 약국 등 유통망에 주는 돈이 줄어들자 가격 경쟁력도 생겼다. 락토핏은 경쟁 브랜드보다 20%가량 가격이 낮다.

이를 위해 생산 체계도 완전히 바꿨다. 대다수 건강

기능식품 업체들은 위탁생산회사(CMO)에 생산을 맡기고 있으나 종근당건강은 자체 생산 시설을 갖추고 있다.

락토핏 판매가 크게 늘어 2019년부터 콜마비앤에이치에 일부 생산을 맡기고 있지만, 연말께 충남 당진 신공장이 완공되면 다시 100% 자체 생산 체제로 바뀐다.

락토핏은 현재 '국민 유산균'이라 불릴 정도로 인기를 끌고 있다. 매출은 출시 첫 해인 2016년 180억원에서 지난해 2,620억원으로 4년 만에 14.5배 증가했다. 1초에 한 통씩 팔린다는 뜻으로 '1초 유산균'이란 별명도 얻었다. 이런 유명세는 후발 주자들과 차이를 더욱 벌릴 수 있는 마케팅 포인트가 되고 있다.

■마케터를 위한 포인트

제약 회사들은 그동안 틀에 박힌 제품 개발 공식을 따랐다. 오랜 연구를 통해 특정 제품을 만들고, 해당 기술력을 소비자에게 어필해 매출을 올리는 식이다.

종근당건강 관계자는 "이 같은 주입식 판매 방식은 더이상 먹히지 않는다"고 설명한다. 제품 기획 단계부터 철저히 소비자 맞춤형으로 만들어야 한다는 뜻이다. 여기에 뛰어난 가격 경쟁력과 과감한 마케팅으로 소비자가 먼저 찾는 제품을 내놓는데 성공했다는 평가다.

락토핏의 '성공 방정식'은 다른 제품에도 적용된다. 오메가3 제품인 '프로메가'가 대표적이다. 철저한 소비자 조사와 그에 따른 제품 개발, 마케팅 전략을 따르고 있다.

오메가3 제품만 수백 종류에 이르지만 매출 증가세는 가파르다. 2019년 270억원 수준이던 매출이 지난해 890억원으로 세 배 넘게 늘었다. 올해 목표는 1,500억원이다.

▶ 출처: 한국경제신문, 2021. 7. 23.

사례연구 토의문제

01 사례연구의 저자가 국내 건강기능식품 시장을 '레드오션'으로 규정하는 근거는 무엇인가? 또 종근당건강이 레드오션 시장에서 직면한 이슈들은 무엇인지 예들을 통해 알아봅시다.

02 사례 본문에 소개된 종근당건강이 추구하는 차별화 전략을 기술하시오.

03 종근당건강이 차별화 전략의 도입으로 어떠한 결과를 가져올 것으로 기대되는지 생각해 봅시다. 답변에 대한 논리적 근거를 제시하시오.

04 종근당건강이 차별화 전략으로부터 좋은 성과를 얻게 되면, 다른 경쟁사들도 곧 유사한 전략적 움직임을 보일 것으로 예상된다. 종근당건강이 차별화 전략을 통해 창출되는 경쟁우위를 지속적으로 유지하기 원한다면 어떠한 노력을 기울여야 할지 그 방법을 제시해 보시오.

제 **8** 장

B2B 이커머스

8.1 B2B 전자상거래의 개념적 이해

8.2 이마켓플레이스 vs. 기업협력 네트워크

8.3 B2B 전자상거래의 성공요인

e-business

e-commerce

가전전문 B2B '소상공인몰' 사이트 공식 오픈한 삼성전자

삼성전자가 소상공인을 위한 전용 온라인 쇼핑몰을 열었다. 비대면 구매 수요가 늘어나면서 기업간거래(B2B) 사업 영역을 확장하는 게 목적이다.

삼성전자는 올해 하반기부터 시범 운영하던 온라인 소상공인몰을 최근 정식 가동했다. 이를 계기로 자영업 등 소상공인을 위한 전용 상품·서비스부터 특가할인 등 온라인 채널을 활성화한다.

소상공인몰은 TV, 사이니지, PC, 세탁기, 건조기, 냉난방기, 의류관리기, 조리기기, 모바일 등 140여개 삼성전자 제품을 판매한다. 대부분 업소에서 쓰는 제품으로 가정용보다 사이즈·용량이 크거나 디자인을 차별화한 제품이다. 운영은 디지털프라자를 운영하는 삼성전자 자회사 삼성전자판매가 담당한다.

제품도 사업장에 따라 세분화했다. 제품별로 대형·중형·중소형으로 구분하거나 제조, 공공, 금융, 건설, 의료 등 업종에 따라 주요 제품을 제안한다.

가전제품 외에도 솔루션, 서비스도 함께 구매 가능하다. 시스템에어컨, 홈 사물인터넷(IoT), 디스플레이, 모바일, 프린팅 등 주요 가전 기능을 향상하는 IT 솔루션을 구매할 수도 있다. 또 에어컨·공기청정기 관리 서비스와 함께 에너지 절감을 위한 원격 관리 IoT 서비스 'b.IoT 클라우드' 서비스도 판매한다.

삼성전자가 소상공인몰을 구축한 것은 B2B 사업 확장 때문이다. 기존 B2B 사업은 기업 고객이나 공공기관 등 구매 물량이 상대적으로 대규모인 곳이 대부분이다. 업소 등 소상공인은 전국에 600만명에 달하지만 도입 규모가 작다 보니 우선순위에서 밀렸다. 이들은 사업장 환경에 맞는 가전을 구입하고 싶지만 정보와 채널이 부족해 어려움을 겪었다. 삼성전자는 대형 B2B 고객과 B2C 고객 사이에 있는 소상공인 시장을 공략해 새로운 수익원으로 삼겠다는 전략이다.

삼성전자는 단순히 소상공인을 위한 온라인몰 오픈에 그치지 않고 다양한 지원 프로그램까지 함께 제공할 예정이다. 코로나19로 소상공인 어려움이 가중되면서 특화 제품 확대는 물론 금융 프로그램, 제품 프로모션, 컨설팅 등 다양한 서비스까지 내놓을 계획이다.

▶ 삼성전자 소상공인몰 홈페이지

▶ 삼성전자 소상공인몰 홈페이지

삼성전자 관계자는 "개인사업자 시장은 일반적인 B2B 영역과 성격이 달라 특화된 상품과 전략이 필요하다"면서 "이번 소상공인몰 오픈은 B2B 사업 영역을 확대하는 동시에 개인사업자를 지원하는 의미가 있다"고 말했다.

▶ 출처: 전자신문, 2021. 12. 22.

8.1 B2B 전자상거래의 개념적 이해

▶▶ B2B 전자상거래의 개념 및 추세

B2B 전자상거래란?

개념사례에 소개된 삼성전자 소상공인몰 사이트는 B2B 전자상거래 전문 사이트이다. 오늘날 일상적인 기업간 거래프로세스에 있어 B2B 전자상거래 기술이 점차 중요한 역할을 담당하는 추세이다.

기업과 기업간의 상거래를 의미하는 B2B(business to business) 전자상거래는 기업을 대상으로 전자매체를 통해 제품이나 서비스를 판매하는 거래 유형이다. 오늘날 B2B 전자상거래란 용어는 인터넷 및 기타 네트워크를 이용해 조직경계선을 넘어 기업간에 수행되는 비즈니스 거래로 정의된다. 일반적으로 거래에 관련한 기업들(가령, 구매기업, 판매기업, 협력사 등)을 통합하는 자동화된 비즈니스 프로세스를 통해서 처리되며, B2C 전자상거래에 비해 거래금액 면에서 훨씬 더 큰 규모로 거래가 수행된다.

B2B 전자상거래는 제품설계, 조달, 생산, 주문처리, 판매 및 서비스, 수요 예측 등 기업의 모든 거래프로세스에 IT 기술을 이용하기 때문에, 기업의 프로세스 혁신과 비용감소, 글로벌 시장 대응체제로의 전환, 고객사 및 중소 협력회사와의 협업을 통한 동반성장 등 산업전반에 막대한 효과를 가져다 준다.

구매자 관점에서 도입할 수 있는 단순한 B2B 구매시스템의 원리를 다음과 같은 시나리오를 통해 알아보자.

- 기업 내에서 구매하기에 적합하다고 판단되는 제품들을 경영관리자가 몇몇 공급사들의 온라인 카달로그상에서 직접 선택한다.
- 직원들이 인터넷을 통해 그러한 제품이나 카탈로그를 확인하고 구매승인 요청을 한다.
- 제품에 대한 구매승인이 떨어지면 구매주문서를 해당 공급사에게로 온라인상으로 전송한다.
- 공급사는 자동으로 구매자의 신용체크를 하고, 또 구매주문서를 받았다는 확인메시지를 전송한다.
- 구매자는 주문발송 진척상황 및 예상되는 총배송시간을 조회하고, 또 주문내역도 변경할 수가 있다.
- 공급사는 자동으로 대금납부 고지서를 발송하고 제품배송을 시작한다.

위의 시나리오는 단순한 B2B 구매시스템의 예시일 뿐, 기업들의 실제 B2B 구매프로세스는 이보다 훨씬 더 복잡하다.

▶▷ B2B 전자상거래의 진화

전통적인 B2B 전자상거래 환경

90년대 초반부터 급속하게 발전해 온 인터넷 및 웹기술이 전자상거래의 성장에 크게 기여한 것은 사실이지만, 기업과 기업 간에 이루어지는 B2B 전자상거래는 이미 오래 전부터 꾸준히 진행되어 왔다. 처음으로 등장한 B2B 전자상거래 형태는 온라인 주문입력시스템이다. 전략정보시스템의 고전적인 사례로 우리에게 잘 알려져 있는 AHSC(American Hospital Supply Corporation)사가 70년도 중반 공중전화망을 이용해 병원들의 구매프로세스의 자동화를 위해 구축한 것이 바로 이 온라인 주문입력시스템이다. 병원들은 이 시스템을 이용해 병원용품들을 온라인으로 주문할 수 있었다. 전화선 및 모뎀을 기반으로 한 이 통신기술은 이후 1980년대에 접어들면서 PC 및 기업사설망 기반의 기술로 대체되었다. 공급사가 구매기업들에게 제품을 판매하기 위한 목적으로 구축한 이러한 시스템을 일컬어 판매자중심의(seller-side) B2B 시스템이라고 한다.

한편, 1970년대 말부터 EDI라고 하는 새로운 방식의 컴퓨터 통신기술이 등장했다. 한 예로, 미국의 빅 3 자동차 메이커 중의 하나인 제너럴 모터스(General Motors: GM)도 80년대 초반부터 EDI 기반의 전자상거래를 통해 수천여 공급사들로부터 부품을 구매했다. 물론 이들 기업이 구축한 B2B 전자상거래 시스템은 인터넷에 기반한 것은 아니었지만, 통신회사가 제공하는 부가가치망(value-added network: VAN)을

▶ 이전에 종이서류에 의존하던 구매주문서 등 문서는 1970년대 들어 EDI 라는 전자문서 형태로 전송되면서 B2B 전자상거래의 시작을 가져왔다.

기반으로 EDI 기술을 통해 비즈니스 거래를 수행하는 시스템이었다. 이들 EDI 시스템은 주로 GM과 같은 구매기업이 주축이 되어 공급사로부터 제품구매를 효율화하기 위해 구축된 시스템이라는 점에서 구매자중심형(buyer-side) B2B 시스템이라고 한다.

이와 같이, 구매자중심의 B2B 전자상거래 시스템의 주요 특징 중의 하나는 EDI(Electronic Data Interchange) 표준에 따라 조직 간에 거래관련 문서를 교환한다는 점이다. 거래관련 문서의 서식이 기업마다 서로 달라 거래 문서를 교환하기가 어려워지자 이에 대한 해결책으로 등장한 것이 EDI라고 하는 서식 표준이다. 예를 들어, 구매주문서나 대금청구서와 같은 전자 문서를 EDI 서식표준에 따라 작성하게 되면 컴퓨터 네트워크를 따라 기업들 간에 이들 거래관련 문서를 자유로이 교환할 수가 있다. 세계적으로 통용되는 대표적인 EDI 표준에는 북미에서 주로 이용되는 X12와 유럽 및 아시아 지역에서 널리 이용되는 EDIFACT가 있다. EDI 시스템은 주로 유통업자, 제조업자, 보험회사와 같은 서류발생량이 많은 조직에서 서류의 작성 및 전달 비용을 줄이고 거래 프로세스의 속도를 높이기 위한 목적으로 널리 사용되어 왔다. 국내에서는 무역업무의 지원을 위해 무역회사와 은행과 세관을 상호 연결하는 KTNET(Korea Trade Network)가 대표적인 EDI 네트워크로 알려져 있다.

상당한 투자를 요구하는 EDI는 거래에 소요되는 시간과 비용 그리고 오류를 최소화 한

다는 장점이 있다. 하지만 EDI는 동태적인 시장환경 변화에 유연하게 대응하지 못하며, 유지비용이 높다는 단점이 있다. 이러한 문제점으로 인해, 기존의 EDI 기반 전자상거래 환경은 오늘날 인터넷 기반의 전자상거래 환경으로 진화하기에 이르렀다.

인터넷 기반의 B2B 상거래 환경

1990년대 초에 인터넷의 상용화가 발표되고 1994년 웹브라우저 기술이 소개되면서, B2B 전자상거래도 인터넷 및 웹 환경과 활발히 접목되기 시작했다. 인터넷은 규모경제 및 범위 경제를 재정의하는 계기를 가져왔고, 거래비용의 감소로 인해 가상 시장이 출현했다. 가상시장이란 유선 혹은 무선 인터넷 환경의 개방 네트워크상에서 비즈니스 거래가 수행되는 시장을 뜻한다. 이들 시장은 네트워크를 통해 쉽게 접속이 이루어지며, 풍요도 높은 정보(가령, 사진, 음성, 동화상 등)가 수많은 이용자들에게 빠르게 전달되는 특성을 가진다. 사실, 정보 그 자체가 가상 시장의 경쟁우위 원천이 되고 있다.

인터넷이 제공하는 상호접속성은 산업의 고객사들과 공급사들을 경제적 측면에서 완벽한 장터로 끌어 모으는 데 중요한 역할을 한다. 예를 들어, 다양한 제품 및 서비스를 제공하는 기업은 이제 웹사이트에 온라인 카탈로그를 만들어 글로벌 규모로 잠재고객들에게 접근할 수가 있다. 인터넷 기반을 통해 커뮤니케이션을 할 수 있으므로, 이전의 기술에 비해 훨씬 더 낮은 비용에 기업과 기업을 연결할 수가 있게 됐다. 또 가상 시장의 출현과 함께 고객들을 위한 가치를 창출할 수 있는 다양한 방법들이 나타나고 있다. 이러한 장점들 때문에 기업 독자적인 부가가치망(VAN) 기반의 B2B 전자상거래가 인터넷 기반의 전자상거래로 이전되는 추세가 '90년대 후반부터 가속화되기 시작했다.

이 무렵, 인터넷 기술의 혁신을 통해 나타난 시장의 주요 변화 중의 하나는 이마켓플레이스와 같은 온라인 중개자들의 등장이었다. 온라인 중개자는 웹사이트를 기반으로 고객이 공급사 카탈로그에서 제품을 주문하거나 경매입찰에 참여할 수 있도록 온라인 거래를 촉진시키는 역할을 담당한다. 이는 기존의 EDI와는 크게 다른 개념으로서, 한 대기업이 허브(즉, 중심) 역할을 하며, 공급사들과 온라인으로 거래를 하는 방식이다. 또 이와는 대조적으로, 온라인 중개자가 여러 공급사들이 제공하는 다양한 제품 및 서비스들을 구매할 수 있는 단일 관문이 되기도 한다. 이러한 중개자는 한 번 접속으로 여러 공급사들이 여러 구매자들과 쉽게 거래할 수 있도록 하는 데 목적이 있다.

또한 1990년대 말경, 이마켓플레이스와 더불어 나타난 또 하나의 B2B 전자상거래 시스템은 기존의 EDI 시스템으로부터 발전된 기업협력 네트워크였다. 산업가치 사슬상의 거래 프로세스를 지원한다. 참여 기업들이 제품 및 서비스의 거래뿐만 아니라 비즈니스의 통합 형태인 협업상거래(collaborative commerce)를 수행하는 것이 특징이다.

협업상거래는 주문에서 배달까지 관련 기업의 모든 비즈니스 프로세스를 SCM 등의 시스템을 기반으로 통합하여 지원하는 시스템이다. 뒷 부분에서 협업 상거래에 관해 더 상세히 살펴보기로 한다.

▶▶ 구매 프로세스와 공급망

기업 간에 상품을 발송하고 결제를 수행하는 과정에서 인터넷을 응용하는 방법은 매우 다양하기 때문에 B2B 전자상거래는 생각보다 더 복잡할 수 있다. 궁극적으로 B2B 전자상거래는 구매 프로세스를 변화시키는 데 초점이 있다.

구매 프로세스의 단계

구매 프로세스란 기업들이 최종적으로 소비자에게 판매할 제품을 생산하는 데 필요한 제품들을 구매하는 방법 혹은 과정을 뜻한다. 인터넷 기반의 B2B 전자상거래를 이해하는 데 우선 기존 구매 프로세스를 살펴볼 필요가 있다. 그림 8-1은 전형적인 구매 프로세스의 단계들을 보여주고 있다. 기업은 서로 다른 공급사들에게서 필요한 제품을 구매하며, 이들 공급사들은 다시 다른 공급사들로부터 그 제품생산에 필요한 원재료를 구매한다. 이 기업들을 이어주는 일련의 거래들을 일컬어 공급망이라고 한다. 공급망의 개념에 대해서는 뒤에서 더 상세히 알아보기로 한다.

그림 8-1 **구매 프로세스의 단계**

탐 색	자격 확인	협 상	구매주문서	송 장	물품 운송	대금 결제
• 카탈로그 • 인터넷 • 판매사원 • 브로슈어 • 전화/팩스	• 판매자 조사 • 신용상태 • 경쟁사에 확인 • 전화 조사	• 가격 • 신용공여조건 • 에스크로우 • 품질 • 타이밍	• 제품의 주문 • 구매주문서의 작성 • 구매주문서의 시스템 입력 • 구매주문서의 발송(우편 등)	• 구매주문서의 접수 • 재무시스템에의 입력 • 생산시스템에의 입력 • 송장의 발송 • 구매주문서와의 대조 • 내부 검토 • 물류시스템에의 입력	• 운송사의 물품 추적시스템에 입력 • 물품의 운송 • 물품의 전달 • 물품추적시스템에의 입력	• 물품의 수령 • 운송문서를 물류시스템에 입력 • 송장의 확인 및 정정 • 송장의 재발송 • 수표의 발행 • 정정된 송장을 내부시스템에 입력

▶ 구매 프로세스는 판매사, 구매사 및 운송사 등의 기업들이 참여하는 길고도 복잡한 단계들로 구성된다.

구매의 구체적인 프로세스는 기업에 따라 다를 수 있으나, 일반적으로 기업들은 **그림 8-1**에서처럼 7개의 단계를 통해 구매를 하게 된다.

- **탐색**: 구매 거래를 필요로 하는 고객사가 아직 제품이나 서비스를 판매할 공급사를 결정하지 않은 경우에는, 자신들의 구매요건을 충족시켜줄 수 있는 공급사를 탐색하는 과정이 필요하다. 이를 가리켜 **소싱**(sourcing)이라고도 일컫는다. 관심 있는 공급사가 발견되면 이들을 직접 접촉하거나 이들이 공개한 제안요청서(RFP)를 검토하여야 한다.
- **자격 확인**: 결정된 판매자 및 그들이 판매하는 제품이 자격을 갖추었는지 확인하는 단계이다. 공급사의 신용상태를 조회함은 물론, 제품이나 서비스의 품질에 대해 관련 자료를 입수하거나 경쟁사에 문의함으로써 거래관계를 맺을 공급사로서 적합한지를 결정한다.
- **협상**: 이 단계에서는 제품의 가격, 신용공여 조건, 커스토마이징 가능성, 에스크로우 요구사항, 품질, 그리고 배송계획과 관련하여 공급사와 협상하게 된다. 따라서 이러한 거래조건을 성공적으로 협상하고 또 협상된 거래조건에 대해 양측이 합의하였을때, 비로소 공급사 및 거래가격이 결정된다. 또 협상결과를 토대로 거래계약서가 체결된다.
- **구매주문서 작성**: 구매자가 구매주문서(purchase order: PO)를 작성해 공급사에 발송한다. PO에는 구매하려는 품목, 수량 등이 명기된다.
- **송장 작성**: 공급사가 구매주문서를 접수하면, 발송할 물품의 송장(invoice)을 구매자에게 발송하여야 한다. 구매자는 송장을 보고 자신이 주문한 물품내역 및 대금이 정확한지를 확인할 수 있다.
- **물품의 운송**: 그 다음은 물품 박스를 발송하는 단계이다. 해당 제품이 운송되는 과정을 구매자가 직접 추적할 수 있도록 물품추적시스템에 데이터를 입력한다.
- **대금 결제**: 제품을 수령한 구매 기업은 제품의 수량 및 품질을 확인한 후, 구매내역서에 명시된 금액을 지불함으로써 구매 프로세스는 모두 종결된다.

구매의 유형

기업들은 작은 서류 클립에서부터 시작해서 자동차 타이어나 컴퓨터 시스템에 이르기까지 다양한 종류의 제품 및 서비스를 구매한다. **표 8-1**을 통해 알 수 있듯이, 구입되는 제품 및 서비스의 소비 목적에 따라, 구매활동은 직접 구매와 간접 구매의 두 가지 유형으로 나뉘어진다. 직접 구매(direct procurement)는 생산과 관련한 구매인 반면, 간접 구매(indirect procurement)는 비생산관련 구매의 성격을 지닌다.

직접 구매는 제조 환경에서만 필요하며, 원재료, 부품 및 부분품과 같은 완제품의 일부

표 8-1   두 가지 구매 유형의 비교

특 징	구매 유형	
	직접 구매	간접 구매
구매대상 품목	원재료 및 부품/부분품	MRO 소모품
구매량	대량	소량
구매빈도	높음	비교적으로 높음
제품가치	산업마다 다름	낮음
용도	생산용/건설용	사무용/유지보수용
예	석유(원유), 철강, 타이어	윤활유, 잉크젯카트리지

▶ 직접 구매는 생산에 직접 투입되는 원재료나 부품을 대상으로 하는데 반해, 간접 구매는 MRO 소모품과 같은 비생산투입요소의 거래를 다룬다.

에 해당하는 품목들을 구매의 대상으로 한다. 공급망관리에서 핵심이 되는 직접 구매는 제조기업의 생산 프로세스에 직접적인 영향을 미친다.

이와 달리, 간접 구매는 기업이 운영을 해나가기 위해 필요로 하는 "운영자원"을 구매하는 활동이다. 이러한 운영자원에는 매우 다양한 제품 및 서비스가 있는데, 사무용 소모품 및 기계 운활유와 같이 표준화된 저가 제품에서부터 중장비 및 컨설팅 서비스와 같은 복잡한 고가의 제품 및 서비스가 모두 운영자원에 포함된다.

한편, 기업의 구매활동은 판매자들 간의 경쟁여부에 따라 경쟁입찰 구매와 비경쟁 구매의 두 가지로 나뉘어질 수 있다. 기업이 특정 제품이나 서비스를 구매하고자 할 때, 그 비용이 사전에 정한 금액을 초과할 경우 회사 내규에 따라 입찰에 의해 구매를 하여야 한다. 예를 들어, 공개 입찰에 10개의 판매사가 참여한다고 할 때, 일반적으로 구매기업은 이 중 최저 가격을 제시한 입찰자를 선택하여 낙찰하게 된다. 만일 최저가격 입찰자가 필요한 제품이나 서비스를 성공적으로 제공할 능력이 부족하다고 판단된다면, 해당 제품이나 서비스를 제대로 공급할 수 있는 업체들 중에서 그 다음으로 낮은 가격을 제시한 입찰자를 선택해 낙찰을 할 수 있다.

이러한 경쟁입찰 방식의 구매와 달리, 비경쟁 구매는 구매자가 비공개적으로 특정 공급사를 접촉하여 제안서를 요구한 다음, 제출된 제안서의 거래조건 및 가격이 만족스러울 경우 구매계약을 체결하게 된다. 비경쟁 구매는 수의계약 구매라고도 불린다.

공급망과 SCM시스템

공급망(supply chain)이라고 함은 원재료 혹은 부품을 구매하고, 이들을 중간제품 혹은 완제품으로 변환하며, 완제품을 고객에게 배송하기 위한 조직들 및 비즈니스 프로세스들의 네트워크로 정의할 수 있다. 즉, 공급망은 고객이 주문한 제품 혹은 서비스를 제공하기 위해 직간접적으로 관여되는 모든 당사자들을 포함하는 개념이다. 따라서 제조사 및 그 공급사뿐 아니라 운송업체, 소매업체, 고객까지도 모두 포함한다. 또 공급망은 이들 기업뿐만 아니라, 이 기업들 간의 관계, 그리고 이 기업들을 상호 연결하는 프로세스들까지도 모두 포함한다.

이 공급망을 따라 원재료와 제품과 정보가 흐르게 되며, 공급망은 최초 공급사에서부터 중간의 생산 및 물류 단계를 거쳐 최종 소비자에게 이르기까지 전반적인 과정에서의 재화 및 원재료의 흐름을 지원해 준다.

▶ 공급망이란 원재료나 부품을 구매하고 이들을 중간제품이나 완제품으로 변환하며 완제품을 고객에게 배송하기 위한 과정을 의미한다.

공급망 관리(supply chain management: SCM) 시스템은 기업의 공급망을 자동화하고 최적화하기 위한 정보기술로서, 조직 내부의 통합보다는 조직과 조직 간의 업무 통합을 다루는 시스템이다. 기업이 공급망상의 흐름을 계획하고 제어하며, 또 공급사들과의 관계를 관리하도록 해주는 소프트웨어를 일컬어 SCM이라고 한다.

SCM 시스템은 공급사, 제조사, 판매사 및 고객의 물류프로세스들을 통합해서 제품의 출시기간을 단축시켜 주고, 재고량을 줄여주며, 전반적인 비용을 절감시키고 또 고객서비스 및 만족도를 향상시켜 준다. SCM 소프트웨어는 공급망 프로세스에 관련된 기업들 간의 업무조정관리를 개선하는 데 도움이 된다. SCM의 도입으로 인해 비즈니스 파트너들 간의 제품배송망이 크게 향상될 수가 있는 것이다. SCM 시스템의 궁극적인 목표는 고객의 요구 및 비즈니스 파트너들의 니즈를 충족시키는 데 있어 보다 더 민첩한 대응능력을 확보하는 것이다.

공급망 대란 중 혁신 시도하는 스타트업

팬데믹에 따른 인력난 등으로 글로벌 공급망 교란이 이어지고 있다. 하지만 그 이면에선 문제를 해결하기 위한 기술 혁신과 투자도 활발하다. 시장조사업체 피치북에 따르면 기술 중심 공급망 기업에 대한 작년 1~3분기 전 세계 투자액은 243억달러(약 30조원)로 2020년 전체보다 60% 가까이 증가했다.

▶ 미국 플랫폼 기반 배송 스타트업 베호(veho)의 프리랜서 기사가 자동차 트렁크에 고객에게 전달할 상자들을 실은 모습

▶ 어태보틱스사는 로봇 기술에 기반한 물품의 수평 및 수직 이동으로 창고 공간의 효율적 활용을 가능하게 하는 시스템을 개발했다.

최근 월스트리트저널(WSJ)은 공급망 혁신을 이끄는 대표적인 스타트업으로 캐나다의 어태보틱스(Attabotics)와 미국의 베호(Veho)를 소개했다. 어태보틱스는 수많은 제품을 좁은 물류 창고에서도 효율적으로 관리할 수 있는 시스템을 제공하는 로봇 자동화 기업이다. 어태보틱스는 거대한 컨테이너 빌딩처럼 생긴 물품 보관 공간을 창고 안에 세운 뒤, 그 안에 물품이 담긴 플라스틱 상자를 수백 개에서 수천 개 넣는다. 바둑판처럼 격자 모양으로 길이 나 있는 공간 내부를 바퀴 달린 로봇이 좌우상하로 움직이며 주문받은 물품이 들어있는 상자를 싣고 지정된 장소로 가져다 준다.

기존의 AI 기반 물류 시스템은 보통 로봇이 바둑판 모양의 공간 맨 위에서 수평으로 움직이며 밑에서 물품을 꺼내는 방식(2차원)이지만, 어태보틱스의 자동화 시스템은 로봇이 직접 컨테이너 안으로 들어가 3차원으로 움직인다. 이 때문에 훨씬 적은 인원으로 빠르고, 효율적으로 창고 관리를 할 수 있다.

베호는 전자상거래 업체들을 위한 통합 배송 서비스 업체다. 작동 방식은 한국의 음식 배달 앱과 비슷하다. 배송 기사들이 베호 앱에 접속하면 택배 배송 경로와 소요 시간 등을 스케줄에 맞춰 자유롭게 선택할 수 있고, 그에 따른 수수료를 받는다. 베호는 전자상거래 업체들이 보내야 하는 물품을 모아 지역 곳곳의 소규모 물류센터에 보관하고, 배송기사들은 여기에서 물건을 찾아 고객에게 전달한다. 소비자는 실시간 배송 추적이 가능하고, 원하는 시각을 지정해 물건을 배송받을 수 있다. 작년 12월 베호는 10억달러(약 1조2,000억원)의 기업 가치를 인정받아 1억2500만달러(약 1,500억원)의 시리즈A 투자를 유치했다.

공급망 전문가인 하버드 경영대학원 윌리 시 교수는 "공급망 혁신을 일으키는 거대한 변화의 물결이 일어나고 있다"고 말했다.

▶ 출처: 조선일보, 2022. 2. 24.

협업 상거래

인터넷 버블이 꺼지면서 수많은 닷컴 기업들이 몰락했지만 여러 기업들이 인터넷에서 비즈니스 가치를 발견하며, 인터넷 기술의 혁신적인 도입을 통해 매출 및 이윤의 증대효과를 얻고 있다. 특히 오늘날 이비즈니스의 리더들은 인터넷을 이용해 자신들의 기업을 고객, 공급사 및 비즈니스 협력사와 연결하는 이른바 **가상기업 네트워크**를 구축하고 이를 기반으로 비즈니스 운영을 수행하고 있다. 이들은 가상기업 네트워크를 기반으로 신제품을 개발하고, 제품재고를 관리 및 배급하며, 마케팅 및 영업활동을 전개하며, 또 제품을 생산하는 근본적인 방식을 긴밀하게 통합하고 있다. 이러한 유형의 이비즈니스를 일컬어 **협업 상거래**(collaborative commerce)라고 한다.

오늘날 산업내 경쟁은 점차 심화되어 가고, 또 보다 더 큰 가치를 요구하는 고객들의 목소리는 높아만 감에 따라, 기업들은 운영 효율성 및 경쟁적 비즈니스 전략에 더욱 초점을 둘 수밖에 없다. 산업에 관계없이, 협업 상거래는 이러한 니즈에 대응하기 위해 필요한 가장 강력한 기법으로 부상하였다.

협업 상거래란 디지털 기술을 이용해 조직들이 공동으로 제품을 설계, 개발, 생산 및 관리할 수 있도록 하는 것을 뜻한다. 단순히 공급사들과 최소의 관계를 유지하기보다는, 공급사들 및 고객들과 민감한 내부 정보를 공유하는 데 협업 상거래의 핵심이 있다. 협업상거래를 잘 관리하기 위해서는 어떤 정보를 어느 기업과 공유해야 하는지 정확하게 알고 있어야 한다. 협업 상거래는 단순히 공급망을 관리하는 활동의 수준을 넘어 다수의 기업들이 협력해서 신제품을 개발하는 활동도 포함한다.

델컴퓨터, 시스코, 휴렛패커드, 월마트, 네슬레와 같은 선진기업들은 이미 협업 상거래를 전략적으로 이용해 그들의 가치사슬을 변화시키면서 보다 복잡한 비즈니스 모델을 실현하기 시작했다. 또한 이들 기업은 비즈니스 운영을 효율화하고 간접비를 절감하며 격렬한 경쟁 가운데서도 이윤을 개선할 목적으로, 온라인 구매 및 기타 협업 기법을 구현했다. 예를 들어, 델은 고객에서부터 공급사까지 모두 통합된 컴퓨터 주문 시스템을 구현했다. 이 시스템을 통해 델은 대응속도 및 효율성 면에서 세계 최고인 주문제작 비즈니스 모델을 실현했다. 반면, 시스코는 제품출시기간 및 고객만족에 초점을 두는 가상 비즈니스 모델을 실현했다. 시스코사는 주문 프로세스를 내부 프로세스와 통합하고, 구매주문서 자동화를 구현하며, 협업적 제품개발을 수행했다.

현장 사례   협업을 촉진하는 시스코의 가상기업 네트워크

시스코 시스템즈는 라우터 등 인터넷 통신기기 제조업체로 회사가치가 GE보다도 훨씬 더 큰 기업이다. 시스코는 가상 공급망 모델을 선도함으로써 고객에게 무한한 가능성을 제공하며 연평균 30~40%의 매출성장률의 기업으로 성장하였다.

시스코 시스템즈는 이러한 유형의 "가상적 통합"을 성공적으로 도입한 대표적 기업이다. 지난 수 년간, 완제품 및 부분품에 대한 외주생산의 끊임없는 확대로 인해 통신기기 제조기업들의 매출은 주목할만한 성장세를 나타냈다. 이는 Cisco Connection Online이라고 하는 웹기반 시스템을 구축함으로써 공급사들과 협력사들과 고객사들을 하나로 묶을 수 있었기 때문이다. 공급사들과 협력사들에게 실시간으로 판매데이터를 제공함으로써, 시스코사는 3개월 만에 재고율을 4%나 줄였다. 시스코의 확장 네트워크를 구축하는 데 있어 정보기술이 주된 역할을 담당했다.

시스코는 혁신적인 네트워킹 기기의 설계 및 판매라고 하는 핵심역량에 주력했고 또 기타 능력을 제공할 수 있도록 공급사들과 협력관계를 구축했다. 이는 시스코보다는 공급사들이 제조와 같은 분야에서 더 큰 가치를 더할 수 있다는 믿음 때문이었다. 이 결정으로 시스코의 매출이 신장되고, 주주 가치를 창출하며, 또한 공급사들에게도 유익한 것으로 드러났다. 공급사들은 재고회전율을 높임으로써 자산수익률(ROA)이 향상됐다. 또 시스코는 비용을 줄임으로써 수익률이 개선됐고, 시스템 총비용이 낮아지고 대응속도가 빨라지면서 공급망의 경쟁력도 더높아졌다.

시스코의 가상기업 모델은 비즈니스 성공을 거두는 데 결정적인 역할을 담당했다. 이 회사는 처음부터 네트워킹의 가능성 및 그 기대효과를 입증하는 데 주력했다. 시스코사는 제품을 제조하는 40여 개의 제조시설 가운데 단 2개만을 소유했다. 또 고객에게 제품을 전달하는 배급시스템을 소유하지 않고, 대신 공급사들과 배급사들과 협력사들과 고객사들을 함께 연결하는 가상기업 네트워크를 통해, 고객

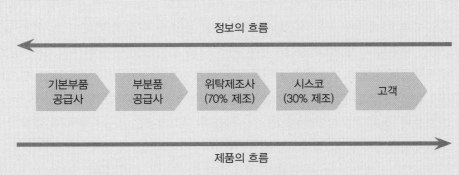

시스코사의 공급망 구조

에게 제품을 적시에 제공하는 데 필요한 제반의 비즈니스 활동들을 성공적으로 조정관리했다.

가상 공급망을 구현하기 위해, 시스코는 공급사들과의 통합을 위한 Cisco Connection Online(CCO) 시스템을 구축했다. CCO는 시스코사를 공급사들 및 위탁 제조사들과 함께 온라인으로 연결했다. 결과적으로, 고객이 주문을 하면, 주문내용이 즉시 모든 공급사들 및 제조사들에게도 전달되며 이로 인해 운영비가 절감됐다. CCO는 공급사들에게는 결제주기를 단축시키고 또 서류기반의 구매를 제거하는 데 기여했다. 결국 시스코는 오늘날 점차 치열해 가는 경쟁환경에 대응하고 비즈니스 규모와 민첩성을 높일 목적으로 공급망을 최적화한 것이다. 혁신의 결과로서 신규 시장 진입이 빨라지고, 신제품 출시기간이 단축되며, 인수기업의 통합이 신속해지고, 물류비용이 절감되며, 끝으로 고객 및 협력사의 만족도가 개선됐다.

▶ 출처: Laudon, K.C. and J.P. Laudon, Management Information Systems, Managing the Digital Firm (17th ed.), Pearson Education: Essex, 2022; Phillips, William, "How Cisco transformed its supply chain," Supply Chain Digital, May 18, 2020, www.supplychaindigital.com

▶▶ B2B 비즈니스 모델

기업의 B2B 비즈니스 모델은 관점에 따라 서로 다르게 분류될 수 있다. 우선, 전자상거래 주도형태에 따라 판매자중심형 모델, 구매자중심형 모델, 그리고 중개자중심형 모델로 분류될 수 있다. 또, 경쟁성 유무에 따라, 협력형(혹은 폐쇄형) 거래모델과 개방형 거래모델로 나뉘어질 수 있다. 여기에서는 거래 주도형태에 다른 모델분류를 기준으로 각 유형들을 살펴보고자 한다.

판매자중심형 모델

판매자중심형 모델(seller-side model)은 서로 다른 공급사들이나 혹은 그들의 위탁을 받은 제3자 대행기업이 제품 및 서비스의 카탈로그를 인터넷상에 게시하는 모델이다. 이 모델을 통해 구매자가 모든 제품들을 조회하고 주문을 직접 입력하며 실시간으로 주문진척 상황을 확인할 수가 있다. 공급사들은 이 모델을 통해 고객들에 관해 입수된 정보를 사용해서 웹사이트와 개별 고객에 전송하는 메시지의 내용을 커스토마이즈 할 수 있으며, 또 교차판매 등을 이용해 매출을 극대화할 수 있다는 장점이 존재한다. 또한 시스템의 도입으로 재고 보충에 소요되는 비용이 줄어들며, 시스템 구축비용을 공급사들이 부담하기 때문에, 고객들은 혜택을 누릴 수 있다.

판매자중심형 모델의 대표적인 예로서는 1990년대 중반 무렵 등장하기 시작한 인터넷 기반의 B2B 온라인 상점(electronic storefronts)을 들 수 있다. 하나의 공급사가 제품들에 대한 온라인 카탈로그를 웹사이트상에 제공하고 구매자들이 이 카탈로그로부터 제품을 주문하는 방식이다. 오늘날 상당수의 대기업들이 판매자중심형 모델에 근거한 B2B 전자상거래 시스템을 통해 제품을 공급하고 있다.

구매자중심형 모델

구매자중심형 모델(buyer-side model)은 한 구매기업이 여러 공급사로부터 제품을 구매할 목적으로 구현되는 모델로서, 기업 내의 구매 프로세스를 개선시키는 과정에서 주로 이용된다. 가령, 자동차 회사가 수많은 공급사들로부터 부품 공급을 원활하게 하기 위해 구축하는 시스템이 구매자중심형 B2B 전자상거래 시스템의 전형적인 예라고 할 수 있다. 1970년대 말 이후, EDI 및 전용선을 기반으로 구축된 대기업들의 구매시스템들이 여기에 속한다.

최근 들어서도, 여러 기업들이 이미 이 모델을 효율적인 전사적 차원의 구매시스템을 도입하기 위한 기본적 모델로 채택하고 있다. 이 모델에 기초한 구매시스템은 비합리적인 구매방식을 개선하고 최선의 가격과 대량구매 할인을 얻을 기회를 구매기업에게 제공한다. 또한 공급사도 고객을 서비스하는 비용을 줄일 수 있기 때문에 혜택을 누릴 수 있다. 이러한 유형의 B2B 시스템이 제공하는 효과도 중요하지만, 다른 모델들을 통해 가능해지는 효과들도 함께 균형 있게 고려해 B2B 전자상거래 비즈니스 모델을 합리적으로 결정하는 것이 중요하다.

중개자중심형(이마켓플레이스) 모델

중개자중심형 모델(intermediary-oriented model)이라고도 불리는 이마켓플레이스 모델은 세 가지 중 가장 유망성이 높은 모델이라고 할 수 있다. 가트너 그룹의 분석가들은 구매자중심형 및 판매자중심형 시스템들이 결국은 이마켓플레이스 모델로 융합될 것으로 예측하고 있다. 이마켓플레이스에는 온라인 경매, 거래소, 수직 포털(즉, 특정산업 중심) 등이 포함된다. 이마켓플레이스도 다양한 세부모델들로 다시 분류될 수 있으나, 가장 대표적인 모델을 두 가지 제시한다면 다음과 같다.

- 제3자 기업이 특정산업을 겨냥하는 온라인 시장을 운영하거나 특정 기업들을 위한 제품 및 서비스를 제공하는 모델. 온라인 시장은 구매자로 하여금 가격 및 기타 제품 관련 정보를 조회하고 또 온라인상에서 이들 제품을 구매할 수 있도록 한다. 시장은 주로 경매 방식으로 운영된다.
- 특정산업의 구매자 및 판매자들이 온라인 시장을 함께 운영하는 모델. 해당산업 내에 속한 거래 당사자들이 실시간의 구매, 판매, 혹은 공동구매를 수행할 수 있도록 거래

그림 8-2   B2B 비즈니스 모델의 세 가지 유형

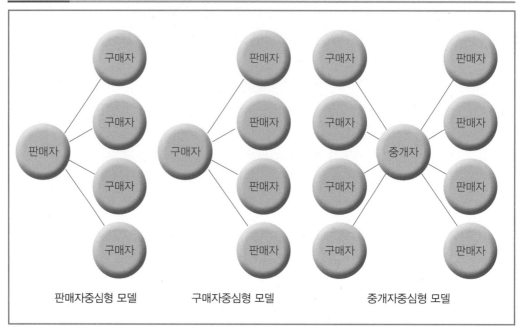

판매자중심형 모델   구매자중심형 모델   중개자중심형 모델

▶ B2B 전자상거래시스템은 누가 거래를 주도하는지에 따라 판매자중심형, 구매자중심형, 그리고 중개자중심형의 세 가지 모델로 분류될 수 있다.

프로세스를 촉진한다. 대표적인 예가 포드와 GM과 다임러크라이슬러의 3개 자동차사가 차 부품들의 구매를 위해 구축한 온라인 마켓플레이스이다.

이 밖에도 다른 모델들이 새로이 출현하고 있다. 일부 B2B 포털들은 자신들이 독자적으로 개발한 정교한 규칙과 비즈니스 프로세스와 거래와 계약과정에 따라 폐쇄적으로 운영되고 있다. 이러한 모델은 해상운송과 같은 산업에 특히 효과적인데, 해상운송 산업의 경우 단일 거래를 완료하는데 몇몇의 제3자 기업들을 거쳐야 함으로 인해 복잡한 요소들이 존재하기 때문에, 거래의 복잡한 요소들을 단일 포털을 통해 관리함으로써 거래를 단순하고 효율적이고 또 효과적인 방식으로 수행할 수 있다는 장점이 있다.

궁극적으로 B2B 비즈니스 모델들을 논하는 데 있어, 가장 중요하게 기억해야 할 것은 비즈니스 모델이 특정 산업에 속한 기업들의 니즈에 제대로 부합할 때 성공적인 결과를 기대할 수 있다는 점이다. 따라서 서로 다른 비즈니스 모델들 중에서 어느 것이 기업들의 니즈에 잘 부합하는지를 고려하여 비즈니스 모델 결정을 하여야 할 것이다.

▶▷ B2B 전자상거래의 기대효과

인터넷 기반의 B2B 전자상거래는 상거래에 참여하는 구매자 및 판매자에게 중요한 효과를 제공하며 경제에 미치는 긍정적인 효과도 크다. 표 8-2에서 볼 수 있듯이, B2B 전자상거래는 기본적으로 구매자에게는 구매프로세스를 혁신할 기회를, 그리고 판매자에게는 판매프로세스를 혁신할 기회를 제공한다.

B2B 전자상거래의 도입은 기업에게 다음과 같은 면에서 중요한 의미를 갖는다. 우선, 과거에는 공급사들이 판매제품과 제조프로세스의 효율성, 원재료 및 부분품의 재고현황 및 원가에 관한 정보를 가지고 있는 것만으로도 구매자에 비해 유리한 입장에 있었던 것이 사실이다. 그러나 B2B는 단순한 정보우위보다는 제품이나 서비스의 가치에 초점을 둠으로써 거래관련 정보의 투명성을 보장하게 되고 이를 통해 이러한 불합리한 이점을 없애고 공정한 비즈니스 거래를 실현할 수가 있다. 구매자는 이제 제품 검색엔진을 이용해 특정 제품을 공급하는 여러 기업들의 가격이나 할인구매 조건들을 즉시 비교하고 자신들에게 가장 유리한 조건으로 구매를 할 수가 있기 때문이다.

B2B 전자상거래가 지니는 또 하나의 중요한 의미는 구매사와 공급사 간의 협력을 지원함으로써 구매 프로세스를 촉진시킨다는 점이다. B2B는 판매자와 구매자 간의 지속적인 정보교환을 가능하게 한다. 설계 요구사항, 원재료나 부분품과 관련한 스펙, 발생비용 및 주문발송상황의 추적, 서비스 및 상담 요청 등 다양한 사항에 대해 판매자와 구매자 간에 원활한 커뮤니케이션이 필요한데, B2B 상거래는 인터넷을 기반으로 이러한 커뮤니케이션이 효과적으로 제공될 수 있도록 한다.

무엇보다도 B2B 전자상거래가 구매사에게 제공하는 큰 매력포인트는 비용절감 효과이

표 8-2   B2B 전자상거래의 효과

구매자 관점의 효과	판매자(혹은 생산자) 관점의 효과
• 제품 재고현황 및 가격과 관련한 정보의 투명성 • 공급사와의 협력을 위한 기회 확대 • 행정업무 비용의 절감 • 구매사들의 검색비용 절감 • 공급사들 간의 경쟁을 심화시키고 재고를 최저수준으로 유지시켜 줌으로써 재고비용 절감 • 서류작업을 없애고 구매프로세스의 일부 단계를 자동화함으로써 거래비용 절감	• 판매사들의 주문처리 비용 절감 • 구매사와 판매사 간의 협력을 늘리고 품질하자 문제를 최소화함으로써 제품품질 향상 • 가격투명성을 높일 수 있어 시장에서의 실제 구매/판매 가격을 파악할 수 있음 • 부품들의 적시 공급을 통해 생산 유연성의 증대 • 설계 및 생산계획을 공급사와 공유함으로써 제품개발주기 단축

▶ B2B 전자상거래는 구매자에게는 구매프로세스를 혁신할 기회를, 그리고 판매자에게는 판매프로세스를 혁신할 기회를 제공한다.

다. 구매비용이 상당히 줄어들게 되어, 최선의 가격을 제공하는 공급사를 찾고 또 거래처리 비용을 절감하는 것이 더 용이해진다. 또 B2B 전자상거래를 이용해 평균 구매주문 처리시 간을 30일에서 1~2일로 단축시킨 사례들뿐 아니라, 비승인 구매 및 오류 구매의 평균비율 이 30%에서 2~3%로 줄어든 사례들도 주변에서 흔히 찾아볼 수 있다.

한편, 판매자에게는 거래비용 절감, 재고관리 개선, 그리고 대량구매와 관련한 규모경제 효과를 제공한다. 뿐만 아니라, B2B는 컴퓨터 기술을 기반으로 공급망의 효율적 관리를 촉 진시킨다. 또, 보다 치밀한 재고관리가 가능해짐으로 인해, 창고비 등의 비용을 절감할 수 있는 기회를 제공한다.

이 밖에도 B2B 전자상거래는 참여기업들에게 시장선점 효과를 제공할 수 있다. 산업 내 에서 구매프로세스를 처음으로 온라인화하는 기업은 생산성 제고, 비용 절감과 같은 효과 를 얻게 됨은 물론 고품질의 신규 제품을 훨씬 더 신속하게 출시할 수 있다. 이러한 효과들 은 다른 경쟁사들도 따라 할 수 있는 가능성이 존재하지만, 기업이 끊임없이 정보기술 및 전자상거래 기술에 투자할 경우 신규기술의 도입속도가 더 빨라져 경쟁사들과의 거리를 유지할 수가 있다.

8.2   이마켓플레이스 vs. 기업협력 네트워크

앞에서 살펴본 B2B 전자상거래의 비즈니스 모델 유형들(즉, 구매자중심형, 판매자중심 형, 중개자중심형)에 따라 B2B 전자상거래 시스템의 분류를 제시하는 것도 가능하다. 그러 나 이는 상거래의 주도형태만을 고려한 단순한 분류에 불과하며, 실제 B2B 전자상거래는 이보다 더 다양하고 복잡하다. 따라서 본절에서는 세부적인 기준을 통해 B2B 시스템의 유 형들을 알아보고자 한다. 그림 8-3에서와 같이, 인터넷 기반의 B2B 전자상거래 시스템은 이마켓플레이스와 기업협력 네트워크의 두 가지 유형들로 나누어 살펴볼 수 있다.

앞서 살펴본 바와 같이, 이마켓플레이스는 중개자중심형 비즈니스 모델에 기초하고 있 는 B2B 시스템이다. 이는 인터넷을 통해 여러 판매기업들과 구매기업들을 상호연동해서 하나의 디지털 장터를 제공하는 B2B 전자상거래 유형으로서 최근 빠른 속도로 성장하며 미래의 B2B 전자상거래 모형으로서 급부상하고 있다.

반면, 기업협력 네트워크는 한 기업이 전략적 협력 관계에 있는 몇몇 기업들을 인터넷으 로 묶어 고도의 효율성을 지닌 공급망을 구축하고 이를 제품에 대한 고객 수요를 충족시키

그림 8-3   이마켓플레이스와 기업협력 네트워크의 개념도

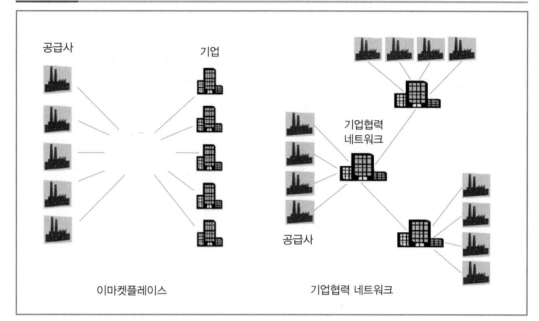

공급사   기업

이마켓플레이스

기업협력
네트워크

공급사

기업협력 네트워크

▶ B2B 전자상거래 시스템에는 이마켓플레이스와 기업협력 네트워크의 두 가지 유형이 있다.
▶ 출처: Laudon & Traver, 2014.

기 위한 목적으로 활용하는 B2B 전자상거래 유형이다.

▶▷ 이마켓플레이스

비즈니스 거래행위가 이루어지기 위해서는 구매자와 공급자 사이의 커뮤니케이션이 필수적이다. 커뮤니케이션은 신속하게, 안정적으로, 안전하게 진행되어야 하고, 거래 당사자들의 정보시스템과 최대한 통합되어야 한다. 서류기반의 커뮤니케이션으로는 대기업의 복잡한 거래업무를 제대로 처리할 수가 없으며 인터넷과 같은 정보통신기술이 수반되어야 업무처리의 효율성을 기대할 수 있다. 이와 같이 구매자와 공급자 사이에 요구되는 중요한 커뮤니케이션을 인터넷에 의해 효과적으로 수행되게 하며 거래시스템들 간의 통합에 의해 거래 프로세스를 단순효율화 할 수 있는 곳이 이마켓플레이스이다. 아래에서는 이마켓플레이스와 관련한 개념들을 살펴보기로 한다.

이마켓플레이스란?

B2B 이마켓플레이스는 이허브(e-hub) 혹은 네트 거래소(Net exchange)라고 불리기도

표 8-3   B2B 전자상거래의 비즈니스 모델 유형

분류	유형	사이트 예	설명	수익모델
이마켓 플레이스	온라인 유통	Grainger.com FindMRO.com Staples.com	개별 기업들에게 MRO 제품 및 서비스 판매; 운영투입재의 거래	재화의 판매
	온라인 구매	Ariba.com CommerceOne.com Siemens	디지털 시장에 접근할 수 있도록 연결만 해 줌; 구매기업에게 제품탐색 및 공급망관리 툴을 제공함; 운영투입재의 거래	시장구축서비스, 공급망관리 및 주문이 행서비스의 수수료
	독립거래소	Exchange.eSteel. com IMX.com GEPolymerland.com	다수 공급사들과 다수 구매사들이 함께 거래할 수 있는 디지털 장터 제공; 거래에 관여하는 특정 산업의 기업들이 소유; 거래비용의 절감에 초점	거래 수수료 및 커미션
	산업 컨소시엄	Covisint.com Sciquest.com Pasticsnet.com	산업소유의 수직시장; 한정된 공급사들만 접근 가능; 거래비용 절감보다 는 공급망 최적화에 초점	거래 수수료 및 커미션
기업협력 네트워크	기업협력 네트워크	Wal-mart Proctor & Gamble Cisco Systems	기업의 협업을 지원하기 위해 구축된 네트워크; 소수 협력사들과 공급망을 조정관리하기 위해 사용	네트워크 구축기업이 제반 비용을 부담하며, 생산 및 물류 효율성을 통해 비용절감 실현

▶ B2B 전자상거래는 크게 이마켓플레이스와 기업협력 네트워크의 두 가지로 분류되며, 이마켓플레이스는 다시 온라인
유통, 온라인 구매, 독립거래소, 산업 컨소시엄의 네 가지로 나뉘어진다.
▶ 출처: Laudon & Traver, 2022.

하는데, 그림 8-3에서 볼 수 있듯이 기업 판매자들과 기업 구매자들을 웹상에서 서로 연동
하여 제품이나 서비스를 매매할 수 있도록 하는 중개자이다. 좀더 구체적으로 설명하면, 이
마켓플레이스는 구매사들의 구매시스템을 공급사들의 주문제품 발송시스템과 함께 통합
하는 온라인 커뮤니티로서 비즈니스 거래를 수행하기 위한 표준화된 프로세스를 제공하여
준다.

이마켓플레이스 웹사이트에서는 제품에 대한 전자 카탈로그 및 구매자동화 서비스가
제공되며, 거래 성사시 부과되는 수수료에 의해 수입이 발생한다. 또, 오프라인 시장보다
저렴한 가격으로 제품구매를 할 기회를 제공하기 때문에, 기업들이 사이버 공간에서 거래

를 하도록 유도하는 동기유발 요인이 강하게 작용한다. 거래과정의 효율성 향상은, 다수의 비즈니스 관계들을 단일 프로세스를 이용해 처리하며 또 기존의 수작업 방식이 아닌 웹기반 시스템을 이용함으로써 발생한다.

이마켓플레이스의 유형

B2B 이마켓플레이스를 운영하는 업체는 마켓플레이스에서 발생하는 거래의 수수료를 거래당사자에게 부과함으로써 방대한 수익을 발생시킨다. 마켓플레이스는 토지나 건물이 아닌 소프트웨어로 구축이 되기 때문에, 최소규모의 투자로 시작해서 시장이 성장해 감에 따라 회사 외형규모도 커질 수가 있다. 그러나 새로운 비즈니스 모델을 지닌 새 업체들이 B2B 시장에 빠르게 진입함에 따라, 이마켓플레이스의 유형도 점차 달라지며 유형별 특성도 더 복잡해지고 있다. 따라서 아래에서는 이마켓플레이스의 종류에 관해 살펴보기로 한다.

우선 이마켓플레이스에 관해 보다 잘 이해할 수 있도록, 기업이 무엇을 구매하는지, 즉 구매대상에 대해 알아보자. 앞서 구매 프로세스와 관련한 부분에서도 언급하였듯이, 구매 활동은 직접 구매와 간접 구매로 나뉘어질 수 있으며, 이들 구매 유형에 따라 기업 구매의 대상은 제조 투입재와 운영 투입재의 두 가지로 분류할 수 있다(그림 8-4 참조). **제조 투입재**(manufacturing inputs)는 제품이나 생산공정에 직접적으로 소요되는 원재료 및 부분품을 뜻한다. 이들 제품은 산업별로 뚜렷하게 다르다. 가령, 화학약품 제조사에서는 자동차 브레이크 부품을 구매할 필요가 없고, 또 광고회사에서는 강철을 구매할 필요가 없다. 따라서 제조 투입재는 수직적인 공급사, 즉 특정 산업과 관련된 공급사로부터 구매된다. 이와 대조적으로 **운영 투입재**(operating inputs)는 완제품의 일부분이 아니다. 일상적인 유지보수, 수리 및 운영관리에 필요한 소모품들을 뜻한다고 해서 MRO(maintenance, repair, and operating) 제품이라고 흔히 불리며, MRO 제품의 대표적인 예로는 사무실 소모품, 스페어 부품, 항공 티켓, 그리고 서비스를 들 수 있다. 운영 투입재는 특정 산업과 관련이 없다. 예를 들면, 어느 기업이나 컴퓨터나 복사기나 사무기기 관리서비스가 필요하다. 이러한 제품들은 사무기기 전문판매사와 같은 수평적인 공급사로부터 구매되는 것이 특징이다. 운영투입재는 산업을 불문하고 구매되는 반면, 제조 투입재는 특정 산업과 관련하여 구매되는 경향을 보인다. 그러한 이유로 인해, 흔히 운영 투입재를 취급하는 이마켓플레이스를 수평적 시장으로 그리고 제조 투입재를 취급하는 이마켓플레이스를 수직적 시장으로 각각 칭하기도 한다.

그림 8-4에서도 볼 수 있듯이, 이마켓플레이스를 분류하는 데 필요한 또 하나의 축은 기업이 어떻게 구매하는지, 즉 구매방식에 관한 사항이다. 기업이 제품이나 서비스를 구매

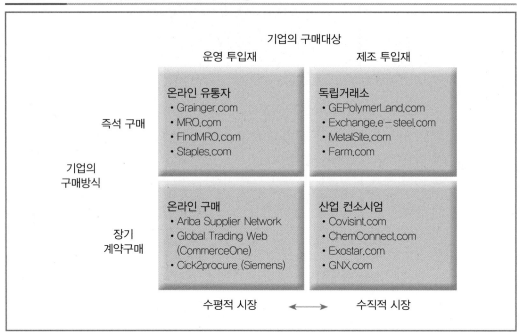

그림 8-4   B2B 이마켓플레이스의 네 가지 유형

▶ B2B이마켓플레이스는 기업의 구매대상 및 구매방식에 따라 온라인 유통자, 온라인 구매, 독립거래소, 산업 컨소시엄의 네 가지로 분류된다.
▶ 출처 : Laudon & Traver, 2022; Kaplan & Sawhney, 2000.

할 수 있는 방법으로는 즉석구매과 장기계약 구매의 두 가지가 있다. 잉크젯 프린터 카트리지, 복사용 종이, 문방용품 등의 제품들은 어느 한 곳과 지속적으로 거래할 필요 없이, 매번 필요할 때마다 인터넷에서 판매업체를 찾아 주문을 하면 되기 때문에 거래처가 즉석에서 결정되는 경우가 많은데 이를 가리켜 **즉석구매**(spot purchasing)라고 한다. 반면, 석유, 철강, 가스 등과 같은 제품들은 당장 필요한 니즈를 충족시키기 위해 제품을 구매하기보다는 특정 공급사들과의 협상을 통해 장기계약을 체결하고 이 계약에 기초하여 반복적으로 거래를 수행하게 된다. 이러한 구매방식을 **장기계약 구매**(long-term purchasing)라고 부른다.

이와 같이 구매대상이 제조 투입재인지 아니면 운영 투입재인지, 그리고 구매방식이 즉석구매인지 아니면 장기계약 구매인지의 여하에 따라, 이마켓플레이스는 온라인 배급자, 온라인 구매, 독립 거래소, 산업 컨소시엄의 네 가지 유형으로 분류된다. **그림 8-4**에 나타나 있는 이들 네 가지 유형들을 아래에서 각각 살펴보기로 한다.

온라인 유통자

B2B 이마켓플레이스 유형들 중에서 가장 잘 알려져 있는 것은 **온라인 유통자**(e-distributor)이다. 온라인 유통자는 수많은 제조업체들의 제품들에 대한 전자 카탈로그를 사이트상에 제공하고 구매자들은 이를 통해 제품을 구매한다. MRO라고도 불리는 운영투입용 제품을 산업고객들이 필요할 때마다 수시로 주문할 수 있는 단일 관문을 제공하는 중개자이다. 온라인 유통자는 자신들이 유통시키는 제품들에 대해 마진을 붙여 판매함으로써 수익을 발생시킨다.

모든 산업의 기업들이 MRO 소비재를 필요로 한다. 기업의 MRO 기능은 빌딩의 유지, 보수, 운영을 수행하는 기능으로서 난방, 환풍 및 냉방시스템에서 조명기구에 이르기까지 이들 건물에 존재하는 기계들을 관리한다.

온라인 유통자들이 수평적 시장에 속하는 이유는 이들이 서로 다른 공급사들의 제품들을 여러 다른 산업들에 대해 공급하기 때문이다. 어느 기업이나 카탈로그를 보고 주문을 할 수 있다는 점에서, 이들이 운영하는 시장은 개방시장이라고 할 수 있으며, 이는 일부 한정된 기업들에게만 멤버십을 부여하여 운영하는 폐쇄시장과 대조되는 개념이다.

온라인 유통자들의 가격은 보통 고정되어 있으나, 대형 고객들은 할인 및 기타 구매 인센티브와 같은 혜택을 받는다. 산업의 고객들에게 부여되는 주요 혜택은 검색비 절감, 거래비 절감, 선택폭이 넓은 제품구색, 신속한 배송, 저렴한 가격 등이다.

이 온라인 유통 시장에서 가장 대표적인 예는 그레인저(Grainger)이다. 그레인저사는 즉석 구매뿐 아니라 장기계약 구매도 지원하지만, 역점을 두는 구매방식은 즉석 구매이다. 이

그림 8-5　온라인 유통자 이마켓플레이스의 개념도

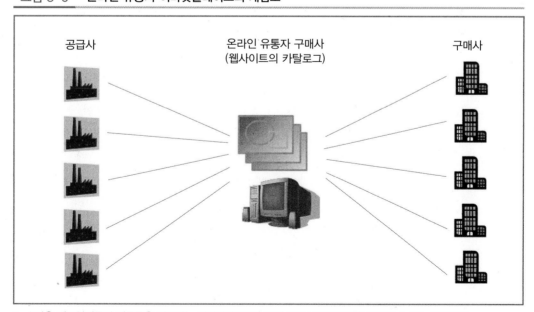

▶ 수많은 제조업체들의 제품들을 대표하는 전자카탈로그를 통해 구매사들이 제품을 구매할 수 있는 모델이다.

회사의 비전은 MRO 공급자들을 위한 세계 최대의 유통관문이 되는 것이다. 이 회사의 수익모델은 일반 소매업체의 모델과 유사한 것으로서, 제품을 소유하며 고객들에게 판매하는 제품에 대해 마진을 붙여 수익을 발생시킨다.

온라인 구매

온라인 구매 이마켓플레이스는 또 다른 유형의 B2B 중개자로서 수많은 유지보수 부품들을 제공하는 수백여 개의 온라인 공급사들을 유료로 시장에 가입한 구매사들과 연결해 준다. 온라인 구매 이마켓플레이스에서 거래되는 제품들은 비교적 거래비용이 높은 저가의 운영투입용(MRO) 제품들이므로, 이들 중개자는 구매 프로세스의 효율성을 제고함으로써 가치를 제공하는 것이 특징이다. 이 이마켓플레이스는 온라인 환경에서 수평적 시장을 형성하며 MRO 제품들을 주로 장기적인 계약에 의해 구매할 목적으로 흔히 이용되는 반면, 회원사들이 MRO 소모품들을 즉석 구매 방식으로 구매할 수 있는 기회도 또한 제공한다. 온라인 구매 이마켓플레이스는 매 거래시마다 거래금액의 일정 퍼센티지를 부과하고 컨설팅 서비스 및 소프트웨어의 사용료를 부과하며 또 네트워크 사용료를 청구해 수익을 발생시킨다.

온라인 구매 기업들은 수백 개의 공급사들의 온라인 카탈로그를 가지고 구매자들과 판매자들 모두에게 가치사슬관리 서비스를 제공한다는 점에서 단순한 온라인 유통자 비즈니스 모델의 연장이라고 볼 수 있다. 이 기업들이 제공하는 가치사슬관리 서비스는 구매자 측에서는 전체적인 구매프로세스에 대한 자동화를, 그리고 판매자 측에서는 판매 비즈니스 프로세스의 자동화를 각각 포함한다. 구매자들을 위해, 온라인 구매 이마켓플레이스는 구매주문서, 제품탐색, 대금결제 등의 업무를 자동화시키는 구매서비스를 제공한다. 공급사들을 위해서는, 카탈로그 작성 및 콘텐츠 관리, 주문 관리, 주문처리, 송장발행, 제품발송, 정산 등의 업무를 자동화시키는 판매서비스를 제공한다.

실제로 온라인 구매 기업들은 초기에는 온라인 구매에 필요한 전문 소프트웨어를 대기업들에게 제공했고, 이들 대기업들은 자신들의 인트라넷에서 해당 소프트웨어를 이용했다. 그러나 이제는 개별 회사들에게 소프트웨어를 제공하기보다는, 자신들의 서버에서 소프트웨어를 가동하면서 오픈 마켓을 제공하고 있다. 이들 오픈 마켓은 구매자들에게 다양한 공급사들의 MRO 카탈로그들을 접근할 수 있는 관문을 제공하고 있다. 온라인 구매 유형의 이마켓플레이스들은 제3자 물류서비스 업체들을 이용해 제품을 공급하므로, 채널에 존재하던 기존의 중개업자(가령, 온라인 유통자) 없이도 운영된다.

그림 8-6에서 볼 수 있듯이, 온라인 구매 모델은 다대다(many-to-many) 시장의 형태를 취한다. 이 시장에서는 중립적인 위치에서 구매자들과 판매자들을 상호 연동하는 제3자 중

그림 8-6   온라인 구매 이마켓플레이스의 개념도

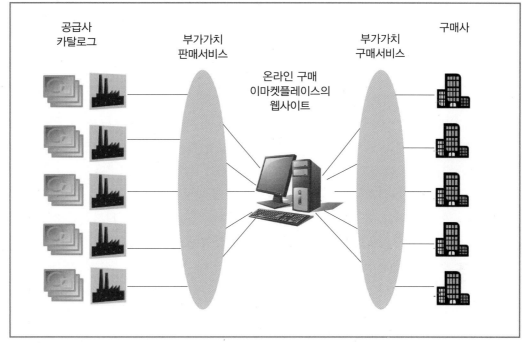

▶ 수백만 개의 유지보수 부품들을 제공하는 온라인 공급사들과 유상으로 시장에 가입한 구매기업들을 서로 연결해주는 중개자이다.

개자, 즉 온라인 구매 이마켓플레이스가 중재역할을 담당한다. 한편, 이 시장에는 경쟁관계의 공급사들과 경쟁관계의 온라인 유통자들의 카탈로그가 모두 존재하기 때문에, 구매자 위주의 시장이라는 느낌이 있다. 그러나 대형의 구매 기업들을 자신들의 네트워크로 결집시킴으로써, 공급자들에게는 마케팅 효과를 제공하며 고객획득 비용을 줄여준다.

해외에서는 잘 알려진 예로 **아리바**(Ariba)가 있다. 페더럴 익스프레스는 아리바에서 제공하는 온라인 유통 및 구매 소프트웨어를 이용해서 80억 달러에 이르는 구매를 자동화하고 있다. 18만 명이 넘는 페더럴 익스프레스사 직원들은 아리바의 시스템을 통해 32여 군데의 공급자들 카탈로그에서 주문을 한다. 이 시스템은 자동으로 페덱스의 구매 규칙을 적용함으로써 구매요청서를 온라인으로 전달, 검토 및 승인할 수 있도록 하고 있다. 그 결과로, 페더럴 익스프레스사는 MRO 소모품의 구매에 따른 지출금액이 12% 절감했고, 구매처리 비용이 75% 감소했으며, 부품배달 소요시간이 평균 7일에서 2일로 줄어들었다.

독립거래소

독립거래소란 독립적으로 운영되는 온라인 마켓플레이스로서 수백여 개의 공급자들과 구매자들을 실시간으로 연결해 준다. 거래소는 컴퓨터, 전자, 식품, 철강 등과 같은 특정 산업의 대기업들이 필요로 하는 즉석 구매에 초점을 두는 수직시장을 제공한다. 거래소는 인터넷 기반의 전자상거래가 등장하기 시작한 전자상거래 초기에 나타난 B2B 마켓플레이스이다. 이 시절 수천 개에 달하는 마켓플레이스들이 등장했으나 대부분이 사라졌다.

거래소들은 각 거래에 대해 수수료를 부과함으로써 수익을 발생시킨다. 고객들에게 주어지는 효과로서 제품 검색비의 절감은 물론, 공급사들 간의 경쟁을 통해 운영되는 글로벌 마켓플레이스에 의해 가능해지는 저렴한 가격을 들 수 있다. 반면, 공급사들이 기대할 수 있는 효과는 글로벌 시장을 접근할 수 있을 뿐 아니라, 비록 가격은 매우 저렴하고 이윤마진은 적을지라도 잉여제품을 처분할 기회가 존재한다는 점이다.

독립 거래소는 독립적으로 설립되어 있어 중립적일 것 같지만, 구매자에게 유리한 측면이 존재한다. 공급사들은 다른 유사한 부류의 공급사들과 직접적인 경쟁관계에 놓이게 됨으로써 이윤마진이 낮아진다는 점에서 불리한 측면이 있다. 거래소들이 실패한 주된 이유는 공급사들이 참여하기를 꺼렸고 이로 인해 기존 시장의 유동성이 매우 낮았고 거래소의 본래 목적 및 효과가 무색해졌기 때문이다. 시장 유동성은 시장 내의 구매자들 및 판매자들의 수와 거래량과 거래 규모에 의해 측정된다. 아무 때나 원하는 제품을 거래규모에 관계없

그림 8-7   독립 거래소의 개념도

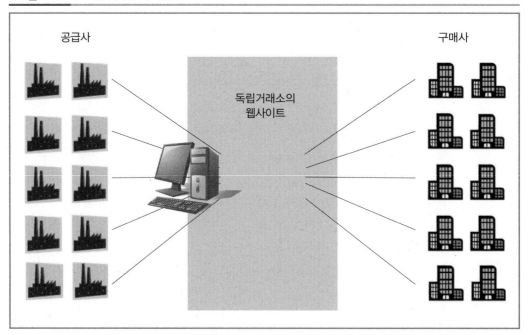

공급사

구매사

독립거래소의
웹사이트

▶ 수백여 공급사들을 수직 마켓플레이스로 불러들여 수백여 구매기업들에게 즉석구매 방식에 의해 제품을 판매하는 모델이다.

이 구매하거나 판매할 수 있을 때, 비로소 시장의 유동성이 존재한다. 구매담당자들을 대상으로 한 한 조사에 의하면, 거래소를 사용하지 않는 가장 보편적인 이유는 신뢰가 높은 전통적인 공급사들이 없기 때문인 것으로 나타났다.

현장 사례 위기에 직면한 B2B 거래소 : e-Steel.com

B2B 거래소가 난무하던 2000년 이전과 달리, 2001년부터는 B2B 전자상거래 시장에 제3자형 이마켓플레이스의 모습이 자취를 감추기 시작했다. 그 대신, 공급자 주도 또는 판매자 주도의 폐쇄형 독자 이마켓플레이스 또는 독자 허브가 대기업을 중심으로 서서히 형성되고 있는 분위기다. e-Steel은 이러한 시장의 분위기를 가장 빨리 캐치해 변신에 성공한 대표적인 업체로 평가받고 있다. 어떻게 e-Steel은 변신에 성공했는가?

e-Steel.com은 철강산업의 구매자와 판매자(공급자)간 발생하는 철강의 구매와 판매를 대행하는 제3자형 이마켓플레이스로 1998년 설립된 벤처기업이다. 현재 CEO는 마이클 S. 레빈으로, 그는 e-Steel.com의 대표이사로 영입되기 직전, 미국 내 철강업체 중 하나인 타이탄의 CEO로 재직한 바 있다.

마이클 레빈의 영입추진을 주도한 곳은 e-Steel의 창업주주이자 실리콘밸리 벤처캐피탈의 대표주자인 클라이너퍼킨스(KPCB, 이하 KP)이다. KP는 미국내 전통적 철강산업의 대표격인 US Steel과 Dofasco Steel을 주주로 참여시키면서 철강산업의 '글로벌 포털'이라는 캐치프레이즈를 내걸며 야심차게 e-Steel을 선보였다.

1998년 론칭 이후 1년 간, e-Steel은 3,500여 개 업체를 멤버로 가입시켰고, 이 중 1,200여 개 업체, 연간 8,000만 달러에 달하는 철강이 e-Steel 마켓플레이스에서 구매되거나 판매되었다(이 중 70%가 최상급 철강임).

앞서 말한 바와 같이, e-Steel은 다수 구매자와 다수 판매자가 모여 거래가 이뤄지는 전형적인 B2B 이마켓플레이스로, 출범 당시 e-Steel이 제공하는 서비스는 크게 공급자와 구매자 지원 부문의 2가지로 나뉘었다. 구매자 측면 서비스는 ① 요구되는 철강의 수요 취합, 분석, ② 설정된 가격과 공급자측 철강 가격비교 및 관리, ③ 문서관리, ④ 클레임 처리를 포함하고, 공급자 측면 서비스에는 ① 구매자 요구사항 관리, ② 주문처리, ③ 품질관리, ④ 가격비교 및 조정, ⑤ 상품 카탈로그 서비스 제공이 있다.

e-Steel의 구매자 및 공급자 지원 서비스는 구매자와 공급자간에 발생하고 있는 전통적인 구매기능의 문제점(즉, 서류의 복잡성, 이로 인한 시간낭비 및 비용발생 등)을 해결하는 온라인 구매시스템에 초점이 맞춰졌다.

이를 위해 e-Steel은 자사의 기술파트너 업체와 함께 다-대-다(many to many) 마켓플레이스에 적합한 시스템 아키텍처를 구축했으며, Datajet Technology라는 XML 기반의 솔루션을 개발해 눈길을 끌었다. 이 기술은 각기 서로 다른 EDI 시스템 구축에 따라 상이한 문서표준을 사용하고 있는 모든 기업의 문서를 일정한 표준양식으로 자동적으로 변환시켜주는 핵심 기술이다.

e-Steel은 인프라에서부터 소프트웨어에 이르기까지 체계적으로 연결된 기술협력업체와 공동구축한 솔루션을 바탕으로 영업 초기에 철강업체의 비상한 관심을 끌며, 철강 B2B 마켓플레이스의 대표주자

로 떠올랐다. 마이클 레빈 또한 e-Steel의 비전을 "철강 산업의 글로벌 포털이 되는 것"이라고 제시했다.

그러나 2000년 2사분기 이후 B2B 마켓플레이스에 대한 회의론이 대두되면서, 제3자 중립형 마켓플레이스의 효율성과 생산성에 대한 의구심이 날이 갈수록 불거지기 시작했다. 이러한 부정적 시각의 배경에는 마켓플레이스의 이용당사자인 구매자와 공급자가 근본적으로 제3자형 마켓플레이스를 통해 해결할 수 없는 문제점이 있었기 때문이다. 특히, 철강, 화학, 섬유 등 수직시장 내 대규모 구매업체들의 불평이 가장 큰 원인이었다. 이들 구매업체들은 수많은 공급업체들과 병렬로 연결돼 있었고, 공급 원자재 또한 세분화 돼 있었기 때문에 주로 잉여재고 또는 원자재를 경매방식으로 거래하는 기존 이마켓플레이스의 서비스로는 원가를 절감하는 데 한계가 있었다.

e-Steel뿐만 아니라, 수직산업(철강, 화학, 비료, 식품, 의학 등) 내 공급자와 판매자를 연결하는 제3자형 마켓플레이스는 기본적으로 다-대-다 거래소이며, 이 거래소가 제공하는 기능은 e-Steel의 예에서 알 수 있듯이, 수요취합, 가격관리, 주문처리 등 구매하는 데 있어 필요한 최소한의 기능에 한정돼 있는 것이 사실이다.

잉여재고를 처리하거나, 구매규모가 작을 경우,

철강제품 속성 선택

검색결과 화면

가격제안, 응답제안

이러한 거래소의 기능이 도움이 되겠지만, 포드나 크라이슬러, GM과 같이, 철강 공급업체가 품목별로 다양하고 복잡한 공급망을 가진 대규모 구매업체의 경우, 다-대-다 거래소가 제공하는 구매자 지원 서비스로는 공급망 관리의 생산성을 근본적으로 높일 수 없다. 오히려 이러한 거래소의 참여가 기존 공급망 관리를 더욱 더 불안하게 하는 요인이 되어 버린 것이다.

▶ 출처 : ZDNet Korea, 2002. 2.; exchange.e-steel.com, 2022. 8. 20. 참조.

산업 컨소시엄

산업 컨소시엄이란 특정산업이 소유한 수직 시장으로서 구매기업들에게 한정된 참여기업들로부터 제조투입재를 구입할 수 있는 기회를 부여한다. 이 유형의 이마켓플레이스는 불특정 다수에 의한 거래보다는 장기 계약구매 및 안정적 관계의 개발을 강조한다. 거래비용의 절감에 초점을 두는 거래소에 비해, 산업 컨소시엄은 **공급망 최적화**에 더 주력한다. 산업 컨소시엄의 궁극적인 목표는 공동 네트워크 및 컴퓨터 플랫폼을 통해 특정산업 내의 공급망들을 통일하는 것이다. 그런데 흥미로운 점은 이러한 비전이 미래를 예견하며 앞서

가는 인터넷 기업들이 아니라 포춘 1000에 속하는 기존의 굴뚝기업들에 의해 개발되고 있다는 점이다.

산업 컨소시엄은 초기의 독립 거래소의 출현에 대한 대응으로 2000년경에 등장하기 시작했다. 당시 자동차나 화학과 같은 대형 산업에서는 독립 거래소들이 대형 구매사들의 이익을 제대로 충족시키지 못한다고 믿었다. 따라서 대기업들은 거래소에 들어가 서비스를 이용하느니 차라리 직접 자신들의 시장을 구축하기로 결정했던 것이다. 대기업들은 또 이 마켓플레이스가 성공하려면 대형 공급사 및 구매자들이 시장에 참여함으로써 시장 유동성이 존재해야 한다고 믿었다. 독립 거래소들은 유동성을 높이는 데 필요한 참여자들을 유치하는 데 실패했으므로, 산업 컨소시엄만이 해결책이라고 믿었다.

산업 컨소시엄들은 다양한 방법으로 수익을 발생시킨다. 컨소시엄에 참여하는 기업들은 컨소시엄 사이트의 구축비 및 초기 운영자금을 공동으로 부담한다. 그 외에도, 서비스 이용시마다 산업 컨소시엄 측에 거래 및 정보이용에 대한 수수료를 지불한다. 이러한 비용부담에 대한 대가로, 참여기업들은 구매프로세스의 효율화, 공급사들 간의 경쟁에 의한 가격하락, 공급사들과의 긴밀한 관계와 같은 이점을 통해 투입된 비용보다 더 큰 효익을 얻게

그림 8-8   산업 컨소시엄의 개념도

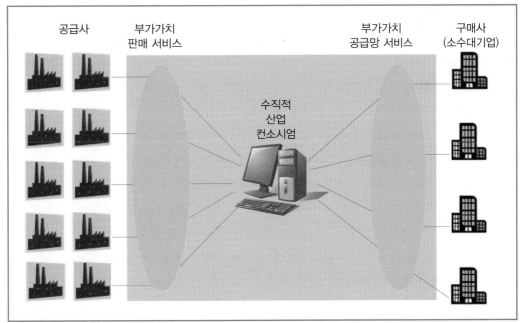

▶ 산업 컨소시엄은 수많은 공급사들이 소수의 대형 구매사들에게 직접 제품을 판매할 수 있는 장터를 제공한다. 구매, 거래관리, 물품발송, 결제 등과 같은 부가가치 서비스를 제공하며, 간혹 다-대-소수(many-to-few) 시장으로 불리기도 한다.

된다.

산업 컨소시엄은 회원사들을 대상으로 한 판매의 조건으로 공급사들이 네트워크와 독자적 소프트웨어의 이용을 강제화하고 있다. 비록 독립 거래소들은 공급사들 및 시장유동성이 부족함으로 말미암아 실패했지만, 컨소시엄의 경우에는 회원사들의 시장 영향력 때문에 공급사들이 참여하게 되므로 상황이 독립 거래소와는 다르다. 또 벤처기업 투자 자금에만 의존하는 거래소와 달리, 컨소시엄들은 처음부터 산업 내 대기업들의 막강한 자금후원을 받으며 또 꾸준하게 이들의 대형 주문을 받아 유동성을 보장받기 때문에, 안정적인 운영을 할 수 있다는 점이 다르다.

산업 컨소시엄의 대표적인 예로는 미국의 빅 3 자동차 메이커가 공동으로 구축해 2000년 2월 발표한 **코비신트**(Covisint)를 들 수 있다. 코비신트 사이트에서는 6만여 부품공급사들이 참여하며, 연간 약 2,500억 달러의 구매거래가 발생하는 것으로 알려지고 있다.

▶▶ 기업협력 네트워크

이마켓플레이스가 존재하기 훨씬 이전부터 존재해온 또 하나의 B2B 전자상거래 시스템은 기업협력 네트워크이다. 오늘날 기업협력 네트워크는 B2B 전자상거래의 큰 부분을 차지하고 있다.

기업협력 네트워크란?

기업협력 네트워크란 기존의 EDI 네트워크가 진화된 형태로서, 대기업들이 사용하는 기존의 ERP 시스템과 밀접한 관련이 있다. 영문 용어의 'private'는 소수 관련 있는 기업들만이 참여하는 독자적 폐쇄형 네트워크임을 뜻하며, 개방형 네트워크와 대조되는 개념이다. **기업협력 네트워크**(private industrial networks)는 조직의 경계선을 초월하는 비즈니스 프로세스(즉, 협업상거래)의 조정관리를 위해 구축된 웹기반의 네트워크이다. 조직 경계선을 넘는 비즈니스 프로세스란 적어도 두 개 기업이 수행하는 프로세스이다. 이러한 비즈니스 프로세스를 지원하는 네트워크는 일반적으로 제조, 물류, 유통 등 관련 산업들을 포함하기 때문에, 흔히 **산업 가치사슬**(industry value chain)을 따라 형성된다. 이들 네트워크는 특정 산업을 위해 구성되기는 하지만, 대개 하나의 대형 제조사를 중심으로 여러 관련 공급사들을 함께 연동함으로써 제조사와 공급사 간의 활동들을 조정관리하는 데 초점을 둔다. 기업협력 네트워크는 '**확장 기업**'(extended enterprise)의 개념으로도 볼 수 있는데, 이는 보통 한 기업의 ERP 시스템으로 시작해서 엑스트라넷을 이용해 관련 공급사들을 연결할 수 있도록 네트워크가 확장되기 때문이다.

그림 8-9   프락터앤갬블(P&G)사의 기업협력 네트워크

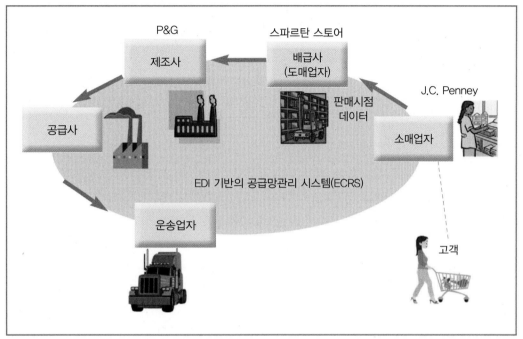

▶ J.C. Penney 백화점에서 발생하는 판매 데이터는 네트워크를 따라 배급사, 제조사, 공급사, 운송업자에게 전달되므로 이들 업체들은 사전 수요예측으로 제품의 공급이 원활하게 이루어지도록 하고 있다.

그림 8-9는 프락터앤갬블(P&G)사에서 구축한 기업협력 네트워크를 예시하고 있다. 백화점의 판매 데이터는 POS 단말기를 통해 입력된 후, 배급사, 제조사(P&G), 그리고 그 공급사에게로 전달된다. 이 판매데이터는 제조사 및 공급사에게 P&G사가 제조하는 개별 제품들의 수요를 정확히 예측할 수 있는 기초 자료 역할을 한다. 이 정보를 근거로 하여, 제품의 생산, 부품공급, 그리고 운송계획이 수립되며, 이러한 합리적 공급망 관리를 통해 배급사 및 소매업자의 최적화된 재고관리가 가능해지는 것이다.

대표적 사례

(1) 시스코 시스템즈

기업협력 네트워크로 잘 알려진 기업 중의 하나는 시스코사이다. 시스코는 제조사들과 고객사들을 함께 기업협력 네트워크로 연동함으로써 속도와 유연성을 높이는 데 성공한 가상 기업이다. 현재 시스코는 제품 주문의 70%를 인터넷을 통해 받고 있으며, 그 거래규모는 하루 2천 2백만 달러에 달하는 것으로 알려져 있다. 고객주문 제품의 50% 이상이 시스코의 제조 협력사들에 의해 직접 처리 및 발송되고 있다. 시스코가 이들 제품을 다루지는 않지만 인터넷을 통해 제조 과정을 감시하며 통제하고 있다. 또 시스코는 신규제품에 대해 생산을 시작한 시점부터 대량생산이 가능해진 시점까지 소요되는 기간을 평균 3개월 줄이는 데 성공함으로 인해, 연간 1억 달러 이상의 매출증대 효과를 가져왔다. 뿐만 아니라, 시스코사는 관련기업들을 연동하는 네트워크를 이용해 기업간 품질관리시스템을 구축함으로써 50명의 테스트 엔지니어의 인력만으로 매일같이 5만 건의 제품 테스트를 실시하고 있다.

(2) 월마트

월마트사는 보다 효율적인 공급망관리를 위해 제조사인 워너램버트와 소매업자인 월마트를 하나로 연결하는 네트워크를 구축했다. 이 시스템은 판매자와 구매자를 산업 네트워크로 연결함으로써 월마트가 제조사와 공동으로 제품수요를 예측하고 또 생산계획까지 세울 수 있어, 재고비용을 절감할 뿐 아니라 제품품절 문제도 해소하고 있다. 월마트사는 최근에는 공급사인 프락터앤갬블(P&G)을 네트워크를 통해 연동하는 이른바 CPFR(Collaborative Planning, Forecasting and Replenishment) 시스템을 구축함으로써 유통사와 공급사의 비즈니스 프로세스들을 통합적으로 관리하고 있다. 품목을 하나 판매할 때마다 판매기록이 자동으로 P&G사에 전달돼 재고 부족분을 채우기 위한 요청이 이루어진다.

이 시스템의 도입으로 재고가 항상 필요한 수준으로 유지됐기 때문에 고객 서비스가 크게 향상됐다.

(3) 제너럴 일렉트릭

제너럴 일렉트릭(GE)사는 인터넷 상거래를 이용해 1,400여 공급사들로부터 인터넷을 통해 10억 달러 상당의 제품들을 구매하고 있다. 오하이오주에 소재한 GE의 조명사업부는 온라인 구매시스템을 도입해서 서류 주문, 청사진 관리, 저가 부품들의 주문의 수작업 처리 등의 잡무를 없앴다. 제안요청서(RFP) 처리 프로세스는 1주일에서 하루로 단축됐고, 견적요청서 처리빈도가 크게 늘어났다. GE사는 공급사들 간의 경쟁 증가, 전사적 구매 건수들의 통합을 통한 대량 구매, 구매인력 수의 절감과 같은 효과들을 얻게 됨에 따라, 전체구매비용이 15% 절감됐다.

8.3 B2B 전자상거래의 성공요인

　　B2C 전자상거래와 B2B 전자상거래는 컴퓨터 및 네트워크 기술을 기반으로 한다는 공통점을 지니는 반면, 제품을 구매하는 상대가 하나는 소비자이며 다른 하나는 기업이라는 차이점으로 인해 각기의 성공요인도 서로 다르다. 소비자 대상의 상거래는 고객의 개별적 니즈를 충족시키는데 역점을 두는 반면, 기업간 상거래는 기업이 고객사, 협력사, 공급사 등 외부기업과의 관계를 효율적으로 관리하는데 초점을 맞추게 된다. 일반적으로 B2B 전자상거래의 성공을 위한 핵심적인 요인은 **표 8-4**에서와 같이 전자상거래 전략, 웹사이트,

표 8-4　B2B 전자상거래의 성공요인

차 원	성공요인	설 명
전자상거래 전략	경영진 지원	조직변화를 실현하기 위한 최고경영층의 강력한 지원
	전략목표 설정	전통적인 상거래를 전자상거래로 변화시키는데 대한 뚜렷한 전략목표의 설정 (기술, 시장, 기대효과 등)
	인터넷과 비즈니스 전략의 통합	기업의 전반적인 비즈니스에서 인터넷이 핵심수단이 되도록 인터넷과 비즈니스전략을 통합
	협력사와의 전략적 제휴	기업의 가치사슬을 따라 업무가 빠른 속도로 유연하게 진행될 수 있도록 협력사들과 제휴
웹사이트	잘 설계된 웹사이트	비즈니스 목표에 부합되도록 잘 설계된 웹사이트
	사이트의 효과적인 마케팅	구축된 사이트를 잠재적 구매자들에게 잘 알리고 홍보하기 위한 마케팅 프로그램
기업내부	기술 인프라	B2B 시스템을 안정적으로 구동하기 위해서 요구되는 기반요소 (인터넷 및 내부시스템)
	내부 문화	기업의 옛 사고방식 및 가치를 의미하며, 이는 조직구성원들의 의식 속에 내재됨
	교육훈련 프로그램	새로이 도입한 장비, 소프트웨어, 그리고 비즈니스 프로세스에 관해 이해하고 학습할 수 있는 기회 제공
기업외부	신뢰	고객의 구매의도에 영향을 주는 가장 중요한 요인이며, 대면 거래에 비해 온라인 거래에서 비중이 더 큼
	보안	거래 데이터 및 고객 프라이버시를 보호하기 위한 기술
	기업간의 성공적인 관계	인터넷을 통해 고객사, 협력사 혹은 공급사와의 관계를 효과적으로 관리함

▶ B2B 전자상거래의 주요 성공요인 중 하나는 전자상거래 전략이다. 이는 의도한 경영 성과를 달성하기 위한 방법 혹은 수단에 해당한다.

기업내부, 기업외부의 네 가지 카테고리로 나누어 살펴볼 수 있다.

첫 카테고리는 전자상거래 전략으로 이에 속한 성공요인들은 기업간 전자상거래를 성공적으로 수행하기 위한 전략과 관계되는 요소들이다. 우선, **최고경영층의 지원**을 이끌어내야만 조직내의 큰 변화를 요구하는 혁신적인 비즈니스 프로세스를 과감하게 구현할 수가 있다. 또 전통적인 상거래를 전자상거래로 변화시키는데 대한 뚜렷한 **전략목표**를 설정하고 이를 조직 구성원들이 명확히 이해해야만 긍정적인 성과를 기대할 수 있다. 그리고 **인터넷을 비즈니스전략과 통합**시킴으로써 인터넷 기술이 전반적인 비즈니스의 핵심수단이 되게 하며, 인터넷 채널과 기존의 오프라인 판매채널들이 서로 상승효과를 발생시키도록 채널들을 조화롭게 활용할 수 있어야 한다. 끝으로, **협력사와의 전략적 제휴**는 기업의 가치사슬을 따라 업무가 빠른 속도로 유연하게 진행될 수 있도록 하기 위해 중요하다.

웹사이트는 인터넷을 기반으로 전자상거래를 가능하게 하는 핵심적인 수단이다. 우선 비즈니스 목표에 부합하도록 **잘 설계된 웹사이트**가 필요하다. 사이트의 주요 목적에 비추어 기능, 정보, 사용자 인터페이스 등이 웹사이트에 적절하게 구현되어야 한다. 한편, **웹사이트의 효과적 마케팅**이란 구축된 사이트를 잠재적 구매자들에게 잘 알리고 홍보하여야 한다는 의미로서, 보다 많은 고객들이 사이트를 방문토록 하기 위해서는 사이트 마케팅이 무엇보다 중요하다. 웹사이트를 널리 홍보하기 위해, 모든 온라인 검색엔진에 사이트를 등록하고, 다른 관련사이트들과의 상호링크 표시 프로그램을 운영하며, 또 온라인 및 오프라인상에 나타나는 모든 회사주소에 웹사이트 URL을 표시하는 방안 등을 고려할 수 있다.

기업 내부 카테고리의 성공요인들은 주로 B2B 전자상거래를 도입함으로 말미암아 거쳐야 하는 조직내부의 변화에 관한 사항들이다. 서버 하드웨어, 소프트웨어 및 통신네트워크 등을 포함하는 **기술인프라**는 B2B 시스템을 안정적으로 구동하기 위해서 요구되는 핵심요소이다. **내부문화**는 조직구성원들의 의식 속에 내재된 옛 사고방식 및 가치를 의미하는 것으로서 기업이 새로운 비즈니스 수행방식에 적응하는데 중요한 역할을 한다. **교육훈련 프로그램**은 새로이 도입한 장비, 소프트웨어, 그리고 비즈니스 프로세스에 관해 조직구성원들이 이해하고 학습할 수 있는 기회를 제공한다.

네 번째 카테고리인 기업 외부와 관련된 성공요인들은 고객사나 공급사와의 관계를 다루고 있다. 웹사이트가 고객에게 주는 **신뢰**는 고객의 구매의도에 영향을 주는 가장 중요한 요인이며, 대면 거래에 비해 온라인 거래에서 신뢰의 비중이 더 크다. 인터넷 기반의 거래에서 **보안**은 거래 데이터 및 고객 프라이버시를 보호하는데 있어 필수적이다. 전자상거래에서 금융거래데이터의 유출을 염려하는 일부 고객은 웹을 통해 제품을 찾은 다음 전화나 팩스로 민감한 정보를 건네는 경우도 있다. 또 다른 성공요인은 **기업간의 성공적인 관계**로서, 이는 기업이 인터넷을 통해 고객사, 협력사 혹은 공급사와의 관계를 효과적으로 관리할 수 있어야만 좋은 비즈니스 성과를 기대할 수 있음을 시사한다.

위에서 살펴본 성공요인들은 일반적인 B2B 전자상거래와 관련한 요인들이다. 반면, 국제무역을 통해 기업간 전자상거래를 수행하는 기업들의 경우에는 글로벌 경영과 관련한 몇 가지 성공요인을 추가적으로 고려하여야 한다. 이를테면, 해외 마케팅환경의 이해, 글로벌 비즈니스 자원(가령, 글로벌 고객서비스, 관세전문지식 등), 다국어 웹사이트, 그리고 현지 문화 요소와 관련하여 깊이 있는 검토가 필요하다.

🔍 토의문제

01 세 가지 유형의 B2B 비즈니스 모델을 서로 비교하며 설명하시오. 이들 비즈니스 모델은 각각 어떠한 장점 및 단점이 존재하는지 살펴보자.

02 B2B 전자상거래가 전통적인 상거래에 비해 어떤 구체적 효과들을 제공하는지 토의해 봅시다. 이 효과들을 경제적 및 비경제적 효과로 나누어 설명해 보시오.

03 B2B 전자상거래는 인터넷 기술이 도입된 후 크게 달라지기 시작했다. 인터넷 기술은 B2B전자상거래 환경을 어떻게 변화시켰는지 구체적 예를 들어 토의해 보자.

04 이마켓플레이스와 산업 네트워크의 공통점 및 차이점은 각각 무엇인가? 각 B2B 시스템은 어떠한 상황에 적합한지 토의해 보자.

05 이마켓플레이스의 네 가지 유형을 언급하고 이들 유형을 서로 비교해 설명하시오. 또 우리나라에는 각 유형에 속하는 예가 어떤 것들이 있는가?

06 본문 3절에서는 B2B 전자상거래의 성공요인을 제시하고 있다. 이 성공요인들은 B2C 전자상거래 성공요인들과 비교해 주로 어떤 차이가 존재하는가? 즉, 주로 어떤 측면에 초점이 맞춰져 있다고 생각하는가?

참고문헌

- Columbus, L., "Predicting the future of B2B e-commerce," *Forbes*, Sep. 12, 2016.
- Eid, R., M. Trueman, and A.M. Ahmed. "A cross-industry review of B2B critical success factors," *Internet Research: Electronic Networking Applications and Policy*, Vol. 12, No. 2, 2002, pp. 110-123.
- Gatner Glossary, "Collaborative Commerce," www.Gatner.com, 2022. 8. 24. 참조.
- Kaplan, Steven and Mohanbir Sawney, "E-Hubs: the New B2B Marketplaces," *Harvard Business Review*, May-June 2000, pp. 97-103.
- Laudon, K.C. and C.G. Traver, *E-Commerce 2021-2022: Business, Technology, Society* (17th ed.), Upper Saddle River, N.J.: Prentice-Hall, 2021.
- Raghunathan, S., "Interorganizational Collaborative Forecasting and Replenishment Systems and Supply Chain Implications," *Decision Sciences*, Fall 1999, Vol.30, No.4.
- Reyes, G.R., "Collaborative commerce," http://www.slideshare.net, 2022. 8. 5. 참조.
- Wikipedia, "Supply chain management," http://en.wikipedia.org, 2022. 8. 27. 참조.
- Siverts, Barbara, "Cisco's Extended Enterprise Delivers Competitive Advantage," www.mthink.com. 2022. 8. 1. 참조.

🔆 사례연구   쿠팡·배민은 왜 'B2B 시장'에 주목하나

이커머스 플랫폼이 B2B(기업간 거래) 시장을 주목하고 있다. 경쟁이 갈수록 치열해지고 있는 B2C(기업-소비자간거래) 시장의 한계를 극복하려는 시도로 보인다. B2B 시장은 B2C 시장에 비해 높은 안정성과 성장세를 갖췄다. B2B 시장에서 확실한 입지를 차지한다면 지속가능성까지 확보할 수 있다는 분석이다.

이커머스 플랫폼들은 B2B 시장에서 배송에 강점을 가지고 있다. 시장 내 지배적 사업자도 많지 않아 '선점 효과'를 누릴 수 있다. 다만 미래는 아직 알 수 없다. B2B 시장의 프로세스는 B2C 시장과 다르다. 속도보다 안정성이 우선이다. 거래 규모도 B2C와 비교할 수 없을 만큼 크다. 재고 관리 등에도 투자가 필요하다. 다양한

이커머스 플랫폼이 시장에 진입할 경우 또 다른 '출혈 경쟁'이 벌어질 수 있다는 우려도 있다.

■ B2B 이커머스 시장 '정면 조준'

쿠팡은 지난달 특허청에 '쿠팡비즈' 상표권을 출원했다. 이 상표권에는 가격비교 서비스업, 가구·과자 소매업 등이 포함됐다. 업계에서는 쿠팡비즈가 중소사업자 등 기업 고객을 대상으로 소모품을 판매하는 'MRO' 시장을 겨냥한 것으로 보고 있다. 기업 고객 대상으로 판매 채널을 확대하기 위한 사전 작업이라는 설명이다.

쿠팡은 쿠팡비즈 론칭에 앞서 음식점에 식자재를 납

▶ 쿠팡은 최근 '쿠팡비즈'를 상표권 등록했다.

국내 주요 MRO 기업 실적

(단위: 억원)

- 매출
- 영업이익

서브원 코리아	아이마켓 코리아	코리아 이플랫폼	한국 미스미	오피스디포 코리아	나비엠 알오	리레코 코리아
2조8968 / 638	2조8394 / 403	4573 / 28	1687 / 155	1626 / 22	589 / 12	215 / −23

▶ 아이마켓코리아, 서브원 등 MRO 주요 기업의 시장 지배력은 이커머스에 비해 낮다.

품하는 B2B 서비스 '쿠팡이츠딜'을 정식 론칭했다. 쿠팡이츠딜은 쿠팡이츠 입점 업체 중 높은 평점을 받거나 빠른 배달을 수행한 매장에 신선식품과 식자재를 저렴하게 공급하는 서비스다. 배달의민족도 '배민상회'를 통해 유사한 서비스를 제공하고 있다.

이커머스 업계는 쿠팡 이전에도 B2B 시장 공략을 시도해 왔다. 이베이코리아는 지난 5월 210만 명에 달하는 사업자 고객을 위한 전용 멤버십 '스마일클럽 비즈'를 론칭했다. 이 서비스는 개인 고객 대상 '스마일클럽'을 확대한 서비스다. 전용 페이지에서 사업자 고객에게 별도의 할인 및 정기공급 혜택 등을 제공한다. 11번가, 티몬 등도 유사한 서비스를 운영해 왔다.

다만 쿠팡과 이베이코리아는 B2B 사업에 '확장성'을 강조하고 있다. 소모품 납품을 넘어 식자재 · 물류 등 모든 분야에서 서비스를 제공하겠다는 구상이다. 실제로 강희석 이마트 · SSG닷컴 대표는 최근 열린 이베이코리아 올핸즈미팅에서 "향후 B2B 사업에서 다양한 시스템 구축을 통해 플랫폼 · 물류 · 광고 등 통합 솔루션을 제공할 것"이라고 밝혔다.

■ B2B 시장을 주목하는 이유

이커머스 플랫폼에게 B2B 시장은 '블루 오션'이다. 코로나19로 B2C 이커머스 시장은 빠르게 성장했다. 하지만 시장 성장에도 적자가 지속하는 등 출혈 경쟁이 펼쳐지고 있다. 네이버 · 쿠팡 · 신세계(이베이코리아) 등 거대 플랫폼에 대항하기 위한 중위권 플랫폼들의

'합종연횡'도 활발하다. 때문에 출혈 경쟁 구도가 장기화할 것이라는 예상이 많다.

반면 B2B 이커머스 시장에는 아직 '큰 틀'이 없다. 약 30조원 규모 시장이 형성돼 있는 MRO 시장에서 아이마켓코리아 · 서브원 등 주요 플랫폼의 점유율은 5~10% 수준이다. 식품 · 공산품 등 B2B 이커머스 시장에도 '절대강자'가 없다. CJ제일제당 · hy 등 기업이 B2B 사업을 전개하고 있지만 중소업체의 비중이 타 시장 대비 높다. 거대 B2C 이커머스 플랫폼이 파고들 틈이 충분하다.

시장도 가파르게 성장하고 있다. 한국무역협회는 오는 2027년 글로벌 B2B 이커머스 시장 규모가 20조 9,000억 달러(약 2경4,170조원)에 달할 것으로 전망했다. 이는 2019년 대비 71% 성장한 수치다. DHL은 전체 이커머스 시장에서 B2B의 비중이 80%를 넘어설 것으로 전망하기도 했다. 코로나19 이후 기업 시장에서 이커머스의 편의성을 주목하고 있어서다. 국내 시장에서도 이런 흐름이 나타날 가능성이 높다.

B2B 시장은 안정성 측면에서도 B2C 시장에 비해 우수하다. 기업들은 특정 업체와 대규모 구매를 지속적으로 이어가는 방식을 선호한다. 거래를 성사시키기만 한다면 장기간 계약을 이어갈 수 있다. 또 상품을 대량

으로 판매하는 만큼 가격도 유연하게 협의할 수 있다. B2C 시장에서 '최저가 경쟁'과 소비자 록인(Lock-in)에 골머리를 앓고 있는 B2C 이커머스 플랫폼 입장에서는 B2B 시장을 외면할 이유가 없다.

■ 아직 극복해야 할 난제도 남아

▶ 물류 역량을 제외하면 이커머스 플랫폼의 B2B 시장 내 경쟁력은 마땅치 않다는 평가다.

국내 B2C 이커머스 플랫폼이 B2B 시장에서 누릴 수 있는 강점은 '배송'이다. 코로나19 이후 B2C 이커머스 시장은 배송 경쟁이 지배했다. 각 플랫폼이 역량 강화에 집중한 결과 기업이 밀집해 있는 도시 권역 대부분이 '1일 배송권'이 됐다. 대부분 B2B 업체의 배송 기간은 1주일 내외다. 이런 배송 경쟁력이 기업 시장을 공략할 수 있는 무기가 될 수 있다.

또 일부 플랫폼은 상품을 미리 구비해두고 배송하는 '풀필먼트 시스템'도 보유하고 있다. 풀필먼트 서비스 대상 상품도 공산품에서 식품까지 다양하다. 원자재의 안정적 공급이 필요한 외식 시장 등에서 환영받을 만한 강점이다. 또 물류 역량을 앞세워 원자재 생산업체 등을 자사 플랫폼 내로 편입시킬 수도 있다. 추후 관련 사업을 확대할 때 이들을 십분 활용할 수 있다는 점도 장점이다.

다만 아직은 성공을 점칠 수 없다는 분석도 있다. B2B 시장에서 유통되는 상품의 규모는 B2C 시장을 뛰어넘는다. 상품을 공급할 수 있는 업체도 한정돼 있다. 자체 생산시설이 없는 이커머스 플랫폼은 이 격차를 따라잡기 어렵다. 나아가 공급 역량을 갖춘 기업 대부분은 스스로 B2B 사업을 전개하고 있다. 자칫 이커머스 플랫폼의 B2B 사업이 이들 기업의 '보조 물류망'을 제공하는 것에 그칠 수도 있다.

업계 관계자는 "배송을 제외한다면 B2C 이커머스 플랫폼이 B2B 시장을 공략할 만한 큰 장점이 없는데다, 기업들은 계획 하에 물품을 조달하는 만큼 배송 속도에 연연하지 않는 경우가 많다"며 "많은 플랫폼이 시장에 진출하면 출혈 경쟁도 펼쳐질 수 있고 상품 생산이나 보관을 위한 추가 투자도 필요할 만큼 수익성을 담보할 수 있을지 의문"이라고 말했다.

▶ 출처: 비즈니스워치, 2021. 9. 3.

사례연구 토의문제

01 사례 본문은 최근 이커머스 플랫폼들이 B2C 시장보다는 B2B 시장을 주목하고 있다고 언급하고 있다. 사례 본문의 내용으로 보아 B2C 시장보다 B2B 시장이 더 매력적으로 보이는 주된 이유는 구체적으로 무엇인지 설명해 보시오.

02 사례 본문에서는 B2B 시장이 블루오션이라고 주장하는데, 이러한 주장에 대한 근거는 무엇인가? 또 B2B 시장은 언제까지 블루오션으로 남아 있을 것인지 생각해 보자.

03 쿠팡과 같은 B2C 이커머스 플랫폼들이 B2B 시장을 공략하는데 있어 강점과 약점이 모두 존재한다고 사례 저자는 주장하고 있다. 이들 강점과 약점이 각각 무엇인지 살펴봅시다.

04 B2C 이커머스 플랫폼들이 B2B 시장으로 진출하기 위한 성공 전략을 제시해 보시오. (제8장 본문의 제3절 B2B 성공요인을 참고할 수 있음).

제 **9** 장

소셜네트워킹, 모바일 커머스 및 온라인 경매

9.1 소셜미디어 기반의 상거래

9.2 소셜 커머스

9.3 모바일 커머스

9.4 온라인 경매

당근마켓은 중고거래 플랫폼보다는 소셜 플랫폼?

▶ 당근마켓을 이용하기 위해 우리 동네 범위의 설정이 필요하다.

한 번도 안 써본 사람은 있어도 한번만 써본 사람은 없다는 그것. 바로 중고거래 앱이다. 가장 많은 사람들이 사용하는 앱은 두말할 필요 없이 '당근마켓'일 것이다. 현재 당근마켓 누적 가입자 수는 2,200만명을 넘어섰고, 월간 활성 이용자 수(MAU)만 1,700만명에 달한다.

하지만 당근마켓을 중고거래 앱으로만 알고 있다면 캐릭터 '당근이'가 서운해할 수 있다. 사실 당근마켓은 중고거래 플랫폼이 아닌 '지역생활 커뮤니티'로 불리길 원한다. 구글스토어에도 번개장터와 중고나라가 '쇼핑' 카테고리에 담겨있는 것과 달리 당근마켓은 '소셜'로 분류돼 있다.

당근마켓은 슬리퍼를 신고 갈 수 있는 근거리 생활권, 일명 '슬세권'에서 이웃·동네 상점들과 함께 다양한 커뮤니티 생활을 할 수 있도록 돕는 것을 지향한다. 플랫폼 안에서 자신이 사용하던 물건을 되팔거나 나눠줄 수도 있고, 저녁마다 함께 운동할 친구를 구할 수도 있다. 또 상점들은 아르바이트생을 구하거나 가게를 홍보할 수도 있다.

실제 당근마켓은 이런 지역 커뮤니티 활동 사례들을 알리는데 주력하고 있다. 사용자들은 이미 알고 있겠지만 당근마켓을 이용하기 위해선 '우리 동네' 범위를 설정해야 한다. GPS 인증 위치서 2~6km 반경 안 이웃끼리 소통·거래할 수 있다. 모든 거래와 활동들이 비대면으로 넘어가는 시대에 당근마켓에선 이웃끼리 만나 활동하는 장소들은 대부분 오프라인이라는 게 특징이다.

중고거래 관점에서 보면 당근마켓은 번개장터, 중고나라와 묶이기도 했다. 지역 커뮤니티 역할로 보면 네이버 카페와도 성격이 겹친다고 볼 수 있다. 네이버카페도 이웃 소식을 나누거나 중고거래를 할 수 있도록 탭을 만들었다.

당근마켓이 지역생활 커뮤니티로 한 단계 도약하기 위한 것이 바로 간편송금·결제서비스 '당근페이'다. 지난해 제주도에서 시범 운영한 후 지난 2월 전국 서비스로 확장했다. 당장 수익보다는 연결을 통한 가치실현과 이용자 경험 개선에 집중한다는 방침이다. 번개장터 번개페이나 중고나라 중고페이가 그들 수익모델 중 하나인 것과 달리 당근마켓은 중고거래 시 수수료를 무료로 설정했다.

중고거래 시 안전결제도 가능하지만 간편결제 서비스에서 더 큰 의미를 찾을 수 있다. 당근채팅에서 '모바일 선물하기'를 비롯해 동네장보기 등 로컬커머스, 청소연구소 등 생활 밀착형 제휴서비스도 이용할 수 있게 된다. 나아가 오프라인 지역 상점에서 당근페이로 결제하는 것도 가능해질 전망이다. 간편 결제서비스로 지역생활을 보다 끈끈하게 만들 수 있음은 물론 사용자 데이터를 모을 수도 있다.

　당근마켓은 약 5년간 총 2,270억원 투자를 받으며 3조원이라는 기업가치를 인정받았다. 하지만 아직까지 흑자를 낸 적이 없다. 우선은 당근페이 흥행이 중요해 보인다. 당근마켓이 이러한 데이터 기반으로 새로운 수익모델을 구상해낼 수 있을 것으로 예상된다.

▶ 출처: 디지털데일리, 2022. 4. 6.

9.1　소셜미디어 기반의 상거래

　개념사례에서 소개되고 있는 이 앱은 중고물품을 매매함은 물론, 이곳에 가입한 동네 회원들 간에 생활 이야기를 공유하기도 하는 소셜 플랫폼이다. 본 절에서는 소셜미디어가 온라인 상거래에 어떻게 활용될 수 있는지 알아보기로 한다.

▶▶ 가상 커뮤니티

가상 커뮤니티란?

　가상 커뮤니티란 특정 소셜미디어를 통해 서로 대화를 나누는 개인들의 모임을 의미하며, 상호 이익이나 목표를 추구하기 위해 지리적 혹은 정치적 경계선을 넘기도 한다. 가장 흔히 볼 수 있는 가상 커뮤니티는 페이스북, 카카오톡 등의 SNS 혹은 포털사이트 카페를 통해 형성되는 온라인 커뮤니티다.

　가상 커뮤니티란 용어는 하워드 레인골드가 1993년 저술한 책 'The Virtual Community'의 타이틀에서 탄생하였다. 이 책에서는 컴퓨터기반 커뮤니케이션, 소셜 그룹, 정보과학 등의 개념에 대해 소개하고 있다. 이 곳에 언급된 기술은 유스넷, 다중사용자 방, 채팅 방, 이메일 주소목록 등이다. 레인골드는 이 책에서 가상 커뮤니티에 소속될 때 기대할 수 있는 장점(사회전반의 혜택은 물론 개인차원의 심리적 안정감과 같은 혜택)을 지적한다.

　가상 커뮤니티는 대부분 구성원간 상호작용을 장려하며, 특정 관심사(가령, 요리, 등산 등)에 초점을 두거나 사교를 위해 단순히 대화를 나누는 장을 제공한다. 커뮤니티 구성원들은 메시지 보드, 채팅방, SNS, 가상세계 등의 수단을 이용해 서로 소통한다.

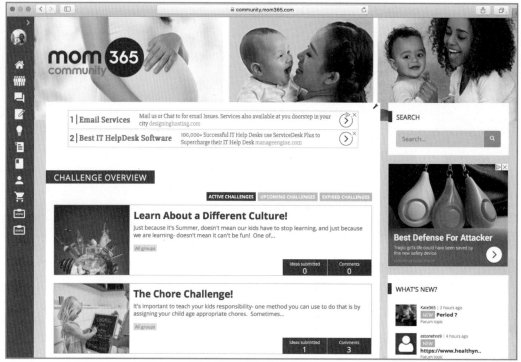

▶ 이 산모전문 가상커뮤니티(community.mom365.com)는 임신에서부터 출산, 육아까지 다양한 주제를 다루며, 산모들은 제기된 질문에 대해 서로 답변하며 돕는 것이 특징이다.

2세대 온라인커뮤니티의 소셜네트워킹

인터넷출범 초창기에는 가상 커뮤니티가 소수의 인터넷이용자들에게 중요한 서비스를 제공했다. 인터넷 및 웹이 성장함에 따라, 일부 커뮤니티들은 같은 방향으로 성장을 계속한 반면, 다른 커뮤니티들은 이러한 초기의 목적이 퇴색하기 시작했음을 인지했다. 이에 따라 90년대 후반에는 온라인 소통의 새로운 현상이 나타났다. 이제 인터넷 이용자들은 인터넷을 이용한다는 사실로만 공통유대를 발견하기가 어려웠으며, 여러 유형의 공통관심사가 이용자들을 묶기 시작했다. 커뮤니티 구성원들 간의 사교적 소통에 초점을 두게되면서 소셜네트워킹 사이트(social networking sites: SNS)라는 새로운 웹사이트가 나타났다.

SNS는 개인들이 프로필을 만들어 공개하고, 자신과 관련이 있는 다른 이용자들의 목록을 만들고 관리하며, 다른 이용자들이 만든 유사한 목록을 살펴볼 수 있는 공간이다. 아래에서는 몇 가지 유형의 SNS를 알아보기로 한다.

90년대 후반기는 다수의 SNS가 출범한 시기였다. 이들 중 하나는 1997년 서비스를 시작한 Six Degrees였다. Six Degrees(즉 6도)란 이름은 이 세상의 그 누구라도 6단계면 다른 사람과 연결이 된다는 개념에 기초한다. 이 사이트는 수익을 발생시키지 못해 2000년도에

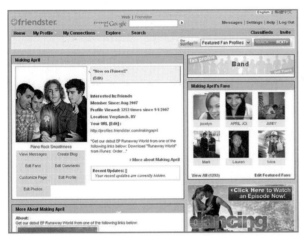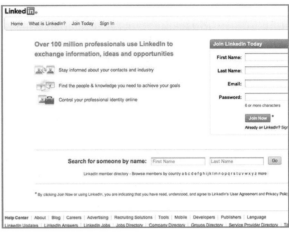

▶ 한때 성공적이었던 SNS 사이트 프렌드스터(좌)와 비즈니스 인맥전문 SNS 사이트로 잘 알려진 링크드인

폐쇄됐다.

　이후 더 성공적인 사이트들이 뒤를 이었다. 프렌드스터(Friendster)는 2002년 설립됐으며, 오늘날 모든 SNS에 존재하는 대부분 기능들이 탑재됐다. 그러나 페이스북 등 경쟁사에 밀려 2015년 서비스를 종료했다. 마이 스페이스(Myspace)도 이용자들 간의 관계를 구축하기 위한 장을 마련할 목적으로 2003년 출범했다. 2005년과 2008년 사이에는 세계 최대 SNS로 성장했으나, 2008년 페이스북에 의해 1위 자리를 내준 후 줄곧 이용자 수가 줄고

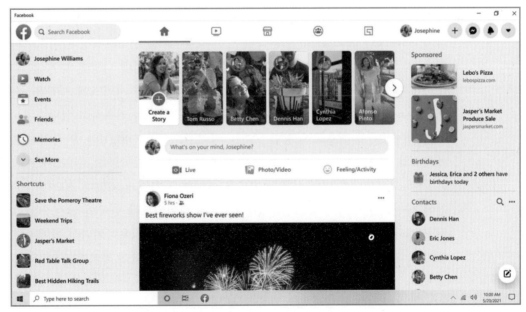

▶ 최근 전 세계적으로 가장 널리 이용되고 있는 글로벌 SNS 페이스북

있다. 한편, 2004년 사이트를 개발했던 구글 직원의 이름을 따 만든 오쿠트(Orkut)는 인도와 남미에서는 성공적인 사이트인 반면, 그 외 지역에서는 큰 성공을 거두지 못하였다. 또 비즈니스 인맥정보를 공유하기 위해 2003년 출범된 링크드인(LinkedIn)은 주로 기업들의 채용공고는 물론 구직자들의 이력서를 공유하는 사이트로 오늘날 세계 여러국가에서 널리 이용되고 있다. 구글이 소유해 운영하고 있는 유튜브(YouTube)는 이용자생성 콘텐츠(user-created content: UCC) 등 동영상을 공유하기 위해 개발된 SNS사이트로서 오늘날 세계 수많은 이용자들에 의해 애용되고 있다. 서비스출범 초기에 에릭 쉬미트 구글회장은 이용자에게 거부감을 줄 우려가 있다는 이유로 광고를 하지않겠다고 공언하였으나, 손실규모가 점차 증가함에 따라 최근에는 동영상에 광고를 삽입해 수익을 창출하고 있다.

최근에 와서는 페이스북(Facebook)이 전 세계적으로 큰 관심을 모으고 있다. 페이스북(Facebook)은 하버드 대학교의 학생이었던 마크 저커버그가 2학년 때인 2003년 페이스매시(Facemash)라는 이름으로 첫 서비스를 시작하였다 다른 SNS와 마찬가지로 페이스북은 온라인 이용자들이 프로필, 블로그, 사진, 음악, 동영상 등을 공유할 수 있게할 목적으로 탄생했다. 그러나 이후 프렌드스터나 마이스페이스를 제치고 2017년 4월 기준으로 전 세계 19억 4천만명 이상의 월 활동 이용자를 모은 세계최대 SNS 사이트로 발전했다.

한편, 트위터는 SNS이자 마이크로블로그 서비스로 2006년 처음 출범하였다. 여기서 '트윗(tweet)'이란 말은 작은 새가 지저귀는 소리를 나타내는 영어 낱말로서 140자를 넘지못한다. 짧은 글을 실시간 대화와 비슷한 방식으로 전달할 수 있어 선거, 재난대응, 시위 등에 유용하게 이용되기도 한다.

그리고 오늘날 페이스북, 트위터와 더불어 널리 이용되고 있는 SNS는 인스타그램이다. 인스타그램(Instagram)은 온라인 사진 공유 및 소셜 네트워킹 서비스로서 2010년 런칭했다. 사용자들은 인스타그램을 통해 사진 촬영과 동시에 다양한 디지털 필터(효과)를 적용하며 페이스북이나 트위터 등 다양한 소셜 네트워킹 서비스에 사진을 공유할 수 있다. 2017년 4월 기준으로 월 활동 이용자 수가 거의 7억명을 기록하고 있다.

우리나라에서 최초로 등장한 SNS는 싸이월드(CyWORLD)다. 미국의 페이스북, 마이스페이스와 영국의 베보와 같은 개인 가상 커뮤니티로, 싸이월드 서비스에 포함된 '미니홈피'는 이미 고유명사가 되어 사용될 정도로 영향력을 가지게 되었다. 2007년 10월 19일, 전 세계에 타전되는 미국의 뉴스전문방송 CNN은 싸이월드를 한국의 앞서가는 IT문화 중 하나로 소개하기도 하였다. 그러나 요즘은 경쟁에 밀려 그 이용자기반이 크게 약화되었다. 최근 들어 국내 이용자들은 페이스북, 트위터, 카카오톡 등의 모바일기반 SNS앱을 널리 이용하고 있다.

이들 SNS 사이트들의 공통점은 기존 커뮤니티 구성원들이 커뮤니티에 공헌가능성이 있

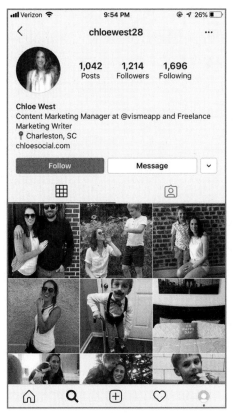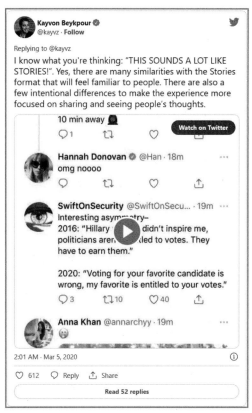

▶ 사진 이미지 공유 SNS 인스타그램(좌)과 단문 전송용 글로벌 SNS 트위터

▶ 국내 최초의 SNS 싸이월드는 한때 널리 이용된 인기 SNS였으나 요즘에는 이용자 수가 크게 감소했다.

는 새로운 이용자들을 가입하도록 초대한다는 점이다. SNS 사이트에서는 구성원들의 위치, 관심사 및 기타 정보를 보여주는 반면, 구성원들의 연락처 등 사적인 정보는 공개하지 않는다. 커뮤니티의 구성원 누구나 다른 구성원과의 소통을 제안할 수 있지만, 상대방이 소통을 수락하지 않는한 접촉이 이루어지지 않는다. 점차 인맥을 구축함으로써 구성원들은 향후 도움이 될 수 있는 커뮤니티내 다른 구성원들과 연락처를 개발할 수 있다.

웹로그(블로그)

웹로그(혹은 블로그)는 개인들이 시사성있는 이벤트나 특정이슈에 대해 작성한 글을 모아놓은 웹사이트다. 흔히 블로그에서는 방문자의 의견작성을 유도하며, 작성된 의견에 대해서는 블로그 운영자가 답글을 올릴 수 있다. 이에 따라 특정주제에 대해 지속적 토론이 가능하며, 관심있는 이용자들은 이 토론에 참여할 수가 있다. 블로그 사이트는 특정 주제에 관심있는 사람들 간의 상호소통을 권장하므로, 일종의 소셜 네트워킹 사이트에 해당한다.

대부분의 초기 블로그들은 기술관련 주제나 신념관련 주제(예를 들어, 정치나 종교와 관련한 이슈)에 집중했다. 따라서 대선이나 총선 때에는 블로그를 정치적 네트워킹 도구로 활용하기도 한다. 블로그가 등장하기 이전에는 후보자들이 개인 사이트를 운영하거나 지지자들에게 이메일을 보내는 것이 고작이었지만, 정치적 캠페인 운영의 변화가 나타난 것이다.

블로그 및 가상커뮤니티가 정치적 네트워킹 도구로서 성공적인 효과를 거두면서, 일부 기업에서는 블로그를 잠재적 고객과의 소통 및 마케팅 도구로 활용하기 시작했다. ㈜오리온의 마켓오는 새로 출시한 웰빙건강과자 홍보를 위해 블로그와 카페를 운영하였다. 카페 운영을 통해 안전한 먹거리와 친환경에 대한 정보를 공유하고, 소비자의 의견과 참여를 적극적으로 받아들여 마켓오 신제품 마케팅에 활용하는 등 소비자의 관점에서 자연스럽게 마켓오의 건강 웰빙과자 이미지를 전달하였다. 그 결과 마켓오는 안전하고 건강과자라는 브랜드 이미지를 창출하였고, 총 4개월의 운영기간 동안 15만 명 이상의 방문자, 30만 이상의 포스트 페이지뷰를 기록하였다. 또 한 예로서 ㈜한화의 63시티는 과거 랜드마크이자 가족여행지라는 이미지를 탈피하고 젊은 2030의 데이트 명소로 재포지셔닝하기 위해 블로

▶ ㈜한화 63시티의 공식블로그

그 마케팅을 실시하였다. 2030 타겟에 맞는 시즌별 이슈를 통해 데이트명소로서의 이미지 재포지셔닝과 잠재고객을 늘리는데 초점을 맞췄다. 그 결과 63시티 레스토랑의 예약문의가 급증하였고, 블로그 마케팅을 통한 매출증대를 이뤘다.

소셜 쇼핑

소매 매출을 촉진할 목적으로 소셜 네트워크를 통해 구매자와 판매자를 함께 연동해주는 방법을 가리켜 소셜 쇼핑이라고 부른다. 소셜 쇼핑은 정보기술을 이용해 물리적 쇼핑몰과 상점에 존재하는 사회적 상호작용을 모방한다. 모바일 기기가 널리 이용되면서, 소셜 쇼핑은 차츰 온라인 세계를 넘어 오프라인 쇼핑 세계속으로 확장되고 있다.

미국에서 등장한 첫 소셜 쇼핑 예는 크레이그리스트(craigslist)인데, 이는 1995년 샌프란시스코 지역 주민들을 위해 크레이그 뉴마크가 개발한 쇼핑정보 사이트이다. 이 가상 커뮤니티는 미국내 대부분 주요도시의 정보를 제공할 정도로 성장했다. 비영리 조직에 의해 운영되는 사이트이며, 소비자들은 무료로 물품등록을 할 수 있다.

소셜 쇼핑에는 다섯가지 종류가 있다. (1) 공동구매 사이트, (2) 쇼핑 커뮤니티, (3) 추천 엔진, (4) 쇼핑 장터, (5) 공유 쇼핑.

▶ 서울에서도 크레이그리스트를 통해 소셜 쇼핑을 이용할 수 있다.

- **공동구매 사이트**: 수요를 결집해 공동으로 구매할 기회를 제공하는 곳으로서 흔히 소셜커머스의 한 유형이기도 하다(소셜커머스에 관해서는 다음 섹션에서 더 자세히 살펴보기로 한다). 공동구매 사이트에 속하는 예로서 미국에서는 그루폰(Groupon)과 리빙소셜(LivingSocial), 그리고 우리나라에서는 포털사이트의 공동구매 카페 등을 들 수 있다. 이들 사이트는 기본적으로 온라인 세계

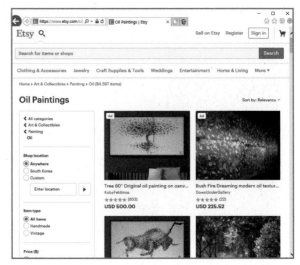

▶ 엣시는 소셜쇼핑 장터로서 다양한 품목이 온라인으로 거래된다.

의 코스트코(Costco) 모델로서 여러 그룹의 사람들이 한꺼번에 도매가로 구매하도록 유도한다.
- **쇼핑 커뮤니티**: 생각이 비슷한 사람들을 모아 토론, 공유 및 쇼핑을 하도록 해준다. 이곳 사용자들은 '군중의 지혜'를 이용해 제품, 가격, 할인행사 등에 관한 정보를 공유한다. 다수 사이트들의 경우 사용자가 맞춤형 쇼핑목록을 만들고 친구들과 이를 공유하는 것이 가능하다. 패션분야에서 이러한 쇼핑 커뮤니티가 널리 운영되어 왔다.
- **추천 엔진**: 남에게 구매할 제품에 관한 조언을 해주는 사이트이다. 아마존과 같은 전통적인 온라인 제품리뷰 사이트는 주로 낯선 사람들간에 조언을 주고받는 것으로 알려져 있다. 반면, 추천 엔진은 사용자의 친구나 지인과 구매관련 대화를 나눌 수 있는 장을 제공하거나 소셜 네트워크를 기반으로 새로운 사항을 제안한다. 한 예로, 페이스북에서는 사용자의 인맥데이터를 토대로 새 친구를 추천하고 있다. 또 트위터도 팔로우할 사용자를 추천하고 있다.
- **소셜쇼핑 장터**: 판매자들과 구매자들이 함께 모여 거래할 수 있는 사이트이다. 독립 판매자들이 연동해 제품을 보여주고 판매할 수 있는 장을 만들어 준다. 대표적인 예로 엣시(Etsy) 웹사이트는 수공예품을 판매하기 원하는 사람들을 위한 장터를 제공한다. 이 곳의 소셜 네트워크는 다양한 종류의 수공예품에 관심있는 구매자 및 판매자로 구성된다. 실로, 커뮤니티 기능이 매우 강해서 엣시 구매자들과 판매자들이 정보를 공유할 수 있는 장소를 제공하기 위해 'We Love Etsy'란 별도의 사이트가 존재한다.
- **공유쇼핑 사이트**: 온라인 카탈로그 기반의 전자상거래 사이트에 필요한 메커니즘을

제공한다. 구매자들이 일시적으로 협력쇼핑 그룹을 형성해 쇼핑을 하는 특징을 나타내는데, 이를테면 한 사람이 다른 이용자들 혹은 해당 소매업체와의 실시간 커뮤니케이션을 이용해 다른 구매자의 온라인 쇼핑이 잘 수행되도록 적극적으로 도울 수가 있다.

현장 사례

요즘 MZ세대 소비자들, SNS에서 쇼핑한다

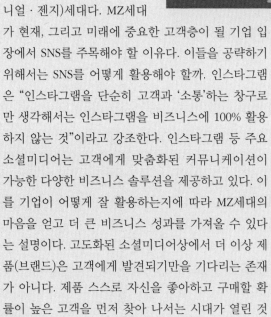

사회관계망서비스(SNS) 인플루언서의 영향력이 커지고 라이브 커머스 시장이 급성장하면서 SNS 채널이 중요한 이커머스(전자상거래) 채널로 부상하고 있다. 특히 소셜미디어를 일방적인 정보 전달 창구가 아니라 관계를 만들어나가는 공간으로 인식하는 게 요즘 MZ(밀레니얼 · 젠지)세대다. MZ세대가 현재, 그리고 미래에 중요한 고객층이 될 기업 입장에서 SNS를 주목해야 할 이유다. 이들을 공략하기 위해서는 SNS를 어떻게 활용해야 할까. 인스타그램은 "인스타그램을 단순히 고객과 '소통'하는 창구로만 생각해서는 인스타그램을 비즈니스에 100% 활용하지 않는 것"이라고 강조한다. 인스타그램 등 주요 소셜미디어는 고객에게 맞춤화된 커뮤니케이션이 가능한 다양한 비즈니스 솔루션을 제공하고 있다. 이를 기업이 어떻게 잘 활용하는지에 따라 MZ세대의 마음을 얻고 더 큰 비즈니스 성과를 가져올 수 있다는 설명이다. 고도화된 소셜미디어상에서 더 이상 제품(브랜드)은 고객에게 발견되기만을 기다리는 존재가 아니다. 제품 스스로 자신을 좋아하고 구매할 확률이 높은 고객을 먼저 찾아 나서는 시대가 열린 것이다.

요즘 소비자들은 SNS에서 쇼핑을 한다. 이는 전세계적 추세로 나타난다. 메타(옛 페이스북) 내부 데이터에 따르면 매월 3억명 이상이 인스타그램을 포함한 메타 생태계 속에 마련된 '가게(숍)'를 방문한다.

특히 한국은 인스타그램 쇼핑 기능을 이용하는 사람이 가장 많은 국가 중 하나다. 인스타그램에서 제품 상세 페이지를 조회하는 사람 비율은 한국이 다른 국가 평균 대비 3배 높고, 인스타그램의 쇼핑 광고를 보고 제품 정보를 조회하거나 광고를 클릭하는 사람 비율도 다른 국가 대비 2배가량 더 높은 것으로 나타났다.

현재 인앱결제 등 인스타그램의 라이브 커머스 기능은 한국에서 사용할 수 없는데도 한국에서 인스타그램 쇼핑 기능을 통해 제품 정보를 조회하는 사람이 2020년 전년 동기 대비 87% 증가하는 등 영향력이 빠르게 늘고 있는 추세다.

브랜드와 제품에 대한 정보를 얻는 채널로 활용하고 있다는 얘기다. 기업들이 고객 소통 채널을 넘어 고객의 구매 경험을 강화하는 쇼핑 채널로 소셜미디어를 활용하는 이유다.

대표적인 예로 인테리어 플랫폼 '오늘의집'은 인스타그램 내 마련된 온라인 쇼윈도와 같은 '숍'과 더불어 인스타그램 게시글 이미지나 동영상에 포함된 제품을 태그하는 '제품 태그'와 같은 인스타그램 쇼핑 기능을 적극적으로 활용하고 있다. 인스타그램의 쇼핑 기능을 통해 오늘의집이 큐레이션한 다양한 인테리어 콘텐츠를 전달하면서 자연스러운 구매를 유도한다.

▶ 출처: 매일경제, 2022. 12. 3.

9.2   소셜커머스

▶▷ 소셜커머스의 개념

소셜커머스란?

소셜커머스는 사회적 상호작용 및 사용자 참여를 지원하는 온라인 매체, 즉 '소셜미디어'를 이용해 제품 및 서비스의 온라인 매매거래를 수행하는 전자상거래의 한 유형을 뜻한다. 짧게 설명하면, 소셜커머스는 소셜 네트워크를 이용해 수행되는 전자상거래의 형태라고 할 수 있다.

소셜커머스란 용어는 2005년 11월 야후!에 의해 처음 소개되었다. 야후!는 공유용 쇼핑목록, 사용자 평가, 제품정보 및 조언의 공유 등과 같은 온라인 협력쇼핑 툴들을 지칭하기 위해 이 용어를 사용했다. 소셜커머스의 개념은 흔히 소비자가 신뢰하는 개인들에게서 조언을 얻고 제품 및 서비스를 찾으며 또 구매하도록 해주는 협력적 전자상거래 툴들과 관련이 있다. 이러한 조언을 전파하는 소셜 네트워크는 소비자가 특정 상점에 대해 지니는 신뢰를 증가시키는 것으로 알려져 있다.

오늘날 소셜커머스 분야는 개념적으로 확장되어 전자상거래, 특히 패션의류 산업에서 이용되는 소셜미디어 툴 및 콘텐츠를 포함한다. 소셜커머스의 예로는 고객품평 의견 및 평가등급, 사용자 추천 및 권장 제품, 소셜쇼핑 툴, 쇼핑 커뮤니티, 소셜광고 등이 있다. 증강현실과 같은 기술이 소셜커머스와 접목이 되어 쇼핑고객으로 하여금 자신이 의류제품을 입은 모습을 시각화한 후 소셜미디어 툴을 통해 다른 소비자들의 피드백을 얻는것이 가능해지고 있다.

일부 학자들은 소셜커머스와 소셜 쇼핑의 개념을 구분하려는 경향을 보이기도 한다. 일반적으로 소셜커머스가 온라인 판매자들의 협력적 네트워크를 의미하는데 반해, 소셜 쇼핑은 온라인 쇼핑고객들의 협력적 구매활동을 뜻한다. 이러한 점에서 볼 때, 이 두가지 용어는 동일한 개념을 서로 다른 시각에서 바라본다는 차이가 있을 뿐 근본적으로는 별 차이가 없다고 할 수 있다.

소셜커머스의 특징 및 예

소셜커머스는 단순히 다른 쇼핑고객이 아니라, 이미 알고 있는 사람이든가 혹은 신뢰할 만한 의견을 제시하는 쇼핑고객과의 상호작용을 통해 상품을 구매할 수 있는 기회를 제공한다. 따라서 온라인 구전(word of mouth)을 통해 강력한 설득판매가 가능해질 수 있다. 소셜커머스에는 다음의 세 가지 요인이 포함된다:

▶ 소셜네트워크의 지인들에게 상품에 대한 관심이나 정보를 전파할 수 있어 온라인 구전에 의한 설득판매가 가능하다.

- **소셜 증거**: 얼마나 많은 다른 사람들이 이 사이트에서 나타낸 방문, 좋아요 클릭, 관심 표시, 구매 등의 기록을 제시함
- **소셜 공유**: 사용자들이 제품에 대한 관심 및 필요를 소셜 네트워크의 친구들에게 공개할 수 있음
- **크라우드소싱**: 쇼핑고객 커뮤니티의 집단지성에 기반한 의견을 이용해 소비자 자신이 구매할 제품의 범위 및 방향을 결정함

기존의 전자상거래 상점에 소셜 계층을 추가함으로써 쇼핑고객이 제품정보를 수집하고 구매결정을 내리기가 더 용이해지며, 홀로 쇼핑하는 것이 아니므로 심적으로도 든든한 마음이 생기는 것이다.

소셜커머스는 기업들이 다음과 같은 목적을 달성하는 데 도움을 준다. 첫째, 기업은 고객의 소셜네트워크 행동을 근거로 고객을 브랜드와 연결시킬 수가 있다. 둘째, 고객이 기업의 사이트로 돌아오게 만드는 인센티브 역할을 할 수 있다. 셋째, 소셜커머스는 고객이 기업 웹사이트에서 브랜드에 대해 전파할 수 있는 플랫폼을 제공한다. 끝으로, 고객이 기업들

▶ 페이스북 소셜커머스에서는 상점 및 상품을 지인들에게 전파할 수 있어 구전효과를 통해 구매를 유도하는 것이 가능하다.

에 대해 정보수집을 하고, 이들을 비교하며, 궁극적으로 경쟁사 대신 해당 기업을 선택할 수 있도록 함으로써 구매를 유도해 주는 역할을 담당한다.

　대표적인 소셜커머스 업체로는 해외에 그루폰, 리빙소셜, 구글, 페이스북 등이 있다. 리빙소셜은 아마존의 투자를 받은 소셜커머스 업체로서 그루폰의 가장 강력한 경쟁자이다. 구글은 그루폰 인수에 실패한 후 자체적인 구글 오퍼(Google Offers)를 출시했다. 페이스북도 쇼피파이(Shopify)란 이커머스 플랫폼을 기반으로 소셜커머스 사업을 운영중이다. 한편, 국내에는 티켓몬스터와 쿠팡이 시장을 점유하고 있는 대표적 소셜커머스 업체들이다. 2012년 4월 그루폰 코리아가 설립되어 국내 시장의 문을 두드렸지만 예상과는 달리 그 영향력이 아직 미미한 수준에 머물고 있다.

▶▶ 소셜커머스의 기본 비즈니스모델

　소셜커머스는 기업들마다 구체적인 사업방식은 다르지만, 오늘날 그루폰과 같은 소셜커머스 대표주자가 채택하고 있는 비즈니스 모델을 살펴볼 필요가 있다.

　그림 9-1에서 볼 수 있듯이, 소셜커머스 비즈니스 모델은 기본적으로 중개 모델이다. 소셜커머스 사업자는 지역 판매자와 소비자를 서로 연결해 주는 중개자에 해당한다. 흔히 음식점, 미용실, 카페와 같은 지역 판매자는 해당 지역의 소비자들을 대상으로 비즈니스를 운영함에 따라 그 매출은 한정적일 수밖에 없다. 이러한 한계를 극복하기 위해 중개자가 소

그림 9-1   소셜커머스 비즈니스모델의 개념도

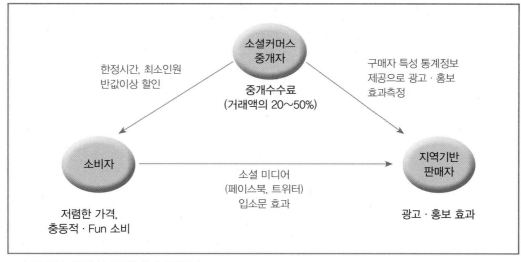

▶ 소셜커머스 비즈니스모델은 중개 모델이다.

셜미디어를 이용해 지역에 관계없이 수많은 소비자들에게 특정 제품이나 서비스에 관한 '입소문'을 내주고, 관심있는 소비자는 상품을 구매할 수 있다.

소셜커머스에 참여하는 판매자는 소셜미디어에 의해 구매기회를 발견하게 되는 구매자를 대상으로 판매활동을 전개함에 따라 판매 수량이 크게 늘어나게 된다. 따라서 비록 그루폰, 티몬, 쿠팡과 같은 소셜커머스 중개자에게 중개수수료를 지불하고 나더라도, 많이 팔수록 규모경제 효과에 의해 수익이 증가한다.

그루폰의 소셜커머스 비즈니스모델의 경우 비즈니스 참여자는 크게 소셜커머스 중개자, 지역 판매자, 소비자의 세 가지로 분류된다. 이들은 각각 독특한 역할을 수행하며, 기대하는 효익이 명료하게 존재한다. 아래에서는 주요 가치명제, 수익모델, 그리고 개별 비즈니스 주체의 역할에 대해 알아보기로 한다.

가치 명제

소셜미디어를 통해 잠재적 구매자들에게 독특한 가치를 만들어 주는 것이 무엇보다도 중요하다. 이 가치라는 것은 한정된 기간 내에 충분히 매력적인 가격에 가치있는 제품이나 서비스를 구매할 수 있는 기회를 뜻한다. 구매자 시각에서 볼 때 자신이 필요로 하는 상품을 다른 곳에서 볼 수 없는 파격적인 가격에 구매할 수 있다면 또 이 기회가 시간적으로 판매가능 수량이 한정되어 있다면 또 소셜네트워크의 친구들도 이 상품에 대해 좋은 반응을 보인다면 구매 욕구가 강하게 발생할 수 있다.

수익 모델

소셜커머스 사업자는 중개자 역할을 담당하므로 주요 수익원은 거래수수료이다. 지역 판매자는 매출이 발생할 때마다 매출액의 일정 퍼센티지 금액을 수수료로 소셜커머스 사업자에게 지불하여야 하는데, 이를 통해 소셜커머스 사업자는 수익을 발생시키게 되는 것이다.

▶▷ 국내외 소셜커머스 현황

소셜커머스 비즈니스모델의 창시자 그루폰

'그룹 쿠폰(group coupon)'의 의미를 지닌 그루폰(Groupon)은 전국단위 혹은 지역단위의 회사에서 이용할 수 있는 선물 쿠폰을 할인된 가격으로 판매하는 웹사이트를 운영하는 기업이다. 시카고 소재의 이 회사는 2008년 회사가 입주한 건물의 1층 피자가게의 반값 할인쿠폰을 판매하면서 소셜커머스 사업을 처음 시작하였다. 빠른 성장을 거듭하여, 2010년 기준으로 북미지역에 150여개 도시를 그리고 유럽, 아시아, 남미 지역에 100개 도시를 대상으로 하여 사업을 운영하며 3,500만명의 회원을 확보하였다. 그루폰은 외형적으로는 급속한 성장을 이루었으나 실질적으로는 적자를 기록하면서 소셜커머스 비즈니스 모델의 실효성에 의문을 갖게했다.

그루폰은 도시별로 하루에 하나의 상품을 50% 이상의 할인가격에 판매하는 행사를 진행한다. 일정규모 인원 수의 사용자들이 이 행사에 참여할 목적으로 등록을 완료하면 참여자 모두가 할인구매 기회를 부여받는다. 그러나 인원 수가 충족되지 않을 때에는 할인행사가 무산된다. 이러한 구매원칙은 소매업자의 손실위험을 낮추는 역할을 한다. 그루폰사는 통상 고객이 지불하는 쿠폰 가격의 반 가량을 수익으로 벌어들인다.

이러한 흥미로운 아이디어에도 불구하고, 그루폰의 비즈니스 모델은 근본적인 문제가 있다는 지적이 제기되고 있다. 예를 들어, 중소기업의 제품에 대해 지나치게 많은 고객들의 구매요청이 있을 경우, 회사가 위기에 직면할 수가 있다. 회사의 공급이 수요에 못미치게 되어 고객들의 불만이 커질 위험이 있

▶ 소셜커머스 비즈니스모델을 처음 개발한 그루폰은 사용자가 거주하는 도시에 대한 상품구매 기회를 소개한다.

기 때문이다. 대형 의류 소매
업체인 갭(Gap)사는 비록 한
때 서버가 다운되는 문제가 발
생하기는 했어도 전국규모의
판매행사에서 445,000매의 온
라인 쿠폰을 성공적으로 소화
시킬 수가 있었다. 그러나 이
와는 대조적으로 중소기업은
순식간에 쏟아져 들어오는 수
많은 고객들의 구매요청에 대
응하는 것이 현실적으로 불가

▶ 그루폰은 도시별로 하루에 하나의 상품을 한정된 수량에 도달할 때까지
판매한다.

능하다. 가령, 미국 오레곤주 프틀랜드시의 한 커피숍은 단 하루만에 판매한 1천매의 그루
폰 쿠폰을 처리하는데 거의 세 달동안 시달려야 했다.

한편, 최근 들어서는 소셜미디어 사용량 증가로 인해 페이스북. 인스타그램, 핀터레스트
등이 소셜커머스 강자로 부상하고 있다. 이들은 주로 패션이나 음식, 메이크업 등 다양한
장르에서 영향을 펼치는 소셜미디어 스타들로 100만 명이 넘는 팔로워 혹은 팬들이 있으
며, 기존의 연예인들의 역할과 비슷한 위치를 가지고 있다.

특히 이들이 보유한 팬들은 이들과 같은 소셜미디어 스타들이 하고 다니는 패션 · 의
류 · 액세서리 등에 관심이 많으며, 비슷한 제품 혹은 같은 제품을 구매하고자 하는 욕구가
높은 것으로 나타났다. 최근 포브스(Forbes)가 미국인을 대상으로 한 설문조사에서 약 80%
의 소비자들이 대형 배우들이나 연예인들이 광고하는 제품보다 유튜브와 같은 온라인 소
셜미디어를 통해 소셜네트워크 스타들이 직접 쓰고 설명하는 제품에 더 신뢰감을 느낀다
고 답했다.

이처럼 소셜미디어를 통해 탄생한 스타들은 기존의 배우 등과 같이 사회에 끼치는 영향
이 높기 때문에, 미국에서는 특정 분야에 전문 지식을 보유했으며 관련 분야 사람들에게 영
향력을 끼칠 수 있는 사람을 '소셜 인플루언서(Social Influencer)'라고 불린다. 따라서 이들
의 영향력을 이용해 마케팅을 펼치려는 기업들도 많으며, 특정 스타들을 놓고 광고 경쟁이
치열하다.

한편, 이러한 트렌드에 발맞춰 이미지 공유 및 검색 전문 소셜미디어인 핀터레스트가 쇼
핑 도우미 역할을 할 '비주얼 서치 서비스(Visual Search Service)'를 발표했다. 비주얼 서치
서비스는 핀터레스트 사용자들이 스마트폰 카메라로 제품을 찍어 올리면 그 제품과 관련
한 각종 정보와 해당 제품과 유사한 제품 사진 및 비교할 만한 다른 제품 사진들을 제공하

▶ 핀터레스트의 비주얼 서치 서비스를 이용하면 사진을 보다가 원하는 제품을 보고 버튼을 클릭해 해당 제품을 구매할 수 있다.

는 방식이다. 또한, 핀터레스트에 올라온 사진들 속 각종 제품들을 파는 매장으로 자동 연결도 가능하다. 즉, 보이지 않는 쇼핑 도우미가 생기는 것과 같다.

2010년 설립된 핀터레스트는 현재 1000만 개 이상의 제품이 판매로 연결되고 있으며, 회사가치만 110억 달러다. 핀터레스트는 앞서 2014년 이미지 인식 기술을 개발한 스타트업 비주얼 그래프를 인수했으며, 방대한 자사의 사진 데이터를 활용해 이 같은 서비스를 개발했다. 앞서 핀터레스트는 이미 '바이어블 핀(Buyable Pins: 광고 핀)'이라는 서비스를 제공, 상당한 인기를 끌고 있다. 이 서비스는 핀터레스트가 비즈니스 업주들을 위해 만든 마케팅 플랫폼으로 사용자들이 사진을 보다가 원하는 제품을 보고 '바이어블 핀'을 누르게

될 경우, 해당 제품을 판매하는 웹사이트로 연결된다. 실제로 핀터레스트의 인터넷 트래픽 중 13%는 또 다른 온라인 쇼핑몰로 이어지며, 구매로 이어지는 경우가 많다.

국내 소셜커머스의 현황

우리나라의 소셜커머스는 2010년 티켓몬스터(이하 티몬)이 출범하면서 시작되었으며 이후 그루폰이 한국에 진출하면서 빠르게 성장하였다. 소셜커머스 사업은 특별한 기술이나 자금이 요구되지 않으므로 진입장벽이 낮아 우리나라의 경우 매우 많은 기업들이 우후죽순격으로 경쟁을 벌이고 있다. 국내 소셜커머스 사업자는 2011년 5월 기준으로 220개까지 증가했다가 1년 후인 2012년 5월에는 15개로 급격히 줄어들었다. 과열경쟁 속에서 파격적인 할인판매를 함에 따라, 업체 도산이 많이 발생하였다. 반면, 상위 4개업체인 티켓몬스터, 쿠팡, 위메이크프라이스(이하 위메프), 그루폰코리아의 매출은 크게 증가했다.

소셜커머스 업체들은 통상 20~30%의 거래수수료를 지역판매자들로부터 받고 있지만, 경쟁이 심화되면서 인지도가 낮은 업체들은 10% 수수료만을 받거나 아예 수수료를 받지 않고 사업을 운영하면서 수익성이 크게 악화되고 있는 실정이다. 특히, 티몬, 쿠팡, 위메프 등 이른바 소셜커머스 3사가 오픈마켓과 소셜커머스 간 경계가 허물어진 온라인 시장에서 과도한 마케팅 전략으로 출혈경쟁을 수년째 이어오면서 여러가지 부작용 및 한계점들이 나타

나고 있다. 매출은 늘고 있지만 이들 기업들의 영업손실은 눈덩이처럼 불고 있는 것이다.

▶▶ 소셜커머스의 유형

소셜커머스는 바라보는 시각에 따라 서로 다르게 분류할 수 있다. 여기에서는 최근 새로이 등장하는 소셜커머스 유형으로서 개인간 판매 플랫폼형, 소셜네트워크 중심의 구매유도형, 공동구매형의 세 가지를 각각 살펴보기로 한다.

- **개인간 판매 플랫폼형**: 커뮤니티 기반의 장터로서 개인들이 서로 의사소통을 하며 다른 개인들에게 직접 판매를 하는 방식이다. 대표적인 예로 이베이, 엣시, 아마존 마켓플레이스가 있다. 커머스 사이트에 소셜네트워크로 이동할 수 있는 버튼 형식의 링크를 게재하는 방식이다.
- **소셜네트워크 중심 판매형**: 잘 알려진 소셜네트워크에서 상품을 소개함으로써 판매가 촉진되며, 페이스북, 인스타그램, 핀터레스트, 트위터 등이 주된 예에 해당한다. 이들 소셜네트워크 회사들은 최근 수년간 광고매출을 늘리기 위해 SNS 플랫폼을 이커머스 기능과 결합하였다. 따라서 이들 소셜네트워크상에서 직접 구매기능이 실행된다. 고객들은 온라인으로 친구들과 브랜드와 관련한 대화를 나누다가 편리하게 구매를 할 수 있다는 장점이 있다. 친구들이 긍정적인 반응을 보일수록 구매거래는 더 늘어나는 특징을 나타낸다. 따라서 기업들은 소셜네트워크가 브랜드 및 제품을 사용자

그림 9-2   이베이의 개인간 판매화면 예시

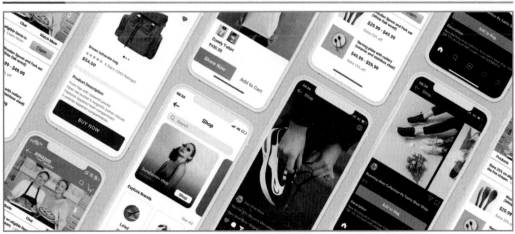

▶ 물품경매 전문 이베이 사이트에서는 소셜네트워크로 이동할 수 있는 버튼 링크를 표시해 지인들에게 구매 안내가 가능하다.

들에게 더 친근하게 소개한다는 점에서 페이스북 혹은 기타 소셜네트워크 상점을 개설하고 있다.

- **공동구매형:** 그루폰 및 리빙소셜은 쇼핑 고객들에게 단체로 구매하며 파격적인 할인을 얻을 기회를 제공하는데, 이를 가리켜 공동구매형 소셜커머스라고 한다. 공동구매형은 대규모 단체의 고객들이 특정 제품이나 서비스에 관심을 나타내는 경우에만, 할인판매 행사가 유효하다. 따라서 제품별로 정한 최소 구매 수량이 달성되면 큰 할인 혜택을 받을 수 있도록 하여, 소비자들로 하여금 적극적으로 소셜네트워크를 통해 친구들을 공동구매에 참여시키도록 유도하는 특징이 있다.

9.3   모바일 커머스

▶▷ 모바일 커머스의 개념 및 등장배경

모바일 커머스란?

모바일 커머스란 용어는 1997년 글로벌 모바일 커머스 포럼 개회식에서 의장인 케빈 더피가 처음 사용했다. 그는 "무선기술을 이용해 전자상거래 기능을 소비자의 손에 쥐게해줌으로써 어디서나 상거래를 할 수 있도록 한다"는 의미로 용어개념을 설명했다. 이러한 시각에서 모바일 커머스의 개념은 소비자의 호주머니에 존재하는 소매상점으로 이해되기도 한다.

오늘날 모바일 커머스란 휴대폰, 태블릿 등 무선 정보기기를 이용해 제품 및 서비스를 매매하는 것을 의미한다. '차세대 이커머스'로도 알려진 모바일 커머스는 네트워크 케이블에 연결하지 않고도 인터넷에 연결해 쇼핑을 할 수 있다는 점이 특징이다.

모바일 커머스 등장배경

세계 첫 모바일 커머스 서비스는 1997년 핀란드의 헬싱키 지역에 두 대의 코카콜라 자판기를 설치하면서 시작됐다. 이들 자판기는 휴대폰 단문메시지를 통해 결제가 가능했다. 이어 같은 해 핀란드의 메리타 은행이 휴대폰 기반의 뱅킹 서비스를 제공하였다. 1998년에는 핀란드에서 다운로드가 가능한 첫 링톤(즉 휴대폰연결음)의 디지털 판매가 시작되었다. 구매된 디지털 콘텐츠가 휴대폰으로 직접 전송되어 인도되는 방식이었다.

1999년에는 모바일 커머스의 상용 플랫폼이 출범했는데, 일본 NTT 도코모의 아이모드(i-Mode) 인터넷 서비스가 그 것이었다. 아이모드는 수익분배 방안을 제시했는데, NTT 도코모가 사용자가 납부한 콘텐츠 구매대금의 9%를 수수료로 취하고 나머지 91%는 콘텐츠 소유주에게 돌려주는 모델이었다.

그 후 휴대폰과 PDA는 점차 대중적 인기를 얻으면서 많은 기업들이 모바일 커머스를 고객과 소통하기 위한 중요한 수단으로 활용하기 시작했다. 노키아, 에릭슨, 모토롤라, 삼성, LG 등 휴대폰 메이커들은 한정된 크기의 화면에 웹페이지를 보여줘야 하는 문제를 해결하기 위해 WAP(wireless application protocol) 표준을 채택한 스마트폰을 출시하였다.

이 때까지만 해도 단문메시지(SMS) 기반이었던 모바일 커머스는 2007년 애플의 아이폰이 출시되면서 단문시스템에서 실제 모바일 앱으로 진화하기 시작했다. 단문메시지 시스템은 심각한 보안의 헛점 및 병목현상의 문제가 존재했었다.

최근 들어 모바일 커머스 기술은 위치기반 서비스, 바코드 스캐닝, 푸시 알림 등의 신기술과 만나면서 오프라인 상점에서의 고객 쇼핑경험을 향상시키는 방향으로 발전했다. 예를 들어, 고객이 어느 오프라인 상점 가까이에 접근하면 휴대폰으로 매장 할인행사 안내 및 쿠폰을 전송하며 온라인 쇼핑의 장점을 살리는 것이 가능해졌다.

▶▶ 모바일 커머스의 유형

위에서 살펴보았듯이, 모바일 커머스는 모바일 정보기기를 이용한 상거래를 포괄적으로 포함하므로 그 세부 유형도 매우 다양하다. 아래에서는 모바일 상품판매, 모바일 티켓발권, 모바일 뱅킹 및 결제, 모바일 마케팅 등 최근 중요하게 부상하고 있는 대표적 유형들 네 가지를 살펴보기로 한다.

모바일 상품판매

온라인 카탈로그를 기반으로 제품 및 서비스를 판매하는 온라인 쇼핑몰, 오픈마켓 및 기타 온라인 상점들은 최근 모바일 고객들을 겨냥해 판매를 증대시키는 전략을 확대하고 있다. 비록 휴대폰의 화면이 작아 PC나 노트북컴퓨터에서와 같이 많은 상품정보를 한꺼번에 펼쳐놓고 편리하게 쇼핑을 하는 데 한계가 있는 것이 사실이다. 하지만, 최근 모바일 기기 화면이 점차 커지고 화면 해상도도 높아지는 등 휴대폰 성능이 크게 개선되면서 모바일 쇼핑의 불편이 많이 해소되고 있다. 특히 이동 중에도 쇼핑을 할 수 있기 때문에 출장 등으로 바쁜 현대인들에게는 점차 중요한 쇼핑방법으로 자리잡게 될 전망이다. 최근 들어서는 일부 온라인 상점들이 모바일전문 웹사이트를 별도로 개설해 모바일 이용자의 니즈에 최적

▶ 최근 모바일 기기의 성능 및 화질이 대폭 개선되면서 모바일 기기를 이용한 쇼핑이 크게 늘고 있다.

화된 쇼핑 환경을 제공하고 있다.

또한 휴대폰을 이용한 디지털 콘텐츠의 판매도 늘고 있다. 요즈음 모바일 콘텐츠의 구매 및 인도는 휴대폰용 통화연결음(링톤), 배경화면, 게임 등에 대부분 한정된다. 그러나 최근 휴대폰과 휴대용 음악재생기와 동영상 재생기가 하나의 정보기기로 융합됨에 따라, 고음질 음원 및 동영상의 모바일 판매도 늘어나고 있는 추세이다. 4세대 (LTE) 네트워크의 초고속 전송속도를 통해 영화 한 편을 다운로드 받는데 2~3초 정도면 가능하다.

모바일 티켓발권

티켓은 다양한 기술을 이용해 휴대폰으로 전송된다. 사용자는 수신 후 즉시 사용이 가능한데, 휴대폰을 마치 디지털 보딩패스처럼 검표원에게 제시하는 방식이다. 상당 수 사용자들이 이 기술을 이용하는 추세에 있다. 우리나라에서도 쿠팡이나 위메프 등 소셜커머스 사이트에서 뷔페 레스토랑의 식권을 구매하면 휴대폰 단문메시지로 티켓이 발권 및 전송되며, 이후 해당 레스토랑에서 결제시 휴대폰의 문자메시지를 보여주면 즉시 결제처리가 가능하된다. 한편, RFID와 같은 신기술을 이용해 휴대폰으로 디지털 티켓을 전송하고 이후 결제시 관련 소프트웨어를 이용해 디지털 티켓을 인식하는 것도 가능하다.

모바일 티켓발권 기술은 상품권, 쿠폰 및 포인트 카드를 발권하는 데도 이용될 수 있다. 이들 쿠폰 및 충성도 카드는 가상 토큰으로 구현되는데, 이 가상 토큰이 휴대폰에 전송되는 것이다. 상점에서 휴대폰을 통해 이러한 토큰을 제시하는 고객은 전통적 토큰을 보여주는 것과 동일한 혜택을 누린다. 상점에서는 고객이 언제 상

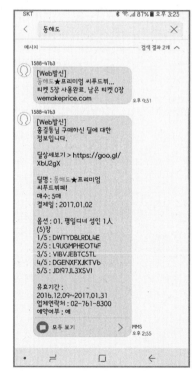

▶ 위메프사이트에서 구매된 뷔페이용 모바일티켓

점 가까이에 왔는지 확인하기 위하여 위치기반 서비스를 이용해 고객에게 쿠폰을 전송할 수 있다.

모바일 뱅킹 및 결제

인터넷은 은행의 금융서비스를 제공하는 방식을 근본적으로 변화시킴으로써 은행업무의 혁신을 가능하게 하는 촉매로 작용하고 있다. 특히 스마트폰 이용이 빠르게 확산됨에 따라 은행의 모바일 뱅킹 거래는 더욱 가속화되는 추세를 나타내고 있다. 소비자들은 이동 중에도 스마트폰을 통해 편리하게 온라인 뱅킹을 이용할 수 있으므로 스마트폰 기반의 모바일 뱅킹은 더욱 매력적인 거래방식이 되어가고 있다. 더구나 은행 관점에서 보더라도 오프라인 거래 대비 온라인 거래의 비중을 늘림으로써 거래처리 비용을 줄여 수익구조를 개선할 수 있으므로, 은행들은 전략적인 차원에서 모바일 뱅킹의 비중을 지속적으로 확대해 나갈 것으로 예상되고 있다.

모바일 뱅킹의 주요 한계 중의 하나는 은행들이 보안기능을 강화하면서 고객들의 뱅킹 서비스 이용의 편의성이 크게 낮아지고 있다는 점이다. 예를 들어, 로그인 비밀번호, 공인인증서, OTP번호, 보안카드 번호 등 정보를 정확하게 입력하여야만 거래가 정상적으로 이루어질 수 있다. 그러나 최근 들어 홍채인식, 지문인식 등 생체인증 기술이 발전하면서 모바일 뱅킹 거래가 날로 증가할 전망이다. 표 9-1에서와 같이, 국내에 새로이 출범된 한국카카오은행과 케이뱅크은행도 모바일 뱅킹을 더욱 확산시킬 것으로 전망된다.

표 9-1   한국카카오 은행과 케이뱅크 은행의 비교

신청인	한국카카오 은행	케이뱅크 은행
자본금	3,000억원	2,500억원
주요주주 (지분율)	한국투자금융지주(50%), 카카오(10%), 국민은행(10%)	우리은행(10%), GS리테일(10%), 한화생 명보험(10%), 다날(10%), KT(8%)
핵심제공 서비스	중금리대출(빅데이터 기반) 카카오톡 기반 간편 송금 카드/VAN/PG 없는 간편 결제 카카오톡 기반 금융 비서 카카오 유니버설 포인트	중금리대출(빅데이터 기반) 토탈 간편지급결제(Express Pay) 휴대폰/이메일 기반 간편 송금 Robo-advisor 기반 자산관리 실시간 스마트해외송금

▶ SKT에서 출시한 모바일 지갑 '시럽'

또 유럽의 일부 국가에서는 모바일 ATM기기가 보급되고 있다. 대부분의 ATM기기가 고정되어 설치되며, 흔히 금융기관, 상점, 백화점 등의 위치에 설치된다. 반면, 모바일 ATM 기기는 장소를 옮겨가며 사용하도록 만들어진 기기이다. 이러한 유형의 ATM 기기는 ATM 서비스가 일시적으로 필요한 특별 행사에서 종종 사용된다. 예를 들어, 카니발, 박람회, 퍼레이드, 세미나 및 워크샵에서 주변 가까운 곳에 ATM기기가 없는 경우 사용된다.

한편, 모바일 결제도 빠르게 확산되고 있다. 구글 안드로이드와 같이 널리 이용되는 휴대폰 OS에서 구동되는 앱을 통해 결제가 쉽게 이루어질 수 있다. 우리나라의 경우, 모바일 결제서비스는 모바일 뱅킹, 모바일 신용카드, 휴대폰 소액결제, 그리고 전자지갑의 형태로 운영되고 있다. 모바일 기기로 자금이체를 통해 결제를 수행할 수 있는 모바일 뱅킹은 최근 국내 이용이 점차 확대되어 모바일 뱅킹 이용자 수는 총 인터넷 뱅킹 이용자 수의 절반을 넘어섰다. 모바일 신용카드는 유심칩이나 앱을 저장수단으로 이용해 신용카드 기능을 구현한 서비스이다. 그리고 휴대폰 소액결제는 소비자가 상품 구매대금을 이동통신 요금에 덧붙여 지불하는 방식으로서 해당 모바일통신 사업자(가령, KT, SK 텔레콤, LG U+ 등)가 추후 고지서를 통해 소비자에게 대금을 청구하게 된다. 한편, 모바일 지갑이란 현금, 신용카드 등 결제수단뿐 아니라 지갑에 소지하고 다니는 신분증, 멤버십포인트, 보안카드 등의 카드를 하나의 모바일 앱으로 통합해 편리하게 사용할 수 있도록 한 것을 뜻한다. 대표적인 예로 SK 텔레콤의 시럽(Syrup)이 있다.

모바일 마케팅

모바일 마케팅이란 휴대폰 등 모바일 정보기기를 이용해 마케팅 활동을 수행하는 것을 뜻한다. 기업들은 전통적 캠페인보다는 모바일 캠페인을 통해 더 우수한 고객반응 효과를 얻는다고 보고한다. 그 주된 이유는 모바일 앱이나 웹사이트가 가져다 주는 신속한 고객의사결정에서 찾을 수 있다. 소비자는 모바일 기기를 통해 마케팅 메시지나 할인쿠폰을 받을 수가 있고, 수초 내에 구매여부 결정을 내릴 수가 있다.

예를 들어, 아기를 품에 안고 집안 일에 바쁘게 매여있는 주부가 인근 상점에서 파는 유아용 제품에 관한 문자메시지를 받았다고 가정하자. 이 주부는 사전에 구매계획을 세울 필요없이 몇번의 클릭만으로 필요한 유아제품을 주문할 수가 있다. 지갑을 찾아 신용카드를 꺼낼 필요도, 노트북컴퓨터에 로그인해서 먼저번에 방문했던 웹상점 주소를 기억해낼 필요도, 인근 상점에 달려가 물품을 살동안 아기를 돌봐줄 도우미를 구할 필요도 더더욱 없다.

한편, 위치기반 서비스를 기반으로 효과적인 마케팅 활동을 전개하는 것이 가능하다. 휴대폰 사용자의 위치는 모바일 커머스 거래에서 중요한 정보로 인식된다. 사용자의 위치를 파악함으로써 상점측에서는 현지 상점의 할인판매 이벤트의 홍보나 현지 날씨정보의 제공과 같은 위치기반 서비스들을 사용자에게 제공할 수가 있기 때문이다.

현장 사례   시니어도 모바일 결제는 이미 일상

상대적으로 소비성향이 낮아 기업들의 마케팅 대상에서 사실상 소외되다시피 해온 시니어 세대가 이미 MZ세대 못지않게 일상에서 다양한 모바일 앱을 적극적으로 사용하고 있고 앞으로 모바일 구매활동은 더욱 확대될 것이라는 전망이 제기됐다.

TBWA코리아가 2020년에 국내 최초로 출범시킨 시니어 타겟 전문 랩 'TBWA 시니어랩'은 국내 최대 모바일 데이터 분석 플랫폼 '모바일인덱스'의 데이터를 활용해 시니어 소비자의 업종별 모바일 앱 사용 현황을 분석한 'A세대 모바일 앱 사용 트렌드'를 17일 발표했다.

이번 분석은 지난해 12월 월간 활성 사용자 수(MAU)를 기준으로 금융, 쇼핑, 패션의류, 식음료, 엔터테인먼트, 소셜 네트워크, 여행/교통 등 7개 업종별 A세대(50-59세)와 2040세대(20-49세) 사용자 수가 높은 상위 20위 앱을 각각 비교 분석하는 방식으로 이루어졌다.

분석 결과, A세대와 2040세대 모두 다른 업종 대비 금융업종에서 상대적으로 높은 앱 사용률을 기록했는데, 특히 2040세대 못지않게 A세대에게도 이제

모바일 페이, 인터넷 은행 등 금융앱을 통한 모바일 결제가 일상화돼있는 것으로 나타났다.

실제로 A세대는 기존 대기업 쇼핑 플랫폼뿐 아니라 새롭게 출시된 명품 및 프리미엄 쇼핑앱에서 높은 사용률을 보였고, 중고거래 앱 역시 상위권에 랭크됐다. 식음료 업종에서도 배달주문앱이 높은 순위에 오르는 등 배달계의 큰 수요층으로 자리매김한 것을 확인할 수 있었다.

A세대는 2040세대와 마찬가지로 다양한 소셜네트워크 및 엔터테인먼트 앱을 활용하고 있었는데, 특

히 틱톡과 인스타그램 등 2040세대가 즐겨 사용하는 앱이 순위권에 포함되는 등 새로운 소셜네트워크 앱을 시도하는 A세대의 모습이 눈길을 끌었다.

다만, 엔터테인먼트 분야에서는 다양한 OTT 서비스 앱의 사용률이 높은 2040세대와 달리, A세대는 유튜브에 대한 의존도와 만족도가 더 높은 것으로 나타났다.

이와 관련해 'TBWA 시니어랩'을 총괄하는 박혜진 TBWA코리아 브랜드전략팀장은 "모바일 앱은 항상 A세대와 가까이 있고, 더욱 많은 소비 활동이 스마트폰을 통해 일어날 수 있다는 점에서 마케팅적으로 매우 중요하다"고 지적했다.

박혜진 팀장은 "시니어들의 모바일 구매가 모든 카테고리로 확대될 여지가 있기 때문에, 시니어 지향 서비스 확대나 사용 편리성 강화를 통해 시니어 타겟을 확보하고 구매율을 높이는 것이 중요할 것으로 보인다"고 밝혔다.

▶ 출처: 더피알타임즈, 2022. 5. 17.

9.4   온라인 경매

경매란 물품에 관심 있는 잠재적 구입자들에게 입찰참여를 요청하고, 그들로부터 입찰을 받으며, 낙찰받은 입찰자에게 품목을 판매함으로써 물품을 매매하는 거래프로세스이다. 경매는 상점과 같은 전통적인 판매채널과는 성격이 다른 또 하나의 채널로서, 재고제품 등 정리하거나 급히 판매해야 하는 물품을 처분하는 데 효과적이다. 이미 고대 바빌론 시대부터 물품거래 방법으로 이용되어 온 경매는 인터넷과 접목이 되면서 큰 규모로 성장하고 있다.

전통적 경매의 종류

경매이론에 관한 연구로 1996년 노벨 경제학상을 수상한 바 있는 William Vickrey (1961)는 경매를 네 가지 유형으로 분류하고 있는데, 표 9-2에 소개된 영국식 경매, 네덜란드식 경매, 최고가격 밀봉입찰 경매, 둘째가격 밀봉입찰(혹은 비크리) 경매가 바로 그것이다. 이들 유형은 오프라인 환경에서 오랜 기간 사용되어오던 전통적인 경매방식이다. 한편, 경매는 물품소개와 입찰을 각각 누가 하느냐에 따라 순경매와 역경매로 나뉜다. 순경매 방식에서는 물품소개를 판매자가 하고 구매자가 입찰에 참여해 경합을 벌이는 반면, 역경매 방식에서는 그 반대로 필요물품 소개를 구매자가 하고 입찰에 참여한 판매자들 간의 경합에 의해 낙찰자가 결정된다. 비크리가 제시한 네 가지 유형의 경매는 모두 순경매 방식으로서 아래에서 각각 살펴보기로 한다.

표 9-2   경매의 네 가지 유형

경매 유형	진행 방식
영국식 경매 (상승가격, 공개입찰)	판매자가 시작가를 발표하고, 수요가 하락할 때까지 입찰가격이 점진적으로 증가한다. 경매 낙찰자는 입찰가격 중 최고가를 지불한다. 입찰자는 경매진행 중 가격을 재조정하여 다시 입찰을 제출할 수 있다.
네덜란드식 경매 (하향가격, 공개입찰)	판매자는 충분히 높은 시작가를 발표한다. 수요가 공급과 일치될 때까지 입찰 가격은 점진적으로 하락한다. 더 낮은 가격의 입찰이 나오지 않으면 경매는 종료되며, 최저가입찰이 낙찰된다.
최고가격 밀봉입찰 경매	다른 경매참여자들의 입찰가격에 대한 정보 없이 입찰을 밀봉해서 제출한다. 최고가에서 낙찰되며, 낙찰자는 자신이 제출한 입찰가를 지불한다.
둘째가격 밀봉입찰 (비크리) 경매	다른 경매참여자들의 입찰가격에 대한 정보 없이 입찰을 밀봉해서 제출한다. 최고가입찰이 낙찰되는 반면, 낙찰자는 두 번째로 높은 입찰가를 지불한다.

▶ 영국식 및 네덜란드식 경매는 공개입찰 방식인데 반해, 첫번째 가격 밀봉입찰과 비크리는 밀봉입찰 방식이다.

- **영국식 경매**: 영국식 경매(English Auction)은 공개입찰에 의한 경매 방식으로서 최저경매가격으로 입찰을 시작해 최고가의 입찰에 대해 낙찰시키는 것이 특징이다. 경매시작가에서 입찰가격이 점차 올라간다고 해서 상승가격 경매(ascending-price auction)이라고도 한다. 주로 골동품이나 미술작품, 와인 등과 같이 가격을 책정하기 가 어려운 물품

▶ 영국식 경매 하우스의 전형적인 예인 크리스티 경매장.

을 판매할 때 흔히 사용되는 경매방법이다. 경매 참여자들은 공개적으로 입찰가격을 제시하며, 더 이상의 입찰자가 나타나지 않거나 혹은 입찰가격이 사전에 지정된 매점 가격(buy-out price)에 도달하면 경매는 종료된다. 판매자는 최저 입찰가격(즉, 시작가)를 지정할 수도 있으며, 만일 입찰가가 시작가에 미치지 못하면 해당 물품은 판매되지 않는다.

- **네덜란드식 경매**: 네덜란드식 경매(Dutch Auction)는 채소나 비행기표처럼 시간이 흐르면서 상품가치가 소멸되는 상품을 사고 파는 데 적합한 방식이다. 일반적으로 경매인이 높은 희망가격을 공표함으로써 경매가 시작된다. 이 시작가는 경매인에 의해 계속 낮춰지며, 경매인의 가격을 수락하는 참여자가 나타나거나 혹은 사전에 지정된

▶ 네덜란드의 튤립 경매시장에서 판매를 기다리는 꽃 제품들.

하한가에 도달할 때 가격하락이 중단되며 경매가 종료된다. 여기서 하한가와 같거나 혹은 그보다 더 높은 가격을 수락해 낙찰이 된 참여자가 마지막으로 발표된 가격을 지불하게 된다. 네덜란드식 경매는 잘 알려진 "네덜란드 튤립 경매"에서 이름이 붙여졌다. 오래 전부터 네덜란드의 꽃 시장에서는 이 경매 방식을 통해 튤립 꽃 제품을 판매해 왔으며, 오늘날 이 경매 방식을 가리켜 네덜란드식 경매라고 부르고 있다. 또한 네덜란드식 경매는 다수의 동일 제품을 같은 수의 최고가 입찰자들에게 판매하는 온라인 경매를 뜻하는 용어로도 간혹 사용되고 있다.

- **최고가격 밀봉입찰 경매**: 최고가격 밀봉입찰 경매(First-price, sealed-bid auction)란 모든 입찰자들이 동시에 입찰을 제출함으로써 어느 입찰자도 다른 참여자의 입찰가격을 알지 못하는 경매방식이다. 최고가격에 입찰을 써 낸 참여자가 낙찰이 되며 자신이 적어 낸 가격을 그대로 지불하게 된다. 각 참여자가 단 한 번의 입찰을 제출할 기회를 부여 받으므로 입찰가격의 결정에 신중을 기하는 것이 이 경매방식의 특징이다. 판매 수량이 하나인지 아니면 다수인지에 따라 낙찰방법이 달라진다. 만일 경매대상의 품목이 한 개인 경우, 최고가 입찰자에게 낙찰이 된다. 그러나 다수의 동일 품목이 판매되는 상황에서는, 모든 낙찰자들이 같은 가격을 지불하지 않으므로 이를 가리켜 '차별적 경매'라고 한다. 차별적 경매에서는 입찰 가격들을 높은 순서로 나열한 다음, 품목의 전 수량이 매진될 때까지 자신이 입찰한 가격에 낙찰이 된다. 예를 들면, 특정 모델의 제품 10개를 차별적 경매로 판매할 경우, 10만원 입찰자가 6명, 8만원 입찰자가 4명, 7만원 입찰자가 2명인 것으로 나타났다면, 이들 10만원 입찰자 및 8만원 입찰자들이 각각 해당 입찰가격에 낙찰된다는 의미이다.

- **둘째가격 밀봉입찰(비크리) 경매**: 경매이론의 대가로 알려진 윌리엄 비크리의 이름을 따서 비크리 경매라고도 불리는 경매방식이다. 둘째가격 밀봉입찰 경매(Second-price sealed-bid auction) 방식은 낙찰자가 자신이 적어 낸 가격이 아닌 두 번째로 높은 입찰가격을 지불한다는 것 이외에는, 최고가격 밀봉입찰 경매와 동일하다. 한 예로, 어느 장식품 하나를 경매로 판다고 할 때, 한 사람은 4만원, 다른 한 사람은 3만원, 그리고 또 다른 한 사람이 5만원에 입찰을 적어 냈다면, 5만원에 입찰가격을 제시한 사람이 4만원에 제품을 구매할 수 있는 기회가 주어지게 된다. 이는 이베이(eBay)의 프록시 입찰시스템과 매우 유사한 것으로서, 이베이의 프록시 시스템에서는 낙찰자가 자

신의 실제 입찰금액과 두 번째로 높은 입찰가에 한 단계의 입찰증액분을 추가한 금액 중에서 더 낮은 금액을 지불하고 있다. 이 방식은 다수의 동일 품목을 판매할 경우에 입찰자들이 서로 다른 가격에 낙찰될 수 있는 최고가격 밀봉입찰(즉, 차별적 경매) 방식과 달리, 모든 낙찰자들의 구매가격이 낙찰받지 못한 최고 입찰가에 의해 일률적으로 결정되기 때문에, 균일가 둘째가격 경매(uniform second-price auction)라고도 불린다.

인터넷 경매의 개념 및 프로세스

전통적인 경매 하우스와 마찬가지로, 인터넷 경매 웹사이트는 입찰 프로세스를 통해 물품을 사고 팔 수 있는 장소를 제공한다. 인터넷 경매는 할인 판매, 희귀 물품, 개인소장품 등을 찾는 이들에게 인기가 높다. 세계 최대규모의 경매사이트인 이베이는 현재 2억 3천만 명 가량의 사용자들이 가입되어 있고, 세계 37개국에서 이베이의 온라인 경매서비스를 이용해 물품 거래를 하고 있다.

▶ 캘리포니아주 새너제이에 위치한 이베이 본사.

그림 9-3에서 볼 수 있듯이, 옥션, 이베이 등 대부분의 온라인 경매사이트들은 판매자가 물품을 등록하고 구매자가 입찰에 참여하는 영국식 경매방식에 의해 이루어진다. 즉, 판매자가 정한 입찰기간 동안 최저가격에서 시작해 입찰금액이 점차 높아지다가 입찰이 마감되면 최고가격의 입찰을 낙찰시키게 된다. 그러나 프라이스라인(Priceline.com) 등 일부 경매사이트에서는 이와는 반대로 구매자가 물품을 등록하고 판매자가 입찰에 참여하는 역경매 방식을 통해 경매를 진행한다. 간혹 구매경매라고도 불리는 **역 경매**(reverse auction)는 일반적인 경매에 비해 구매자와 판매자의 역할이 뒤바뀐 형태로서, 그 주요 목적은 구매가격을 최대한 낮추는 것이다. 판매자가 아닌 구매자가 필요물품을 등록하면, 해당 제품의 판매자들이 입찰을 제출해 이 중에서 저렴한 가격의 물품을 구매자가 선택해 낙찰시키는 인터넷 경매기법이다.

그림 9-4는 이베이에서 인터넷 기반의 경매가 어떻게 이루어지는지 그 과정을 그림을 통해 단계적으로 보여주고 있다. 우선, 판매자는 사진이미지 및 제품의 특징에 관한 묘사를 통해 물품을 사이트상에 등록한다. 두 번째 단계는 물품에 관심 있는 구매자들에 의한 경매입찰이다. 영국식 경매나 네덜란드식 경매와 같은 전통 경매에서는 참여자가 입찰가격을 즉석에서 공개적으로 발표하지만, 온라인 경매에서는 일정한 기간 동안(가령, 5월 1일부터 5일 10일까지 열흘간) 입찰을 웹사이트상에 올리게 된다. 셋째, 입찰이 마감되면 경매업체

그림 9-3   국내 최대의 온라인 경매사이트인 옥션의 입찰화면

▶ 중고물품 '다이슨' 진공청소기에 대한 입찰가들이 열거되어 있다.

에 의해 낙찰자가 선정 및 통보된다. 그 다음은 물품대금의 결제가 수행되고, 입금이 확인 됨과 동시에 물품 배송이 이루어진다.

인터넷 경매의 장점 및 사기위험

인터넷 경매는 전통적 경매와 비교할 때, 다음과 같은 장점들을 지닌다.

- **시간적 제약 없음**: 전통적 경매와 달리 1년 365일 하루 24시간 언제라도 입찰에 참여 할 수가 있다. 등록된 물품은 대부분 1일에서 10일 사이의 기간 동안 입찰이 진행되 며 이 기간 동안 잠재적 구매자들은 물품에 대해 검색, 구매결정, 입찰제출을 할 수가 있다.

- **지리적 제약 없음**: 판매자들과 구매입찰자들이 장소에 관계없이 인터넷 접속이 가능 한 곳은 어디서나 참여할 수가 있다. 이로 인해 경매 접근성이 높아지고 참여비용도

그림 9-4　인터넷 경매 프로세스의 개념도

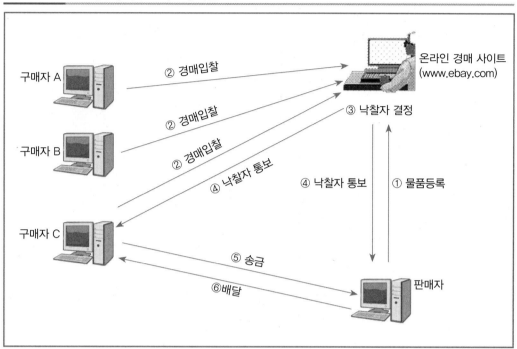

▶ 판매자가 등록한 물품에 대해 관심 있는 구매자들이 경매 입찰을 하면, 최고가의 입찰에 대해 낙찰이 이루어지고 대금결제와 물품배송이 뒤따르게 된다.

줄어든다. 또 등록품목의 수 및 개별 품목의 입찰 수도 늘어나며, 거래비용이 줄어들어 판매자의 최저가격(시작가)도 낮추는 결과를 가져온다.

- **사회적 상호작용 촉진:** 구매입찰 프로세스에서 발생하는 사회적 상호작용이 마치 도박과 매우 유사하다. 입찰자들은 낙찰을 받을 기대 속에서 경매가 끝나기를 기다린다. 도박 중독과도 마찬가지로, 일부 입찰자들은 반드시 제품이나 서비스를 구매하기 위해서보다는 게임을 즐기기 위해 입찰에 참여한다. 이러한 중독성 경매고객들은 경매 사이트에게는 매우 충성도 높은 고객군을 형성하는 데 기여할 수 있다.

- **다수의 입찰자 및 판매자의 참여:** 인터넷을 기반으로 한 편리한 경매절차, 저렴한 가격에 제품을 구매할 수 있다는 기대감, 제품 및 서비스의 다양성, 그리고 경매 프로세스의 사회적 효익으로 인해, 많은 잠재적 구매자들이 입찰에 참여한다. 또 다수의 입찰자가 참여하고 상대적으로 높은 가격을 받을 수 있다는 기대감, 판매비용의 감소, 접근의 용이성 등으로 인해, 다수의 판매자가 경매사이트에 모이게 된다.

- **네트워크 경제:** 다수의 입찰자들의 참여는 다수의 판매자들의 참여를 불러오고, 이는 다시 더 많은 입찰자들의 온라인 경매에 대한 참여를 유도하며, 이는 또 다시 더 많은

판매자들을 찾아오게 만드는 것이다. 이러한 원리에 의해, 많은 입찰자 및 판매자들이 경매에 참여하면 시스템 규모도 커지게 되고, 비즈니스 모델도 모든 참여자들에게 더 큰 가치를 제공하게 된다.

이러한 장점들에도 불구하고, 인터넷 경매는 전통적 경매와 달리 거래자들이 서로 보지 못하는 상황에서 물품의 입찰, 대금결제, 그리고 제품 인도를 진행하여야 하므로 상대방을 속이는 사기사건이 발생할 수 있는 위험이 더 크다. 인터넷 경매에서 흔히 발생하는 사기는 판매자뿐 아니라 구매자에 의해서도 저질러질 수 있다. 우선

▶ 온라인 경매는 비대면 방식으로 진행되므로 오프라인 경매에 비해 사기위험이 더 크게 존재한다.

판매자에 의한 사기는 ① 입금을 받은 후에도 물품을 전달하지 않거나, ② 광고했던 것보다 더 적은 가치의 제품을 전달하거나, ③ 제품이나 판매 조건과 관련한 정보를 완전하게 공개하지 않거나, ④ 판매자들은 협력자들을 동원해 허위 입찰을 제출함으로써 물품 가격을 끌어올림으로써 발생한다.

이와 달리, 구매자에 의한 사기는 ① 결제를 하지 않고도 결제한 것처럼 속여 물품을 발송하게 하거나, ② 다른 경매사이트 가입자의 ID로 불법 로그인해 입찰에 참여하고, 비록 낙찰이 되더라도 실제 구매를 하지 않음으로써 결국 판매자의 판매기회를 박탈하는 형태로 나타난다.

이러한 사기범죄의 위험이 존재할 경우 소비자들은 위험때문에 거래 참여를 꺼릴 수 밖에 없으므로 온라인 경매업체는 활발한 매출을 기대하기 어렵다. 따라서 이베이와 같은 온라인 경매업체들은 소비자들이 인지하는 위험을 해소하고 온라인 경매환경에 대한 소비자들의 신뢰를 이끌어내기 위해 세 가지 안전장치를 도입하고 있다. 첫째는 **거래대상자 평가제도**이다. 매번 온라인 경매에 의한 거래가 성사될 때마다 해당 거래경험에 기초해 구매자는 판매자를 그리고 판매자는 구매자를 평가하도록 함으로써 거래자의 이력이 쌓이도록 하면, 새로운 거래를 검토하는 사용자는 거래대상자의 평가결과가 긍정적인지 혹은 부정적인지를 고려해 거래참여 여부를 결정할 수가 있다. 소비자의 위험을 해소하기 위한 두번째 방법은 **에스크로우 제도**이다. 즉, 물품 구매를 결정한 사용자가 거래대금을 입금을 할 때 입금된 거래대금이 판매자 계정이 아닌 에스크로우 업체의 계정에 잠정적으로 예치가 되며, 판매자가 발송한 물품을 구매자가 원만하게 수령한 사실을 확인한 시점에서 에스크로우 업체가 예치된 거래대금을 판매자 계정에 입금해줌으로써 두 거래자들 간에 발생할 수 있는 사기범죄를 예방할 수가 있다. 온라인 경매의 신뢰를 부여하기 위한 세번째 방법은 이베이가 도입해 운영하고 있는 **구매자 보호제도**이다. 구매한 물품을 수령하지 못했거나 혹

은 수령한 물품이 공고된 물품소개 내용과 일치하지 않을 경우, 구매자는 이 제도에 따라 입금액을 이베이로부터 환불받을 수가 있다. 그러나 이러한 제도적 장치들을 통해 사기발생 위험을 낮출 수는 있으나 완전히 제거할 수는 없으므로 소비자 자신이 신중하게 행동하여야 한다.

소비자들이 사기범죄의 대상이 되지 않기 위해서는, 다음과 같은 원칙에 따라 경매에 참여하는 것이 바람직하다.

- 입찰에 참여하기 전에는 반드시 물품에 관한 세부 정보를 꼼꼼히 살펴보고, 의문이나는 점에 대해서는 판매자에게 직접 연락을 취해 궁금증을 해소한다.
- 거래당사자(즉, 판매자 혹은 구매자)의 경매이력 기록을 반드시 확인함으로써 경매경험이 거의 없는 사용자와는 최대한 거래를 피한다. 이전의 경매거래와 관련하여 긍정적인 평가를 많이 받은 사용자일수록 신뢰도가 높다.
- 경매 웹사이트상에 구현된 경매 시스템을 이용해 안전한 거래를 수행하도록 하는 것이 바람직하며, 경매사이트 밖에서는 보험, 에스크로우와 같은 사기보호장치 혜택을 받기가 불가능하므로 거래를 피한다.
- 대금결제는 되도록이면 에스크로우 서비스를 통해 수행한다. 에스크로우 서비스가 가능하지 않다면 신용카드를 이용함으로써 유사시에 결제취소가 될 수 있도록 한다.

현장 사례

부동산 온라인경매 플랫폼 서비스

넥스트아이비(대표 전영훈)는 자사가 운영하는 국내 최초 디지털 부동산 민간경매 플랫폼 '경매야'가 12일 정식 서비스 론칭한다고 밝혔다. 그간 경매 시장은 오프라인 중심의 아날로그 형태로 이뤄지며 디지털화가 가장 더딘 부문이었지만 경매야 서비스를 통해 누구든지 부동산을 효율적으로 거래할 수 있으며 온라인 경쟁입찰 경매방식으로 다양하고 합리적인 부동산 거래를 할 수 있게 될 전망이라고 덧붙였다.

넥스트아이비의 민간 경매 플랫폼 '경매야'는 온라인 방식으로는 국내 최초로 시도되는 민간경매다. 아직까지는 국내에서 민간경매 시장이 제대로 시작

▶ 부동산 온라인경매 플랫폼 '경매야'의 메인 화면

▶ 경매야 사이트에서 진행되는 3단계 경매입찰 절차

되지 않은 반면 미국은 경매 시장 중 30% 이상이 민간경매로 거래된다. 온라인 경매 회사에 물건을 의뢰하면 홍보부터 등기 처리까지 원스톱으로 처리해주는 방식을 국가에서 제도적으로 보장하고 있다.

'경매야' 운영사 넥스트아이비는 국내에서도 민간경매 시장이 폭발적으로 성장할 것으로 내다보고 있다. 현재 국내에서는 코로나19로 인해 주요 상권 상가들의 공실은 늘어나고 있고, 은행의 부실채권의 증가속도도 가파르게 상승하고 있는 상황이다. 이에 따라 경매로 나오는 부동산과 급매물 역시 빠르게 증가할 것으로 예상된다. '경매야'와 같은 온라인 민간경매 플랫폼의 수요는 점점 더 증가할 전망이다.

'경매야'는 온라인 경매 플랫폼을 사용해 시장 참여자들의 시간 단축, 비용절감 등 체감도와 만족도 높은 서비스로 새로운 영역을 확장할 수 있을 것으로 기대하고 있다. 이를 위해 넥스트아이비는 온라인 중개서비스의 경매방식 도입 및 활성화, 급매물, 점유권, 부실채권(NPL) 등 경매에서 다루는 상품 확장, 법원 경매의 디지털화라는 3단계 비즈니스 플랜을 추진 중이다.

이 밖에도 '경매야'는 오프라인 경매와 달리 온라인으로 진행되는 만큼 신뢰성을 높이기 위해 블록체인 기술을 도입했다. 넥스트아이비 관계자는 "온라인 경매의 경우는 입찰 데이터의 위변조 가능성이 없어야지만 구현이 가능한 서비스"라며 "경매야는 블록체인 기술을 활용해 데이터의 위변조를 방지, 참여자들이 신뢰하고 경매에 참여할 수 있도록 했다"고 강조했다.

▶ 출처: 벤처스퀘어, 2021. 3. 8.

🔍 토의문제

01 본문에서는 오늘날 소셜네트워킹을 목적으로 탄생한 소셜미디어들이 점차 온라인 상거래와 결합하고 있는 추세라고 설명하고 있다. 소셜미디어는 기존의 전자상거래에 어떤 변화를 불어넣고 있는지 토의해 봅시다.

02 우리나라에서 운영중인 소셜쇼핑 사례 세 개를 인터넷 검색을 통해 조사해 봅시다. 이들은 각각 소비자에게 어떤 색다른 매력을 제공하고 있는지 알아봅시다.

03 본문에서는 우리나라 소셜커머스 업체들이 소셜미디어보다는 대중 매체(TV 등)에 의존해 운영되다 보니 '소셜' 없는 이커머스에 불과하다고 지적하고 있다. 그 근본적인 원인은 무엇인지 토의해 봅시다.

04 모바일 커머스는 오늘날 기존 데스크탑 컴퓨터 기반의 이커머스에 대한 대안으로 등장하고 있다고 기술하고 있다. 과연 모바일 커머스는 기존의 이커머스를 대체할 것으로 생각하는지 설명하고 그러

한 생각을 뒷받침할 수 있는 논리적 근거에 대해 토의해 봅시다.

05　온라인 경매와 오프라인 경매를 서로 비교해 보고, 각 경매방식의 장점과 단점을 토의해 봅시다. 특히, 두 방식의 장점을 동시에 살릴 수 있는 온라인 경매방안에 대해 생각해 봅시다.

📖 참고문헌

- Amblee, Naveen & Bui, Tung, "Harnessing the influence of social proof in online shopping: The effect of electronic word of mouth on sales of digital microproducts," International Journal of Electronic Commerce, 2011, 16 (2): 91–114.

- Amit, Alon. "What Is a Vickrey Auction, and How Does It Work?," Slate, 2022. 8. 20. 참조.

- Bapna, R.; Goes, P.; Gupta, A., "Insights and analyses of online auctions," Communications of the ACM, 2001, 44 (11): 42.

- BI Intelligence, "Facebook forges ahead into social commerce," Business Insider, Aug. 5, 2016

- Milgrom, P.; Weber, R., "A theory of auctions and competitive bidding," *Econometrica*, 1982, 50 (5): 1089–1122.

- Nations, Daniel, "6 Top Social Shopping Websites You Need to Check Out," Lifewire, March 27, 2016, www.lifewire.com, 2022. 8. 3. 참조.

- Parker, Christopher & Wang, Huchen, "Examining hedonic and utilitarian motivations for m-commerce fashion retail app engagement," *Journal of Fashion Marketing and Management: An International Journal*, September 2016, 20 (4): 487–506.

- Pinker, E. J.; Seidmann, A.; Vakrat, Y., "Managing Online Auctions: Current Business and Research Issues," *Management Science*, 2003, 49 (11): 1457.

- Queensland Police, "Internet auction fraud: safety and preventing crime," Police.qld.gov.au, 2022. 8. 14. 참조.

- Tedeschi, Bob, "Like Shopping? Social Networking? Try Social Shopping," *The New York Times*, Sep. 11, 2006, www.nytimes.com, 2022. 8. 23. 참조.

- Vakrat, Y.; Seidmann, A., "Implications of the bidders' arrival process on the design of online auctions," Proceedings of the 33rd Annual Hawaii International Conference on System Sciences, 2000, p. 7.

- Yin, Elizabeth, "Social Shop Till You Drop," July 11, 2010, GigaOm, gigaom.com, 2022. 8. 12. 참조.

- Wikipedia, "Social Commerce," http://en.wikipedia.org/wiki/Social_commerce, 2022. 8. 28. 참조.

잘 되는 온라인 쇼핑몰은 SNS가 다르다. 단순 판매를 넘어서 콘텐츠로 브랜드를 키우다 보니 SNS의 볼거리도 풍성할 수밖에 없다. 특히 '자사몰(D2C)' 사업자들은 이 분야에서 갖가지 전략을 선보이고 있다. 수많은 성공 자사몰을 탄생시킨 카페24와 세계 최대 SNS 페이스북의 협업도 이런 가운데 나왔다. 'SNS가 이끈 이커머스2.0' 시리즈 첫편에서는 글로벌 이커머스 시장 트렌드를 살펴보고, 다음 편부터 자사몰 강자들의 SNS 활용 스토리를 소개한다.

"인스타그램과 페이스북에서 커머스 사업자들의 존재감을 키운다." 마크 저커버그 페이스북 대표는 지난해 10월 컨퍼런스콜에서 이 같이 말했다. 전자상거래 사업을 키우려는 기업들에게 자사 소셜네트워크서비스(SNS)가 최적의 파트너라는 뜻이다.

전자상거래와 SNS의 결합 혹은 상호지원이 새로운 주제는 아니다. 내 쇼핑몰에 상품을 올리고, 인스타그램에 다시 올려 홍보하는 모습은 흔하다. 글로벌 사용자 33억명의 인스타그램-페이스북은 거대한 마케팅 기회를 뜻한다.

관건은 기술 전략상 '어떻게 더 잘하는가'에 있다. 매출 증대를 위해 전자상거래와 SNS를 동시 활용한다지만 기술 연동이 들어간 화학적 결합까지는 못 미친 경우가 많다. 단순히 쇼핑몰 업무와 SNS 업무, 나눠서 두 번 하는 일상으로는 시장의 빠른 변화에 대응하기 어렵다.

페이스북이 지난해 공개한 '페이스북 숍스'(이하 숍

스)는 '전자상거래+SNS'의 새 비전을 제시했다.

'숍스'를 통하면 인스타그램과 페이스북에 '숍'(Shop)이라는 글로벌 전시공간이 생긴다. 오프라인이라면 맨해튼이나 신사동 가로수길처럼 인파 몰리는 곳에 쇼윈도를 두는 셈이다. 온라인 쇼핑몰에 상품을 올리면 이 숍에 자동 노출하는 IT 기술이 사업자의 업무 부담까지 크게 줄였다.

소비자들이 얻는 혜택도 크다. 인스타그램-페이스북에서 간단한 터치만으로 수많은 브랜드의 숍을 볼 수 있다. 상품도 단순 나열이 아니라 콘셉트에 따라서 '콜렉션'(화보집) 형태로 보인다. 마음에 든 상품은 '관심상품'으로 지정한 뒤 언제든 다시 찾으면 된다.

또한 원하는 상품을 찾기 위해 들였던 시간과 수고를 크게 줄일 수 있다. 페이스북의 첨단 알고리즘이 개인별로 알맞은 상품을 자동 추천하기 때문이다. '상품 검색'이 아니라 '상품 발견'이라는 개념에 맞춰 '디스커버리 커머스'(Discovery Commerce)라고도 지칭된다. 알고리즘의 발전에 따라 구매 전환율도 계속 늘어날 것으로 기대된다. 상품이 잠재 고객을 찾아가는 패러다임 변화에 탄력이 붙었다.

지난해 매출 200억원을 거둔 온라인 뷰티 브랜드 '씨스터앤'은 올해 해외 고객을 늘리려는 전략 중 하나로 숍스를 활용 중이다. 콘텐츠로 글로벌에서 승부하려는 의지를 강조해온 브랜드다.

천정욱 씨스터앤 대표는 "페이스북이 진출한 여러 국가 고객들에게 우리의 콘텐츠를 띄울 수 있다"며 "SNS에 상품을 올리는 운영 작업은 쉬워짐은 물론, 방문자의 구매율은 지속 상승세인 것이 보인다"고 설명했다.

일본과 홍콩 등에서 인기인 가방 브랜드 '르마스크'는 숍스의 콜렉션 기능 활용을 극대화했다. '가방'이란 콜렉션을 터치하면 속해있는 제품 수십여개가 펼쳐진다. 누적 판매량 2만개 이상의 베스트셀러 가방에 고객 관심이 모였다.

▶ 페이스북 숍스 구현 화면

박경민 르마스크 대표는 "글로벌 곳곳에 선보이고 싶은 디자인을 SNS에 담고 고객 반응을 빠르게 살핀다"면서 "직원들의 창의성을 SNS에 어떻게 선보이느냐에 따라서 브랜드들의 향방이 바뀔 것"이라고 말했다.

양방향 소통이라는 SNS 본연의 강점도 진화 중이다. 페이스북 메신저와 인스타그램 다이렉트 메시지(DM)는 여러 국가 고객과의 소통 채널이다. 브랜드 메시지를 수시로 글로벌에 전달하고, 고객 의견은 바로 청취한다. 재구매율 높은 충성고객을 확보에 유리하다.

전문가들은 이처럼 기술 편의가 해결됐으니 사업자는 콘텐츠 제작에 충실할 것을 조언한다. 숍이 아무리 많이 노출돼도 알맹이인 콘텐츠가 부실하면 판매 증대로 이어지기 어렵다. 'SNS 시대'는 다른 말로 '콘텐츠 소비 시대'다.

이 대목에서 주목되는 비즈니스가 바로 '자사 쇼핑몰'(D2C, Direct to Consumer)이다. 브랜드 기업이 직접 온라인 쇼핑몰과 앱 서비스 등을 운영한다는 개념이다. 시장 변화에 맞춰 크게는 브랜드 콘셉트부터 작게는 페이지 하나하나의 콘텐츠를 만들어간다. 다른 브랜드와 함께 쓰는 마켓이 아니기에 가능한 프로세스다.

페이스북의 숍스 파트너 기업 목록도 이를 방증한다. 그 목록에는 입점 형태의 마켓이 없다. 서로 방식 차이는 있으나 사업자가 D2C를 만들 때 필요한 플랫폼들이다.

▲카페24(Cafe24, 한국) ▲쇼피파이(Shopify, 캐나다) ▲빅커머스(BigCommerce, 미국) ▲우커머스(WooCommerce, 미국) ▲피도노믹스(Feedonomics, 미국) ▲채널어드바이저(Channel Advisor, 미국) ▲세드커머스(CedCommerce, 인도) ▲티엔다누베(Tienda Nube, 브라질).

송종선 카페24 엔터프라이즈 비즈 총괄이사는 "페이스북은 숍스를 통해 고품질 쇼핑 콘텐츠를 사용자에게 제공하려는 것"이라며 "따라서 단순 판매자가 아닌 D2C를 주목하는 것"이라고 설명했다.

미국 시장조사기관 이마케터에 따르면 2024년까지 글로벌 대기업 5곳 중 1곳은 D2C를 갖출 전망이다. 나이키는 D2C 키우기의 일환으로 지난 2018년 아마존을 떠났고, 온라인 매출을 급증시켰다. D2C는 전자상거래 시장의 대세이며 페이스북의 선택도 이런 가운데 나왔다.

한국의 D2C들은 글로벌 경쟁력을 인정받고 있다. 프랑스 로레알이 인수한 '스타일난다' 외에도 수많은 브랜드가 글로벌에서 활약 중이다.

스타일난다를 비롯한 D2C들의 기반이 된 플랫폼 기업 카페24는 인도를 제외한 아시아에서 유일하게 페이스북의 숍스에 공식 파트너로 참여했다. D2C 사업자들의 글로벌 성공과 사용자 쇼핑경험 증대라는 목표를 공유하고 있다.

이렇게 D2C와 SNS의 유기적 결합은 닻을 올렸고, 전자상거래 시장 전반에서 성장 촉매로 기대된다. SNS와 함께 열어가는 '이커머스 2.0'이라고 할 수 있다. 콘텐츠 중심으로 비즈니스와 사람의 초연결 효과를 극대화 할 수 있다.

▶ 출처: ZDNet Korea, 2021. 4. 20.

사례연구 토의문제

01 사례 서두 부분에서 마크 주커버그가 "전자상거래 사업을 키우려는 기업들에게 자사 소셜네트워크
　　 서비스(SNS)가 최적의 파트너"라고 언급했다고 되어 있는데, 이 말이 지니는 의미는 무엇인가? 쇼
　　 핑몰과 SNS 간의 관계에 초점을 두어 질문에 대한 답을 제시하시오.

02 본래 SNS란 친구 관계의 지인들과 사적인 사진 및 정보를 공유하기 위한 공간이다. 그런데 이곳에
　　 제품에 관한 상업적인 정보를 게시하면 이용자들이 거부감을 보일지 혹은 상업적 정보를 SNS 반기
　　 게 될지에 대해 논의해 봅시다.

03 사례 본문에서는 전자상거래가 SNS와 결합될 때, 상승효과가 생길 수 있다고 주장하고 있다. 이들
　　 둘의 결합으로 쇼핑몰 입장에서 그리고 소비자 입장에서 각각 어떠한 장점들을 기대할 수 있는지 살
　　 펴봅시다.

04 D2C는 SNS와 유기적 결합의 여지가 크다고 사례 본문에서 주장하고 있다. D2C가 SNS와 어떻게
　　 결합되어 전자상거래 매출을 증가시키는데 기여할 수 있는지 알아봅시다.

제 **10** 장

서비스 부문의 이커머스

10.1 온라인 여행

10.2 온라인 주식매매

10.3 온라인 뱅킹

10.4 온라인 보험

10.5 이러닝

e-business

e-commerce

여행사 주춤한 사이 온라인 플랫폼의 질주

여행사들이 주춤하는 사이 온라인 여행 플랫폼들이 존재감을 키우고 있다. 해외여행사업에 주력했던 전통적인 여행사들은 코로나19로 몇 달째 영업을 중단한 상태지만, 온라인 중심의 여행 플랫폼들은 국내여행이나 여가 분야로 사업 영역을 확대하면서 다양한 기업 및 지자체들과 공동 마케팅을 활발하게 이어가는 중이다. 코로나19 여파로 여행사 간 경쟁이 주춤한 상태라 현재 진행 중인 프로모션과 마케팅 활동이 더욱 두드러진다는 분석이다.

여행플랫폼 중 야놀자, 여기어때, 클룩 등이 여행 분야에서 다양한 파트너들과 활발하게 공동 활동을 전개하고 있다. 야놀자는 최근 11번가와 업무 협약을 맺고 국내 여행업계 지원에 협력하기로 의견을 모았다. 양사는 매월 국내 여행 활성화 프로모션을 진행하는데, 11번가에서는 6월 '수상 레저 가평여행' 기획전을 시작으로 야놀자가 보유한 모든 국내 숙박 상품을 월별로 새롭게 선보일 예정이다. 또 11번가 내 야놀자 전용 브랜드관 '야놀자여행'을 신설하고 할인 쿠폰과 여행 관련 정보도 제공한다. 야놀자는 한국관광공사와 함께 '한국관광 품질인증 숙소' 기획전도 진행한다. 야놀자는 한국관광 품질인증 숙소를 한 곳에서 확인하고 예약할 수 있는 전용 카테고리를 오픈하고 7월12일까지 총 12만원 상당의 쿠폰 4종을 선착순으로 지급한다.

여행플랫폼 중 야놀자, 여기어때, 클룩 등이 여행 분야에서 다양한 파트너들과 활발하게 공동 활동을 전개하고 있다. 야놀자는 최근 11번가와 업무 협약을 맺고 국내 여행업계 지원에 협력하기로 의견을 모았다. 양사는 매월 국내 여행 활성화 프로모션을 진행하는데, 11번가에서는 6월 '수상 레저 가평여행' 기획전을 시작으로 야놀자가 보유한 모든 국내 숙박 상품을 월별로 새롭게 선보일 예정이다. 또 11번가 내 야놀자 전용 브랜드관 '야놀자여행'을 신설하고 할인 쿠폰과 여행 관련 정보도 제공한다. 야놀자는 한국관광공사와 함께 '한국관광 품질인증 숙소' 기획전도 진행한다. 야놀자는 한국관광 품질인증 숙소를 한 곳에서 확인하고 예약할 수 있는 전용 카테고리를 오픈하고 7월12일까지 총 12만원 상당의 쿠폰 4종을 선착순으로 지급한다.

▶ 코로나19 여파로 여행사들이 주춤하는 사이 야놀자, 여기어때 등 온라인 여행플랫폼들의 이용이 크게 늘고 있다.

▶ 출처: 여행신문, 2020. 6. 22.

10.1 온라인 여행

전자상거래를 통해 판매되는 서비스는 중개자 기반의 서비스와 비중개자 기반의 서비스로 나뉜다. 개념사례에 소개된 온라인 여행 플랫폼들도 여행사가 웹을 통해 여행서비스의 공급자와 구매자를 서로 연결해 거래가 성사되도록 해주는 중개자에 해당한다.

여행서비스 산업은 전 세계적으로 빠르게 성장하고 있다. 전 세계적으로 교통수단이 발달하고, 경제발전과 함께 개인 소득수준이 증가하며, 또 여행정보에 대한 접근이 보다 용이해지면서, 개인이 소득금액 중 여행에 소비하

▶ 여행사에 가지않고도 여행상품을 편리하고 저렴하게 구매할 수 있는 장점 때문에 온라인 여행시장이 빠르게 성장하고 있다.

는 금액의 비중이 점차 늘고 있다. 특히 인터넷 이용자들은 온라인 여행예약시스템을 이용해 신규 여행상품 및 가격조건을 탐색하며 또 구매하고 있다. 온라인 구매를 하게 되면 여행사를 통해 구매를 하는 경우에 비해 더 저렴한 가격에 여행상품을 구입할 수가 있으며, 특히 가격비교 사이트를 이용하거나 매우 낮은 비용으로 쇼핑을 즐길 수 있다. 여행 소비자 관점에서 볼 때, 인터넷은 여행 및 관광을 계획하고, 탐색하며, 예약하기 위한 매력적인 공간이다. 특별 세일을 통한 구매기회가 존재할 뿐 아니라 여행 제공자로부터 직접 상품을 구매함으로써 기존의 중개자를 건너뛸 수 있기 때문에, 비용절감 효과를 기대할 수 있다.

이러한 온라인 여행의 다양한 메리트에도 불구하고, 전자상거래 초창기에는 온라인 여행상품 거래실적이 다른 상품들에 비해 비교적 저조한 수준에 머물렀다. 책, 음반, 전자제품 등 표준화된 제품들과 달리, 여행상품은 규격화되어 있지 않아서 소비자 관점에서는 잘못된 구매결정에 따른 경제적 및 비경제적 손실 등 위험을 우려하게 되는 경우가 종종 있다. 그러나 최근에 와서는 여행서비스의 구매에 따른 위험이 줄어들고 또한 잘못구매한 경우 다시 환불받는 것도 용이해져 빠른 속도로 온라인 여행서비스 시장이 성장하고 있는 추세이다.

인터넷이 여행업계에 미친 영향

여행은 그 거래규모가 전체 온라인 상거래의 3분의 1에 가까운 비중을 차지할 정도로

중요한 인터넷 전자상거래 카테고리이다. 방대한 글로벌 여행 공급사(항공사, 호텔 등) 네트워크 및 크게 분산된 고객 집단이 존재한다는 점을 고려할 때, 여행상품의 판매는 온라인 채널에 적합하다. 주문처리 프로세스도 매우 간단한데, 이는 물리적 제품을 고객에게 전달할 필요 없이 단지 티켓이나 혹은 해당 호텔 및 인근 해수욕장에 찾아가는 방법만을 전달하면 되기 때문이다.

또한 여행은 판매되지 않은 재고상품은 저장되거나 추후 소비될 수가 없으므로 소멸상품으로 분류된다. 따라서 이윤을 극대화하기 위해서는 항공 좌석, 호텔 객실, 혹은 휴일 여행패키지를 최대한 많은 잠재고객들에게 판매하여야 한다. 이러한 특성을 지닌 여행산업에 무한한 기회를 던져주는 것이 바로 인터넷인 것이다.

인터넷을 기반으로 한 온라인 중개자들이 빠른 성장을 하는 데는 몇 가지 주도요인이 있다. 여행 공급사들(즉, 항공사, 호텔 등)은 소비자가 직접 자신들의 웹사이트를 통해 예약을 하게 함으로써 유통비용을 줄이기 원하지만(즉, 여행사에게 지급되는 판매수수료를 제거함으로 인해 비용절감이 가능해짐), 브랜드 파워의 한계 등으로 인해 그 영향이 제한되고 있다. 그러나 이에 비해 온라인 여행사들은 저렴한 가격에 매력적인 여행상품을 구매할 수 있는 기회를 쉽게 검색할 수 있고, 또 다양한 브랜드 및 광범한 상품선택 폭(가령, 항공편, 객실, 자동차 등) 면에서 뛰어나기 때문에 인기가 크게 상승하고 있다.

이와 같이, 중개자 역할 면에서 온라인 여행사는 기존 여행사와 별로 다르지 않지만, 온라인 여행사는 24시간 이용할 수 있는 편리함, 최신 콘텐츠, 강력한 결합능력(즉, 여러 브랜드 및 상품 중 선택 가능), 그리고 최저가격의 구매기회 제공 등의 장점을 지닌다. 또한, 기존 여행사 시장은 고도로 분열되어 있지만, 소수의 대형 온라인 여행 중개자들이 등장해 고객들에게 강한 브랜드를 심어주기 위한 과감한 투자를 함으로써, 기존의 여행사들이 점유하고 있던 예약시장의 상당 부분을 장악하는 데 성공했다.

인터넷 기술 이외에도, 모바일 단말기, 무선통신 등의 기술은 여행산업에 매우 큰 기회를 제공할 것으로 예상된다. 예를 들어, 여행자가 자신의 PC를 이용해 여행예약을 한 다음, 추후 휴대폰이나 PDA를 이용해 여행일정을 점검하거나 변경할 수 있을 것이다. 또 여행일정이 갑작스럽게 변경될 때(가령, 대기자 명단에 있던 고객에게 출발 하루 전 항공 좌석이 배정되는 경우), 신속하게 변경사항을 휴대폰으로 전달할 수가 있다. 이러한 기술의 성공적인 적용이 현실화되기 위해서는 추가적인 기술발전도 함께 이루어져야 한다. 예를 들어, 휴대폰 문자메시지에 익숙한 젊은 이용자들은 모바일 기기를 이용해 예약하기 원할 것이다. 그러나 휴대폰 화면의 크기가 더 확대되거나 혹은 휴대폰 및 PDA 기술이 함께 결합되기 전까지는 모바일 기술을 통한 여행예약이 현실화되기는 어려울 것으로 보인다.

여행산업 가치사슬의 변화

여행 공급사들은 전통적으로 여행사와 같은 중개자를 이용해 여행상품의 유통프로세스를 촉진해 왔다. 예를 들어, 여러 항공사들이 메인프레임 컴퓨터 기반의 글로벌 여행유통시스템(가령, Sabre, Amadeus, Galileo, Worldspan 등)을 구축하고 여행사들은 이들 시스템을 통해 여행예약 업무를 수행해 왔다.

그러나 정보기술이 발전하고 인터넷이 전자상거래 매체로서 뿌리를 내림에 따라, 온라인 여행업계에 지각변동이 일기 시작했다. 온라인으로 여행예약을 하는 기업 및 개인 여행자들이 크게 늘어나면서, 판매수수료 및 거래수수료를 통한 여행사 수익모델은 더 이상 의미를 갖지 못하므로, 1997년 이후 기존 여행사들은 차츰 중개자가 필요 없어지는 이른바 비중개화(disintermediation) 현상을 겪게 됐다. 그림 10-1에서 볼 수 있듯이, 공급사에서 유통업체를 거쳐 고객에게 상품이 판매되던 방식에서 이제는 공급사에서 고객에게 직접 판매가 이루어지는 방식으로 산업가치사슬의 변화가 나타난 것이다.

기존 여행사들이 점점 사라지면서, 대형 온라인 중개사들이 새로이 나타나기 시작했다. 소비자들도 점차 온라인 여행사들을 선호하는 경향이 강해져, 전통적 여행사에서 온라인 여행사로 이전하는 추세는 더욱 가속화되었다. 이들 사이트에서는 여행자들이 인터넷으로도 가격비교, 예약, 티켓구매를 할 수 있도록 웹기반 여행예약시스템을 제공하고 있다. 트래블로시티, 익스피디어, 프라이스라인과 같은 대표적인 온라인 여행 중개업자들은 자신들을 미래의 여행 브랜드로 규정하며 미국 시장에서 적극적인 공세를 펴기 시작한 반면, 잠재

그림 10-1　여행산업 가치사슬의 변화

▶ 과거에는 여행사를 통해서만 판매되던 상품이 이젠 인터넷을 통해 직접 고객에게 판매되거나 온라인 중개업자를 통해 판매되고 있다.

그림 10-2   온라인 여행 중개업체 트래블로시티 및 이북커스의 웹사이트 화면

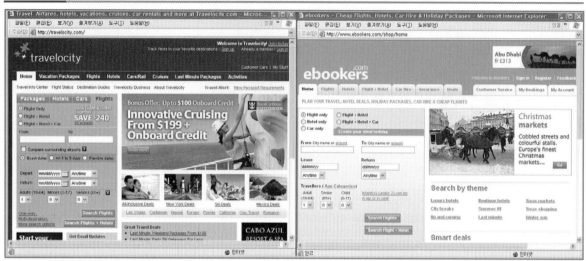

▶ 트래블로시티와 이북커스는 각각 북미와 유럽에서 항공, 호텔, 렌터카, 크루즈여행 등 다양한 여행 서비스에 대한 가격조회, 예약 및 구매 기능을 제공하는 대표적인 온라인 여행사이다.

그림 10-3   여행공급사 주도의 온라인 여행사이트 오비츠 및 오포도의 웹사이트 화면

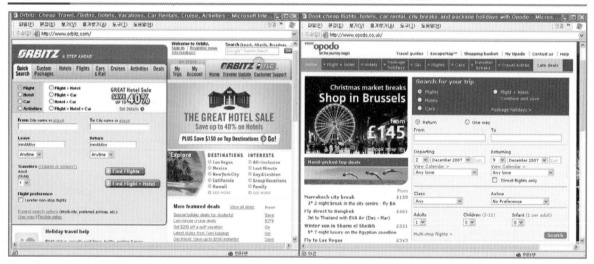

▶ 오비츠 및 오포도는 온라인 여행 중개업체들에 맞서기 위해 항공사들이 전략적 제휴를 통해 구축한 여행전문 사이트들이다.

적 성장을 지닌 유럽시장도 겨냥하면서 이북커스(Ebookers) 및 래스트미닛(Lastminute)과 같은 유럽의 기존 온라인 여행사들은 이들 대형 기업들과의 경쟁을 피할 수 없게 됐다.

한편, 이에 맞서, 항공업계 및 호텔업계의 회사들은 오비츠(Orbitz) 및 오포도(Opodo)와 같은 독자적인 브랜드를 통해 승객들에게 직접 여행상품을 판매하기 시작했다. 오비츠는 미국의 여행사이트로서 어메리컨 에어라인, 컨티넨털, 델타, 노스웨스트의 네 개 항공사에 의해 구축되었다. 반면, 오포도는 오비츠를 모델로 하여 에어 프랑스, 알리탈리아, 오스트리안 에어라인, 브리티시 에어웨어즈, 루프탄자 등 유럽 항공사들에 의해 구축된 사이트이다. 오비츠 및 오포도와 같은 여행사이트의 주요 목적은 항공사에게 인건비 다음으로 높은 비용항목인 티켓 유통비용을 줄이는 데 있다. 이들 여행사이트의 전략은 티켓 유통비용을 줄이며 동시에 티켓판매를 증가시키는 데 초점을 두고 있다.

10.2   온라인 주식매매

주식투자는 인터넷 기술을 응용한 주요 전자상거래 분야 중 하나로서, 인터넷은 주식 투자 방식을 바꿔놓았을 뿐 아니라 투자자 수의 증가에도 큰 영향을 미치고 있다. 온라인 주식매매 서비스는 흔히 주식 판매자와 주식 구매자를 상호 연결해 주는 브로커 서비스이다.

풀서비스 증권사 vs. 할인서비스 증권

인터넷 기반의 주식매매 서비스를 제공하는 증권사는 온라인 거래서비스 특성에 따라, 풀서비스 증권사와 할인 증권사의 두 가지로 분류된다.

전통적으로 증권사들은 주식거래 서비스 이외에도 투자자문 서비스와 더불어 매도 혹은 매수의 추천의견을 제공했다. 이들 풀서비스 증권사들은 투자조언은 무료로 제공했지만, 주식의 매매거래에 대해서는 높은 수수료를 부과했다. 이후 할인 브로커들이 속속 등장하면서, 시장의 판도는 변하기 시작했다. 이들 할인 브로커들은 투자자문서비스 없이 저렴한 수수료를 부과함으로써 자신들을 기존의 풀서비스 증권사들과 차별화하였다. 풀서비스 증권사들은 투자자문이나 매도/매수 조언이 필요없는 일부 고객들에게는 별 가치를 제공하지 못했으므로, 신속하고 저렴한 주식매매 거래를 제공하는데 초점을 둔 할인 증권사들은 이러한 고객들을 끌어들이는데 성공했다. 차츰 웹기반의 전자상거래가 확산되면서, 이들 할인 증권사들은 풀서비스 증권사에서와 같은 투자조언을 큰 비용들이지 않고 온라인으로 제공하기 시작했다. 이에 위협을 느낀 풀서비스 증권사들도 주식매매 및 정보제공 웹사이트를 구축하기에 이르렀다.

오늘날 **풀서비스 증권사**(full-service broker)는 온라인 주식매매 서비스를 브로커의 투자자문 서비스와 함께 제공한다. 이러한 서비스들은 수수료가 부과되지만, 온라인 투자자

▶ 우리나라의 대부분 증권사들은 객장의 투자자문 서비스를 제공하는 풀서비스 증권사이면서 HTS 시스템을 기반으로 저렴한 온라인 주식매매 서비스를 제공하는 할인 증권사이기도 하다.

들은 자료 조사 및 계정관리의 혜택을 제공받는다. 대표적인 예로는 메릴린치 및 살로몬 스미스 바니가 있다. 반면, **할인 증권사**(discount broker)는 투자자 자신이 주식투자 의사결정을 직접 수행하는 방식에 기초하며, 찰스시왑 및 E*트레이드가 그 대표적인 예라고 할 수 있다. 또 할인서비스는 투자자가 자신의 계정을 관리할 뿐 아니라 필요한 자료조사도 수행하는 것을 전제로 한다. 주식 투자자가 이러한 기능을 직접 담당하므로, 수수료 금액은 줄어든다는 점에서 할인서비스라고 불린다.

온라인 주식매매를 위해 이 두 가지 유형의 증권사 중 어떤 유형의 회사를 선택해야 하는가는 몇 가지 요인에 따라 달려있다. 투자자산을 관리하는 데 필요한 시간이 충분치 않거나 주식투자와 관련한 충분한 지식을 갖추고 있지 않은 투자자는 풀서비스 증권사와 같은 전통적인 브로커를 통해 투자자문을 받는 것이 유리하다. 반면, 투자자 자신이 투자에 관한 지식을 갖추고 있을 경우에는, 온라인 투자를 직접 하는 것이 수수료 비용절감을 위해 더 나은 선택이다. 일반적으로 온라인 증권사들은 주식을 매도하거나 매입할 때마다 수수료를 부과한다. 주식매매의 횟수가 많으면 수수료가 낮아지지만, 장기에 걸쳐 소수의 주식매매를 하는 경우에는 거래당 수수료가 높아진다. 따라서 증권사를 선택할 때에는, 주식투자에 필요한 시간 및 지식의 존재여부 이외에도, 수수료 부과체계, 주식매매 빈도, 사이트 콘텐츠의 질, 고객서비스 등을 고려하여야 한다.

우리나라의 증권사들은 대부분이 풀서비스 증권사와 할인 증권사를 병행하고 있다. 매장 직원이나 전화를 통해 고객에게 자문 서비스를 제공하고 있다는 점에서 풀서비스 증권사의 성격을 띠고 있다. 그러나 동시에 자동화된 HTS 시스템을 통해 할인된 가격으로 주식매매를 할 수 있다는 점에서는 할인 증권사의 측면도 지니고 있는 것으로 평가된다.

온라인 증권사 vs. 온오프 병행 증권사

한편, 온라인 뱅킹산업과 마찬가지로, 증권사도 온라인 증권사와 온오프 병행증권사의 두 가지 형태로 분류된다. **온라인 증권사**(Internet-only broker)는 객장이 없이 인터넷을 기반으로 운영되는 특징을 지닌 반면, **온오프 병행 증권사**(multi-channel broker)는 기존의 오프라인 증권사가 주식매매 웹사이트를 운영함으로써 온라인 및 오프라인 서비스를 병행하는 형태이다. 미국에서는 E*트레이드, 데이텍 등이 온라인 증권사에 속하며, 찰스시왑,

메릴린치, 피델리티 등이 온오프 병행 증권사에 속한다. 국내에서는 굿모닝신한증권, 대우증권, 동원증권, 현대증권, 대신증권 등과 같은 전통적 증권사들이 온오프 병행으로 운영되고 있고, 키움증권 및 E*트레이드증권만이 온라인 증권사로 분류된다.

국내의 온라인 주식 거래는 증권사들 간의 수수료 인하 경쟁으로 인해서 급속하게 성장하고 있다. 증권업체들의 경우 개인 주식거래 부문에서는 온라인 거래 비중이 80% 이상을 차지하고 있다. 기존 오프라인 영업의 위축 및 인력 감축 등으로 온라인을 통한 거래 비중이 향후 더욱 증가할 것으로 예상된다. 현재 온라인 증권사들은 경쟁사 대비 낮은 수수료율과 차별화된 마케팅 전략으로 빠르게 성장하고 있으며, 시장에서 안정적인 위치를 구축한 상황이다. 선두 온라인 증권사들의 수익성은 기존 증권사들보다 더 나은 것으로 평가되고 있다. 온오프 병행 증권사들이 온라인 기능을 강화하는 반면, 순수 온라인 증권사들은 전화 상담 센터등 오프라인 기능을 보완하고 있어, 점차 온오프 경계의 벽은 무너지고 있는 추세이다.

온라인 주식매매를 위한 매체의 유형

일반적으로 온라인 주식거래는 인터넷을 기반으로 한 거래를 의미하는 것으로 받아들이지만, 엄밀하게는 웹사이트 트레이딩, 홈 트레이딩, 모바일 트레이딩 등의 온라인 매매시스템과 ARS와 같은 전화자동매매시스템을 포괄한다. 최근 증권사들은 이들 매체들 대부분을 지원하고 있어, 고객은 자신의 니즈에 따라 편리하게 매체를 선택해 온라인 거래를 할 수가 있다. 그림 아래에서 이들 개별 채널에 대해 알아보기로 한다.

(1) 웹사이트 트레이딩 시스템

인터넷 트레이딩 시스템이라고도 불리는 웹사이트 트레이딩 시스템(WTS)은 증권사 웹사이트를 통해 실시간으로 주식을 매매할 수 있는 시스템이다. WTS는 일반적으로 보안이 우수한 자바(JAVA) 환경에서 구현된다. 프로그램을 다운받아 설치할 필요 없이 웹에 접속해 곧 거래를 할 수가 있다.

(2) 홈 트레이딩 시스템

고객이 집에서 편리하게 주식매매를 할 수 있도록 개발된 온라인 투자 전문 프로그램이다. 홈 트레이딩 시스템(HTS)을 사용하기 위해서는, 증권사 웹사이트에서 프로그램을 다운로드 받아 컴퓨터에 설치해야 한다. 그우리나라 온라인 주식 거래의 대부분이 HTS를 통해 이루어지고 있다. HTS에 관해서는 뒷 부분에서 더 상세히 다루기로 한다.

(3) 모바일 트레이딩 시스템

이동이 잦은 고객들에게 적합한 온라인 거래시스템이다. 모바일 트레이딩 시스템(MTS)에 속하는 대표적 예로 스마트폰과 무선단말기(전용 PDA)가 있다. 이 두 가지 중 스마트폰의 이용이 더 빠르게 증가하고 있는데, 요즈음 속속 출시되고 있는 대형 화면을 장착한 스마트폰은 주식거래와 관련한 많은 세부정보를 한꺼번에 볼 수 있어 온라인 주식거래에 특히 도움이 된다.

▶ 스마트폰은 이동중 주식거래가 가능해 이용이 늘고있다.

(4) ARS

상담원에게서 구두로 조언을 구하며 주식매매를 할 수 있는 전화상담과 달리, ARS는 전화자동응답시스템을 통해 자동화된 주식거래 프로세스를 제공한다. ARS는 증권사의 주식매매 시스템에 연결되어 있어, 실시간으로 각종 주문, 현재가 조회, 이체, 공모주 청약 등의 기능을 처리할 수 있다.

투자 의사결정 지원을 위한 툴

온라인 주식거래 사이트에는 합리적인 주식매매 의사결정을 할 수 있도록 조사보고서와 같은 유용한 콘텐츠뿐 아니라 투자 의사결정을 지원해주는 툴들이 존재한다. 이러한 툴들을 제공해 주는 대표적인 시스템이 HTS(Home Trading System)이다. HTS란 집에서 개인이 직접 주식을 사고 팔 수 있게 해주는 프로그램이다. 과거에는 증권사의 직원을 통해서 주식을 매매했지만, 이제는 장소에 상관없이 컴퓨터만 있으면 직접 주식을 매매할 수 있게 된 것이다. 그림 10-4에서 볼 수 있듯이, HTS를 이용하면 각종 정보들을 얻을 수 있고, 매수나 매도 거래를 쉽게 수행할 수가 있다. 뿐만 아니라, 매매 수수료도 크게 절감할 수 있다는 장점이 있다. 한 예로, 국내의 한 증권사의 경우 영업점의 직원 및 ARS를 통한 거래의 매매수수료가 각각 총거래금액의 0.45%(2억 이하) 및 0.15%인 반면, HTS를 통한 매매수수료는 0.029%에 불과하다. 가령, 1억원의 주식 매매를 한다고 할 때, 영업점 직원이나 콜센터를 이용하면 수수료가 90만원이며, ARS를 이용하면 30만원이지만, HTS를 이용하면 58,000원으로 줄어들게 된다.

그림 10-4 키움증권의 HTS 화면

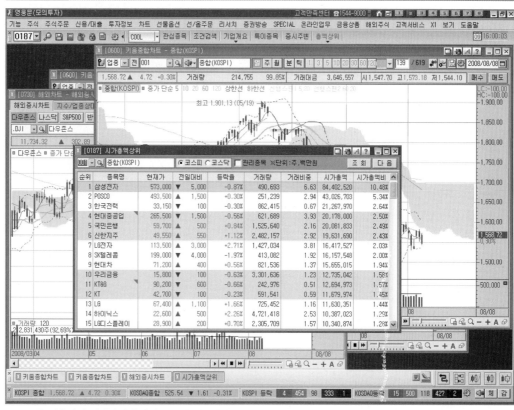

▶ HTS를 이용하면 편리하게 온라인 주문이 가능하며, 특정 기업의 주식거래 현황에 관한 정보도 확인할 수 있다.

 현장 사례 ## 모바일 주식거래가 대세다

모바일을 통한 주식거래가 지난 8년 연속 증가세를 보였다. 올 상반기 코스닥 시장에서는 전체 주문의 3분의 1 이상이 모바일트레이딩시스템(MTS)로 이뤄졌다.

17일 한국거래소가 올 상반기 유가증권시장과 코스닥시장의 주문매체별 거래현황을 2010~2016년과 비교한 결과 이같은 추세가 나타났다. 전반적으로 스마트폰과 PDA를 이용한 MTS 비중은 지속적으로 증가한 반면, 온라인 주식거래 시스템(HTS) 비중은 감소추세를 보였다.

코스피 시장에서 주문매체별 거래대금 비중은 영업점 방문이나 전화주문을 통한영업단말이 40.37%로 가장 높았다. 이어 HTS(24.38%), MTS(17.66%) 순이었다. 영업단말을 통한 거래대금 비중은 2014년 47.11%에서 2015년 39.27%로 크게 감소한 이후 39~40%대에 머무르고 있다. HTS의 거래대금 비중은 24.38%로 전년 대비 3.67%포인트(p) 감소했다. HTS 이용자가 MTS로 이전하는 추세다.

MTS를 통한 거래대금 비중은 17.66%로 전년 대비 0.35%p 증가했고, 2010년 이후 조사 기간 중 한 해도 빠짐없이 지속적 증가추세를 보였다. 코스닥 시장에서는 개인투자자의 투자비중이 높은 특성을 반영, MTS와 HTS 비중이 83.22%로 압도적으로 높았다. 영업단말의 비중은 11.38%에 불과했다. 주문 매체별 거래대금 비중은 HTS(48.74%), 무선단말(34.48%), 영업단말(11.38%) 순이었다.

2014년 이후 감소추세를 보이고 있는 영업단말을 통한 거래대금 비중은 11.38%로 전년 대비 0.42%p 감소했다. HTS를 통한 거래대금 비중은 48.74%로 전년 대비 2.88%p 줄었다. 반면 MTS를 통한 거래대금 비중은 34.48%로 전년 대비 2.42%p 증가했다.

투자자별로 살펴보면 전체 증시에서 기관과 외국인은 영업단말을 통해, 개인은 주로 HTS와 MTS를 통해 거래하는 것으로 조사됐다. 영업단말 거래대금 비중은 기관(85.82%), 외국인(53.64%), 개인(10.20%) 순이었다. HTS 거래대금 비중은 개인(51.16%), 기관(2.55%), 외국인(0.2%) 순이었다. MTS 거래대금 비중도 개인(37.84%), 기관(0.17%), 외국인(0.13%) 순으로 나타났다.

거래소 측은 "HTS는 무선단말로 대체되고 있는 추세지만 거래대금 비중이 유가증권시장의 24.38%, 코스닥시장의 48.74%를 차지하는 등 여전히 주요 주문매체로서 역할을 하고 있다"고 말했다.

▶ 출처: 머니투데이, 2017. 7. 17.

10.3   온라인 뱅킹

전자상거래 기술은 중개자 필요 없이 기업이 직접 온라인 서비스를 제공할 목적으로도 활발히 응용되고 있다. 본 장에서는 대표적인 비중개자 기반의 서비스로서 온라인 뱅킹, 온라인 보험, 그리고 이러닝을 소개하고 있다. 우리나라의 온라인 시장을 보면, 온라인 보험 서비스 대부분이 아직 공급사에 의해 직접 제공되는 반면, 최근 중개자 역할을 하는 사이트들(즉, 보험사별 보험료 비교사이트)이 나타나고 있어, 향후 서비스산업 구조의 변화가 주목된다.

인터넷과 전화, 휴대폰 등을 이용한 온라인금융이 빠르게 확산되고 있다. 우리나라의 시중은행들은 창구업무 비중을 줄이고 인터넷과 휴대폰 등 온라인금융을 강화하고 나서 은행업무가 오프라인에서 온라인으로 무게중심이 옮겨가고 있다. 또 금리우대 등 각종 혜택을 부가한 온라인 전용 신상품을 내놓고 있어 향후 온라인 뱅킹의 비중의 확대가 더욱 가속화될 전망이다.

온라인 뱅킹 서비스의 진화

온라인 서비스 산업 중에서 가장 빠르게 성장하고 있는 분야가 곧 온라인 뱅킹이다. 온라인 뱅킹은 전통적 은행의 온라인 부문 서비스와 전적인 온라인 은행의 두 가지 형태로 발전하고 있다. 시장 점유율을 유지하거나 확대하기 위한 노력으로, 여러 오프라인(brick-and-mortar) 은행들은 기존 서비스들을 인터넷 및 웹 기술과 접목시킴으로써 온오프(click-and-mortar)병행 은행이 되었다. 한편, 온라인(click-and-click) 은행들은 인터넷상에서 존재를 띄우고자 노력하고 있으나, 온오프 은행들에 비해 브랜드 인지도가 낮은 것이 주요한 계로 지적되고 있다.

우리나라에서 온라인 뱅킹은 1999년 도입 직후 국내 모든 은행들이 서비스를 제공하면서 빠르게 성장하고 있다. 은행들은 수수료 인하 정책으로 온라인 뱅킹 대중화에 힘을 쏟은 결과 2005년 9월의 온라인 뱅킹 가입자수는 2,500만을 넘었으며, 은행의 금융서비스 전달 매체(은행창구, CD/ATM, 텔레뱅킹, 인터넷뱅킹) 중에서 인터넷뱅킹을 통한 업무처리비중은 30.9%이다. 특히, 얼마전에는 국내 최초 인터넷 은행인 케이뱅크가 출범한데 이어 곧 카카오뱅크가 그 뒤를 이어 출범할 계획이어서 우리나라 온라인뱅킹 이용이 새로운 국면에 접어들 것으로 예상된다.

뱅킹서비스의 통합화 추세

전통적으로 은행들은 수신(즉, 예금) 및 여신(즉, 대출)과 같은 은행 고유의 서비스들을 제공하는 데 초점을 두며 운영되어 왔다. 그러나 최근 들어서는 금융규제의 완화에 따라, 은행과 보험사와 증권사 간의 경계선이 허물어지는 추세가 가속화 되고 있다.

이러한 추세를 촉진한 것은 방카슈랑스이다. **방카슈랑스**(Bancasurance)란 프랑스어로 은행(Banque)과 보험(Assurance)의 합성어이다. 은행에서 보험상품을 판매하는 것으로, 프랑스와 영국을 비롯한 유럽, 미국, 일본 등의 선진국에서는 이미 시행되어온 제도이며 우리나라에서는 2003년 9월에 도입되었다. 시행 초기에는 은행이 판매하는 보험상품을 저축성·가계성 보험에 국한해 단계적으로 판매가 허용됐지만 2007년 4월부터는 모든 보험상품 판매가 허용됐다.

그림 10-6에서 볼 수 있듯이, 방카슈랑스를 도입하면 은행과 보험사가 상호제휴 및 업무협력을 통해 기존의 예금·대출·투자상품에서 보험에 이르는 종합금융서비스를 제공할 수 있다. 방카슈랑스를 통해 은행은 고객에게 예금, 대출, 투자상품 및 보험에 이르는 종합금융 서비스를 제공하게 되며, 보험사는 판매 채널이 확대됨은 물론 고객관점에서는 상품 선택이 보다 용이해짐에 따라 매출증대 효과를 기대할 수가 있다.

방카슈랑스 시행 초기에는 은행과 연계된 보험사들이 경쟁적으로 상품을 판매하면서

그림 10-5   금융서비스들의 통합화 추세

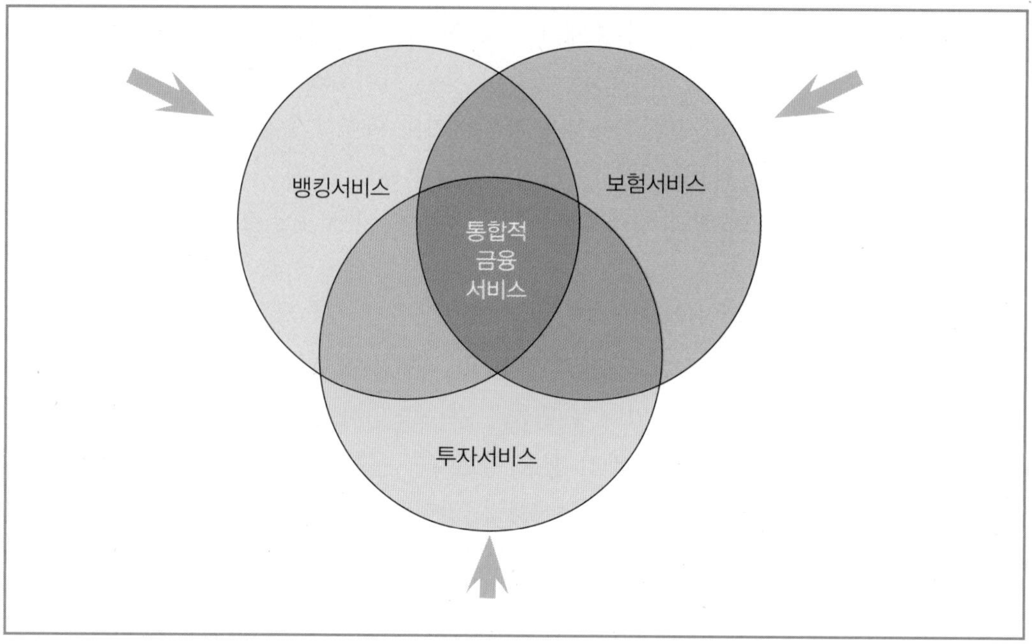

뱅킹서비스

보험서비스

통합적
금융
서비스

투자서비스

▶ 뱅킹, 보험 및 투자 서비스들을 통합함으로써 고객에게 백화점식 구매기회를 제공하려는 추세가 국내외 금융기관들 사이에서 빠르게 나타나고 있다.

그림 10-6   방카슈랑스의 개념도

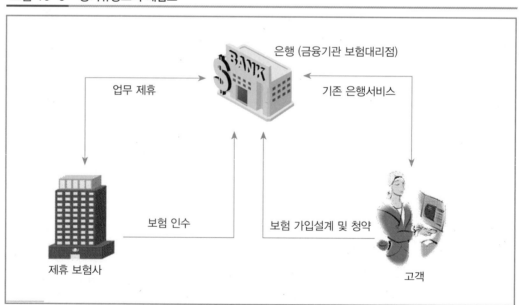

은행 (금융기관 보험대리점)

업무 제휴

기존 은행서비스

보험 인수

보험 가입설계 및 청약

제휴 보험사

고객

▶ 방카슈랑스란 은행이 보험사와의 제휴를 통해 보험상품을 판매함으로써 고객들에게 종합적인 금융서비스를 제공하는 것을 목적으로 하고 있다.

보험료가 인하되는 효과도 볼 수 있다. 판매망이 넓어져 판매비용을 절감할 수 있기 때문이다. 또 금융기관의 업무범위가 넓고 다양해져서 소비자들이 특정 상품에 가입하기 위해 이곳 저곳을 찾아 다녀야 하는 불편도 사라진다. 그 동안 거래하던 은행에서도 고객 자신의 니즈에 맞는 보험의 설계와 가입이 가능해진다. 보험이 우리 생활과 더 밀접해진 것이다.

　그렇다고 거래은행에서 모든 보험사 상품에 가입할 수 있는 것은 아니다. 방카슈랑스에 참여하는 은행, 증권사 및 저축은행들은 각각 3~5개의 보험사와 제휴해 해당 보험사의 상품을 판매하고 있기 때문에 거래 은행이 어떤 보험사와 제휴관계에 있는지를 확인해 보는 것이 좋다.

 현장 사례 ## 효율성 타고 우뚝 선 인터넷은행

2017년 출범 초기 '낯설었던' 인터넷전문은행이 고객의 금융 일상으로 자리잡았다. 비대면 금융과 IT 기술을 바탕으로 전통 금융 시장 틈새에 들어간 1기 인터넷은행은 최근 가계 일반대출 점유율을 8%까지 끌어 올렸다. 출범 6년만의 성과다.

키플레이어로 자리매김한 인터넷은행은 사업 포트폴리오 다각화에 드라이브를 걸고 있다. 인터넷은행이 앞다퉈 진출하려는 기업 대출 부문이 대표적이다. 사업 다변화는 추가적인 시장 점유율 확대와 점차 강화될 예정인 인터넷은행향(向) 규제라는 난제를 풀어낼 열쇠가 될 전망이다.

금융권에 따르면 1기 인터넷은행으로 불리는 케이뱅크와 카카오뱅크는 올해 출범 6년차를 맞이했다. 국내 첫 인터넷은행인 케이뱅크는 2017년 4월에 서비스를 시작했다. 이어 카카오뱅크는 같은 해 7월 영업 포문을 열었다. 국내 세 번째 인터넷은행업 인가를 받은 토스뱅크는 지난해 10월 출범했다.

인터넷은행은 출범 이래로 고객의 금융 일상을 비대면 채널로 옮기는 데 은행권 선봉 역할을 맡았다. 고객 눈높이에 맞춘 UI(사용자환경)와 UX(사용자경험), 애플리케이션의 빠른 속도, 손쉬운 신용대

▶ 카카오뱅크(좌)와 케이뱅크

출 절차는 고객의 여수신 '발품'을 '손품'으로 옮겨왔다. 이는 기존 은행들이 디지털 혁신을 가속화하는 데도 촉매제 역할을 했다.

고객의 '손길'이 잇따르며 인터넷은행의 여수신 잔고도 빠르게 성장했다. 출범 첫 해인 2017년 말 7조원 수준이던 인터넷은행(케이뱅크·카카오뱅크)의 총 자산은 지난해 말 63조원(케이뱅크·카카오뱅크·토스뱅크)으로 불어났다. 5년새 9배로 늘어난 셈이다.

인터넷은행 3사의 가계대출 점유율도 8%를 넘어섰다. 지난해 말 인터넷은행 3사의 신용대출 등 가계

일반대출 점유율은 8.3%로 전년 말(7.0%) 대비 1.3%
포인트 커졌다. 출범 첫 해인 2017년 말(2.8%)과 비
교하면 점유율이 3배 가까이 커진 셈이다. 6개 지방
은행의 지난해 말 점유율이 6.9%인 점을 고려하면

인터넷은행을 찾는 고객의 손길이 빠르게 늘어난 것
이다. 이는 인터넷은행은 물론 비대면 채널에 대한
고객의 신뢰가 높아진 점을 알 수 있다.

▶ 출처: 이코노믹리뷰, 2022. 4. 9.

온오프 병행은행 vs. 온라인 은행

(1) 온오프 병행은행

오늘날 우리 주변에서 가장 흔히 볼 수 있는 **온오프 병행은행**(hybrid bank)은 온라인은
행과 오프라인 은행을 결합한 형태의 은행이다. 기존 고객들의 편의를 위해 인터넷 뱅킹서
비스를 제공하는 대부분의 전통적인 은행들이 온오프 병행은행에 속한다. 국외의 Citibank,
Chase Manhattan Bank, HSBC는 물론 국내의 국민은행, 우리은행, 신한은행 등 우리 주
변의 대부분 은행들이 이러한 온오프 병행은행이라고 해도 과언이 아니다. 이들 전통적
(brick-and-mortar) 은행들은 날로 심화되어 가는 경쟁 속에서 살아남기 위해 서비스를 제
공하기 위한 추가적인 채널로서 웹을 활용하고 있다.

미국에서는 NetBank 등 인터넷 은행들이 차츰 늘어나고 있지만, 고객들은 온라인 뱅킹
을 사용하면서도 고객상담원과 대화해야 할 경우에 찾아갈 수 있는 오프라인 지점이 있는
은행을 선호하는 추세이다. 이러한 전통적 은행들은 브랜드 인지도가 높을 뿐 아니라 온라
인 채널과 오프라인 채널을 함께 사용하기 때문에, 온라인 뱅킹 고객들의 비율이 빠르게 증
가하면서 시장점유율도 온라인 은행에 비해 압도적으로 높은 추세이다.

(2) 온라인 은행

온라인 은행(Internet-only bank)은 전통적 은행에 존재하는 물리적 지점 없이 가상적인
공간에서만 운영되는 새로운 형태의 은행이다. 주로 편리성과 더불어 낮은 수수료와 높은
예금이자율을 제공하는 것이 온라인 은행의 특징으로 알려져 있다. 인터넷을 이용해 뱅킹
서비스를 제공할 경우, 건물 및 기기의 비용을 줄임은 물론 전통적 은행의 직원들의 역할이
없어지므로 인력비용도 크게 줄어들게 된다.

미국의 경우, 온라인 은행들은 물리적 지점이 없기 때문에 우편에 의해 계좌입금을 받아
야 한다. 이런 유형의 거래는 고객이 전자 입금을 하면 몰라도, 그렇지 않을 경우에는 시일

그림 10-7   온오프 병행은행인 우리은행의 인터넷 뱅킹 화면

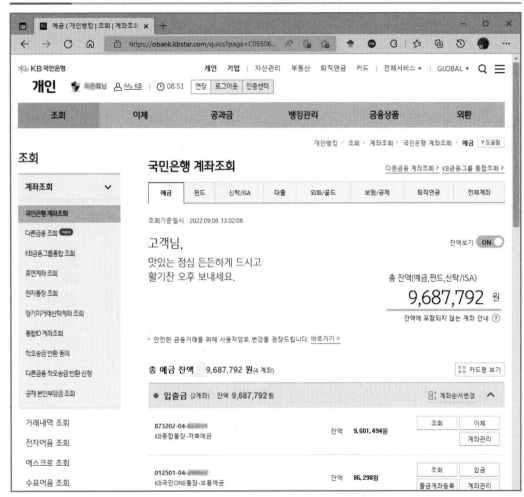

▶ 온오프 병행은행들은 기존의 지점을 기반으로 한 오프라인 서비스에 웹기반의 온라인 서비스를 결합하여 제공하고 있다.

이 오래 소요될 수 있다. 또한 온라인 은행은 전통적인 은행에 비해 브랜드 인지도가 취약하므로, 고객 유치를 위한 탁월한 마케팅 전략을 개발하고 이에 대한 투자를 하는 노력이 필요하다(인터넷 마케팅에 관해서는 10장 및 11장에서 더 상세히 다루기로 한다).

앞서 현장사례에서도 소개되었듯이, 우리나라에는 최근 케이뱅크와 카카오뱅크가 출범하면서 온라인 은행시대가 열리게 되었다. 미국의 온라인 은행으로는 1990년대 후반에 등장한 네트뱅크(NetBank)와 윙스팬(Wingspan)이 있다. 1996년 설립된 **네트뱅크**는 미국 첫 온라인 은행들 중의 하나였으며 2000년도 중반까지 성장을 거듭했다. 그러나 2006년부터 주택융자 사업에 문제가 발생하면서 재정상태가 나빠져, 2007년 9월 운영을 중단하고 결국 회사는 ING Direct에 의해 인수됐다. 반면, **윙스팬**은 1997년 설립된 이후 한때는 유망한 금

그림 10-8   국내 온라인 은행들의 앱 화면

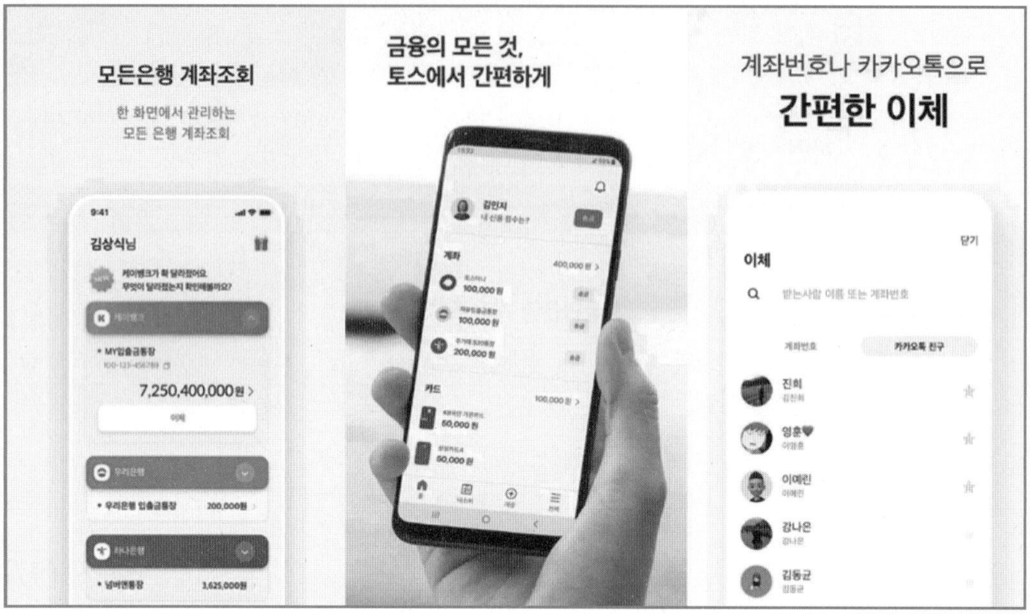

▶ 왼쪽부터 케이뱅크, 토스, 카카오뱅크 서비스 화면 일부. 이들 온라인 은행의 앱은 공인인증서 미사용 등 편리한 점 때문에 최근 이용이 크게 늘고 있다.

융서비스 기업으로 평가받기도 했으나, 2001년 역사 속으로 사라지는 운명에 처했다. 윙스팬에 관해서는 현장사례에 더 자세히 소개되어 있다.

현장사례   인터넷은행 성공의 꿈을 접은 윙스팬 뱅크닷컴

뱅크원이 야심차게 설립한 인터넷 은행인 윙스팬은행(WingspanBank.com)은 적자를 벗어나지 못한 데 대해 더 이상 인내할 수 없던 모기업에 의해 2001년 6월 폐쇄 조치됐다. 시카고 소재의 뱅크원은 설립된 지 2년 된 윙스팬의 22만 5천 명의 고객들을 같은 해 가을부터 본사의 온라인 뱅킹 사업부로 이전시키게 되었으며, 이로써 독자적인 인터넷은행 브랜드를 구축하고자 했던 시도는 중단하게 됐다.

자산규모로 미국 내 다섯 번째 지주회사인 뱅크원은 윙스팬의 전직 최고경영자인 마이클 클리어리가 이끄는 신설된 소비자이익그룹 부서에서 윙스팬의 서비스들을 뱅크원 닷컴사업 내로 통합시킨다고 밝혔다. 윙스팬의 100여 명 직원들 대부분이 이 부서에 재배치됐다. 2000년 3월 취임 이후 윙스팬 온라인 뱅킹사업을 철수시킬 것으로 예상되어 왔던 뱅크원의 최고경영자 제이미 다이몬은 "이 폐쇄조치로 뱅크원은 고객 니즈에 더 잘 부합해나갈 수 있을 뿐 아니라 뱅크원의 인터넷 사업의 효율성 및 수익성의 제고를 가속화시킬 수 있을 것"이라고 전망했다.

뱅크원은 업무 이관으로 인해 윙스팬 고객들에게 제공되던 기존의 온라인 서비스 일부가 중단될 것인지에 대해 결정한 바 없다고 밝혔다. 그 동안 윙스팬은 수표 및 예금계정, 신용카드, 주택융자 및 온라인 대금결제 등과 같은 서비스 및 상품을 제공해 왔다. 일부 전문가들은 윙스팬 고객들이 전반적인 서비스 수준에서는 별 차이를 느끼지 못할 것이라고 말한다. 22만 5천 명의 고객 대부분이 신용카드 고객들이며, 신용카드를 새로 발급하는 것은 비교적으로 어렵지 않은 프로세스이기 때문이다.

뱅크원은 1999년 6월 1억 5천만 달러를 투입해 인터넷 은행을 시작한 미국의 첫 주요 은행이 되었을 때, 주변에서는 칭찬이 자자했다. 당시 CEO였던 존 멕코이는 인터넷 뱅킹의 초기 지지자들 중의 한 사람이었다. 그는 인터넷 뱅킹이야말로 뱅크원이 성장하고 또 신규 고객을 유치할 수 있는 저비용의 방법일 뿐 아니라 사람들이 미래의 금융서비스를 받을 수 있는 핵심 방법이라고 믿었다.

비용이 보다 낮게 발생함으로 말미암아 온라인 은행들은 더 낮은 수수료를 부과하고 또 고객의 예금에 대해서는 더 높은 이자를 지불할 수가 있으나,

윙스팬 은행은 고객들의 마음을 얻지 못했다. 뱅크원 관계자들은 윙스팬이 둘째 해에 수익성이 높아질 것으로 예상하고 세 번째 해에는 수백만 달러를 쏟아 부을 계획을 갖고 있었다.

윙스팬 닷컴은행은 높은 기대치를 충족시키기 위해 분투노력했다. 이미 실적이 악화된 회사를 다시 일으켜 세우려는 마지막 시도로서, 윙스팬은 2001년 1월 다양한 온라인 서비스들에 대해 고객 수수료를 인상했다. 이러한 조치는 이미 때가 늦어 별 효용이 없었다고 분석가들은 말한다.

대부분의 주요 은행들은 온라인 서비스를 이용하도록 고객들을 유치하는 데 성공했는데, 이러한 온라인 서비스는 전통적인 창구 거래에 비해 훨씬 비용이 적게 소요됐다. 컴퓨터를 통해 자신들의 계정을 접근하는 가구들의 수는 2000년 한 해 동안 거의 두 배로 늘어 1,200만에 달했다. 또 기존의 뱅크원 고객들에게 온라인 계정접근 및 기타 서비스들을 제공하던 Bankone.com 사이트는 윙스팬에 비해 네 배나 되는 고객들에 의해 이용됐다.

미국의 톱 10 대형 은행에 속하는 뱅크원과 씨티그룹(Citigroup)만이 독자적인 인터넷 은행을 출범시켰다. 씨티그룹이 출범시켰던 Citi f/i 역시 모기업

▶ 윙스팬 뱅크닷컴의 웹사이트(www.wingspanbank.com).

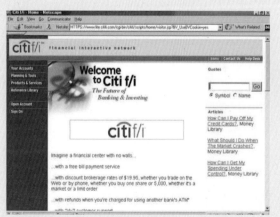

▶ 시티그룹에 의해 출범됐다가 폐쇄된 Citi f/i 웹사이트(citifi.com).

의 운영 내로 흡수됐다. 인터넷 뱅킹은 일부 오프라인 은행고객들에 의해 외면당하고 있으며, 아직 많은 고객들은 안전성 및 편리성 면에서 우수한 전통적 은행의 지점 및 ATM(현금자동인출기)망을 선호하고 있다.

미국 최대의 온라인 은행인 이트레이드(E*Trade) 은행은 온라인 투자회사인 이트레이드 그룹의 자회사로서 35만 명의 고객과 120억 달러의 자산을 보유하고 있는데도, 미국 톱 50 대형 은행에 포함되지 못하고 있다. 또 하나의 대형 인터넷 은행인 네트뱅크(NetBank)는 3년간 계속 이익을 내는 성과를 거두었지만, 자산규모는 20억 달러에 불과하다.

인터넷 뱅킹은 분명 자리를 잡았지만 고객이 은행과의 관계를 갖는 데 필요한 도입부의 역할에 머무르고 있다. 주니퍼 은행은 윙스팬 창업을 돕기도 했던 뱅크원의 전 임원 리차드 베이그에 의해 설립됐는데, 주니퍼와 같은 온라인 뱅크들은 교차판매 및 신용카드 고객 유치와 같은 틈새시장에 집중함으로써 생존할 수 있었다.

▶ 출처 : Alexander, Delroy "Net-only bank's wings clipped; Bank One to end failing Wingspan," Chicago Tribune, June 29, 2001; en.wikipedia.org/wiki/Wingspan_Bank, 2022. 8. 12. 참조.

10.4 온라인 보험

인터넷을 기반으로 한 금융서비스 산업의 전자상거래는 보험사가 상품을 판매하는 방식에도 변화를 가져오고 있다.

보험은 보험자와 피보험자 양자간의 상호 신뢰의 원칙에 바탕을 두는 비즈니스다. 보험사업을 위해서는 양자가 자신의 정보를 숨김없이 서로에게 공개하여야 하는데, 정보의 전달을 통해 보험 거래를 하는 업무는 오프라인 방식보다 온라인 방식이 더욱 편리하다. 보험료 견적의 제공에서부터 계약서 작성, 그리고 결제에 이르기까지 전반적인 보험거래를 온라인상에서 수행함으로써 보험사로서는 업무처리 효율성을 높이는 것이 가능하다. 한편, 대리점 방문이나 전화를 통해 보험을 구매하던 고객들은 점차 인터넷을 보험구매를 위한 매력적인 채널로 보고 온라인 보험을 구매하는 추세가 늘고 있다. 이에 따라, 최근 자동차 보험, 여행자 보험, 암 보험, 상해 보험 등 다수의 온라인 전용 개인보험 상품들이 활발히 출시되고 있다. 기존 오프라인 보험사들은 온라인 전략을 더욱 강화함은 물론, 새로운 인터넷 보험시장의 기회를 겨냥한 순수 온라인 보험사들이 새로이 등장하고 있다.

그림 10-9   삼성화재의 온라인 자동차보험 – 애니카 다이렉트

▶ 잠재적 고객들은 사이트에서 직접 보험료를 산출하고 상품구매를 원할 경우에는 온라인으로 계약서를 작성할 수가 있다.

 현장 사례   '온라인 보험비교' 허용할 것인가?

"온라인 플랫폼 보험 대리점 허용 철회하라!" "45만 보험 영업인 생존권을 보장하라!" 22일 오후 12시 30분 서울 용산구 대통령실 앞에 보험설계사 약 300명(주최 측 추산)이 모였다. 전국 보험대리점(GA)으로 구성된 한국보험대리점협회가 23일로 예정된 금융 당국의 금융규제혁신회의를 앞두고 "네이버·카카오·토스 등 온라인 플랫폼의 보험 대리점 진입을 금지해달라"며 집회를 연 것이다.

한 보험설계사는 "코로나 때문에 지난 2년여 대면 영업을 못 하다가 이제 겨우 영업을 시작했다"며 "온라인 플랫폼이 보험 중개에 나서면 일자리가 사라질까 두렵다"고 했다. "플랫폼이 과도한 수수료를 요구하면 결국 소비자에게 부담이 전가될 것"이라는 비판도 나왔다.

■ 새 정부 들어 '혁신 금융' 급물살

빅테크사가 자신의 플랫폼에서 각 보험사 상품을 비교해 소비자에게 추천해주는 서비스를 만들려

▶ 한온라인 보험 중개에 반대하는 보험대리점 점주들이 반대 집회를 열고있다.

는 시도는 작년부터 본격화됐다. 하지만 지난해 9월 금융 당국은 카카오페이의 보험 상품 비교·추천 서비스를 광고가 아니라 보험 판매 중개 행위로 규정했다. 금융소비자보호법에 따르면, 보험업 라이선스가 있어야만 이러한 중개 행위를 할 수 있다. 라이선스가 없는 빅테크의 보험 비교 서비스를 금융 당국이 사실상 금지한 것이다.

그런데 올해 새 정부 출범 후 이 서비스에 대해 금융 규제 샌드박스(혁신금융서비스)를 적용해 허용하는 안이 검토되고 있다. 윤석열 정부 들어 금융 규제 혁신 '1호 안건'으로 빅테크의 보험 중개 허용 안이 다뤄지는 것이다. 장기 생명보험보다는 치아보험 같은 소액 단기 보험부터 비교·추천 서비스를 허용할 전망이다.

보험업계는 "금융 당국이 지난 18일 있었던 금융 혁신회의 하루 전에야 이해 당사자인 업계 의견을 제출하라고 했다"며 "지난해 독과점 문제로 고꾸라졌던 사안을 졸속 부활시켰다"고도 비판하고 있다. 한 대형 보험사 임원은 "나아가 보험사가 빅테크사에 납품하는 상품 공급자로만 전락하지 않을까 하는 우려가 있다"고 했다.

■ '어느 쪽이 소비자 편익 늘리나' 논란

금융 당국 관계자는 "작년에 법적 근거가 부족해 하지 못했던 서비스를 혁신금융으로 지정해 소비자 편익을 늘리겠다는 의미"라며 "보험업계의 우려 사항도 반영해 세부 안을 마련할 예정"이라고 설명했다. 무엇보다 "소비자 피해가 우려되는 상품에까지 당장 온라인 플랫폼 중개를 허용하겠다는 것은 아니다"라고 선을 그었다.

보험업계의 거센 반발에 빅테크업계에서는 말을 아끼면서도 "은행 예금·대출은 비교할 수 있는데, 금융권에서 보험업계만 플랫폼 바람을 피해 갈 수는 없다"는 입장이다. 빅테크업체 관계자는 "결국 현재 보험 소비자들이 서비스에 만족하고 있는가 물으면 그렇지 않을 것"이라며 "금융 당국은 사이버 마케팅(CM) 보험 상품에 한해 규제를 풀려고 시도하는데, 보험설계사의 영업은 약 90%가 대면으로 이뤄져 일자리를 뺏긴다는 논리는 과도한 공포라고 본다"고 말했다.

또 다른 빅테크업체 관계자는 "금융 당국이 보험업계 눈치를 보느라 온라인 보험 상품만 비교하도록 하는 등의 조건을 건다면 '반쪽짜리 혁신'이 될 것"이라며 "규제를 대폭 풀어 소비자가 보험료를 한눈에 비교하도록 해 적정 가격을 형성하도록 유도해야 한다"고도 했다.

기존 보험사와 빅테크 간 갈등에 대해 한 소비자단체 관계자는 "얼마 전 여행자보험을 들다가 보험사별로 일일이 가격을 비교해야 하는 점이 불편하다고 느꼈다"며 "하지만 외식업계에 배달 플랫폼이 진출한 후 결국 음식 값이 인상된 것처럼 나중에 플랫폼의 우월적 지위가 소비자에게 오히려 불리해지지 않을지도 걱정된다. 정작 논의에서 소비자 입장은 쏙 빠져있는 듯하다"고 말했다.

▶ 출처 : 조선일보, 2022. 8. 23.

온라인 보험업계에서의 채널충돌 관리

소매부문의 전자상거래가 날로 성장하고 있을 무렵, 온라인 보험산업은 보험의 가격 및 혜택에 관한 정보를 얻고자 사이트를 방문하는 잠재고객들을 끌어 모으는 데는 성공한 반면, 실제로 이들로 하여금 보험을 온라인으로 구매하게 하는 데는 큰 성과를 거두지 못한 것이 사실이다. 그 원인은 **채널충돌**(channel conflict)에서 찾을 수 있다.

보험 대리점들은 인터넷에 의해 가장 큰 위협을 받고 있다. 보험상품을 판매하는 모든 대리점들은 흔히 소비자가 보험비로 납부하는 금액의 일정 퍼센티지를 커미션으로 취한다. 보험사 입장에서 볼 때, 인터넷에서 보험을 판매하게 되면, 대리점들에게 그 동안 지급하던 커미션이 사라지든가 혹은 크게 줄어들게 되어, 매년 고객들의 보험비에서 엄청난 비용이 절감될 것으로 예상된다. 그러나 보험판매를 오로지 대리점에만 의존하던 대부분의 전통적 보험사들은 공격적인 인터넷 판매전략으로 인해 대리점들이 고립되는 상황을 피하려고 한다.

미국의 경우, 전자상거래 도입 초기에는 올스테이트와 같은 주요 대형 보험사들이 웹에서 직접 인기 상품들을 판매하기를 꺼려했는데, 그 이유는 온라인 판매로 인해 전통적인 지역 대리점들의 영업이 위축될 것을 우려했기 때문이다.

이러한 채널충돌 문제를 해결하기 위해 전통적 보험사들은 온-오프 병행전략을 매우 조심스럽게 추구하고 있다. 즉, 온라인 및 오프라인의 채널들을 모두 열어놓되, 어느 한쪽으로 치우치지 않도록 적절한 균형을 유지함으로써 채널충돌 문제를 관리하고 있는 것이다.

만일 온라인 전략만을 지나치게 강조한다면 기존 대리점들의 판매체계가 차츰 붕괴될 것이요, 또 만일 대리점 채널에 지나치게 의존하는 오프라인 전략을 고집한다면, 온라인 보험사들의 공격적인 시장잠식에 대응하지 못하고 시장점유를 빼앗기게 될 것은 뻔하기 때문이다.

오늘날 소비자 보험구매 의사결정은 인터넷에 의해 큰 영향을 받고 있다. 인터넷은 검색비용을 크게 하락시키고 가격을 찾아내는 프로세스를 변화시킨 것도 사실이다. 그렇지만 보험산업 가치사슬에서는 온라인 거래 규모의 상승추세에도 불구하고 아직 웹거래의 비중이 크지 않다. 전통적 보험사들이 온라인 전략을 매우 신중하게 접근하고 있으므로, 일반적으로 소비자들은 웹 검색을 통해 가격 및 혜택 관련 정보를 찾은 다음, 이 정보를 가격 비교 수단으로 이용해 인근의 대리점에서 실제로 보험 구매를 하는 것으로 조사되고 있다. 이는 아직도 기존의 대리점이나 본사 영업직원이 판매채널로서 큰 위력을 발휘하고 있다는 단적인 증거이다.

10.5 이러닝

이러닝은 컴퓨터를 이용한 학습을 뜻하는 용어이다. 산업혁명을 기점으로 시작되었던 산업화시대는 막을 내리고 기업들은 이제 지식정보화시대에 접어들고 있다. 금세기의 저명한 경영학자인 드러커 박사는 21세기는 곧 지식사회에의 진입을 의미한다고 전제하고 지식이 가장 근본적인 기업의 자원이 될 것이라고 예견하고 있다. 따라서 무의미해진 지식은 과감하게 버리고 새 것을 배울 수 있도록 준비하는 노력이 필요하다. 이러한 배경에서 기업의 구성원들에게 새로운 지식의 학습기회를 제공하고 개인 역량을 증대시키기 위한 목적으로 이러닝을 도입하는 기업들이 늘고 있다.

급변하는 교육환경

지식정보화 시대의 기업들은 교육환경의 큰 변화에 직면하고 있다. 첫째, 지식은 곧 기업의 핵심 자산이라는 인식이 확산됨에 따라 직원에 대한 교육훈련 기능을 강화함으로써 직원의 개인역량을 확대해 나가려는 기업들이 증가하는 추세에 있다. 개인역량을 확대하는 데 초점을 두는 기업에서는 직원이 스스로의 기술 및 지식을 개발하고 이를 최대한 이용하여 조직의 문제를 해결하는 데 초점을 맞추게 된다. 따라서 기업들은 직원들의 지식개발/활용 능력을 증대시키기 위한 수단으로서 직원 연수교육에 큰 비중을 두고 있다. 기업들의 직원교육에 대한 필요가 늘어남에 따라 교육시장 수요가 크게 증가할 것으로 기대된다.

둘째, 기업마다 직원교육의 지리적, 시간적 장벽을 해소하기 위한 수단으로서 정보기술을 도입하는 추세가 늘고 있다. 인터넷, 화상회의, 전자회의와 같은 정보통신기술은 오늘날 지리적으로 분리되어 있는 기업 구성원들에게 장소와 시간에 구애 받지 않고 원격교육을 통해 교육기능을 효율화 할 수 있는 기회를 제공하고 있다. 비단 교육을 받기 위해 회사의 직원들이 중앙연수원으로 이동하는 데 따른 여비 및 숙박비뿐만 아니라 교육프로세스의 정보화를 통해 교육제공비용이 크게 절감되는 효과를 기대할 수 있다. 교육기능의 효율성 문제는 아래에서 더 상세하게 다루고자 한다.

교육의 질 vs. 교육의 경제성

정보기술이 교육분야와 접목되면서 교육의 무한한 가능성이 제기되고 있는데, 그 중에서도 많은 사람들이 큰 관심을 갖게 되는 것이 이러닝 교육의 경제성이다. 전통적인 집합강의에서는 강사 한 사람이 담당하는 강좌에 수용할 수 있는 수강인원이 강의실 규모에 의해 제한된다. 그러나 원격교육을 통한 강의에서는 인터넷을 주요 정보전달 매체로 하여 컴퓨터 접속이 가능한 사람은 누구나 참여가 가능한 반면 수강생의 증가에 따른 교육의 추가적 비용은 발생하지 않는다. 초기 시스템설치 비용만 들이면 수천, 수만명의 수강생을 수용할 수 있으므로 인터넷은 곧 대규모 교육(mass education)의 문제를 해결해 주는 수단이라고 보는 사람들이 많다.

그러나 교육적인 관점에서 우리는 교육의 효율성과 교육의 질 간에 존재하는 트레이드오프(tradeoff)를 이해하여야 한다. 사이버 교육을 통해 피교육생 1인당 교육 비용은 크게 줄어들지만, 학생 수를 늘리면 늘릴수록 강사와 학생 간의 상호대화의 기회도 적어지고 점차 방송대학의 강좌처럼 단방향 강의로 변질되기 쉽다. 따라서, 교육의 비용과 교육의 질이라는 두 개의 목표가 서로 상충하게 된다는 사실을 인식하고, 사이버 교육의 경제성은 강사나 피교육생에 의한 물리적 이동의 필요가 없어짐으로 인해 얻어지는 비용절감 차원에서 추구하고, 무엇보다도 강의의 질을 최대한 높게 유지한다는 기본 원칙하에 교육 정보화를 추진하는 것이 이상적일 것이다. 이러한 원칙을 토대로 조직구성원을 교육시키는 기업만이 지식기반의 경제의 경영환경에서 살아남을 것이다.

이러닝의 장단점

이러닝은 다음과 같은 장점들을 제공한다.

- **편리성**: 학습자 입장에서 볼 때, 이러닝이 제공하는 가장 주된 장점은 편리성이다. 어디서든 인터넷 접속이 가능한 곳이면 자신의 학습속도에 따라 자유로이 이용할 수 있기 때문이다. 온라인 강의는 실시간으로 진행되는 전통적 강의와 달리 비동기적으로 진행되는 것(즉, 각자 자기에게 편리한 시간을 택해 참여함)이 특징이다. 이로 인해 학습자는 자신의 니즈에 맞게 자유로이 과목을 수강해 나갈 수 있다. 바로 이러한 장점 때문에, 이러닝은 가정이나 직장 때문에 혹은 기타 이유(가령, 신체적, 정신적 장애)로 교육을 받을 수 없었던 사람들에게 편리하게 학습을 받을 수 있는 길을 열어주고 있다.

- **비용 효율성**: 대기업에 있어, 이러닝이 제공하는 비용절감 효과는 매우 중요하다. 시뮬레이션 방식의 이러닝을 이용해 기업의 컴퓨터 시스템 사용자들을 훈련시킬 경우, 학습자는 실제상황과 매우 유사한 소프트웨어 환경에서 학습에 임할 수가 있다. 강의실 교육과는 달리, 사용자들은 추가적인 비용을 들이지 않고도 이러닝 과목을 반복해 수강할 수가 있다. 일반적으로, 이러닝의 초기 구현비용(즉, 개발비용)은 높다. 그러나 이러닝 과목자료를 이용하는 학습자 수가 증가함에 따라, 사용자당 교육 훈련 비용은 기하급수적으로 하락한다. 학습 진척도를 추적하기 위한 이러닝 시뮬레이션을 이용하게 되면, 강사는 단순히 시스템 지식을 측정하기보다는 사용자가 시스템을 이용해 거

래를 수행하는 능력을 평가할 수가 있다. 그 밖에도 이러닝은 학습자가 물리적으로 이동할 필요를 없애주므로 여비 및 시간 절감효과를 기대할 수 있다.

- **기타 장점**: 이러닝이 기업에게 제공하는 기타 장점으로는 자신의 장소에 관계없이 다른 수강생들과 커뮤니케이션 할 수 있는 능력, 학습자 니즈에 초점을 맞춘 맞춤교육, 멀티미디어 자료 및 프리젠테이션 강의자료(가령, 파워포인트 파일)의 사용으로 색다른 학습경험의 제공 등을 들 수 있다. 동화상 및 음성 파일은 반복적으로 재생이 가능한 시각적, 청각적 방식의 학습을 제공할 수 있다.

반면, 이러닝은 다음과 같은 단점도 지니고 있다.

- **대면적 상호대화의 부족**: 이러닝의 주된 문제점은 강사와 학생 간의 대면적 상화대화 기회가 부족하다는 점이다. 이러닝을 반대하는 사람들은 학습프로세스가 교육철학의 관점에서 교육적 가치를 지니지 못하다고 주장한다. 이에 반해, 이러닝의 지지자들은 인간의 상호대화가 음성이나 동화상에 기반한 웹 컨퍼런싱 프로그램 혹은 토론방 기술을 통해 간접적으로 실현될 수 있으므로, 이러한 비판이 근거가 부족하다고 주장한다.
- **고립감**: 또 하나의 단점은 온라인 교육의 학습자가 경험하는 고립감이다. 그러나 이 고립감의 문제는 웹기반 토론방 및 기타 컴퓨터 기반의 커뮤니케이션과 같은 기술을 통해 어느 정도 해소될 수 있다. 정보통신 기술을 최대한 활용하여 학생들간 뿐만 아니라 강사와 학생 간의 상호대화는 어떠한 형태로도 장려가 되어야 한다.

토의문제

01 인터넷 전자상거래의 범주에 포함되는 일부 서비스들은 중개자를 통해 제공된다. 본문에서 다루어지고 있는 경매, 여행, 주식매매 이외에 다른 중개자 기반의 온라인 서비스들을 세 개만 제시하고, 이들을 각각 해당되는 전통적 서비스와 비교적으로 설명하시오(즉, 장점, 단점 등).

02 전통적 경매는 영국식, 네덜란드식, 최고가격 밀봉입찰, 둘째가격 밀봉입찰 등 네 가지가 있다. 그러나 오늘날 인터넷 경매는 대부분 영국식 경매방식에 의해 이루어지고 있는데, 그 이유가 무엇인지에 대해 설명해 보시오. 만일 다른 세 가지 방식을 각각 인터넷 기반으로 옮기는 것이 가능한지 또 현실적으로 어렵다면 어떠한 문제가 존재하는지 토의해 봅시다.

03 인터넷 검색엔진을 통해 과거에 인터넷 경매과정에서 발생했던 사기사건들이 어떤 것들이 있는지 그 사례들을 세 가지만 찾아보시오(힌트: 뉴스부문의 검색을 이용함). 각 사기 사례가 발생한 데에는 경매사이트의 어떤 측면이 취약해서인지 설명하고, 이러한 사례가 재발하는 것을 예방하기 위해

요구되는 대책 혹은 대응방안을 제시하시오.

04 우리나라 온라인 여행업계에서 온라인 중개업자의 예로서 가장 대표적인 세 개의 사이트를 찾아보자. 또 이들에 맞서 인터넷으로 직판을 시도하는 여행공급사(즉, 항공사, 호텔, 렌터카 등)들의 대표적인 사이트를 세 개만 찾아보시오. 랭키닷컴(rankey.com) 사이트에 방문해서, 이들 두 개 그룹의 사이트들의 하루 방문자 수가 서로 어떻게 다른지 알아봅시다.

05 온라인 증권시장의 매체별 거래규모면에서 HTS가 웹사이트를 크게 앞서는 것으로 본문에서 지적되고 있다. 둘 다 인터넷을 기반으로 함에도 불구하고, 고객들이 HTS를 훨씬 더 선호하는 이유가 뭔지에 대해 알아봅시다(주변의 온라인 증권거래 경험이 있는 지인에게 인터뷰를 하거나, 직접 증권사 사이트에 들어가 비교해 볼 것).

06 본문에서 다루고 있는 온라인 서비스들 중에서 판매채널 간의 마찰(즉, 채널충돌)이 가장 심할 것으로 예상되는 서비스는 무엇인가? 또 마찰이 심한 것은 해당 서비스업계의 어떠한 특성 때문인지 설명하시오.

📖 참고문헌

- 정보통신산업진흥원, 『2019 이러닝산업 실태조사결과 발표자료』, 2021. 4. 27.
- Alexander, Delroy, "Net-only bank's wings clipped; Bank One to end failing Wingspan," *Chicago Tribune*, June 29, 2001.
- Andal-Ancion, Angela, Phillip A. Cartwright and George S. Yip, "The digital transformation of traditional businesses (HTML)," *Sloan Management Review:* Vol. 44, No. 4, 2003, pp. 34-41.
- Laudon, K.C. and Traver, C.G., E-Commerce 2021-2022(Global Edition), 17th ed. Pearson Education, 2021.
- Global Industry Analysis, "eLearning: A Global Strategic Business Report," 2007.
- Nagy, A. (2005). The Impact of E-Learning, in: Bruck, P.A.; Buchholz, A.; Karssen, Z.; Zerfass, A. (Eds). *E-Content: Technologies and Perspectives for the European Market*. Berlin: Springer-Verlag, pp. 79-96.
- Paul, Peralte C. and Doug Nurse, "Government Shutters NetBank, ING Takes Over Customer Accounts," *E-Commerce Times*, October 1, 2007.
- Vickrey, William, "Counterspeculation, auctions, and Competitive Sealed Tenders," *Journal of Finance*, Vol. 16, March, 1961, pp. 8-37.

💡 사례연구　4차 산업혁명 시대에 온라인 보험은 어떻게 진화할까?

온라인 전업 보험사인 미국 클로버 보험(Clover Health)은 '인슈어테크(insurance+technology)'에서 선두 주자로 꼽히고 있다. 인슈어테크는 보험을 온라인·빅데이터·인공지능(AI) 등 다양한 정보통신기술(ICT)과 결합해 더 쉽고 알뜰하게 소비자에게 서비스를 제공하는 것을 뜻한다. 클로버 보험은 이미 웨어러블(wearable) 장치를 통해 건강보험과 집보험, 애완동물 보험 등 다양한 영역에서 사물인터넷(IoT)을 이용하고 있다. 사물인터넷을 통해 보험계약자를 지속적으로 모니터링하고 관리한다. 특히 단순한 위험 분석을 넘어 보험의 본질인 위험 자체를 줄이는 도구로 사용하고 있다. 박소정 서울대 교수(경영학)는 "사물인터넷으로 단순히 빅데이터를 수집해 가격 결정에만 활용하는 것은 아니다"라며 "인슈어테크로 손실에 대한 보상에서 위험까지 관리해주는 방향으로 보험의 개념을 바꾸고 있다"고 설명했다.

■ 인공지능이 대신하는 보험금 지급

사물인터넷·빅데이터·블록체인과 같은 기술의 발달로 세계 보험 업계에서 '인슈어테크' 바람이 불고 있다. 특히 인슈어테크 관련 세계 스타트업의 투자는 2011년 750만 달러에서 지난해 5억 달러로 급증했다. 60%에 가까운 투자가 미국에서 이뤄지고 있고, 독일·영국·중국·일본에서도 활발하게 움직이고 있다.

인슈어테크는 먼 미래의 이야기거나, 선택의 문제가 아니라 생존의 문제가 될 수 있다는 것이 이미 여러 사례를 통해서 확인할 수 있다. 인슈어테크가 가장 많이 쓰이는 곳은 판매 채널(판매망)이다. 온라인을 통한 판매 증가와 성공 사례가 여러 형태로 나타나고 있다. 대표적인 것은 가격비교 사이트의 정착이다. 이에 따라 기존 보험사가 온라인 채널을 추가하거나, 온라인 전용사를 설립하고 있다. 클로버 보험과 같은 온라인 전용 보험사도 인기를 모으고 있다. 다른 분야의 핀테크회사가 보험 상품을 금융상품과 함께 교차 판매하는 사례도 나타났다. 덕분에 고객과 거리를 좁히고, 비용을 낮춰 새로운 형태의 보험 상품과 보험사의 등장하고 있다.

한국과 보험 환경이 가장 유사한 일본에서도 인슈어테크를 향한 행보가 빨라지고 있다. '잃어버린 20년'으로 불리는 장기 침체로 인해 일본에서는 2006년을 전후해 보험사의 보험금 지급 누락 사태가 일어났다. 여기에 예전에는 상상할 수 없는 지급 실수 문제까지 겹쳤

다. 결국 일본 금융청은 보험사에 업무 개선 명령을 내렸다. 이에 대한 대책으로 새로운 지급 시스템과 다중 체크 시스템을 도입하고, 인력을 대거 투입하며 변화를 시도했다. 그러나 근본적인 문제를 해결하지는 못했다. 이런 상황에서 2014년 후코쿠(富國)생명은 업무 프로세스 개선에 중점을 두고 인공지능(AI) 시스템인 IBM의 '왓슨 익스플로러'를 도입했다. 보험금 청구 직원을 대신해 병원 기록과 복용 의약품 등 관련 정보를 분석하며 실수 없이 보험금 지급 사정 업무를 해냈다. 하타 타카시 후코쿠생명 부장은 "앞으로 보험 전반에서 인공지능을 전제한 상품 설계가 이뤄져야 한다"며 "다만 사람만이 진행할 수 있는 일정 영역과 인공지능을 정확히 조합해야만 효과를 볼 수 있다는 점도 확인했다"고 설명했다.

■ 온라인 보험의 변화를 이끌 블록체인 기술

하지만 국내는 어떨까. 아직은 보험이 국내 금융에서 차지하는 비중에 비해 인슈어테크는 걸음마 단계라는 게 중론이다. 황인창 보험연구원 연구위원은 "인슈어테크와 관련해 보험 업계의 노력에도 아직까지 새로운 사업 모형을 세우고 확장하는 수준까지는 도달하지 못했다"며 "4차 산업혁명 시대를 맞아 금융 당국과 업계가 유연성과 다양성을 현재보다 높일 필요가 있다"고 말했다. 이에 따라 생명보험협회와 보험연구원은 지난 6월 28일 '4차 산업혁명과 인슈어테크 활용'이라는 주제로 세미나를 열며 머리를 맞댔다.

화제를 모은 것은 블록체인(Block chain)이다. 블록체인은 거래 정보를 특정 기업의 중앙 서버가 아닌 개인간 거래(P2P) 네트워크 형태로 분산시켜 계약 당사자 모두가 공동으로 거래 내역을 기록·관리하는 방식을 말한다. 최근 활발하게 유통되고 있는 디지털 화폐 '비트코인'이 대표적인 블록체인 기술이다. 가상 장부에 거래 내역이 실시간으로 기록되는데 거래에 참여하는 모든 사용자가 똑같은 거래 장부를 공유한다. 거래 때마다 이를 대조하기 때문에 보안에 강하다는 장점이 있다. 인슈어테크에서도 큰 활약이 기대되고 있다.

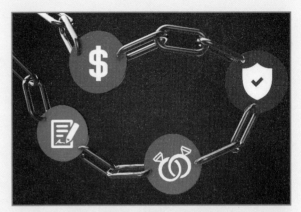

▶ 블록체인이란 거래정보를 네트워크 형태로 분산시켜 계약당사자 모두가 거래내역을 공동으로 기록, 관리하는 방식을 뜻한다.

기존의 보험 계약은 서류 작업과 회계 등 거래 데이터를 중앙 집중형 서버에 보관했었다. 그런데 블록체인을 활용하면 기존 방식과 달리 계약자가 모든 내용을 공유할 수 있다. 국내에서는 교보생명이 소액 보험금 자동 지급 시스템에서 블록체인 기술을 일부 활용하고 있다. 가입자가 보험금을 청구하지 않아도 블록체인 시스템이 병원비 수납 내용과 보험계약 정보를 활용해 자동으로 보험금을 지급하고 있다. 세계 보험 업계도 지난해 10월 B3i(Blockchain Insurance Industry Initiative) 컨소시엄을 만들어 블록체인 기술을 보험에 활용하는 것을 추진하고 있다. 세미나에 참석한 재보험사 RGA그룹의 조르지오 모시스 혁신 담당은 "컨소시엄 참가자의 첫 번째 프로젝트를 시범 운영하고 있다"며 "올해까지 보험 산업에서 이행 가능성을 점검하고, 내년부터 실제 보험 계약에서도 가능하도록 준비하고 있다"고 설명했다.

국내에서 인슈어테크가 가장 진화한 분야로 자동차 보험이 꼽히고 있다. 이는 수치로도 확인되고 있는데 외국 보험 업계도 그 성장 속도에 놀라고 있다. 자동차보험의 판매 채널은 보험 가입자와 대면 여부에 따라 대면 채널과 비대면 채널로 나눠진다. 설계사와 대리점을 통한 보험 가입은 대면 채널(오프라인), 전화 상담원을 통해 가입하는 텔레마케팅(TM)과 인터넷·모바일로 가입하는 온라인(CM)은 비대면 채널로 각각 불

▶ 인슈어테크를 도입해 높은 온라인 보험가입률을 기록한 보험다모아 사이트

린다. 보험개발원에 따르면 같은 회사에서 대면 채널의 보험료를 100이라 할 때 평균적으로 TM은 90, CM 84 수준이다. 현재 자동차보험을 판매하는 국내 11개사 모두 텔레마케팅과 온라인 채널을 모두 보유하고 있다.

지난해 연말 기준으로 개인용 자동차 상품에 가입한 1524만대 중 266만대가 온라인(CM)을 통해 계약해 가입률은 17.5%를 차지했다. 2012년 온라인 가입률은 5.7%에 불과했으나 4년 만에 세 배 이상 커졌다. 대면 가입률은 2012년 61.9%에서 지난해 53.9%로 감소했다. 텔레마케팅(TM) 가입률 역시 2013년까지 꾸준히 늘었으나, 2014년 카드사 정보 유출 사태 이후 금융사의 개인정보 수집·보관·활용에 대해 엄격한 가이드라인이 마련돼 텔레마케팅 영업이 하락세로 변한 상황이다. 공진규 보험개발원 자동차보험통계팀장은 "인슈어테크의 대표라 할 수 있는 온라인 보험슈퍼마켓 보험다모아(www.e-insmarket.or.kr) 효과로 지난해 온라인 가입률이 큰 폭으로 늘었다"고 분석했다.

인터넷 강국인 한국의 위상에도 2010년대를 넘어서도 국내 자동차 보험사(손해보험사)는 기존 채널과의 갈등을 이유로 온라인 채널 도입에 소극적 입장이었다. 그런데 회사별 보험료가 손쉽게 비교할 수 있는 보험다모아 사이트가 2015년 말 문을 열며 온라인 판매는 더

이상 거스를 수 없는 대세가 됐다. 1년여 만에 11개사 모두 보험다모아에서 자동차보험료를 비교할 수 있게 됐다.

인증 수단 다양화 등 규제 완화도 인슈어테크에 힘을 보태고 있다. 정부는 지난해 4월 인터넷에서 보험계약을 하는데 전자서명(공인인증서) 외에 안전성과 신뢰성이 확보된 다양한 인증 수단도 가능하도록 보험업법 시행령을 바꿨다. 이에 따라 휴대전화와 신용카드도 인증 수단에 포함됐다.

■ 낮은 보험료 덕분에 보장 더 늘려

인슈어테크의 발전은 소비자의 자발적 요구에 따라 힘을 얻었다. 최근 금융산업 환경이 인터넷·모바일 중심으로 재편되자 소비자도 온라인을 통해 보험에 접근하고 있다. 보험개발원에 따르면 지난해 기준으로 온라인(CM) 가입자의 평균 연령은 42.8세로 다른 채널보다 낮은 것이 특징이다. 오프라인과 텔레마케팅 가입자의 평균 연령은 각각 48.9세, 48.5세다. 연령대별로 봤을 때 30대가 온라인 가입에 가장 적극적인 것으로 나타났다.

눈에 띄는 특징으론 수입차(외산차) 보유자의 온라인 가입이 상대적으로 많다는 점이다. 오프라인과 텔레마케팅 가입에서 수입차가 차지하는 비중은 각각 8.1%, 6.0%다. 그런데 온라인 내 수입차 비중은 12.6%로 텔레마케팅의 두 배 수준이다. 공진규 팀장은 "수입차는 차량 가격 등으로 보험료가 비싼 특징이 있어 온라인 가입을 통해 보험료 부담을 낮추려는 것으로 보인다"며 "수입차 선호 계층이 젊은 것도 원인으로 판단된다"고 말했다.

기본 보험료가 저렴해진 대신 추가 보장을 늘리는 현상도 나타났다. 온라인 가입자의 대물 배상 가입 금액은 3억9000만 원으로 다른 채널보다 1억원가량 더 보장을 원했다. 또 자기차량 손해담보 가입률도 81.3%로 높았다. 온라인 가입자는 배터리 충전, 긴급 견인, 타이어 교체 등 긴급출동서비스특약에 96.8%가 들었다. 형사 합의금, 방어 비용, 벌금 등 형사 책임 관련 법률

비용을 담보해주는 법률비용지원특약도 마찬가지로 더 많이 가입했다. 온라인 가입자는 보험 보장의 필요성을 느껴 스스로 상품에 대해 정보를 파악하고 계약하는 경향이 있다. 그래서 추가보장특약 가입률이 다른 채널보다 상대적으로 높은 것으로 나타났다. 성대규 보험개발원장은 "인슈어테크의 대표 사례인 '보험다모아'를 보다 개선하겠다"며 "온라인 가입자가 보다 높은 보장을 원하기 때문에 다양한 상품을 만들어 신규 시장을 창출할 필요가 있다"고 말했다.

▶ 출처: "4차 산업혁명 시대 보험의 미래는 인슈어테크," 중앙시사매거진, 1393호, 2017. 7. 24; Miteva, Sara, "How Insurtech is Reshaping the Future of Insurance," www.valuer.ai, August 10, 2021.

▶ 국내에서는 수입차가 더 높은 온라인 가입률을 보이고 있다.

🔍 사례연구 토의문제

01 오늘날 4차 산업혁명 시대에 인슈어테크 기술은 온라인 보험서비스를 어떻게 변화시킬 것으로 예상되는가?

02 사례본문에서는 온라인 보험서비스를 제공하는 데 활용될 수 있는 인슈어테크의 예로 (1) 사물인터넷/빅데이터, (2) 블록체인, (3) 인공지능의 세 가지를 언급하고 있다. 이들이 각각 온라인 보험서비스에 어떤 영향을 미칠 것으로 보이는지 예를 들어 설명하시오.

03 비트코인 예를 이용해 블록체인의 개념을 설명하시오.

04 국내의 인슈어테크 대표사례인 '보험다모아'에 관한 인터넷 검색을 통해 주요 성공요인이 무엇인지 알아봅시다.

이비즈니스의 관리

제11장

이비즈니스 보안

제 **11** 장

이비즈니스 보안

11.1 인터넷 보안

11.2 보안유지 기술

e-business

e-commerce

보안 취약한 스타트업 노리는 '검은 손'

최근 스타트업들이 연달아 해킹 공격을 받아 소비자 개인정보가 유출됐다. 해커들은 자본과 인력이 부족해 적절한 보안솔루션을 갖추지 못한 스타트업을 노린 것이다. 하지만 플랫폼을 기반으로 다수의 개인정보를 확보한 기업이 정보보호에 소홀한 것은 문제라는 지적이 나온다.

8일 구독형 전자책 플랫폼 '밀리의 서재'에 따르면 회사는 홈페이지에 '개인정보 유출에 대한 안내 및 사과문'을 게재하고 13,182명의 회원 정보가 지난 3일 새벽 유출됐다고 밝혔다. 유출된 정보는 암호화된 형태의 이메일 주소, 전화번호, 비밀번호 등이며, '밀리의 서재'는 한국인터넷진흥원(KISA)과 방송통신위원회에 이를 신고했다고 밝혔다. 앞서 2019년 6월에도 '밀리의 서재'는 해킹으로 회원 11만여명의 개인정보가 유출되기도 했다. '밀리의 서재'는 지난달 27일 한국거래소에 코스닥시장 상장을 위해 상장예비심사신청서 제출한 상태다.

명품 쇼핑 플랫폼 발란에서도 지난 3월과 4월, 두

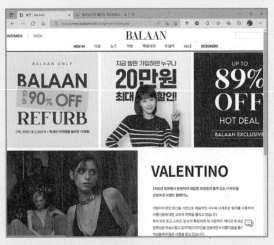

▶ 명품 쇼핑 플랫폼 발란(www.balaan.co.kr)의 홈페이지

달 새 연이어 두 차례 해킹 공격으로 회원 닉네임, 이메일, 전화번호, 배송정보 등 개인정보가 유출됐다. 지난 3월 발란은 개인정보 유출 사태를 겪고 사과문과 조치 계획을 웹사이트에 올렸다. 그러나 바로 지난 4월 발란은 KISA에 다시 개인정보 유출 사실을 자진신고했다. 투자업계에서는 배우 김혜수를 앞세운 공격적인 마케팅을 이어가며 약 1,000억원 규모의 시리즈 C 투자 유치를 진행 중이던 발란이 연이은 해킹 공격에 '꼼수 할인' 등 논란이 가중되며 투자에 어려움을 겪을 것이라는 전망이 나온다.

보안 및 스타트업업계 관계자들은 스타트업이 다수 이용자가 이용하는 플랫폼을 운영하며 여러 소비자 개인정보를 확보해 활용하고 있음에도 정보보호 활동을 적극적으로 하지 못하는 상황이라고 입을 모았다. 스타트업의 경우 초기 투자금을 대부분 제품 및 서비스를 완성하기 위한 개발자 채용, 회사 인지도를 높이기 위한 마케팅 비용 확보 등에 사용하기 때문에 정보보호 정책 마련 및 인력 채용은 후순위로 밀린다는 것이다. 특히 대규모 투자금을 이미 확보한 일부 큰 스타트업을 제외하곤 정보보호최고책임자(CISO)나 개인정보보호최고책임자(CPO)가 없고 최고기술책임자(CTO)가 정보보호 역할도 모두 하고 있는 것으로 알려졌다.

스타트업업계 관계자는 "대부분의 스타트업은 법무팀조차 없어 외부 변호사나 법무법인에서 자문을 얻는 경우가 많은데, 과거 개인정보 유출 사건을 이미 한 차례 겪은 스타트업이나 관련 문제가 발생할 확률이 높은 일부 기업, 스타트업으로 시작했으나 현재는 '빅테크'로 분류되는 일부 기업을 제외하곤 대부분이 정보보호 책임자가 없다"라고 했다. 또 다른 스타트업업계 관계자는 "개인정보 데이터를 제대로 관리하는 직책을 신뢰도 확보 차원에서 반드시 가지고 있어야 하는 회사들이 있지만, 나중에 결국 문제가 생겼을 때 '욕받이'가 될 수 있기 때문에 관련 인력 채용에 있어 조심스러운 것도 사실이다"라고 했다.

보안업계 관계자는 "국내 스타트업의 경우 아직은 직접 정보보호 인력을 제대로 갖추거나 초기 비용 부담이 큰 보안 솔루션을 직접 도입하기보단, NHN클라우드나 아마존웹서비스(AWS) 등 이미 자체적으로 기본적인 보안이 된 업체를 활용해 그 안에서 자신의 서비스를 하려는 경우가 더 많다"라고 했다.

다만 스타트업업계에서도 정보보호에 대한 관심이 높아지면서 관련 솔루션을 도입하거나 관련 인력을 채용하려는 움직임도 이어지고 있다. 발란 관계자는 "CPO는 이미 사내에 있지만 최근 개인정보 유출 피해가 이어지면서 이를 해결하기 위해 CISO를 채용 중이며 이번 달 내로 입사할 것으로 보인다"라며 "KISA에서 부여하는 정보보호관리체계(ISMS)를

획득하기 위해 SK쉴더스와 협업하는 등 관련 노력을 계속 이어가고 있다"라고 했다. '밀리의 서재' 관계자는 "(2019년 개인정보 유출 사건 이후인) 2020년부터 CISO와 CPO 직책을 두고 있다"며 "이번에 비록 해킹 사건이 발생했지만 내부에는 정보보호 관련 가이드라인 및 직원 대상 정보보호 교육도 존재하며, 이를 강화할 방침이다"라고 했다.

네트워크 접근제어(NAC) 솔루션 개발업체 지니언스 관계자는 "최근 ISMS 인증제도 등과 관련해 금융이나 통신 등 고객정보를 많이 다루는 스타트업에서 보안 솔루션 관련 문의를 과거보다 많이 하고 있다"라고 했다. 데이터 보안업체 파수 관계자는 "바이오 스타트업이나 주요 도안을 회사에서 관리해야 하는 스타트업 등이 최근 보안 솔루션을 도입하려는 움직임을 계속 보이고 있다"라며 "회사도 이러한 스타트업을 대상으로 하는 보안 솔루션 패키지 프로그램을 내놓는 등 여러 시도를 하고 있다"라고 했다.

▶ 출처: 조선 비즈, 2022. 6. 8.

11.1   인터넷 보안

▶▶ 보안의 개념적 배경

보안이 왜 중요한가?

인터넷이 처음 등장했던 시절 가장 주된 용도는 이메일이었다. 그러나 이메일이 인기가 높은 만큼 기업의 이메일 이용자들은 보안의 침해에 대한 우려가 있었다. 예를 들어, 경쟁사가 영업비밀과 관련한 이메일을 가로챌 가능성이 존재했던 것이다. 또한 직원의 사적인 메일내용을 읽은 상관이 그 직원에게 불리한 결정을 내릴 수도 있을 것이다.

오늘날 인터넷 위험은 더 높아졌다. 개념사례에 소개된 스타트업들도 회사 시스템이 인

터넷 위험에 노출되어 보안 침해사고가 발생한 것이다. 전세계의 이용자들이 인터넷 및 웹을 이용해 쇼핑은 물론 대금결제 등 다양한 금융거래를 수행하고 있다. 인터넷의 이용이 확대된 만큼 그로 인한 보안의 중요성도 더 커진 셈이다.

웹상에서 거래를 하는 당사자들은 누구나 안전한 거래의 수행과 관련하여 위험부담이 있다. 고객들은 민감한 금융정보 및 개인신상 정보를 안전하게 전송하기 원한다. 따라서 기업들은 웹상점을 통해 수집된 결제관련 정보가 실제로 유출 혹은 변조없이 도착한 것인지 확인하는 것이 중요하다. 또 온라인 상점 측에서는 고객들로부터 전송받은 기밀정보가 들어있는 데이터베이스가 해커나 악의를 지닌 직원들에 의해 남용되지 않도록 최대한 유의를 기울이는 것이 중요하다.

안전한 웹사이트를 운영하는 것이 결코 쉬운 일이 아니다. 지난 수 년 동안 해커들에 의해 공격을 받은 회사들의 수가 급격히 증가해오고 있다. 보안이 침해당함으로써 발생하는 시간, 노력 및 생산성 면에서의 손실은 실로 증가하고 있는 추세이다.

정보 보안이란?

정보 보안이란 불법적인 접근, 사용, 공개, 파괴, 변조 혹은 운영중단으로부터 데이터를 보호하는 프로세스를 의미한다. 정보 보안, 컴퓨터 보안 및 시스템 보안은 흔히 동의어로 사용된다. 이들 용어는 모두 정보의 기밀성, 무결성 및 가용성을 보호한다는 보편적 목표를 지닌다.

정부 및 군부 지도자들은 오랜 기간 동안 군사능력, 병사 규모 및 병사들의 이동에 관한 정보를 보호하는 데 대한 중요성 및 필요성을 인식해 왔다. 이러한 정보가 적군의 손에 유출될 경우 그 결과는 매우 참혹할 수가 있다. 정부기관, 군 기관, 금융기관, 병원 및 민간기업들은 자신들의 직원, 고객, 제품, 연구능력 및 재무상태에 관한 기밀적인 정보를 수집한다. 이들 정보 대부분은 이제 디지털 컴퓨터에 수집, 처리 및 저장되고 있으며, 네트워크를 통해 다른 컴퓨터에게로 전송된다. 기업의 고객이나 재무상태나 새 제품라인에 관한 기밀적 정보가 경쟁사의 손에 입수된다면, 그러한 보안 침해는 매출의 급락, 법률소송, 혹은 사업의 쇠퇴로 이어질 수가 있다. 비밀정보를 보호하는 것은 기업에 있어 주된 요구사항이며, 여러 경우에 있어 법적인 요구사항이기도 하다. 개인에게 정보 보안은 프

▶ 정보 보안이란 불법적인 접근, 사용, 공개, 파괴, 변조 혹은 운영 중단으로부터 기업의 데이터를 보호하는 프로세스를 의미한다.

라이버시에 중요한 영향을 미친다.

보안 정책

전자상거래 시스템을 보호하여야 하는 기업은 반드시 보안정책이 수립되어야 한다. **보안 정책**이란 어떠한 자원을 왜 그리고 누가 보호하여야 하며 어떤 행동이 수용가능하고 어떤 행동이 수용가능하지 않은지를 명시하는 문구이다. 보안 정책에는 주로 물리적 보안, 네트워크 보안, 접근 승인, 바이러스 보호, 재난복구 계획 등의 사항들이 다뤄진다.

군 보안정책과 기업 보안정책은 둘 다 정보 자산을 비승인된 공개, 변조 혹은 삭제로부터 보호하는데 초점이 있다. 그러나 군 보안정책은 보안 수준을 여러 수준으로 분리하는 것을 강조하는 반면, 기업 보안정책에서는 정보를 대개 공적 정보와 회사 기밀의 두 유형으로 분류하는 점이 다르다. 회사 기밀정보는 대외비로 간주되므로 회사 외부로 공개하지 못하도록 금지된다.

대부분 기업들은 보안 정책을 개발할 때 다섯 단계를 따른다.

1. 어느 자산들이 어떠한 위협으로부터 보호되어야 하는지를 결정한다. 예를 들어, 고객의 신용카드 번호를 보관하는 기업은 그러한 번호들이 보호대상 자산이라는 결정을 내릴 것이다.

2. 시스템 구성요소나 특정 정보자산을 누가 접근하여야 하는지 결정한다. 일반적으로, 시스템을 접근하여야 하는 이용자들 중에는 조직 외부에 위치한 공급사, 고객사, 제휴사 등이 포함된다.

3. 정보가 필요한 이용자에게 정보 접근을 제공하면서 정보자산을 보호하는데 필요한 자원을 규명한다.

4. 위 세 가지 단계에서 수집된 정보를 이용해, 명문화된 보안 정책을 개발한다.

5. 명문화된 정책에 기초하여, 보안 정책을 구현하는데 필요한 소프트웨어, 하드웨어, 그리고 물리적 접근제한장치 등의 구입을 위해 자원을 할당한다. 예를 들어, 보안 정책이 고객 정보(가령, 신용카드 번호나 신용관련 기록 등)에 대한 비승인된 접근을 금지한다면, 기업은 전자상거래 고객을 위한 기밀성 유지를 보장하는데 필요한 소프트웨어를 구매하여야 한다.

▶▶ 보안의 주요 원칙

디지털 컴퓨터 및 인터넷이 등장한 이후 그 동안 정보 보안은 다음의 여섯 가지 개념을 중심으로 발전하여 왔다.

(1) 기밀성

면허증을 신청하고, 온라인 쇼핑몰에서 회원등록을 하고, 보험상품을 구매하고, 또 은행 대출을 신청할 때, 이름, 주소, 전화번호, 생년월일, 주민번호, 연소득 금액, 직장명 등과 같은 개인신상 정보를 제공하지 않고는 원하는 것을 얻을 수가 없다. 이들 정보는 매우 개인적이고 사적인 정보지만, 비즈니스 거래를 성사시키기 위해서는 그러한 정보를 제공하지 않을 방법이 없다. 우리가 정보를 제공할 때는, 제공한 정보가 불법적인 공개로부터 보호될 것이며 또 그 정보가 사용권한이 있는 자들에 의해서만 정당한 사유를 위해 이용될 것이라는 믿음을 전제로 한다.

기밀성(confidentiality)이란 비밀유지가 필요한 정보가 합법적으로 접근, 사용, 복제, 혹은 공개할 권한이 있는 자에 의해서만 그리고 정보를 접근, 사용, 복제 혹은 공개할 진정한 필요가 있는 경우에 한해서만 접근, 사용, 복제 혹은 공개되어야 한다는 원칙을 가리킨다. 예를 들면, 우리가 기밀정보를 컴퓨터 화면에서 조회하고 있을 때, 누군가 접근을 허용받지 아니한 자가 어깨 너머로 화면을 들여다 본다면 이는 기밀성의 침해에 속한다. 또 우리 회사의 전 직원에 관한 인사정보가 저장되어 있는 휴대용 컴퓨터가 차량으로부터 도난 당한 경우에도, 이 정보가 접근이 허용되지 않은 제3자의 손에 넘어가 있을 수도 있기 때문에, 기밀성이 침해됐다고 볼 수 있다.

기밀성은 개인 신상정보를 제공한 개인들의 프라이버시를 유지하는 데 충족되어야 하는 필수 조건이다. **프라이버시**(privacy)란 전자상거래 상점 등 제3자에게 제공한 개인정보의 사용을 통제하는 것을 뜻하는 용어로서 기밀성보다는 상위 개념이다.

(2) 무결성

정보 보안에 있어, **무결성**(integrity)이란 데이터가 적절한 승인 없이 조작되거나 변조되거나 혹은 삭제될 수가 없음을 의미한다. 이는 또한 데이터베이스 시스템 한 부분에 저장된 데이터가 동일 데이터베이스의 다른 부분과 혹은 다른 데이터베이스에 저장된 여타 관련 데이터와 일치해야만 함을 의미한다. 예를 들어, 데이터베이스 시스템이 유지보수 절차 수행 전에 적절한 시스템종료 과정을 거치지 않거나 혹은 갑자기 전원공급이 차단될 경우에는 무결성 침해가 발생한다. 또 종업원이 실수로 혹은 악의적인 의도를 가지고 중요한 데이터 파일을 삭제할 경우에도, 무결성이 침해된다. 그 밖에, 컴퓨터 바이러스가 컴퓨터에 전이되거나, 혹은 온라인 구매자가 구매하고자 하는 제품의 가격을 임의로 변경할 수 있는 경우에도, 무결성 침해가 발생한다.

(3) 가용성

가용성(availability) 개념은 전자상거래 사이트가 의도한 바대로 지속적으로 기능을 잘 수행하는 정도를 나타낸다. 즉, 정보가 필요할 때, 정보는 물론 그 정보를 처리하기 위해 사용되는 컴퓨터자원이 모두 준비되어 있고 정확히 가동이 되고 있음을 의미한다. 가용성의 반대 개념은 **서비스 거부**(denial of service)이다.

(4) 부인 봉쇄

또 하나의 보안 원칙은 **부인 봉쇄**(non-repudiation)로서 이는 인터넷 기반의 전자상거래에 참여하는 당사자들이 온라인 거래내용을 부인 혹은 거부하지 못하도록 하는 것을 의미한다. 고객이 실제 이름과 e-메일 주소를 이용해 제품 주문을 한다고 하더라도, 이후에 제품 주문을 한 적이 없다고 거래사실을 부인할 수가 있다. 이는 온라인 상점 측에서 고객이 제품을 주문했다는 사실을 증명할 수 있는 법적 증거물(가령, 고객이 서명한 서류)이 없기 때문이다. 만일 고객으로 하여금 디지털 서명을 부착해 거래내용을 전송토록 한다면, 부인을 봉쇄할 수가 있을 것이다. 주문거래 사실의 부인은 주문의 취소와는 구별이 되어야 한다. 전자는 주문을 해 놓고도 주문한 일이 없다고 주장하는 것이고, 후자는 주문 후 마음이 변해 주문을 없던 일로 하자는 것이다. 온라인 상점 측에서 주문취소에 대해 일정금액의 수수료를 부과할 경우, 고객이 거래사실을 부인할 수가 있다.

(5) 당사자 인증

인터넷에서 상대방과 거래 혹은 대화를 하는 과정에서 상대방의 신원을 확인하기 위한 방법 혹은 수단을 **당사자 인증**(authentication)이라고 한다. 고객은 자신이 제품을 구매하고자 하는 온라인 상점이 실제 자신이 알고 있는 그 상점이라는 것을 어떻게 알 수 있을까? 또 온라인 상점 측에서는 고객이 실제로 본인이 주장하는 그 고객이라는 것을 어떻게 알 수 있는 것인가? 예를 들면, 성인임을 증명해야 접근이 허용되는 성인물 사이트에서 홍길동이란 성인 이름을 제시하는 사용자가 실제 본인이 맞는지 아니면 자신 아버지의 이름을 빙자해 접근을 시도하는 아이인지 그 신원을 확인할 수 있는 방법이 있어야 한다고 할 때, 이는 당사자 인증을 통해서만 확인될 수가 있다.

▶▶ 보안 위협요소

전자상거래 시스템의 보안에 위협이 되는 주요 요소들은 악성코드, 피싱, 해킹, 신용카드 사기, 그리고 서비스 거부 공격이다. 이들을 아래에서 각각 살펴보기로 한다.

악성코드

인터넷 환경에서 가장 빈번하게 나타나는 보안 위협요소는 **악성코드**(malicious code 혹은 malware)이다. 악성코드는 컴퓨터 소유주의 동의 없이 컴퓨터를 침입하거나 손상시키도록 만들어진 소프트웨어이다. 적대적 성격을 띠고 침입하며 사용자에게 성가신 존재로 인식되는 소프트웨어를 가리켜 흔히 악성코드라고 한다. 그러나 컴퓨터 사용자들 다수가 악성코드란 용어에 대해 생소하게 느끼며, 흔히 대부분의 악성코드를 일컬어 바이러스라고 부른다. 소프트웨어는 그 특정 기능보다는 그 작성자 의도를 근거로 하여 악성코드로 분류될 수가 있다. 악성코드에는 컴퓨터 바이러스, 웜엄, 트로잔 호스, 스파이웨어, 애드웨어 및 기타 악성 소프트웨어가 포함된다.

현장 사례   **기업에 '매우 심각한 피해' 주는 보안사고 크게 늘었다**

지난해 기업과 개인 모두 랜섬웨어, 악성코드 감염, 해킹 같은 침해사고에 대응하기 위한 활동을 강화한 것으로 조사됐다. 이러한 노력에도 불구하고 공격이 지능화되면서 기업의 '매우 심각한 피해' 사고율이 크게 늘어났고, 개인의 전체 침해사고 경험률도 높아진 것으로 나타났다.

과학기술정보통신부와 한국정보보호산업협회(KISIA)는 14일 이 같은 내용이 포함된 '2021년 정보보호 실태조사' 결과를 발표했다.

정보보호 실태조사는 국민과 기업의 정보보호 인식 및 침해사고 예방·대응 활동 등을 알아보기 위해 매년 실시되고 있다. 올해 조사는 7,500개 기업과 인터넷 이용자 4천명(만 12~69세)을 대상으로 진행했다.

■ 기업 침해사고 경험률 줄었지만 '매우 심각한 피해'는 10.2% 포인트 증가

조사결과 전년보다 많은 기업이 정보보호 정책·예산을 수립하고 침해사고 대응활동을 강화하고 있으며, 침해사고 경험률은 지속 감소하고 있는 것으로

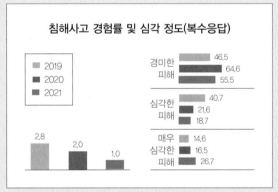

침해사고 경험률 및 심각 정도(복수응답)

- 2019
- 2020
- 2021

	2019	2020	2021
경미한 피해	46.5	64.6	55.5
심각한 피해	40.7	21.6	18.7
매우 심각한 피해	14.6	16.5	26.7

2.8   2.0   1.0

▶ 자료: 2021 정보보호 실태조사

확인됐다.

정보보호 정책 수립률은 27.0%로 전년 대비 3.4% 포인트(p) 늘어났다. 예산 편성률은 66.6%로 전년보다 4.8%p 증가했으며, 예산 지출 분야는 ▲정보보호 시스템 유지보수(49.3%) ▲정보보호 제품 구입(35.7%) ▲정보보호 서비스 구입(17.1%) 순으로 나타났다.

기업의 침해사고 대응 활동은 27.7%로 전년 대비 0.7%p 증가했다. 침해사고 대응 방법으로는 ▲대응

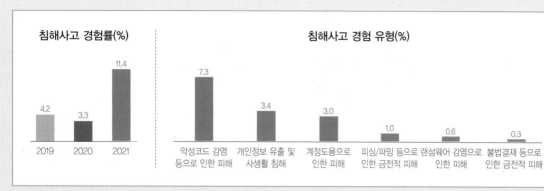

▶ 자료: 2021 정보보호 실태조사

계획 수립(15.4%) ▲긴급연락체계 구축(14.4%) ▲사
고복구조직 구성(6.1%) 등의 노력이 이뤄졌다.

　침해사고 경험률은 1.0%로 전년 대비 1.0%p 감
소했다. 단, 피해 심각 정도를 살펴봤을 때 '경미한
피해'(55.5%)나 '심각한 피해'(18.7%)는 각각 9.1%p,
2.9% 줄어들었지만, '매우 심각한 피해'(26.7%)는
10.2%p 늘어난 것으로 조사됐다.

　침해사고 유형은 ▲랜섬웨어(47.7%) ▲악성코드
(41.9%) ▲해킹(11.4%) ▲DoS/DDoS 공격(1.8%) 순
으로, 지난해에 이어 랜섬웨어가 가장 위협적인 요소
로 나타났다.

■ 개인 침해사고 경험률, 8.1% 포인트 증가

　개인부문 조사결과, 개인의 정보보호 중요성 인
식이 향상됨에 따라, 정보보호를 위한 활동도 함께
증가한 것으로 나타났다.

　정보보호 중요성 인식하고 있는 응답자는 96.3%
로 전년대비 4.0%p 늘었다. 또 개인정보보호 중요
성 인식하고 있다는 응답자도 97.8%로 3.6%p 증가
했다.

　정보보호를 위한 개인의 노력에도 불구하고 침해

사고 경험률은 11.4%로 전년 대비 8.1%p 확대됐다.
유형은 ▲악성코드 감염 등으로 인한 피해 ▲개인정
보 유출 및 사생활 침해 ▲계정도용으로 인한 피해
등의 순으로 높았다.

　개인의 IP카메라 이용률(12.4%)과 클라우드 서비
스 이용률(37.3%)은 전년 대비 각각 6.9p%, 1.9% 늘
어났다. IP카메라 이용자들은 영상데이터 발생·처
리로 인한 개인정보 침해 위협 증가나 영상정보 노
출에 따른 2차 범죄 우려 등 개인정보와 관련된 이슈
를 가장 우려하는 것으로 나타났다.

　과기정통부 김정삼 정보보호네트워크정책관은
"기업과 개인의 침해사고 대응 활동이 증진하였지만
랜섬웨어 등 급증으로 인해 '기업의 매우 심각한 침
해사고 피해율'과 '개인의 침해사고 경험률'이 증가
했다"고 언급했다.

　이어 "기업과 국민 모두 정보보호에 지속적인 관
심을 가지고 정보보호를 실천할 필요가 있고, 정부도
침해사고 위협에 대비하여 안전한 인터넷 환경과 정
보보호 인프라 형성을 위해 최선을 다하겠다"고 밝
혔다.

▶ 출처: ZDNet, 2022. 4. 14.

(1) 바이러스

우리 귀에 매우 익숙해져 있는 용어 **바이러스**(virus)는 사용자가 자신도 모르는 상태에서 자체 파일을 복제하며 컴퓨터를 감염시키는 프로그램이다. 원본 파일이 복제 파일을 변형시키며 복제 파일도 스스로를 변형시킬 수도 있다. 바이러스는 네트워크나 이동식 저장매체(가령, USB 메모리)를 통해 한 컴퓨터에서 다른 컴퓨터로 이동하며 컴퓨터를 감염시킨다. 오늘날 많은 개인용 컴퓨터들이 인터넷 및 근거리통신망(LAN)에 접속되어 있어 바이러스 전이가 더욱 수월해지고 있다. 오늘날 바이러스는 웹, e-메일, 파일공유시스템 등과 같은 네트워크 서비스를 활용하고 있어, 바이러스와 워엄 간의 경계선이 무너지고 있다. 일부 바이러스는 프로그램을 손상시키거나 파일을 삭제하거나 하드디스크를 다시 포맷시킴으로써 컴퓨터를 손상하도록 프로그램이 되어있다. 반면, 다른 바이러스들은 아무런 손상을 입히지 않으나, 자체 파일을 복제시키며 문자, 화상 혹은 음성 정보를 나타냄으로써 그 존재를 표현하기도 한다. 그러나 이러한 평범한 바이러스 조차도 컴퓨터 이용자에게는 문제를 발생시킬 수가 있다. 이러한 바이러스가 다른 정상적인 프로그램이 필요로 하는 컴퓨터 메모리를 차지하기 때문이다. 결과적으로 이러한 바이러스 때문에 이상행동이 나타나고 시스템이 마비되는 상황에까지 이를 수가 있다. 또 바이러스 다수가 오류가 많으며, 이러한 바이러스 오류가 시스템 충돌 및 데이터 손실을 초래할 수가 있다.

(2) 워 엄

워엄(worm)은 바이러스와 유사하지만 시스템을 마비시키기만 할 뿐 파일을 손상시키지는 않는다는 점에서 바이러스에 비해 다소 덜 유해하다고 할 수 있다. 워엄은 한 파일에서 다른 파일로 전이해 가기보다는 한 컴퓨터에서 다른 컴퓨터로 전이하는 특징을 지닌 프로그램이다. 워엄의 유명한 예로서 지금은 MIT의 교수가 된 **로버트 모리스** 사례를 들 수 있다. 1980년대 말 **코넬**(Cornell)대 대학원 컴퓨터공학과에 재학중이던 그는 실험 삼아 프로그램 하나를 만들어 인터넷의 전신인 **아파넷**(APARNET)에 띄웠는데, 이로 인해 네트워크에 연결된 미전역의 6,000여 컴퓨터들이 하루 동안 장애를 일으킴에 따라 사용자들이 업무를 중단해야 하는 불편을 겪어야 했다.

(3) 트로이 목마

트로이 목마(Trojan horse)는 실행되기 전까지는 무해해 보이는 파일이다. 바이러스와 달리, 트로이 목마는 겉으로는 다른 성질의 프로그램인 것으로 위장을 함으로써 악성코드를 숨기거나 몰래 설치하는 프로그램이다. 이 용어는 트로이 목마라는 전설에서 유래하고 있다. 트로이 목마는 이를 모르는 사용자에게는 유용하거나 흥미로워 보일지 모르지만, 실제로는 프로그램 실행시점에 유해한 영향을 미치는 프로그램이다. 트로이 목마의 예로는 "waterfalls.scr"라는 프로그램을 들 수 있는데, 이 프로그램은 무료의 '폭포수 스크린세이버'라고 되어 있지만, 이를 실행시키면 원격으로 사용자 컴퓨터를 침입할 수 있도록 접근이 허용된다.

(4) 스파이웨어

스파이웨어(spyware)는 사용자의 동의 없이 개인적인 정보를 수집하는 컴퓨터 소프트웨어이다. 개인정보를 수집하는 방법은 사용자 키입력의 저장, 인터넷 웹브라우저 사용내역 기록, 컴퓨터 하드디스크 문서의 탐색 등 다양하다. 또 이들 스파이웨어는 개인 비밀번호 및 신용카드 정보의 입수는 물론, 광고회사에서 의뢰한 인터넷 검색내역의 축적을 목적으로 하여 정보수집을 하고 있다.

(5) 애드웨어

애드웨어(adware)란 애플리케이션 소프트웨어를 설치해 사용하는 동안 자동으로 광고물을 재생, 표시 혹은 다운로드하는 소프트웨어 패키지를 가리킨다. 일부 프로그래머들은 애드웨어를 프로그램 개발비용을 회수하기 위한 방안으로 간주하며, 또 때에 따라서는 사용자에게 프로그램을 무료 혹은 할인된 가격에 제공할 수 있는 수단으로 보기도 한다. 광고수

그림 11-1 피싱 화면의 예시

▶ 이베이에서 보낸 메일처럼 가장하면서 개인정보를 제공해야 함을 안내하는 화면(왼쪽 이미지): 안내 메일의 링크를 누름과 동시에 나타난 개인정보 입력 화면 (오른쪽 이미지).

입을 통해 프로그래머는 계속해서 소프트웨어 제품을 개발하고 업그레이드 할 수가 있다.

피 싱

최근 인터넷의 확산과 함께 생겨난 신조어인 **피싱**(phishing)이란 금전적 이득을 노리고 사용자를 속여 기밀정보를 빼내는 범죄행위이다. 피싱 행위자들은 온라인 커뮤니케이션을 통해 자신을 신뢰할 만한 신분으로 가장함으로써 개인으로부터 사용자이름, 패스워드, 신용카드 번호 등과 같은 민감한 정보를 불법으로 빼내는 자들이다. **이베이**(e-Bay)와 **페이팔**(PayPal)이 주된 표적이 되는 기업들로 알려져 있고, 온라인 은행들도 역시 자주 표적이 되고 있다. 피싱은 흔히 e-메일이나 인스턴트 메시징과 같은 애플리케이션을 통해 흔히 발생하며, 일반적으로 웹사이트상에서 사용자로 하여금 상세정보를 제공하도록 유도한다. **그림 11-1**은 이메일을 통해 피싱을 시도하는 예시화면을 보여주고 있다.

현장 사례

카카오뱅크 등 인터넷은행 사칭 피싱 금융사기 기승

카카오뱅크 등 인터넷전문은행을 사칭한 신종 스미싱 금융사기가 기승을 부리고 있다.

16일 〈시사오늘〉 취재에 따르면 최근 인터넷은행인 카카오뱅크 명의로 '정부지원금 특별추가지원 대상자로 확인돼 다시 안내드린다. 온라인 및 전화상담 등 비대면으로 신청이 가능하다'는 내용의 문자가 불특정 다수에게 보내졌다.

> **카카오뱅크**
>
> [Web발신]
> (광고) 안녕하세요. 카카오뱅크입니다.
>
> 고객님께서 정부지원금 특별추가지원 대상자로 확인되어 다시 안내드립니다.
>
> 이번 상품 신규,기존,모두 추가지원가능하며.
>
> 신청은 지난 분기와 동일한 온라인 및 전화상담을 통해 비대면으로 신청 가능하며, 접수마감까지 신청해 주시길 바랍니다.

▶ 카카오뱅크를 사칭해 다수에게 전송된 대출 신청 권유 문자

해당 문자는 기획재정부 주관으로 총 3조 5,000원 규모의 무담보·저금리 대출 지원이 이뤄지며, 경영안정·일상회복 등 목적으로 대출자금 사용이 가능하다고 안내하고 있다. 인터넷주소 링크(URL)도 포함돼 있다.

그러나 이는 카카오뱅크를 사칭한 금융사기다. 카카오뱅크 관계자는 "카카오뱅크는 절대 전화나 문자로 대출을 권하지 않는다"며 "(해당 문자는)카카오뱅크를 사칭한 사기"라고 강조했다.

앞서 지난 4월에는 케이뱅크 명의로 코로나19 정부지원대출 신청을 유선으로 접수하고 있다는 내용의 전화가 불특정 다수에게 걸려왔다. 케이뱅크 측은 공지를 통해 해당 사례를 안내하면서 고객들에게 주의를 당부하기도 했다.

토스뱅크도 최근 인터넷은행 사칭 금융사기 사례와 관련해 주의를 당부하는 공지를 올리고 앱 내 알림 기능을 통해 관련 내용을 고객들과 공유했다.

인터넷은행 한 관계자는 "인터넷은행은 전화나 문자로 먼저 고객에게 연락해 대출 상품을 안내 또는 권유하지 않는다"면서 "만약 문자나 전화를 받았다면 일단 피싱 범죄를 의심해야 한다"고 당부했다.

한편 금융감독원이 지난해 7월 배포한 '보이스피싱 피해발생시 즉시 대응조치' 자료에 따르면 스미싱 또는 보이스피싱 피해 발생시 입금 또는 송금 금융회사 콜센터로 즉시 전화해 계좌 지급 정지를 신청해 추가피해를 막아야한다.

악성앱이 설치된 경우에는 다른 기기를 이용해 지급정지 신청을 진행해야 한다. 악성앱 설치시 경찰 또는 금감원, 은행 등으로 전화를 걸어도 보이스피싱 범죄조직으로 연결될 가능성이 크기 때문이다.

▶ 출처: 시사오늘, 2022. 5. 16.

해 킹

해커(hacker)란 불법으로 컴퓨터시스템에 접근할 의도가 있는 자를 가리키는데, 해커 중에서도 범법의도가 있는 해커를 가리켜 **크래커**(cracker)라고 부른다. 이들은 흔히 웹사이트 및 컴퓨터시스템의 보안부문과 관련된 약점을 발견함으로써 불법적인 접근을 시도한다. 해커들은 기업 및 정부기관 웹사이트를 침입하는 도전에 희열을 느끼는 광적인 사용자들이다. 이들은 때로는 전자상거래 사이트의 파일을 유출시키기도 하고, 또 때에 따라서는 악의적 의도를 가지고 상거래 시스템을 중단, 손상 혹은 파괴시키는 이른바 **사이버 만행**(cybervandalism)을 저지르기도 한다.

우리나라의 경우, 중국발 해킹피해 사례가 빠른 증가 추세를 보이고 있다. 지난 2004년 중국의 해커들이 국회·국방부 등 주요기관을 해킹한 사건 이후 알려지기 시작한 중국 해커들의 활동은 점차 두드러졌다. 이러한 해킹피해 사례가 증가하는 가운데 국내 기업 및 기관들은 정보보호에 대한 투자를 차츰 증대시키고 있는 추세이다.

 현장 사례 **과감해진 추정 해킹 공격…현직경찰 신분증까지 사칭**

정보보안기업 이스트시큐리티는 17일 북한발 해킹 사건을 수사하는 현직 경찰 신분처럼 위장된 해킹 공격이 발견됐다며 각별한 주의를 당부했다.

이스트시큐리티에 따르면 이번 사례는 경찰청에 근무하는 첨단안보수사계 수사관처럼 사칭해 얼굴과 실명 등이 담긴 공무원증을 PDF 문서로 위장해 해킹을 시도했다.

경찰의 신분증을 도용한 해킹 사건은 지난 2017년 국내 모 비트코인 거래소 관계자를 타깃으로 회원 가입 조회 협조 요청을 위장한 공격이 수행된 경

▶ 해킹 시도 때 보여지는 현직 경찰 신분증 모습

우가 있다. 당시 공격에는 '비트코인 거래내역.xls' 파일명의 악성 코드와 신분증 PDF 사본이 함께 사용됐고, 수사당국의 조사 결과 북한 소행으로 결론 난 바 있다.

앞서 설명한 비트코인 거래소 대상 경찰 사칭 공격은 정상 신분증 문서를 이메일에 악성 문서와 별도 첨부해 보낸 수법을 썼지만, 이번 공격은 악성 실행파일(EXE) 내부에 정상 신분증 PDF 문서를 교묘히 은닉 후, 악성 코드 작동 시점에 정상 파일로 교체한 점이 다르다.

이스트시큐리티는 이처럼 국내 사이버 위협의 양상이 날이 갈수록 과감해지고, 노골적인 방식으로 진화하고 있다고 지적했다. 이와 관련해 이스트시큐리티는 비슷한 해킹 공격에 빈번하게 노출되던 사람은 각별한 주의가 필요하다고 당부했다.

이스트시큐리티 시큐리티대응센터(이하 ESRC)는 이번 공격을 분석한 결과 해킹 공격 거점에 국내 서버가 악용된 사실을 밝혀냈다. 또 관계 당국과 긴밀히 공조해 침해 사고 서버를 신속히 조치, 추가 피해 발생을 차단함과 동시에 공격 명령 과정에 사용된 여러 기록을 확보해 면밀히 분석 중이다.

ESRC는 이번 공격에 사용된 웹 서버 명령어가 지난 2월과 5월에 각각 보고된 ▲유엔인권사무소 조선민주주의인민공화국 내 인권 상황에 관한 특별보고서 ▲대북전단과 관련한 민주평통 제20기 북한이탈주민 자문위원 대상 의견수렴 사칭으로 수행된 공격 때와 명령어 패턴이 일치한 것으로 파악했다.

또 유엔인권사무소를 사칭했던 악성 워드문서 파일(DOCX)의 매크로 실행 유도 디자인과 과거 북한 배후의 해킹 공격으로 분류된 통일부 정착 지원과 사칭 공격 때의 화면이 서로 동일한 것으로 확인됐다.

ESRC는 과거 포착된 악성 워드 파일 공격의 경우 문서가 처음 실행될 때 '문서가 보호되었습니다'라는 가짜 마이크로소프트 타이틀을 보여주고, 세부 설명에 '콘텐츠 사용' 버튼 클릭 유도용 디자인이 동일한 이미지로 재활용되고 있지만, 간혹 영문 표기나 일부 단어가 변경된 경우도 발견되고 있어 주의 깊게 분석할 필요가 있다고 전했다.

ESRC는 이번 공격에 사용된 명령제어(C2) 인프라 및 파워셸 코드 유사도, 주요 침해 지표(IoC) 등을 면밀히 비교한 결과 이른바 '스모크 스크린' 지능형지속위협(APT) 캠페인으로 명명된 북한 정찰총국 연계 해킹 조직의 소행으로 최종 분류했다고 설명했다.

이스트시큐리티 관계자는 "북한의 사이버 안보 위협은 대한민국 현직 경찰관의 신분을 도용해 해킹 대상자를 물색하고 과감하게 접근하는 시도까지 할 정도로 위험 수위가 높다"라며 "무엇도 신뢰하지 않는다는 전제의 제로트러스트 사이버 보안 모델 개념처럼 항상 의심하고 경각심과 긴장을 높여야 할 때"라고 당부했다.

▶ 출처: 뉴시스, 2022. 8. 17.

신용카드 사기

인터넷에서 발생할 수 있는 가장 위험한 피해사고는 신용카드 데이터의 도난이다. 온라인 신용카드 사기사건이 발생할 확률은 전체 인터넷기반 구매거래의 1%가 가까스로 넘을 정도로 미미하다는 조사결과가 있으나, 사용자로서는 플라스틱 신용카드를 분실하지 않고도 카드관련 정보가 불법 유출될 경우 큰 피해가 발생할 것으로 우려해 신용카드 거래를 꺼리는 경우도 적지 않다. 뿐만 아니라, 이름, 전화번호, 주소 등 고객 개인정보를 중간에 가로챈 사기범은 이러한 개인정보를 이용해 남의 이름으로 신용카드 회사에 카드를 신청하고 이 카드로 얼마든지 온라인 구매를 할 수가 있다. 이 경우, 사기범이 구매한 신용카드 사용금액은 모두 개인정보를 분실한 피해자가 납부해야 하므로 큰 금전적 손실이 발생할 수가 있다.

국내에서도 인터넷 사이트 회원가입을 할 때 입력하는 개인신상정보가 유출되어 피해를 입는 사례가 종종 발생하고 있다. A씨는 최근 경매사이트 옥션에서 회원가입을 하며 신용카드번호 등 일부 정보를 입력하다가 중간에 가입절차를 중단하고 빠져 나온 적이 있는데, 최근 국민카드 사용금액고지서에 자신도 전혀 알지 못하는 59만원 구매거래가 나타나 남이 구매한 금액을 대신 물어줄 수밖에 없게 됐다.

서비스 거부 공격

인터넷에서는 웹서버에 몰리는 사용자 트래픽이 적절해야 원만한 접속이 이루어질 수 있다. 서비스 거부(Denial of Service, DoS) 공격이란 해커가 서버에 불필요한 가상 트래픽을 방대한 규모로 만들어 냄으로써 사용자들의 접속을 불능화시키는 공격유형을 뜻한다. DoS 공격은 종종 웹사이트를 봉쇄시키는 결과를 가져오므로 사용자들의 접근이 어려워지며, 이로 인해 고객들은 제품구매를 할 수가 없게 된다. 해당 사이트에 이러한 DoS 공격이 오랫동안 지속되거나 혹은 빈번하게 발생할 경우, 사이트의 이미지는 크게 손상될 수밖에 없다.

최근에는 분산 서비스거부(DDoS) 공격을 통해 서버를 순식간에 불능화시키는 사례가 빈번하게 발생하고 있다. 그림 11-2에서 볼 수 있듯이, 공격자가 마스터 좀비 PC에 공격명령을 내리면, 마스터 좀비 PC의 지시를 받은 수많은 노예 좀비 PC들이 목표서버에 대한 집중공격을 가하게 된다.

그림 11-2   분산 서비스 거부(DDoS) 공격의 개념도

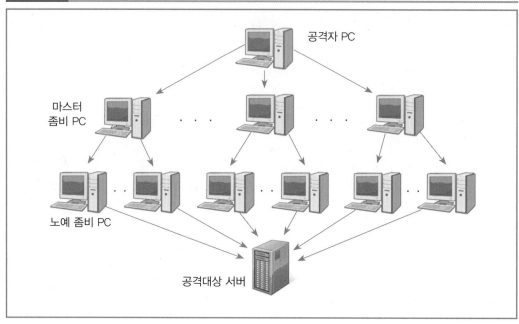

▶ 공격자가 마스터 좀비에 공격명령을 내리면, 마스터 좀비의 지시를 받은 수많은 노예 좀비들이 목표서버에 대한 집중 공격을 가하게 된다.

11.2   보안유지 기술

▶▶ 암호화

암호화의 개념

암호화(encryption)란 평범한 문자메시지나 데이터를 송신자 및 수신자 이외의 사람에 의해 전혀 해독될 수 없는 형태의 암호문으로 변환하는 과정이다. 암호화의 목적은 저장된 정보를 보호하고, 또 정보를 안전하게 전송하는 것이라고 할 수 있다. 암호화는 다음의 네 가지 보안조건을 충족시킬 수가 있다.

- 기밀성(confidentiality): 메시지의 내용이 제3자에게 노출되지 않게 함
- 무결성(integrity): 메시지 내용의 변조 방지
- 상호인증(authentication): 메시지를 송신한 당사자의 신원 확인

- 부인봉쇄(non-repudiation): 메시지 전송 사실의 번복 방지

암호화 기법은 기밀을 요하는 커뮤니케이션을 지원하기 위한 목적으로 군기관 및 정부 기관에 의해 오랜 기간 동안 사용되어 왔다. 암호화는 오늘날 인터넷 상거래, 모바일 전화 망 및 은행 자동현금인출장치 등 다양한 형태의 민간시스템을 보호하는 데 이용된다. 또한 암호화 기법은 판권화된 콘텐츠의 사용을 제한하기 위한 디지털권리관리(DRM) 혹은 불법 적인 소프트웨어 유통을 예방하기 위한 소프트웨어 복제보호를 위해서도 이용되고 있다.

암호화 기법을 구현하는 데에는 **암호**(cipher)가 필요한데 암호란 암호화를 하거나 복호 화를 하는 데 필요한 알고리듬을 뜻한다. 이 암호화 알고리듬의 구체적 실행내용은 키라고 불리는 보조적 정보에 따라 달려있다. 암호 알고리듬을 이용해 메시지를 암호화하기 전에 앞서 키가 선택되어야 한다. 키를 알지 못하고는 수신된 메시지를 다시 복호화 하기가 매우 어려워진다.

암호화 방식에는 암호화와 복호화에 동일한 키를 이용하는 **대칭적 키 암호화방식**과, 암 호화와 복호화에 서로 다른 키 세트(즉, 공개키와 비밀키)를 이용하는 **공개키 암호화방식** (혹은 비대칭적 키 암호화방식)의 두 가지가 있다. 아래에서 이들 두 가지 암호화기법을 살 펴본다.

비밀키 암호화방식

비밀키 암호화방식(symmetric key encryption)이란 송신자와 수신자가 동일 비밀키를 이용해 메시지를 암호화 및 복호화 하는 방식이다. 수신자는 메시지를 암호화 하는 데 이용 된 비밀키를 필히 알아야만 복호화할 수 있다. 다만, 비밀키는 송신자가 수신자에게 e-메일 등으로 별도로 전달할 수가 있다.

- DES: 가장 널리 이용되고 있는 비밀키 암호화 알고리듬은 DES(Data Encryption Standard)이다. 대칭형 암호화 기법에 기초하고 있는 DES는 NSA(National Security Agency)와 IBM에 의해 1970년대 초에 개발되었는데, 초기에는 64-bit 길이의 암호화 키를 사용했으나 발표시점에서는 56-bit 길이의 키로 길이를 단축시켰기 때문에, 암 호화 기법의 보안성이 취약하다는 점이 약점으로 지적됐다. 이러한 지적에도 불구하 고, 1976년 DES는 미연방 표준으로 채택이 되어 꾸준히 비기밀 문서를 암호화시키 기 위한 방법으로 사용이 되어 오다가, 결국 2002년에 기존의 취약점을 대폭 개선한 AES(Advanced Encryption Standard)에 의해 대체되었다. 여느 대칭형 암호화기법과 마찬가지로, DES는 송신자와 수신자가 동일키를 공유하며 암호화 및 복호화를 함은 물론, 매번 거래를 수행할 적마다 서로 다른 키를 사용하도록 되어 있다.

그림 11-3 　비밀키 암호화방식

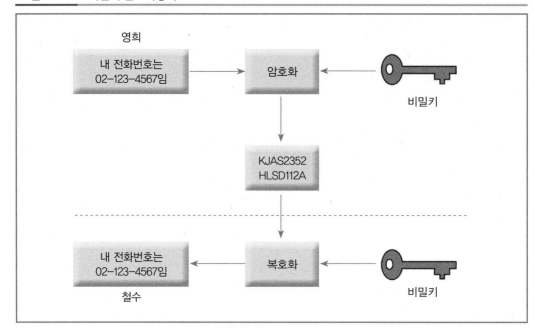

▶ 영희가 철수에게 비밀키 암호화방식에 의해 메시지를 전달하는 과정이다. 여기서 영희가 송신 시 암호화에 적용하는 비밀키나 철수가 수신 시 복호화에 적용하는 비밀키는 동일하다.

공개키 암호화방식

　　전통적으로 암호화 기법은 키를 절대적으로 비밀로 하고 이 키를 사전에 안전한 방법 (가령, 직접 만나서 혹은 신뢰할 만한 밀사를 통해 전달)에 의해 상대방에게 전달해야만 했기 때문에, 키의 전달과정과 관련해 상당한 불편과 문제점이 존재했다. 공개키 암호화방식은 이러한 약점들을 보완하기 위한 목적으로 개발됐다. 공개키 암호화기법을 통해, 사용자들은 공유키를 사전에 전달하는 번거로움 없이 안전치 못한 경로를 통해서도 얼마든지 안전하게 의사소통을 할 수 있게 되었다.

　　공개키 암호화방식(public key encryption)은 수학적으로 서로 관련있는 두 개의 키(공개키와 비밀키)를 이용한다. 이용자가 수학적 알고리듬을 이용해 공개키와 비밀키의 세트를 생성한 다음, 비밀키는 자신만이 보관하며, 공개키는 주변 이용자들에게 공개한다. 단, 복호화를 위해 수학적 공식을 통해 공개키로부터 비밀키를 산출해 낼 수 없다. 누구든지 이 공개키를 이용하여 메시지를 암호화해서 수신자에게 전달하면, 수신자는 자신의 비밀키로 메시지를 복호화해서 읽을 수가 있다. 공개키 방식에서 암호화는 공개키로 이루어지지만 복호화는 그에 상응하는 비밀키로 이루어지므로, **비대칭형 암호화방식**(asymmetric encryption)이라고도 불린다.

비밀키 암호화기법은 메시지의 기밀성유지 기능만을 제공하는 반면, 공개키 암호화기법은 기본적으로 메시지 기밀성유지 및 송신자 인증의 두 가지 주요 기능을 제공한다. 아래에서는 이들 두 가지 주요 기능에 대해 알아보기로 한다.

(1) 메시지 기밀성 보장

인터넷을 기반으로 한 전자상거래에서는 결제정보 등 민감한 정보를 네트워크를 통해 전송해야 하므로 의도적 혹은 비의도적 정보누출을 예방할 수 있도록 메시지 기밀성을 확보하는 것이 무엇보다 중요하다. 공개키를 이용한 암호화는 이와 같이 메시지를 안전하게 수신자에게 전달할 수 있는 수단을 제공한다.

메시지 기밀성을 유지할 목적으로 암호화를 해야 하는 경우 상대방이 제공한 공개키를 이용해 암호화를 할 수가 있다. 그림 11-4에서 알 수 있듯이, 영희가 철수에게 기밀 정보를 전송해야 할 경우, 메시지 암호화는 수신자인 철수의 공개키를 이용해 이루어지게 된다. 따라서 누구나 상대방 공개키만 있으면 얼마든지 메시지 암호화를 할 수 있지만, 오직 그에 상응하는 비밀키를 지닌 수신자 본인만이 복호화를 할 수 있다. 즉, 보안의 안전도는 비밀키의 안전도에 따라 달려있다는 의미이다.

그림 11-4 공개키 암호화 방식(기밀성 유지 목적)

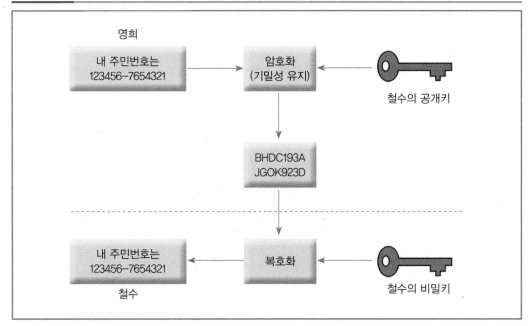

▶ 영희가 철수에게 공개키 암호화 방식을 통해 메시지를 전달하는 과정을 보여주고 있다. 여기서는 암호화의 목적이 메시지 기밀성의 유지이다.

공개키에 의한 메시지 암호화는 마치 우편물 삽입구가 있는 잠겨진 우편함과 유사하다. 우편물 삽입구는 일반인에게 노출되어 있어 누구라도 접근이 가능하며, 그 위치(즉, 번지수)는 결국 공개키와 같다. 어느 개인의 번지 수를 아는 사람은 아무라도 주소지의 문 앞으로 다가와 우편물 삽입구를 통해 쪽지 메시지를 밀어 넣을 수가 있다. 그러나 우편함의 열쇠를 가진 자만이 우편함을 열어 메시지를 확인할 수가 있다.

(2) 송신자 인증

공개키의 또 하나의 용도는 **디지털 서명**이다. 비밀키와 공개키를 이용해 디지털 서명을 메시지에 부착해 전송함으로써 송신자의 신원을 확인할 수가 있다. 송신자가 자신의 비밀키를 이용해 암호화(즉, 송신자 서명)할 경우, 송신자 공개키만 있으면 누구나 밀봉상태를 확인할 수 있어 송신자가 메시지를 서명했고 또 메시지를 제3자가 변조하지 않았음을 확인할 수 있다.

그림 11-5은 영희가 철수에게 '10만원을 결제하겠음'이란 메시지를 전달하기 위해 디지털 서명을 이용해 암호화를 하는 과정을 보여주고 있다. 이를 위해 우선은 수신자 철수의 공개키를 이용해 메시지 기밀성을 확보할 목적으로 암호화가 진행된다. 그 다음으로, 송신자인 영희 자신의 비밀키로 이미 암호화된 메시지에 다시 한 번 암호화를 진행함으로써 디지털 서명을 부착하게 된다. 이렇게 암호화된 메시지가 수신되면, 송신자 영희의 공개키를 이용해 디지털 서명을 확인함으로써 영희가 보낸 것이 틀림없음을 알 수가 있다. 그 다음 철수는 다시 한 번 자신의 비밀키를 통해 메시지를 복호화시켜 영희가 보낸 본래 메시지를 읽을 수가 있다.

디지털 서명은 우리 주변의 생활에서 심사결과나 시험합격여부와 같은 민감한 내용을 담은 봉투의 밀봉방식과 비유될 수 있다. 메시지를 아무나 사전에 열어볼 수가 있지만 최종 수신자 입장에서 보면, 송신자의 처음 밀봉표시가 있어야만 아무도 중간에 뜯어보지 않았으며 송신자가 보낸 상태 그대로 유지되고 있음을 알 수가 있다.

공개키 암호화 방식의 주된 문제점은 공개키가 진짜이며 악의를 가진 제3자에 의해 변조된 것이 아니라는 사실을 증명하기가 어렵다는 점이다. 일반적으로 이 문제를 해결하기 위한 방법으로 공개키 인프라 기법을 사용하고 있다. 이 방법에서는 CA라고 불리는 제3기관이 중간에 개입해 해당키 세트(즉, 공개키와 비밀키)의 실제 소유여부를 확증해 준다. 공개키 인프라 기법에 대해서는 뒤의 '인증' 부분에서 더 상세히 살펴보기로 한다.

- **RSA**: RSA는 공개키 암호화기법을 구현한 대표적 사례로서 1977년 MIT의 Rivest, Shamir, Adleman 세 사람에 의해 개발되었으며, 그 약어도 이들 세 연구자의 이니셜에 기초하여 만들어졌다. RSA 암호화기법은 암호화는 물론 디지털 서명에도 적절한

그림 11-5　공개키 암호화 방식(송신자 인증 목적)

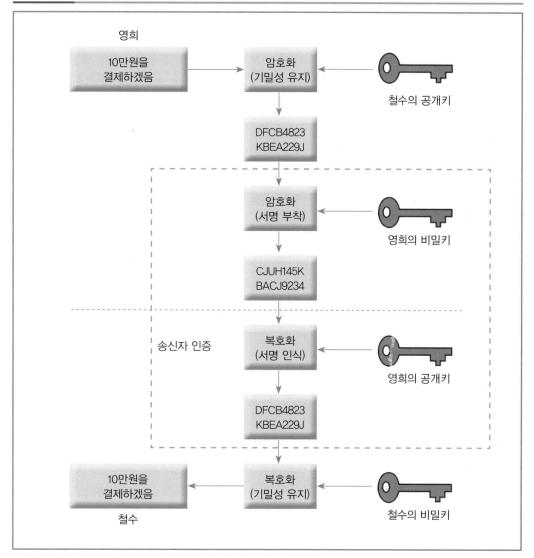

▶ 영희가 철수에게 공개키 암호화 기법을 통해 디지털 서명을 부착한 후 메시지를 전달하는 과정이다. 여기서 디지털 서명부착을 통한 암호화의 목적은 송신자 신원의 확인(즉 인증)이다.

첫 알고리듬이어서 유용한 기법으로 알려져 있다. 충분히 긴 키를 사용하며 최신 기술을 반영해 개선되어 오고 있어, 오늘날 e-커머스 거래에서 널리 이용되고 있다. 또, 복잡한 수학산식에 의해 공개키와 비밀키가 산출되며, 이 중 공개키는 외부에 공개되고 비밀키만 이용자에게 전달된다.

▶▷ 온라인 인증

오프라인 거래와 온라인 거래 간에 존재하는 가장 큰 차이점 중의 하나는 상대방의 신원확인 필요성 여부에서 찾아볼 수 있다. 흔히 대면거래에서는 현금에 의해 결제하는 경우라면 당연히 상대방의 신원을 확인할 필요가 없고, 또 신용카드나 수표에 의해 결제한다 하더라도 상대방이 미심쩍을 경우에는 전화번호나 주민번호를 기재하도록 하거나 주민등록증과 같은 신분증을 제시하도록 함으로써 본인임을 쉽게 확인할 수 있기 때문에 특별한 신원확인 과정이 요구되지 않는다. 반면, 온라인 거래에서는 인터넷을 기반으로 한 사이버 공간에서 서로 모르는 관계의 거래 당사자들이 상대방을 보지 못하는 상황에서 거래를 진행해야 하기 때문에, 상대방이 실제로 누구인지를 정확하게 밝혀내는 것이 인터넷사기와 같은 전자상거래 역기능을 피하기 위한 필수조건 중의 하나이다. 이와 같이 온라인 거래에서 상대방의 신원을 확인하는 과정 혹은 기법을 가리켜 **인증**(authentication)이라고 부른다.

아래에서는 인터넷 환경을 위한 주요 인증기법으로서 공개키 인프라 인증과 커버로스 인증의 두 가지 인증기법에 대해 알아보기로 한다.

공개키 인프라 인증

공개키 인프라(public key infrastructure: PKI) 인증은 제3자 인증기관인 CA(certificate authority)로 하여금 공개키를 통해 사용자 신원을 확인해 주도록 하는 인증기법이다. PKI는 사용자 인증수단으로 공개키 기반의 **디지털 인증서**(digital certificates)를 이용하는 것이 특징이다. 디지털 인증서란 CA가 발급한 디지털 문서이며, 사용자 혹은 기업의 이름, 사용자 공개키, DC 일련번호, 유효기간, 발급일자, CA의 디지털 서명 등의 정보를 포함한다.

일반적으로 PKI는 상호대화중인 당사자들이 기밀정보를 교환하거나 사전연락을 취할 필요 없이도 기밀성, 메시지 무결성, 그리고 사용자 인증을 실현할 수 있게 해준다. 때에 따라 PKI 기법은 인증서 발급의 조건, 관련 법규의 변화, 그리고 인증서의 신뢰성과 같은 현실적인 문제들 때문에 그 유효성이 제한되기도 한다. 그러나 이러한 문제들은 당사자들이 초기에 서로 접촉하는 시점에서는 중요하겠지만, 대화가 진행되고 당사자들이 서로의 신원 및 공개키에 대해 점차 신뢰하기 시작하면서 별로 중요한 이슈가 되지는 않는다.

미국에는 VeriSign, 미우체국 등 기관이 CA이며, 국내에서는 한국정보인증, 한국증권전산, 금융결제원, 한국전자인증, 한국전산원 등이 대표적인 CA이다.

PKI에 의한 인증서 발급 및 이용절차는 다음의 단계들을 따라 이루어지게 되며, **그림 11-6**은 PKI 인증기법의 개념을 도식적으로 보여주고 있다.

① 디지털 인증서를 발급받기 위해, 사용자가 공개키 및 비밀키 세트를 생성한 후, 사용

그림 11-6 공개키 인프라(PKI)에 의한 인증기법의 개념도

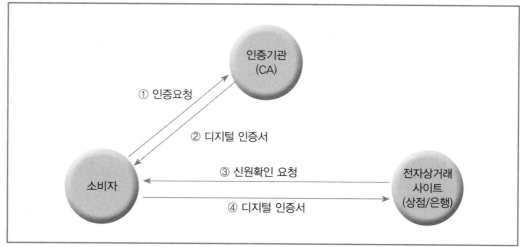

▶ 소비자는 CA로부터 디지털 인증서를 발급받아, 전자상거래 사이트의 신원확인 요청이 있을 경우 디지털 인증서를 제 시하게 된다.

자 공개키를 첨부해 CA에 인증요청을 함

② CA측에서는 사용자 관련 정보의 진위여부를 확인한 후, 사용자의 공개키 및 기타 관 련정보를 포함하는 디지털 인증서를 발급함

③ CA가 디지털 인증서로부터 해시(hash : 수학산식을 통해 산출된 고정길이의 숫자)를 산출하고, CA의 비밀키로 디지털 서명을 추가함 - CA가 이 인증서를 발급했고 아무 도 그 내용을 개봉하지 않았음을 증명함

④ 인증서가 사용자에게 전달됨

⑤ 사용자는 이 인증서를 전자상거래나 인터넷뱅킹을 이용할 때, 자신의 신원을 증빙하 기 위한 수단으로 제시함

커버로스 서버인증

커버로스(Kerberos)는 그리스 신화에서 저승의 신 하데스의 문을 지키는 머리가 셋 달 린 개를 뜻한다. 이 말에서 유래한 커버로스 서버인증은 MIT의 연구팀에 의해 1980년대 말 경 개발된 인증(authentication) 서비스이다. 커버로스는 제3의 인증서버를 이용해 자동으 로 클라이언트와 서버 간에 서로의 신원을 확인하는 기법이다.

공개키 인증과 달리, 커버로스 인증은 대칭형 암호화 알고리듬인 DES 암호화 기법을 이 용한다. 따라서 시스템상에는 비밀키들의 데이터베이스가 존재하며, 이 데이터베이스를 토 대로 컴퓨터마다 부여된 **비밀키** 및 인증에 필요한 **티켓**을 이용해 각자의 신원을 증빙하게

된다.

커버로스 인증방법은 **키 배급센터**라고 불리는 '신뢰있는 제3자'(trusted third party)의 개념에 기초한다. 그림 11-7에서 볼 수 있듯이, 키 배급센터는 인증서버와 티켓발급서버로 구성되며, 사용자 신원을 증빙하기 위한 수단으로서 티켓을 이용한다. 사용자는 로그온 후 인증서버로부터 티켓 및 세션키를 발급받아 티켓부여 서버에 자기인증을 하고, 또 티켓부여 서버로부터 티켓 및 세션키를 발급받아 자기인증을 한 후 궁극적인 서비스 서버에 접속하는 데 필요한 자기인증을 획득하며, 이를 통해 애플리케이션 서버에 접속해 원하는 서비스를 제공받을 수가 있다.

아래에서는 커버로스 인증서비스의 전반적인 과정을 이해할 수 있도록, 세부 단계들은 생략하고 핵심 단계들을 중심으로 인증프로세스를 소개하기로 한다.

① 클라이언트의 사용자가 사용자이름과 암호를 입력한다.

② 클라이언트가 입력된 암호에 1차 **해시**(hash)산식을 적용하고, 그 결과 값은 클라이언

그림 11-7   커버로스 인증서비스의 개념도

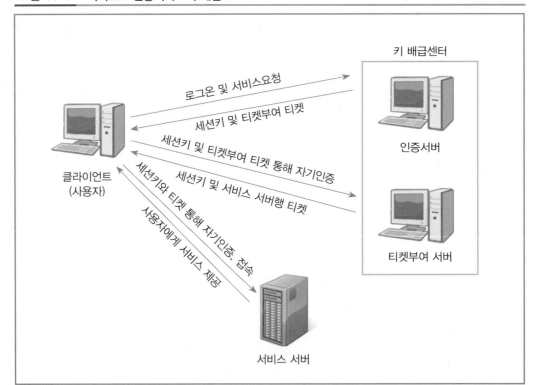

▶ 커버로스 시스템은 인증서버 및 티켓부여 서버로부터 티켓을 발급받아 서비스 서버에의 접근 및 서비스를 제공받게 된다.

트의 비밀키가 된다. 이 비밀키는 이후 메시지 암호화 혹은 복호화를 위해 이용된다.

③ 클라이언트는 사용자의 희망 서비스를 요청하는 메시지를 인증서버에 전송한다. 단, 이 때 비밀키나 암호는 전송되지 아니한다.

④ 인증서버는 클라이언트 컴퓨터의 신원이 데이터베이스에 존재하는지 확인하고, 만일 존재한다면 티켓부여 티켓과 세션키를 각각 해당 비밀키로 암호화한 다음 다시 클라이언트에게로 전송한다.

⑤ 일단 클라이언트 컴퓨터가 티켓부여 티켓과 세션키를 수신하면, 즉시 세션키를 복호화 함으로써 티켓부여 서버와의 세션 설정에 필요한 세션 키를 확보한다. (단, 티켓부여 티켓은 티켓부여 서버의 비밀키로 암호화되어 있으므로, 클라이언트가 이를 복호화 할 수가 없음)

⑥ 이제 클라이언트는 티켓부여 티켓과 인증자(이는 클라이언트 고유번호 및 타임스탬프로 구성됨)를 암호화 해서 티켓부여 서버에 제시함으로써 서비스 서버에의 접근을 요청함

⑦ 티켓부여 서버는 이들을 수신해서 제대로 복호화가 되면 서비스 서버행 티켓과 세션키를 클라이언트에게로 전송한다.

⑧ 티켓부여 서버로부터 이들을 수신하는 대로, 클라이언트는 서비스제공 서버에 자기 인증을 제시하며 인증이 통과되면 서비스 서버에 접속이 이루어지게 됨

⑨ 서비스 서버는 요청된 서비스를 클라이언트에게 제공함

▶▶ 네트워크 및 시스템의 보호

인터넷을 이용하는 기업 및 가정의 사용자들은 모두, 앞서 언급된 바 있는 보안 위협요소들에 노출되어 있다. 따라서 이러한 위협요소들로부터 기업의 네트워크, 컴퓨터 및 데이터를 보호하기 위해서는 보안전문 소프트웨어가 필요하다. 아래에서는 이러한 보안전문 소프트웨어로서 방화벽, 침입탐지시스템(IDS) 및 바이러스 소프트웨어에 관해 알아보기로 한다.

방화벽

일반적으로 건축에서 **방화벽**(firewall)이란 옆의 건물에서 발생한 화재가 본 건물 내로 전이되는 것을 일시적으로 차단하기 위해 설치하는 벽을 의미한다. 마찬가지로 인터넷 환경에서 방화벽은 보안수준이 상이한 컴퓨터 네트워크들 간에 트래픽을 통제함으로써 인터넷 보안의 위협요소를 걸러내기 위한 소프트웨어 방식의 보안장치를 의미한다. 방화벽은

그림 11-8   방화벽의 개념도

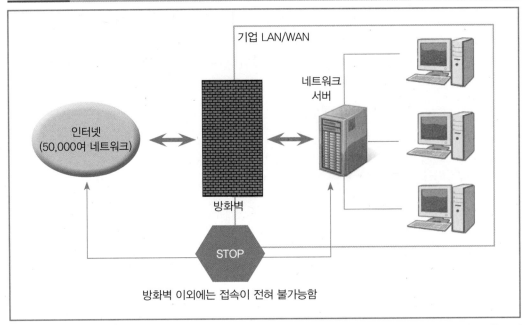

▶ 기업 네트워크를 출입하는 모든 메시지가 방화벽을 통과하도록 되어 있어 인터넷 위협요소로부터 보안을 유지할 수가 있다.

외부컴퓨터에서 승인 없이 조직내부 컴퓨터에 접속하는 것을 방지하고, 조직에서 외부로 나가거나 조직 내로 들어오는 모든 메시지들이 조직에서 설정한 보안 가이드라인을 충족시키는지를 점검함으로써 방화벽 통과여부를 결정한다.

방화벽이 트래픽을 검증하는 데에는 패킷여과와 애플리케이션 게이트웨이의 두 가지 기법이 있다. **패킷여과** 기법은 데이터 패킷을 점검함으로써 패킷이 특정 금지포트로 전송 예정이거나 금지 IP주소로부터 전송된 것인지를 결정하는 데 초점이 있다. 반면, **애플리케이션 게이트웨이** 기법은 메시지의 목적지나 출발지보다는 이용자가 요청한 애플리케이션 차원에서 커뮤니케이션을 여과시키는 방화벽 유형이다. 따라서 애플리케이션 게이트웨이 기법은 패킷여과 기법에 비해 더 우수한 보안을 제공하지만, 시스템 성능이 저하될 우려가 있다는 점이 단점으로 지적되고 있다.

침입탐지시스템

외부위협으로부터 사내 네트워크를 보호할 수 있는 또 하나의 소프트웨어는 **침입탐지시스템**(intrusion detection system: IDS)이다. IDS는 인터넷을 통해 컴퓨터에 침입한 외부 조작물들을 탐지하는 것을 목적으로 한다. 이들 조작물은 흔히 크래커나 해커에 의한 공격의 형태를 취한다. IDS는 또 인식된 해커 툴이나 기타 의심이 가는 행위가 있는지 탐색하다가 만일 발견이 되면 알람을 작동시키도록 설계되어 있으므로, 이들 시스템은 스탭 직원이나 침입방지 전문서비스를 통해 모니터링이 되어야만 원만한 효과를 거둘 수가 있다.

IDS는 기존의 방화벽으로는 탐지가 되지 않는 다양한 유형의 악성 네트워크 트래픽을 탐지하는 데 사용된다. 이러한 트래픽에 속하는 침입시도의 예로는 취약한 서비스에 대한 네트워크 공격, 애플리케이션에 대한 데이터 위주의 공격, 호스트 대상의 공격, 민감한 파일에 대한 비승인된 로그인 및 접근, 그리고 악성코드 등이 포함된다.

앤티바이러스 소프트웨어

시스템 무결성에 대한 위협요소의 침입을 예방하기 위한 가장 용이하고도 경제적인 방법은 컴퓨터에 **앤티바이러스**(anti-virus) 소프트웨어를 설치하는 것이다. 앤티바이러스 소프트웨어는 컴퓨터 바이러스 및 기타 악성 코드를 검출해 내고, 이의 침입을 저지하며 또 제거하는 데 역점을 두는 컴퓨터 프로그램이다.

일반적으로 앤티바이러스 소프트웨어는 이와 같은 목적을 달성하기 위해 두 가지 기법을 이용한다.

- 기존의 바이러스 정의파일과 매칭이 되는 것으로 의심되는 바이러스를 스캔하고 점검함
- 감염이 의심되는 컴퓨터 프로그램으로부터 수상한 징조를 발견함. 여기에는 데이터 포획, 포트 모니터링 및 기타 방법들이 포함됨

🔍 토의문제

01 오늘날 이비즈니스 보안이 과거 어느때보다도 더 중요해진 이유가 무엇인지 알아보자.

02 악성코드란 무엇을 의미하는가? 악성코드를 그 특성에 따라 분류해 보고, 각 악성코드 유형에 대한 국내 혹은 국외의 사례를 인터넷 검색을 통해 각각 하나씩 찾아보자.

03 보안의 주요 원칙이라고 할 수 있는 기밀성, 무결성, 가용성, 부인봉쇄 및 당사자 인증이 인터넷 기반의 전자상거래 환경에서 왜 중요한지 각각 설명하시오.

04 인터넷 피싱이란 무엇을 뜻하는가? 또 인터넷 피싱이 요즘 사례가 간간히 보도되고 있는 '보이스 피싱'과 어떻게 다른지 그 차이점에 대해 알아보자. (힌트: 인터넷에서 '인터넷 피싱'과 '보이스 피싱'을 키워드로 하여 각각 관련된 개념 및 사례를 찾아본다.)

참고문헌

- Bailey, Matthew, *Complete Guide to Internet Privacy, Anonymity & Security*, Nerel Online, 2015.
- Messmer, Ellen, "Google Chrome Tops 'Dirty Dozen' Vulnerable Apps List," http://www.pcworld.com/businesscenter/article/210797/google_chrome_tops_dirty_dozen_vulnerable_apps_list.html, 2022. 8. 13. 참조.
- Schneider, Gary P., *Electronic Commerce* (9th Ed.), Course Technology: Boston, MA., 2016.
- Stallings, William and Lawrie Brown, *Computer Security: Principles and Practice* (4th Edition), Pearson, 2017.
- Varghese, J. "Ecommerce Security: Importance, Issues & Protection Measures," www.getastra.com, July 3, 2022.

사례연구 | 미국 고객정보 유출사고 낸 삼성, 올해 두 번째 보안사고

삼성전자가 고객정보 데이터 유출사고를 당했다. 삼성전자가 미국 고객을 대상으로 공지한 자료에 따르면, 7월말 승인되지 않은 제3자가 삼성의 미국 시스템 일부에서 침입해 정보를 빼냈으며 8월 특정 고객의 개인정보 영향을 확인하고 공지한 것이다.

2일(미국 현지시간) 삼성전자의 공지에 따르면 이름, 연락처, 생년월일, 제품 등록 정보가 유출된 것으로 추정된다. 사회보장번호나 신용카드와 직불카드번호가 유출된 것은 아닌 것으로 보인다.

삼성전자는 발견 즉시 시스템 보호 조치를 취했으며, 외부 사이버 보안 기업과 계약을 체결하고, 당국과 협력을 진행하고 있다고 전했다.

또 삼성전자는 정보유출 추정 고객에게 이메일을 전송했으며, 권장 조치와 함께 삼성전자 미국 웹사이트에 FAQ 페이지를 개설했다.

FAQ 페이지에서 삼성전자는 고객에게 ▲개인정보 요청, 혹은 개인정보를 요청하는 웹페이지로의 링크 등 대한 주의 ▲의심스러운 이메일의 첨부 파일 다운로드나 링크 클릭 금지 ▲의심스러운 활동에 대한 계정 검토 등을 권고했다.

이번 유출사고는 올해 확인된 삼성전자의 두 번째 데이터 유출사고다. 삼성전자는 3월 랩서스로 알려진 사이버 범죄조직의 공격을 받아 갤럭시S22의 소스코드를 포함한 190GB의 데이터 유출사고를 겪은 바 있다.

삼성전자는 공지된 침해사고 발생 여부 외에 이번 공격의 피해 고객 규모, 공격자의 침입 정보 등 구체적 정보는 공개하지 않았다.

▶ 고객정보 유출사고 관련 삼성전자 미국 웹사이트의 FAQ 페이지

Elon Musk - Ethereum & Bitcoin are waiting for a global update. What will...
SpaceX Invest · 1만명 시청 중

▶ 정부 공식 유튜브 채널에 올라온 일론 머스크 테슬라 CEO의 영상이 인터넷 커뮤니티상에서 빠르게 공유됐다.

■ 정부 유튜브 계정도 해킹, 사이버위협 대비해야

주말인 3일 새벽에는 대한민국 정부 공식 유튜브 채널에 대한 해킹사고가 발생했다.

대한민국 공식 유튜브 채널의 이름이 '스페이스X 인베스트'로 변경되고, 일론 머스크 테슬라 CEO가 가상화폐 투자에 대해 설명하는 영상이 불법 게재된 것이다. 대한민국 정부 공식 유튜브 채널의 구독자는 26만 2,000여명이다.

정부 공식 유튜브 채널에 올라온 일론 머스크 테슬라 CEO의 영상이 인터넷 커뮤니티 상에서 빠르게 공유됐다.

정부 공식 유튜브 채널을 운영하는 문화체육관광부는 3일 오전 6시경 해킹사실을 발견하고, 7시20분경 채널을 복구했다. 문체부는 채널 보안을 강화 조치를 강화하는 동시에 경찰에 수사를 의뢰하고, 유튜브 측에 해킹 유입 경위에 대한 확인을 요청한 상황이다.

이보다 앞서 1일에는 한국관광공사가 운영하는 해외홍보 유튜브 채널(이매진 유어 코리아)도 해킹공격을 받아 운영이 일시 중단됐으며, 국립현대미술관도 지난달 29일 암호화폐 영상이 불법 게재되는 해킹 공격의 피해를 입었다. 단기간에 정부 유튜브가 잇따라 해킹 공격의 대상이 된 것이다.

이에 문체부는 3일 전병극 제1차관 주재로 긴급 대책 회의를 개최하고, 해킹 경위, 피해 현황 등을 점검하고 보안 강화 대책을 논의했다.

회의에서 문체부는 다른 소속기관, 산하 공공기관에서 운영하는 유튜브 채널 등 누리소통망(SNS)에 대한 추가 피해 상황을 점검하는 동시에 향후 이상 징후 발생 시 신속한 대응시스템을 마련하는 등 사이버 보안관리체계를 강화하기로 했다.

정보 유튜브 채널의 목적은 모호하다. 지금까지 밝혀진 피해는 가상화폐 영상이 노출되고, 운영이 중단되는 등으로 최근 사이버 공격의 주요 목적인 정보유출, 금적적 이익 등과는 거리가 있다. 이에 정부 이미지 추락 등을 노린 공격이라는 의견, 대형 사이버공격의 전초전 등의 추측이 떠돌고 있다.

중요한 점은 정부가 운영하는 유튜브 채널이 사이버 공격에 취약점을 드러냈다는 것이다. 공격의 경로를 파악하고 취약점을 제거하는 것이 급선무이며, 사이버공격에 대한 더욱 철저한 대비가 요구된다.

최근 빨라진 디지털전환 환경을 노린 사이버공격이 급증하는 가운데 향후 공격은 더욱 거세질 것이라는 전망이 우세하다. 최근 전세계적인 불황이 경고되는데, 불황은 금전적 이익을 노린 사이버 공격을 더욱 부채질하는 현상이 발견되기 때문이다.

특히 최근의 사이버공격은 조직범죄화를 넘어 산업화되는 양상을 보이고 있기 때문에 더욱 경각심을 가질 필요가 있다.

네트워크에 대한 액세스를 판매하는 액세스 브로커

와 같은 전문 역할까지도 등장하고 있으며, 사이버 범죄 조직의 전문 개발자가 랜섬웨어를 제작해 판매하는 '서비스형 랜섬웨어(RaaS)' 형태까지 등장하고 있는 것은 사이버 범죄 산업화를 보여주는 예시다.

브로너, RaaS를 통해 전문 지식이 없어도 누구나 사이버 범죄 수익을 노릴 수 있게 된 것이다.

마이크로소프트(MS)에 따르면 RaaS 형태로 랜섬웨어 페이로드, 데이터 유출 공격뿐 아니라 결제 인프라에 대한 액세스도 판매되고 있으며, 콘티, 레빌 등 다양한 RaaS 프로그램이 공격자들에 의해 사용되고 있다.

실제로 미국의 헤인즈가 상반기에는 랜섬웨어 공격으로 1억달러의 피해를 입는 등 수많은 랜섬웨어 피해 사고가 보고되고 있다. 콘티라는 이름의 사이버 공격그룹은 코스타리카 정부를 대상으로 랜섬웨어 공격을 감행해 1천만달러를 요구하고 있다.

삼성전자를 공격했던 랩서스의 경우, 삼성 외에도 티모바일, 엔비디아 등 글로벌 기업을 공격해 악명을 떨치기도 했다.

이에 더해 메타버스를 사이버 범죄 아지트로 악용한 다크버스가 경고되고, NFT 대상의 피싱, 랜섬웨어 등 새로운 기술의 그림자처럼 사이버 범죄가 따라오는 추세다.

암호화폐인 비트코인의 경우에도, 끊임없이 사이버 범죄조직의 악용이 문제시된다. 아크로니스는 2012년 이후 탈중앙화 금융(디파이) 통화로 600억달러 이상의 사이버 공격 피해가 발생했다고 경고하기도 했다.

▶ 출처: IT 비즈 뉴스, 2022. 9. 5.

🔍 사례연구 토의문제

01 삼성전자가 올 해 두 번째 정보 유출 사고를 당했다는 사실이 사례에서 밝혀졌다. 이러한 사이버 공격으로 인해 발생할 수 있는 2차적 피해는 무엇이며, 또 이를 사전에 예방하기 위해서는 어떤 대책이 필요할까?

02 사례 본문에서는 대한민국 정부 유튜브 채널들이 해킹 사고를 당했다고 언급하고 있다. 이들 사이버 공격의 공격자들은 어떠한 동기에서 공격을 감행했다고 추정되는가? 사례 본문에서 제기된 두 가지 추측 시나리오 중 어느 시나리오의 가능성이 더 크다고 생각되는지 설명하시오.

03 이번 대한민국 정부 유튜브 채널들이 해킹 사고를 당한 데에는 사이버 공격에 대한 취약점이 존재하기 때문에 가능했다고 볼 수 있다. 어떤 취약점으로 인해 이러한 해킹 사고들이 발생할 수 있었는지 알아봅시다.(인터넷 검색을 통해 사이버 공격의 다양한 취약점 이해 필요)

04 사례 본문에서 소개된 최근 사이버 공격의 산업화 양상의 유형으로서 네트워크 액세스 브로커와 서비스형 랜섬웨어(Raas)의 두 가지를 제시하고 있다. 이들 두 가지 유형에 관한 인터넷 검색을 통해 이들이 서로 어떻게 다르며 또 피해가 우려되는 기업이나 정부기관은 산업화된 사이버 공격에 어떻게 대응하는 것이 바람직할지 설명하시오.

ㄱ

가격 111
가든닷컴 198
가상기업 네트워크 238
가상사설망 41
가상 시장 232
가상 커뮤니티 269
가상화 11
가상화폐 156
가용성 345
가치명제 78, 281
가치창출 기여요인 175
가치창출 모델 178
간접 구매 234
간접적 외부효과 183
개방성 34
개별화 마케팅 204
개인화 203, 219
개인화 실현기술 205
갭 283
거래대상자 평가제도 298
거래비용 75
거래비용이론 178
거래수수료 수익모델 82
거래 중개 88
거래 효율성 138
검색결과 순위 210
검색 광고 119
검색 에이전트 89, 189
검색엔진 210

검색엔진 마케팅 123
검색엔진의 최적화 210
경매 중개 87
경쟁사 분석 109
경쟁사 프로파일링 110
경쟁입찰 구매 235
경제 패러다임 5
고객가치 80
고객관계관리 21, 126
고객서비스 관리 129
고객 유지 129
고객중심 생산 12
고객충성도 213
고객 확장 129
고객 획득 129
공개키 암호화방식 355, 356
공개키 인프라 360
공개키 인프라 인증 360
공급망 233, 236
공급망 관리 21, 236
공급망 최적화 254
공동구매 사이트 276
공동여과 205
공유쇼핑 사이트 276
공중전화망 35
광고 213
광고대행사 118
광고 모델 91
광고 수익모델 81
광고주 118
광섬유선 5

광역통신망 52
교육의 경제성 328
교육의 질 328
교육훈련 프로그램 260
구글 93
구매자 보호제도 298
구매자중심형 모델 241
구매자중심형 B2B 시스템 231
구매주문서 234
구매 충성도 214
구매 프로세스 233
규모경제효과 244
균일가 둘째가격 경매 295
그레인저 249
그루폰 282
근거리통신망 52
글로벌 규모의 쇼핑 73
글로벌화 13
기간 내 할인판매 219
기밀성 344
기술인프라 260
기업협력 네트워크 244, 256

ㄴ

내부 간접비 75
내부문화 260
내비게이션 215
네덜란드식 경매 293
네덜란드 튤립 경매 294
네트 32

네트 거래소 245
네트워크 외부효과 181
네트워크형 전자현금 145
노예 좀비 PC 353
니콜라스 네그로폰테 6

ㄷ

다품종 소량생산 6
단 탭스캇 51
닷컴버블 172
당사자 인증 345
대고객 가치증대 프로그램 219
대규모 교육 329
대금 결제 234
대역폭 11
대칭적 키 암호화방식 355
데이터 보안 220
델컴퓨터 238
독립거래소 251
독일 경매 88
둘째가격 밀봉입찰(비크리) 경매 294
들론과 맥클린 184
디스플레이 광고 119, 120
디지털 경제 6
디지털권리관리 355
디지털 네트워크 6
디지털 매체 18
디지털 서명 358
디지털 서비스 15
디지털 세계 6
디지털 인증서 360
디지털 콘텐츠 14
디지털 혁명 vii, 5, 19, 22
디지털화 11

ㄹ

라디오파 56

라우터 36
레드햇 95
로딩속도 220
리누스 토발즈 96
리눅스 OS 96
리모콘 55
리바이 스트라우스 86
링크 클릭 212

ㅁ

마스터 좀비 PC 353
마이크로웨이브 통신 55
마이크로컴퓨터 칩 5
마이포드 41
마진 250
마케팅 계획의 수립 107
마케팅 믹스 111
마크 앤더슨 43
매스 마케팅 204
매스미디어 32
매체 118
매체삽입 광고 94
멀티미디어 35
명목화폐 136
모바일 52
모바일 결제 153, 154
모바일 광고 124
모바일 마케팅 290
모바일 무선 기술 51
모바일 뱅킹 289
모바일 브로드밴드 53
모바일 상품판매 287
모바일 커머스 286
모바일 통신 56
모바일 트레이딩 시스템 314
모바일 티켓발권 288
모자이크 43
무결성 344

무선 52
무선랜 55
무선 마컵 언어 54
무선통신 53
무형 제품 14
문맥 광고 94, 98, 123
물품의 운송 234
미 과학재단 33
미 슈퍼컴퓨팅 연구센터 34

ㅂ

바이러스 348
바이럴 마케팅 125
밥 칸 37
방카슈랑스 317
방화벽 41, 363
배너 광고 92, 213
배너 임프레션 213
번들링 179
보안 261
보안성 138
보안 위협요소 345
보안의 주요 원칙 343
보안 정책 343
복제나 이중사용의 위험 146
부가가치망 231
부인 봉쇄 345
분산 서비스거부 353
분자 11
분자화 11
불추적성 139
브랜드 충성도 213
브랜딩 112
브랜딩의 개념 112
브랜딩의 범위 113
브로드밴드 네트워크 35
블라인드 서명 146
블로그 274

블루투스 55
비경쟁 구매 235
비대칭형 암호화방식 356
비밀키 암호화방식 355
비용절감 효과 243
비중개화 11, 75, 309
비즈니스 모델 76, 77
B2C 전자상거래 172, 197
B2B 비즈니스 모델 240
B2B 이마켓플레이스 245
B2B 전자상거래 174, 229
빈슨트 서프 37

ㅅ

사업계획서 77
사용 용이성 138
사용자만족도 187
사이버 만행 351
사이베리안 아웃포스트 184
사이트 사용성 221
사파리 46
4P 모델 111
산업 가치사슬 256
산업 컨소시엄 254
상거래 201
상승가격 경매 293
상품화폐 135
상호대화적인 205
상호보완성 179
상호접속성 37, 232
새로움 183
서비스 거부 345
서비스 거부 공격 353
서비스 품질 186
셀 56
셀룰러 통신 56
소매 모델 85
소셜 네트워킹 98

소셜 네트워킹 사이트 270
소셜미디어 278
소셜미디어 마케팅 125
소셜쇼핑 장터 276
소셜 인플루언서 283
소셜커머스 278
소싱 234
소품종 대량생산 6
송신자 인증 358
송장 234
쇼셜 쇼핑 275
쇼핑 보트 215
쇼핑 커뮤니티 276
수요 분석 109
수익모델 81
순효익 187
슈퍼컴퓨터 소프트웨어연구소 43
스마트카드 147
스마트폰 59
스파이웨어 349
시스코시스템즈 40, 257
시스템 사용 186
시스템 성능 221
시스템 안정성 220
시스템 튜닝 220
시스템 품질 186
시장 69
시장 대응능력 219
시장선점 효과 244
시장 세분화 114
시장 유동성 252
신경제 7
신뢰 207, 261
신뢰 구축 207
신뢰성 138
신뢰의 개념 207
신뢰의 중요성 207
신뢰있는 제3자 362
신속한 배송프로세스 219

신용카드 140
신용카드 보안 프로토콜 141
신용카드 사기 353
실시간 계좌이체 150
CRM의 단계 128
싸이월드 272
C2C 전자상거래 174

ㅇ

아리바 251
IC카드형 전자현금 147
IT 산업 비중 6
아파넷 33
악성코드 346
안전한 지불 시스템 221
암호 355
암호화 354
암호화 및 인증 221
애드웨어 349
앤소니 윌리엄스 51
앤티바이러스 소프트웨어 365
양도성 139
에니악 5
SCM 시스템 236
에스크로우 89
에스크로우 제도 298
STP 마케팅 113
엑스트라넷 41
MRO 제품 247
여행산업 가치사슬 309
역 경매 88, 295
영국 경매 88
영국식 경매 293
오버추어 93
오토바이텔 178
오페라 46
오픈 소스 95
오픈 콘텐츠 96

오픈콘텐츠 15
온라인 경매 174
온라인 광고 118
온라인 교차판매 219
온라인 구독 91
온라인구독료 수익모델 82
온라인 구매 250
온라인 구전 279
온라인 마케팅 계획 107
온라인 뱅킹 316
온라인 보험 324
온라인 서비스 202
온라인 소매 85
온라인 여행 307
온라인 유통자 248
온라인 은행 320
온라인 인증 360
온라인 주식매매 311
온라인 중개자 232
온라인 증권사 312
온라인 충성도 214
온라인 충성도 프로그램 215
온라인 카탈로그 232
온라인 쿠폰 219
온라인 플랫폼 108
온-오프 병행소매 85
온오프 병행은행 320
온오프 병행 증권사 312
와이맥스 55
와이파이 54, 55
운영자원 235
운영 투입재 247
워엄 348
원스톱 쇼핑 184
원자 6
월드와이드웹 41, 42, 46
월마트 258
웹 2.0 49
웹기반 전자상거래 171

웹로그 274
웹링 212
웹 배너광고 122
웹밴 220
웹밴 닷컴 198
웹브라우저 46
웹사이트의 기능 221
웹사이트 트레이딩 시스템 313
웹서버 45
웹클라이언트 45
웹 트래픽의 개념 209
웹 트래픽의 측정 209
웹 포털 89
위메이크프라이스 284
위치기반 서비스 291
위키노믹스 51
위키피디어 97
유능한 경영진 219
유럽분자물리연구소 42
융합화 8, 12
이동전화교환국 57
EDI 네트워크 256
EDI 시스템 231
EDI 표준 231
이러닝 328
이마켓플레이스 87, 232, 244, 245
이마켓플레이스 모델 241
이마켓플레이스의 유형 247
이메일 광고 119
이베이 183
이베이의 경매시장 71
이북커스 181
EV-DO 리비전A 59
이비즈니스 19, 20
이슈충돌 14
ERP 시스템 256
이용자생성 콘텐츠 272
이중사용 방지 139
이커머스 20

이토이즈 닷컴 198
이트레이드 89
이허브 245
인증기관 360
인증서버 362
인터넷 32
인터넷 광고 118
인터넷 기술 32
인터넷 마케팅 105
인터넷 마케팅 전략수립 단계 107
인터넷 마케팅 캠페인 106
인터넷 보안 341
인터넷의 유래 33
인터넷 익스플로러 46
인트라넷 39

ㅈ

자격 확인 234
장기계약 구매 248
장소 111
재난보험 시장 72
재난위험거래소 72
전사적 자원관리 21
전자상거래 169
전자상거래 성공측정 모델 185
전자상거래 성공측정모델 185
전자상거래의 중요성 169
전자상거래의 효과 187
전자상거래 전략 218
전자수표 143
전자시장 69, 73
전자자금이체 150
전자지불시스템 138
전자항공권 15
전통적인 지불시스템 135
전환불능성 181, 215
전환비용 181
정보 보안 342

정보 비대칭성 178
정보탐색비 75
정보 품질 185
제너럴 모터스 231
제너럴 일렉트릭 258
제조 투입재 247
제품 111
제휴관계 수익모델 82
제휴 마케팅 125
조직간 정보시스템 41, 170
주문제작 비즈니스 모델 238
중개 모델 87, 280
중개자 87
중개자중심형 모델 241
중개자중심형 비즈니스 모델 244
중계탑 56
즉석구매 248
즉시성 13
지능 에이전트 215
지식 10
지식경제 8
직접 구매 234
직접적 외부효과 183
직판 모델 75, 86

ㅊ

차별화 116
채널 중개자 75
채널충돌 327
최고가격 밀봉입찰 경매 294
최고경영층의 지원 260
추천 엔진 276
충성도 프로그램 215
침입탐지시스템 364

ㅋ

커뮤니티 200

커뮤니티 모델 95
커버로스 361
커버로스 서버인증 361
커스터마이징 6, 12
코드분할 다중접속 59
코비신트 256
콘텐츠 199
콘텐츠서비스 모델 89
쿠키 205
쿠팡 284
쿼드코어 i7 칩 5
크라우드소싱 279
크래커 351
크롬 46
클릭당 단가 93
클릭스루 122
키 배급센터 362
키워드 검색 광고 93

ㅌ

타겟 고객계층 79
탐색 234
토이저러스 86
통합화/네트웍화 11
트래픽 구축 208
트로이 목마 348
트웍크 인프라 221
트위터 272
TCP/IP 프로토콜 모음 36
티켓몬스터 284
티켓발급서버 362
팀 11
팀 버너스리 42
팀 오라일리 49

ㅍ

파이어폭스 46

판매 수익모델 81
판매인력 자동화 129
판매자중심의 B2B 시스템 231
판매자중심형 모델 240
판매촉진 112
판매프로세스의 관리 129
패킷 36
패킷교환 35
패킷교환 방식 35
페더럴 익스프레스 251
페이스북 272
페이지뷰 209
페이팔 89, 151
포드 자동차 41
포지셔닝 116
표적 고객군 108
표적시장 선정 115
풀서비스 증권사 311
프라이버시 344
프라이버시 보호 204, 220
프라이스라인 183
프락터앤갬블 257, 258
피싱 350
P2P 결제 151
핀터레스트 284

ㅎ

하이퍼텍스트 42, 44, 45
할인 증권사 312
항공 마일리지 216
해시 362
해커 351
해킹 351
핵심능력 80
행태적 타겟팅 121
헤더 36
혁신 12
협상 234

협업상거래 232, 238, 256
홈 트레이딩 시스템 313
확장 기업 256

환불처리 139
회선교환 35
효율성 178

효율적 운영 220
히트 209

A

advertiser 118

advertising agency 118

adware 349

AES(Advanced Encryption Standard)
  355

AHSC(American Hospital Supply
  Corporation) 230

Amazon.com 198

AMPS(Advanced Mobile Phone
  System) 58

anti-virus 365

Ariba 251

ARPA(Advanced Research Projects
  Agency) 33

ARPANET 33

ARS 314

ascending-price auction 293

asymmetric encryption 356

atom 6

auction broker 87

authentication 345, 360

Autobytel.com 178

availability 345

 B

B2B(business to business) 174, 229

B2C(business to consumer) 172,
  197

Bancasurance 317

banner impressions 213

Being Digital 6

blind signature 146

Bob Kahn 37

brick and mortar 85

broker 87

business plan 77

buyer-side model 241

 C

C2C(consumer to consumer) 174

CA(certificate authority) 360

Catastrophe Risk Exchange: CATEX
  72

CDMA(Code Division Multiple
  Access) 58, 59

cells 56

cellular communication 56

CERN 42

channel conflict 327

cipher 355

circuit switching 35

click and click 85

click and mortar 85

click-through 122

collaborative commerce 232, 238

collaborative filtering 205

Commerce 201

Community 200

confidentiality 344

Content 199

contextual advertising 94, 123

Convergence 12

cookie 205

core competencies 80

cost per click: CPC 93

Covisint 256

CPFR(Collaborative Planning,
  Forecasting and Replenishment)
  258

CPM(cost per impression) 213

cracker 351

CRM 21

cross-linked sales 219

customer loyalty 213

customer relationship management:
  CRM 126

Customer service 202

Cyberian Outpost 184

cybervandalism 351

CyWORLD 272

 D

DDoS 353

DeLone & McLean 184

denial of service 345

Denial of Service, DoS 353

DES(Data Encryption Standard) 355

digital certificates 360

digital storefronts 85

Digitization 11

direct model 75, 86

direct procurement 234

Discordance 14

discount broker 312

disintermediation 75, 86, 309

Disintermediation 11

dot-com bubble 172

DRM(digital rights management) 15, 355

Dutch Auction 293

 E

ebay.com 183

e-bookers.com 181

e-Commerce 170

EDI(electronic data interchange) 170, 231

EDIFACT 231

e-distributor 248

e-hub 245

electronic check 143

Electronic Commerce 170

electronic funds transfer: EFT 150

electronic markets 73

electronic storefronts 240

e-marketplace 87

encryption 354

English Auction 293

ENIAC 5

ERP 21

Escrow.com 89

e-tailer 85

e-Ticket 15

Etoys.com 198

E*Trade 89

extended enterprise 256

extranet 41

 F

Facebook 272

firewall 41, 363

First-price, sealed-bid auction 294

4C 199

FTP(File Transfer Protocol) 39

full-service broker 311

 G

Gap 283

Garden.com 198

GDP 7

GE 258

General Motors: GM 231

Globalization 13

Google Chrome 46

Grainger 249

Groupon 282

GSM(Global System for Mobile Communication) 57

 H

hacker 351

hash 362

hit 209

HTML(HyperText Markup Language) 43

HTS(Home Trading System) 314

HTTP(Hyper Text Transfer Protocol) 38

hybrid bank 320

Hypertext 42, 45

 I

IBM 19

IMAP(Internet Message Access Protocol) 39

Immediacy 13

indirect procurement 234

individualized marketing 204

industry value chain 256

Innovation 12

Integration 11

integrity 344

interactive 205

interconnectivity 37

intermediaries 75

intermediary 87

intermediary-oriented model 241

Internet 32

Internet-only bank 320

Internet-only broker 312

Interorganizational information System: IOS 170

interorganizational system 41

intranet 39

intrusion detection system: IDS 364

invoice 234

IPTV 12

K

Kerberos 361

Knowledge 10

knowledge-based economy 8

KPMG 40

KTNET(Korea Trade Network) 231

KWorld 40

L

LAN 52
Levi Strauss 86
Linus Torvalds 96
lock-in 181, 215
long-term purchasing 248
loyalty program 215
LTE-A(Long Term Evolution
    Advanced) 59

M

malicious code 346
malware 346
manufacturing inputs 247
market 69
mass education 329
mass marketing 204
mass media 32
MIPS(million instructions per
    second) 7
MIT 97
mobile 52
mobile broadband 53
mobile communication 56
Molecularization 11
molecules 11
Mosaic 43
Mozilla Firefox 46
MRO(maintenance, repair, and
    operating) 247
MTSO 57
multi-channel broker 312
Myford.com 41

N

National Science Foundation: NSF
33
Navigator 34
NCSA 34, 43
Net 32
Net exchange 245
Netscape 34
network externalities 181
new economy 7
non-repudiation 345
NSFNET 33

O

open contents 15
open network architecture 34
operating inputs 247
overhead costs 75
Overture 93

P

packet switching 35
page view 209
PayPal 151
PayPal.com 89
personalization 203
P&G 257, 258
phishing 350
Place 111
POP3(Post Office Protocol 3) 39
portal 89
Positioning 116
priceline.com 184
Pricing 111
privacy 344
private industrial networks 256
Product 111
Promotion 111
Prosumption 12

public key encryption 356
public key infrastructure: PKI 360
publisher 118
purchase order: PO 234

R

radio wave 56
Red Hat 95
request for proposal: RFP 174
revenue model 81
router 36
RSA 358

S

SCM 21
search agent 89
search costs 75
search engine marketing 123
Second-price sealed-bid auction 294
secure electronic transaction 141
Secure Socket Layer 141
Segmentation 114
seller-side model 240
SET 141
SGML(Standard Generalized Markup
    Language) 43
SMTP(Simple Mail Transfer Protocol)
    39
Social Influencer 283
social networking 98
social networking sites: SNS 270
spot purchasing 248
spyware 349
SSL 141
subscription 91
supply chain 236
supply chain management: SCM

236

switching costs 181

symmetric key encryption 355

system tuning 220

 T

Targeting 115

TCP/IP(Transmission Control
    Protocol/ Internet Protocol) 37

Tim Berners-Lee 42

Tim O'Reilly 49

Toys-R-Us 86

transaction broker 88

transaction costs 75

transaction cost theory 178

Trojan horse 348

trust 207

trusted third party 362

 U

UCC(user-created content) 19

uniform second-price auction 295

URL(Uniform Resource Locator) 38

usability 221

user-created content: UCC 272

USIM 59

 V

value-added network: VAN 231

value proposition 78

Vincent Cerf 37

Virtualization 11

virus 348

VOD(video on demand) 18

VPN 41

vulnerability 207

 W

WAN 52

WAP 54

WCDMA 59

Web browser 46

Web client 45

Webring 212

Web server 45

Webvan.com 198

Wikipedia 97

Wimax 55

wireless 52

Wireless Applications Protocol: WAP
    54

wireless communication 53

Wireless-fidelity: wi-fi 54

Wireless Markup Language: WML
    54

WLAN 55

word of mouth 279

World Wide Web 42

worm 348

www.nate.com 189

www.naver.com 189

 X

X12 231

저자약력

• 홍일유 교수

미국 Indiana University 경영학사
미국 University of Illinois 경영학석사
미국 University of Arizona 경영학박사(경영정보시스템 전공)
미국 Western Kentucky University 경영대학 조교수,
    한국경영정보학회 이사,
    (주)대교 부설대학원 원격교육과정 자문교수,
    한국능률협회 자문교수 등 역임
미국 UCLA Anderson School of Management 방문교수(2002~2003)
현, 중앙대학교 경영대학 경영정보시스템 교수(www.ihong.cau.ac.kr)
현, 한국웹사이트평가개발원 원장(www.kwi.or.kr)

디지털 시대의 이비즈니스와 이커머스

2017년 8월 30일 초판 발행
2018년 6월 29일 초판 2쇄 발행
2022년 10월 15일 개정판 발행

저 자 홍   일   유
발행인 배   효   선

발행처   도서   法 文 社
         출판

주 소   10881 경기도 파주시 회동길 37-29
등 록   1957년 12월 12일 제2-76호(윤)
TEL (031)955-6500~6 FAX (031)955-6525
e-mail (영업) bms@bobmunsa.co.kr
       (편집) edit66@bobmunsa.co.kr
홈페이지 http://www.bobmunsa.co.kr
조 판   성 지 이 디 피

정가 31,000원   ISBN 978-89-18-91344-5